H. H. Stuckenschmidt

Die Musik eines halben Jahrhunderts

Meinen Gegnern
in Dankbarkeit gewidmet

Inhalt

1925

Die Mechanisierung der Musik

1.

Die Probleme des Orchesters und vergebliche Versuche, sie zu lösen, füllen die Hefte der zeitgenössischen Musikjournale. Fast alles, was darüber geschrieben wird, geht von zwei Gesichtspunkten aus:

1. vom künstlerischen,
2. vom wirtschaftlichen.

Es ist keine Frage mehr, daß die großen Symphonie- und Opernorchester darauf angewiesen sind, entweder reduziert zu werden (was gleichbedeutend ist mit ihrer Auflösung) oder ein Parasitendasein zu führen, d. h. auf Staats- oder private Kosten zu existieren.

Die großen Anforderungen, die die neuere Musik seit Beethoven, Berlioz und Wagner an die quantitative Beschaffenheit des Orchesters stellt, sind in kein Verhältnis mehr zu dem Interesse und der Zahlungsfähigkeit des Publikums zu bringen.

Allgemeines großzügiges Mäzenatentum, wie das der Duodezfürsten vergangener Zeiten, gibt es nur noch sporadisch. Die Tatkraft einiger melomanischer Krösusse kann mit dem bekannten Tropfen auf dem bekannten heißen Stein verglichen werden.

Fazit: in wenigen Jahren wird das große Symphonieorchester als allgemeine Einrichtung zu bestehen aufgehört haben. Man wird Wagner-Opern, Strauss-Symphonien etc. dem Sterblichen, der nicht den Vorzug hat, in einer Metropole zu wohnen, nur noch durch Radio zugänglich machen.

Die Betrachtung vom künstlerischen Gesichtspunkt eröffnet noch peinlichere Perspektiven.

Denn: die Verwendung gigantischer Orchestermassen hinderte die modernen Komponisten nicht, auch instrumentaltechnisch die durchschnittlichen Forderungen an den einzelnen Musiker immer höher zu schrauben. (Es mag darauf hingewiesen werden, daß Wagners und Schönbergs Werke lange Zeit als unaufführbar galten.) Nicht nur die Art der Technik wurde in ihren Grundlagen verändert. Man verlangt heute (progressiv!) bedeutend höhere Leistungen bezüglich der Intonation, des Zusammenspieles, der Virtuosität etc. als früher.

Es darf schon heute als unerläßlich gelten, die guten Orchester aus lauter musikalisch und technisch erstrangigen Künstlern, aus Virtuosen ihres Instrumentes zusammenzusetzen. Der »gute Handwerker« genügt nicht mehr.

Die Intuition des Komponisten dürfte beginnen, über die Grenze der vom Menschen ausführbaren Techniken hinauszuführen.

Man hat eine Lösung zur Diskussion gestellt, die auf den ersten Blick verführen mag: das Kammerorchester.

Es besteht aus einer kleinen Anzahl sorgfältig ausgewählter Musiker; die Zusammensetzung ist im Grundstock: Streichquintett, Klavier, Harmonium, Flöte und Klarinette, wobei das Harmonium die ausfallenden Holz- und Blechbläser ersetzen soll. Dieser Kreis wird nötigenfalls durch obligate Spieler erweitert.

Die Literatur für derartige Ensembles ist natürlich, trotz der Vorliebe, die einige junge Komponisten dafür hegen, relativ klein. Und überdies wäre das Repertoire ein ganz anderes als das des großen Orchesters.

Man hat daher vorgeschlagen, Orchesterwerke für Kammerensembles zu arrangieren. Die ersten derartigen Versuche wurden in größerem Umfange in Wien durch Arnold Schönbergs »Verein für musikalische Privataufführungen« gemacht. Es sind Arbeiten von Schönberg selbst und seinen Schülern (Erwin Stein, Anton Webern, Alban Berg).

Von diesen Bearbeitungen lagen mir vor: Busoni, »Berceuse élégiaque«; Mahler, »Lieder eines fahrenden Gesellen«; Johann Strauß, Walzer.

Es sind sämtlich Meisterwerke, Musiken von abgerundetstem Klang und mit aller Klarheit der Instrumentation, die ihre Materie beansprucht.

Aber: die Theorie, es sei gleichgültig, von welchem Instrument ein Thema gespielt wird, ist falsch.

Rein physikalisch, nämlich von der Physik der Musik aus betrachtet, falsch, denn:

Wenn wir voraussetzen, Helmholtz' Forschungen über das Wesen der Klangfarbe seien gültig, so ist uns bekannt, daß der Klang eines Instrumentes von der Anzahl und Ordnung der klingenden Obertöne abhängig ist. Es wirken also bei jedem Ton eine Reihe von Tönen mit, die wir, mehr oder weniger bewußt, bei manchen Instrumenten deutlich hören.

Mithin dürfte evident sein, daß die Tonmasse eines vom Harmonium gespielten Akkordes eine andere ist als die desselben Akkordes, wenn er etwa von Hörnern, Oboen und Fagotten intoniert wird.

Nehmen wir weiter an, daß die musikalische Struktur einer Komposition von der Menge, Art und Ordnung der darin enthaltenen Töne abhängig sei (eine Annahme, deren Richtigkeit selbst ein Kind einsehen würde), so ergibt sich die logische Folgerung:

Durch andere Instrumentation wird ein Werk in seinen tonalen Fundamenten angetastet und verändert. Das Resultat einer solchen Arbeit kann zwar hochkünstlerisch sein, es kann meisterhaft und vollkommen werden, aber es wird in jedem Falle (in jedem !!) eine andere Gestalt haben als das Original.

Es wird zu diesem sich verhalten wie die Reproduktion zu einem Bild.

Es wird in seinem Eindruck, in seinem Effekt von dem der ursprünglichen Fassung abweichen.

Abweichen zwar nur durch Imponderabilien; aber Imponderabilien, Bagatellen und latente Elemente bedingen das Wesen jedes Kunstwerkes.

Somit: das Problem des Orchesters wird durch das Surrogat des Kammerorchesters nicht erschöpfend gelöst werden. Durch dieses wird der Hörer nur über einen Teil der Qualitäten eines Kunstwerkes, nämlich über das Thematische, Akkordische und Rhythmische, unterrichtet; die Klangfarbe (deren Beziehung zu den anderen Elementen zu ergründen Aufgabe einer zukünftigen Musiktheorie sein dürfte) bleibt unberücksichtigt.

Dazu kommt noch, daß ein Dilemma durch das Kammerorchester überhaupt nicht berührt wird; die Frage der Ausführbarkeit durch menschliche Kräfte.

2.

Der menschliche Interpret ist, wie jeder Mensch, den Grenzen und Mängeln seines Körpers und Geistes unterworfen.

Kraft und Gedächtnis sind relative Dinge. Der Virtuose leidet an günstiger oder ungünstiger Disposition.

Der menschliche Sinn für Tempi ist niemals absolut; der beste Musiker ist nachweislich nicht imstande, ein Tempo mathematisch genau einzuhalten; er wird ein Stück heute um zehn Sekunden kürzer machen, als es gestern war.

In der traditionellen Analyse hat die Musik überhaupt kein Tempo. Man hat in der musikalischen Theorie die Frage der Zeit noch nie berücksichtigt.[1]

[1] Inzwischen erschien Ezra Pounds Buch »Antheil and the treatise on harmony« (Paris, Three Mountains Press), worin zum erstenmal eine synthetische Betrachtung über Tempo und Harmonie erstrebt wird.

Der Einwand, »aber gerade diese kleinen Abweichungen machen ja das Geniale der Auffassung beim Dirigenten und Virtuosen«, scheint uns rein sentimentalischer Natur zu sein. Unsere Meinung von der Aufgabe des Interpreten weicht stark von der landläufigen ab.

Der reproduzierende Künstler soll lediglich ein Verwalter der Wünsche sein, die der Komponist durch seine (allerdings bisher unzulängliche) Notation geäußert hat. Seine Person, sein momentanes Empfinden, seine private Stellungnahme sind im höchsten Grade gleichgültig für das Wesen des Kunstwerkes. Je »objektiver« der Interpret, desto besser die Interpretation. (Busoni entsetzte manche in den letzten Jahren durch die »kalte Sachlichkeit« seines Spieles.)

Das zunehmende Bedürfnis unserer Zeit nach Präzision und Klarheit erhellt immer mehr die eigentliche Unfähigkeit des Menschen, als Interpret von Kunstwerken zu gelten.

3.

Die musikalische Notation ist sehr reich an Angaben über Dynamik, Phrasierung und Tempo. Aber alle diese Bezeichnungen sind relativ, sind Kautschukbegriffe, sind lediglich Anhaltspunkte für den Ausführenden, der ihnen seine individuelle Gebärde leiht.

Das Forte des einen ist das Fortissimo des anderen; das Pianissimo dieses das Piano jenes.

Man sage uns nicht, es käme ja nur auf die Relation dieser Stärkegrade untereinander an. Dynamik ist eine akustische Angelegenheit, keine individuale.

Die Phrasierung, deren Bezeichnungen noch am eindeutigsten für den Interpreten sind, bezieht sich doch nur auf die gröbsten Bestandteile der Musik.

Die intimeren Proportionen werden durch sie nicht berührt und der »Auffassung« des Spielers überlassen.

(Es gibt aber, auch unter guten Musikern, nur fünf Prozent, die die intimeren Proportionen der Musik dem Namen nach kennen oder gar zu gestalten wissen.)

4.

Man hat über Mittel nachgedacht, das Tempo einer Musik, für dessen Charakterisierung Bezeichnungen wie Andante, Allegro, Presto zu lächerlich unverbindlich waren, genau zu bestimmen.

Diese Überlegungen führten zur ersten Verwendung einer Maschine in der Musik: zum Metronom.

Die Geschwindigkeit eines regulierbaren, mit einer numerierten Skala versehenen Perpendikels ist ein absoluter Maßstab für den Zeitablauf eines Tones.

Merkwürdigerweise kam man erst viel später darauf, auch alle anderen Elemente zu mechanisieren, d. h. der Maschine völlig die Interpretation einer Musik anzuvertrauen. Als man das erste mechanische Klavier konstruierte, geschah es nicht aus dem Bedürfnis heraus, exakt zu musizieren, sondern um einen Apparat zu besitzen, der jederzeit, ohne die Arbeit eines Menschen zu beanspruchen, Musik lieferte.

Erst heute beginnt man, den Wert zu begreifen, den die Mechanik für die Entwicklung der Musik haben wird.

Zwei Gruppen mechanischer Instrumente sind zu unterscheiden:

1. die Vorrichtungen, die an einem wirklichen Musikinstrument die Töne auf maschinellem Wege bilden, also unmittelbar die Hände und den Mund des Interpreten ersetzen;

2. die Apparate, in denen der Ton selbst in anderer Art erzeugt wird als beim Spiel auf einem Instrument.

Zu den ersten gehören die elektrischen Klaviere, die Orchestrions und die Drehorgel. Sie arbeiten mit derselben akustischen Grundlage wie das Klavier respektive das Orchester.

Zu den zweiten zählen wir den Phonographen und das im Prinzip gleiche Grammophon. Hier entsteht der Ton durch eine von Schallwellenlinien in Bewegung gesetzte Nadel, die ihrerseits wieder eine Membran in tönende Schwingungen bringt.

Bei der Herstellung der Matrizen hat man für beide Arten von mechanischen Instrumenten ein System bevorzugt, das den Vorteil hat, Skeptiker von den wahrhaft vollendeten Möglichkeiten der Mechanik zu überzeugen: man hat z. B. einen guten Pianisten ein Stück spielen und sein Spiel gleichzeitig automatisch auf einer Rolle durch eine bestimmte, äußerst präzise Reliefschrift registrieren lassen, und zwar mit allen Nuancen des Anschlages, der Dynamik und Pedalisierung.

Die Wiedergabe erfolgt so getreu, daß auch der beste Musiker nicht unterscheiden kann, ob der Pianist selbst oder ob die Mechanik spielt. (Eine Behauptung, die wir durch den Versuch bewiesen haben!)

Gewiß hat diese Methode auch andere Vorteile: das Spiel eines Meisters wird künftig mit seinem Tode nicht mehr gestorben sein, und auch dem Interpreten wird nun die Nachwelt Kränze flechten (wie dem Mimen seit der Erfindung der Kinematographie).

Aber die wesentliche Bedeutung dieser Maschinen liegt in der Möglichkeit, authentisch für sie zu schreiben.

Das heißt, man kann nach kurzem Studium dieser Reliefschrift direkt in ihr, wie früher in Noten, komponieren; mit allen erdenklichen Feinheiten, mit mathematisch genau festgelegten Tempi, dynamischen Zeichen und Phrasierungen.

Das Problem der authentischen Notation ist also durch die Musikmaschinen heute bereits einwandfrei gelöst, es bedarf nur der geringen Mühe, die Schrift bis ins kleinste Detail zu prüfen und zu erlernen. Einige Komponisten taten es – in 50 Jahren wird diese Kenntnis zur elementaren musikalischen Bildung gehören.

Übrigens wird dieses System beim Orchestrion und bei der Drehorgel oft angewandt.

Natürlich ist es denkbar, ein Riesenorchestrion zu bauen, das alle Instrumente und Klänge enthält, mit denen das Orchester arbeitet. Damit wäre auch die Frage der Orchestermusik erledigt; aber auf eine recht komplizierte und kostspielige Weise. Der Bau eines solchen Apparates, der etwa 30 Geigen, 20 Bratschen und ebensoviele Violoncelle etc. enthalten müßte, würde ein Vermögen verschlingen, ein Vermögen allerdings, das in wenigen Jahren hereingebracht wäre durch die Ersparnis an Musikergehältern.

Erheblich reichere Perspektiven eröffnet die Möglichkeit, authentisch auf die Grammophonplatte zu komponieren.

Die Verbesserungen des Grammophons, an denen seit Jahren fieberhaft gearbeitet wird, haben es zu einem Instrument gemacht, das schon heute einen fast reinen, von Nebengeräuschen freien Klang erzeugt.

Es wird in absehbarer Zeit möglich sein, Apparate herzustellen, deren Klang in Bezug auf Reinheit und Fülle dem wirklichen Orchester völlig gleichkommt.

Die Schrift auf der Grammophonplatte zeigt zunächst einen unüberwindlich scheinenden Nachteil: sie ist mikroskopisch klein. Nur mit Hilfe scharfer Gläser ist es möglich, ihren Charakter und die Beschaffenheit ihrer Merkmale zu studieren.

Dieses Studium ist erheblich komplizierter als das der Reliefschrift im elektrischen Klavier. Die Klangfarben, Tonhöhen und Stärkegrade werden durch unendlich kleine Variationen in den Wellenlinien bezeichnet.

Es handelt sich also darum, eine bedeutende Vergrößerung dieser Wellenschrift zu ermöglichen.

Zur Lösung dieses Problems folgen wir den Anregungen des Malers Moholy-Nagy (Bauhaus Weimar).

Er schlägt vor, eine riesige Platte, etwa fünf Meter im Durchmesser, mit entsprechend großen Linien zu versehen und dann dieses Original auf photomechanischem Wege auf die für das Grammophon erforderliche Größe zu reduzieren.

Diese Lösung erscheint uns nach gründlicher Prüfung völlig zureichend. Es werden sich natürlich auch noch andere finden.

Das authentische Grammophon hat vor dem mechanischen Klavier und dem Orchestrion den großen Vorzug, alle erdenklichen Klangfarben in einem äußerst einfachen und kleinen Apparat zu vereinigen.

Für den Komponisten der Zukunft wird es schlechthin unabsehbare Anregungen enthalten.

Die Anzahl der Klangfarben ist unendlich. Jedem Instrumentenklang kann jeder beliebige Umfang gegeben werden.

Die Differenzierungen der Tonhöhe sind unendlich. Viertel- und Achteltöne sind mit mathematischer Reinheit zu intonieren.

Die Mannigfaltigkeit der Klänge wird das alte Orchester ganz primitiv erscheinen lassen.

Es wird keine Fehler des Zusammenspieles mehr geben; keine verspäteten Einsätze; keinen »kicksenden« Hornisten; keine gerissenen Saiten; keine unrein gestimmten Pauken; keine Irrtümer in der Interpretation.

Die Gestalt des Kunstwerkes ist auf der Platte ein für allemal mit mathematischer Präzision festgelegt.

5.

Noch einige Möglichkeiten für alle Arten mechanischer Instrumente:

Die Geschwindigkeiten lassen sich über die menschlicher Technik gesetzten Grenzen steigern. Sechzehntelpassagen im Tempo 𝅗𝅥 = 208 werden leicht auszuführen sein.

Beim elektrischen Klavier können z. B. sämtliche Töne gleichzeitig angeschlagen werden.

Die Klangkraft ist unbegrenzt.

Es lassen sich die kompliziertesten Rhythmen parallel führen. Das sind keine Utopien mehr. Seit Jahren beschäftigen sich bedeutende Musiker mit dem Problem der Mechanisierung.

Arnold Schönberg favorisiert diese Ideen.

Igor Strawinsky hat Stücke für das elektrische Klavier geschrieben.

Die grundlegenden Versuche auf dem Grammophon habe ich selbst (gleichzeitig George Antheil in Paris) gemacht.

Der Widerstand der Sentimentalen wird die Entwicklung der Musik nicht hemmen können.

Die Rolle des Interpreten gehört der Vergangenheit an.

Stereophonie?

Längst kannte man die Probleme plastischen Sehens. Man wußte, daß die Nachteile der Photographie, des flächigen, zweidimensionalen Abbildes überhaupt, in der Unmöglichkeit begründet sind, einen unbewegten Gegenstand aus nur einem Gesichtswinkel betrachtet in seiner Räumlichkeit und seiner Stellung im Raume zu erfassen.

Erst die zweifache simultane Anschauung (quasi das Sehen hinter den Gegenstand) orientiert über Stellung, Ausdehnung und Proportion.

Auch die Konvention der Perspektive, die bei Bildern geläufiger Anordnung noch dem Intellekt nachhalf, versagte sofort, wenn es sich um fremde Materien handelte.

Man erfand die Stereoskopie, bei der das Prinzip der doppelten Betrachtung angewandt wurde und die unmittelbar die körperliche dreidimensionale Übersicht suggerierte.

Nun wird plötzlich das Problem plastischen Hörens akut. Der Sprung aus optischem in akustisches Gebiet wird manchem schwerfallen.

Was ist *plastisches Hören?* Der Versuch direkten Vergleichens mit dem Sehen scheitert an der Schwierigkeit, Akustisches in den Begriff der Dimensionalität zu fassen. Klang ist weder zwei- noch dreidimensional. Gleichwohl ist er aufs Intimste mit der Vorstellung des Raumes verbunden. Ohne Raum, ohne Resonanz (im weitesten Sinne) ist kein Klang, kein Gespräch vorstellbar.

Im begrenzten Raume hören wir einen Ton gleichsam unter unendlich vielen Gehörspunkten. Die Schallwellen, die ja eo ipso viel größeren Brechungen, Spiegelungen, Alterationen ausgesetzt sind (Echo!) als die Lichtwellen, berühren unser Ohr gleichzeitig in verschiedenen, voneinander leicht abweichenden Formen.

In akustisch ungünstigen Sälen wird die Brechung oft so stark, daß wir gelegentlich gar nichts oder einen Ton mehrere Male hintereinander hören.

Es scheint aber, daß gerade dieses mehrfache, simultane, eigentlich unpräzise Hören, soweit es sich unmittelbarer Kontrolle entzieht, dazu beitrage, uns den Klang körperlich, lebendig, *plastisch* erscheinen zu lassen. Analog dem stereoskopischen Sehen, das ja auch an und für sich ein ungenaues, doppeltes Sehen ist.

Die elementarste Schwäche grammophonischer Musikwiedergabe lag bisher in der Tatsache begründet, daß die Schallplatte den Ton zwar »körperlich« aufgezeichnet hatte, aber nur »flächig« reproduzieren konnte. Die gewisse Verbindung von räumlichen und zeitlichen Imponderabilien, die beim unmittelbaren Hören dem Klang Plastizität verleiht, war in der Übertragung auf eine schwingende Membran aufgehoben worden.

Durch die neue Küchenmeistersche Erfindung des »Ultraphon« ist diese Schwäche zum größten Teil auf ebenso einfache wie kluge Weise beseitigt worden. Das Ultraphon verwendet im Gegensatz zum Grammophon zwei Membranen, die auf die Platte in üblicher Weise aufgesetzt werden. Die Nadeln laufen in derselben Rille, aber mit einer Distanz von wenigen Zentimetern. Die zweite Membran spielt also dasselbe, was die erste zirka eine Zehntelsekunde vorher gespielt hat. Eigentlich müßte das zu greulichen Dissonanzen, zu undeutlichem Ton führen. Musikalisch ausgedrückt: das Ultraphon müßte ständig im Kanon spielen.

Zur Beseitigung dieses Hindernisses fand Küchenmeister eine verblüffend einfache Lösung: Er verlängerte den Weg, den die Schallwellen der ersten Membran zurücklegen müssen, um ans Ohr des Zuhörers zu gelangen, derart, daß die zeitliche Differenz zwischen den beiden Membranen ausgeglichen wurde.

Für unser Ohr spielen nun also beide Membranen gleichzeitig dasselbe.

Aber, und hier liegt der Schwerpunkt, die Schallwellen der einen sind durch die Brechung im Raume verändert worden; durch die Mischung der beiden (gegeneinander leicht kontrastierenden) phonetischen Zustände entsteht ein neuer, synthetischer Ton, der im höchsten Grade plastisch, räumlich und orchestral wirkt.

Und überdies wird die Tonquantität durch Verwendung zweier Membranen naturgemäß verdoppelt.

Diese Entdeckung, die in ihren Möglichkeiten noch unendliche Perspektiven eröffnet, ist ohne Zweifel von größter Wichtigkeit für die Entwicklung der mechanischen Musik.

Klangschönheit und -stärke, vor allem aber die Genauigkeit der klanglichen Reproduktion sind außerordentlich verfeinert worden. Klaviersoli, bekanntlich die sprödesten Objekte phonographischer Wiedergabe, klingen zumindest in den höheren Lagen absolut naturgetreu. Gesangsplatten, Pistonsoli etc. wirken in der Ultraphon-Wiedergabe suggestiv naturalistisch und unendlich viel besser als auf einem gewöhnlichen Grammophon bester Ausführung.

Nebenbei hat Küchenmeister auch eine Art Tonfilter konstruiert, durch dessen Einschaltung die störenden, kratzenden Nebengeräusche auf ein Minimum reduziert werden; allerdings auf Kosten der Tonquantität.

Sollte es gelingen, das Nebengeräusch durch ein anderes Verfahren völlig zu beseitigen, ohne der Tonfülle Abbruch zu tun, so wäre das

Ideal einer reinen, dem Original um nichts nachstehenden mechanischen Musik erreicht.

Vielleicht ließe sich doch das Prinzip des Ultraphons mit den neueren Versuchen kombinieren, die Schwingungen der Membran nicht mehr durch Einkratzen in eine (naturgemäß nicht reibungsfreie) Materie, sondern durch elektromagnetische Behandlung einer Drahtspule zu übertragen!

Die Probleme einer einwandfreien mechanischen Musik beginnen heute aktuell zu werden. Schon diskutieren Musiker ersten Ranges die Möglichkeiten, das Orchester ganz oder teilweise durch mechanische Instrumente zu ersetzen.

Aber noch über das begrenzte Gebiet des Ultraphons hinaus scheinen Küchenmeisters Prinzipien von eminenter Wichtigkeit zu sein. Denn eine vollkommene Lösung der stereophonischen Frage würde auch über eines der heikelsten phonetischen Probleme Aufschluß geben: über das Problem akustisch richtigen Bauens.

1926

Aktualität und Ewigkeit

Man will es noch immer nicht gerne hören, daß ein Künstler seine Tätigkeit als Broterwerb betrachtet. Jeder Beruf hat seine Würde (oder könnte und sollte sie haben), doch nirgends wird soviel Aufhebens von ihr gemacht wie in der Kunst. Es mag bestechend platt klingen, wenn man feststellt, die Produktion von Kunstwerken sei, wie jede andere Arbeit, ein Gebot des täglichen Lebens, abhängig von der Nachfrage und den Bedürfnissen der Umwelt. Und doch trägt gerade diese Auffassung zur Legitimierung der Kunst (deren sie bedarf; heute dringender denn je) wirksamer bei als das Getue um die Heiligkeit und Würde des Künstlertums. Kein Einwand ist imstande, eine Sache vernichtender zu entgöttern als der: sie sei sozial beziehungslos, ohne verpflichtende Kraft, ohne Stellung in der Realität unseres Lebens.

Die Frage nach dem Sinn der Kunst, so alt wie die Kunst selbst, ist von tausend Zeiten und Temperamenten verschieden beantwortet worden. Es gibt Menschen und Epochen, die schon diese Fragestellung als Profanierung und den so Fragenden als oberflächlichen Materialisten ansehen. Und doch zeugt der Zweifel der jungen Künstlergeneration an ihrer Existenzberechtigung von mehr sozialem Gewissen und innerster Ehrlichkeit als die weltfremde Selbstsicherheit der Olympier.

Zu den wichtigsten Argumenten für den Sinn der Künste gehörte von je ihre veredelnde Wirkung. Ich will sie nicht anzweifeln. Nur scheint mir der Begriff Veredelung etwas zu eng gefaßt. Sagen wir doch etwas allgemeiner, daß Kunst ein hervorragendes Bildungsmittel ist, und zwar jede Kunst, auch in ihren sogenannten niedrigsten Formen. Der Kontrast, in den die Kunst sich zu den übrigen Erscheinungen des täglichen Lebens stellt, beruht sehr einfach darauf, daß diese amorph sind, während jene sich in bestimmten Formen bewegt. Der menschliche Geist aber verlangt immer wieder nach Form; ohne sie ist alle Ethik, alle Ästhetik, alles Denken und Schaffen unmöglich. Und auf der Neigung zur Form beruht jedes menschliche Wohlgefallen, die Liebe zu Blumen, Edelsteinen, Leuten mit Kinderstube und, last not least, zu den Künsten. Übrigens ist hier sehr genau zu unterscheiden zwischen dem Formbegriff, der als solcher konstant ist und in keiner Weise von den geistigen Energien irgendeiner Zeit abhängt, und den Formvorstellungen, in deren Wesen es liegt, labil und den Temperamentsschwankungen des Zeitstils unterworfen zu sein.

Der künstlerische Ausdruck aber hat noch weitere Funktionen. Die formale Fassade enthält nicht seinen einzigen Sinn, denn wie überall ist auch hier das Formale nicht mehr als eine letzte Phase der Gestaltung, eine endgültige Fassung dessen, was er verkleidet. Der mystische Ausgangspunkt aller künstlerischen Gestaltung ist ja eben diese unerbittliche Kongruenz von Inhaltsvorstellung und Formvorstellung.

Ich setze voraus, daß *jedes* vollkommene Kunstwerk in einem noch näher zu erörternden Sinne *aktuell* ist. Das bedeutet nicht mehr und nicht weniger, als daß sein Inhaltliches sich ganz subtil mit den großen und kleinen geistesgeschichtlichen Tendenzen der Zeit deckt, in der es entsteht. Es fehlt hier der Raum, die Richtigkeit dieser Voraussetzung an tausend Beispielen zu erhärten. Aber wir können nehmen, welchen Künstler und welches Werk wir wollen: Shakespeare, Bach, Michelangelo, Goethe, Beethoven, Manet – sie alle haben sich aufs engste den Bedürfnissen ihrer Zeit angepaßt, sie alle haben den Glauben ihrer Mitwelt gestalten helfen, die meisten ihrer Werke sind »über Auftrag« geschaffen worden, wie man in Wien sagt.

Die hervorragende Rolle, die das Religiöse in den Künsten der Vergangenheit spielte, ist mit dem absoluten Verschwinden eines deistischen Glaubens bei dem überwiegenden Teile der modernen Menschheit ausgeschaltet. Das Gemeinsame, das mich heute mit meinem Nächsten verbindet, ist anders geartet, rationaler, materieller, irdischer. Und doch läßt sich der Begriff des Glaubens gut auf die sozialen Hoffnungen (oder Ängste) anwenden, die jeden Denkenden unserer Zeit im Innersten beschäftigen.

Und nun einen Schritt weiter: weshalb sollen die Ideen des Achtstundentages, der Gleichberechtigung aller Menschen, der Sozialisierung schlechthin nicht zu Trägern künstlerischer Einfälle genauso geeignet sein, wie die der Auferstehung Christi oder der bürgerlichen Revolution es gewesen sind?

Die Literatur und die bildenden Künste haben diese Erkenntnis schon vor geraumer Zeit gehabt. Erinnern wir uns, daß bereits lange vor der Revolution 1918 die modernen Schulen der mitteleuropäischen Schriftsteller und Maler sich fanatisch dem Revolutionär-Politischen zuwandten; daß der Expressionismus von der politischen Idee untrennbar schien, daß Zeichner und Maler wie George Grosz und Karl Jakob Hirsch, Dichter wie Alfred Wolfenstein und Johannes R. Becher (um nur wahllos ein paar Namen zu nennen) rein aus der politischen Tendenz heraus schufen und ein anderes Schaffen damals kaum anerkannt hätten. Die stärksten Impulse strömten tatsächlich aus der politischen in die künstlerische Ebene, und wenn die formal komplizierte und zerrissene Kunst jener Zeit Resonanz finden, ja, binnen kurzem fast alle Schaffenden aufs entscheidendste beeinflussen konnte, so dankte sie es nicht in letzter Linie der Aktualität ihrer Idee.

Über die bewußte Tendenz dessen, was sie ausdrückte, hinaus aber war sie noch in ihrer Gestaltung ein hinreißend realistisches Symbol der kulturellen Entwicklung, der sie entstammte. Gerade dieser Kunstwille, der das Beschreibende aus dem Bereich seiner Aktivität eliminieren wollte, lieferte als Endresultat malgré lui den äußersten Superlativ an seelischem Naturalismus, der sich denken ließ. Ja, noch mehr: er gab in seiner Zerstückelung der effektiven Erscheinungen ein getreues Abbild der geistigen Zersetzung, die jene Zeit beherrschte, und der er entfliehen wollte.

Wie aber stand es nun um die Musik? Bei ihr ist das Inhaltliche außerhalb des intellektuell Faßbaren stehend, vom Formalen überhaupt nicht trennbar. Die Inkongruenz von Stoff und Gestalt muß ihr daher notwendig verhängnisvoller werden als der Malerei oder der Dichtung, in denen man sich noch mit dem einen über Mängel des anderen trösten kann.

Der Musiker, insgeheim einer allgemeinen Entwicklung natürlich unterworfen, wurzelt aber zunächst viel stärker im Bürgerlich-Vergangenen als Maler und Dichter. Wohl spürt er das unnennbare Neue, was da kommt, »die Luft von anderem Planeten«, doch wagt er nicht, es auch in seiner realsten Konsequenz zu begreifen. So baut sich ein skurriles Schauspiel auf: die Formen tragen alle Insignien der Zersetzung, die Destruktion des Überlieferten geht womöglich noch weiter als in den anderen Künsten, während Inhalt und Idee doch tief im Konventionell-Individualistischen verankert bleiben.

Die Mentalität des Komponisten läßt sich am besten aus den Texten erkennen, die er vertont. Bach, als Repräsentant des evangelisch-lutherischen Christentums, schrieb seine Kirchenkantaten, Passionen und Choralbearbeitungen (als witzige Aktualität nebenher eine Kaffeekantate), Beethoven als Vertreter der bürgerlichen Revolution die Neunte mit dem höchst revolutionären Text von Schiller, Wagner die »Meistersinger«, in denen immerhin die Gleichberechtigung von Feudalismus und Handwerkerstand gepriesen wird.

Der heutige Musiker also, wird man annehmen, komponiert proletarische Hymnen, er bedient sich der revolutionären Lyrik und Dramatik seiner Zeitgenossen und arbeitet so mit an den wichtigsten Dingen, die heute die Welt bewegen. Nichts dergleichen!

Betrachten wir die Texte einiger moderner Lieder. Sie stammen im besten Falle von Stefan George, Else Lasker-Schüler, Rainer Maria Rilke, August Stramm und Georg Trakl. Sie haben oft viel dichterische Kultur (mehr im allgemeinen als die von Reger oder Strauss), aber jede Beziehung zu den erschütternden Ereignissen der Gegenwart fehlt ihnen vollkommen. Ebenso in der Oper. Einzig Alban Berg und Manfred Gurlitt fanden gleichzeitig in Büchners »Woyzeck« den Stoff für ein modernes politisches Musikdrama.

Wir zweifeln nicht daran, daß der Mangel an breiterer Wirkung, dem die moderne Musik begegnet, in engstem Zusammenhang mit jener geistigen Trägheit ihrer Erzeuger steht. Die heutige Gegenwart verstehen, sie in ihrer futuristischen Mannigfaltigkeit und selbst in ihrem Snobismus zu begreifen, heißt sie politisch- soziologisch betrachten. Erkennt man sie als eine Summe von Kulturkrisen, so werden auch ihre Paradoxien plausibel, die gewagtesten Nachbarschaften einleuchtend, die Widersprüche logisch.

»Es geht schon längst nicht mehr um Ewigkeitswerte.« Von allen Thesen, mit denen ich mich exponierte, hat keine die modernen Künstler schmerzlicher getroffen. Mit der Publikation dieser Wahrheit wurden sie ja der letzten geistigen Bonität beraubt, die sie noch deckte. Die Ewigkeit, übermenschlichster aller Begriffe, war ja das gewesen, was sie über das Mißfallen der Gegenwart an ihren Werken zu trösten hatte! »Ihr werdet schon sehen. In tausend Jahren!« Sie sagen es mit resigniertem Stolz, und auf dem Grunde ihrer Resignation schwingt melancholisch das Bewußtsein: ich bin für diese Zeit zu schade. Indes, das wollte niemand wissen. Abgesehen davon, daß keiner von uns in tausend Jahren noch sehen wird. Und wer sich für zu schade hält, ist nicht wert, jetzt zu leben.

Nichts ist mir verdächtiger als dieses Pochen auf eine unkontrollierbare Zukunft, dieses Kokettieren mit Ewigkeitswerten, dieser posthume Größenwahn. Die verabscheuungswürdigste Form moderner Verlogenheit ist jene hierarchische Künstlerpose, die auch eine Rechnung noch mit Hinblick auf ihre Druckreife verfaßt und sich am liebsten selbst die Füße küssen möchte. Ich kannte einen Maler, der sich mit einem ungeheuren Aufwand an Bonhommie und Altmeisterschaft umgab; wenn er eine Kokotte malte, wurde eine Madonna daraus. Eines Tages entdeckte ich, daß er ein berühmtes Seifenplakat kopiert hatte und sich als dessen Autor ausgab. Hat man bemerkt, daß die »besseren Menschen« immer etwas auf dem Kerbholz haben?

Es gibt heute ein paar intelligentere Künstler, die die Notwendigkeit, ihrer Zeit zu dienen, einsahen. Sie machen Gebrauchskunst, schaffen mit ausdrücklichem Hinblick auf die Verwendbarkeit. Aber die wenigsten sind offen genug, diese Spekulation einzugestehen. Noch immer ist ihre Psyche eingezwängt in jenen verhängnisvollsten Künstlerdünkel, der es nicht wahrhaben will, daß der Schöpfer schöner Dinge kein Parasit zu sein braucht.

Typischer Fall: der junge Komponist einer erfolgreichen Jazz-Oper, dem man die Konjunkturjägerei zum Vorwurf machte. Anstatt ehrlich einzugestehen: ja, ich habe das geschrieben, um Erfolg zu haben, um ein breites Publikum zu unterhalten, um Geld zu verdienen, verschanzt er sich hinter einen Wall von ideologischer Verteidigung, historischen Vergleichen, und beraubt sich so der Sympathien, die man einem jungen begabten, zufällig nicht in Kali, sondern in Kunst machenden Moneymaker entgegenbringen könnte. Ich meine Ernst Krenek.

Die ganze Krise der modernen Kunst scheint mir in diesem Zwiespalt zwischen Kassenerfolg und Kunstideologie begründet zu sein. Man möchte einerseits dem Publikum nicht dienen, da man seine Instinkte für minderwertig hält. Andererseits sucht man Resonanz. Aber, bitte, bei wem denn, wenn nicht beim Publikum? Wozu dann der ganze Rummel? Damit Künstler in die Theater, Konzerte, Museen laufen? Letzte Konsequenz dieses Verfahrens: es genügt, wenn ich selbst meine Symphonie höre. Zur Aufführung habe ich kein Geld. Und innerlich höre ich es doch exakter. Warum also erst aufschreiben? Ausrede fürs Aufschreiben: die Nachwelt wird sich freuen. Welch hoher Altruismus!

Ich glaube, ein Kunstwerk, das die letzte Essenz seiner Zeit gestaltet, das aktuell im höchsten Sinne des Wortes ist, wird auch in hundert Jahren seine Wirkung nicht verfehlen. Eins, das heute im Effekt leerläuft, wird in 99 von 100 Fällen auch für die Urenkel bedeutungslos sein. Und wegen des einen Falles, der vielleicht die Regel bestätigt, diese ganze Esoterik?

Wie weit reicht die sogenannte Ewigkeit in der Kunst? Kaum zehntausend Jahre. Und in der Musik? Kaum tausend Jahre.

Bergs »Wozzeck« und die Berliner Aufführung

Wird ein dramatisches Werk aus dem Zustand des papierenen Daseins in den exponierteren einer Aufführung gestellt, so ergeben sich, selbst im gewöhnlichen Falle einer traditionellen Struktur, Perspektiven und Entdeckungen, die die Betrachtung des Werkes als Totalität auf eine oft gänzlich veränderte Basis rücken. Der ungewöhnlichste aller Fälle aber, ein Opus wie der »Wozzeck«, der in jeder Hinsicht sich des Bezuges zu allem bisher auf musikalisch-dramatischem Gebiete Geschaffenen begibt, eröffnet unmittelbar den Ausblick auf das Wesen der Kombination von theatralischer und musikalischer Handlung.

Blieb es bislang die Ideologie der Oper, den Effekt für das Formale zu opfern, die Form aber nur da zu verantworten, wo Wirkung sekundär wurde – denn so sehr man Gestaltung, Proportion und musikalische Nuance in die Oper hineinwünschte, resultierte doch, selbst bei Wagner, wenig mehr als ein stilarmes Alternieren zwischen Drama und Thema –, so wurde hier mit einer somnambulen Sicherheit die Synthese, die Bindung vom Dramatischen zum Thematischen hergestellt.

Es ist eine der auffallendsten Eigentümlichkeiten des »Wozzeck«, daß er, für dessen Bedeutung man das rein Konstruktive, den formalen Bau, als entscheidend annahm, aufgeführt eine Wirkung vermittelt, die zu den spontansten auf der Opernbühne überhaupt gehört. Selbst wer, wie ich und viele mir befreundete Musiker, den Klavierauszug ziemlich genau kannte, war doch im wesentlichen auf eine Kenntnis der tektonischen Elemente beschränkt geblieben, die in allen Fällen höchste Bewunderung erregte, von der dramatischen Substanz des Werkes jedoch kaum eine Ahnung zuließ.

Zweifellos ist die unvergleichliche szenische Wirkung der Oper zu einem nicht kleinen Teil der unerhört guten und fast makellosen Aufführung zuzuschreiben, die die Berliner Staatsoper ihr zuteil werden ließ. Manche hatten die Aufführungsmöglichkeiten des »Wozzeck« überhaupt in Frage gestellt. Und es gab genug Argumente dagegen. Da waren zunächst rein bühnentechnische Schwierigkeiten: In jedem der drei Akte viermaliger totaler Wechsel der Dekoration, oft in einem Zeitraum, der kaum zur Bedienung des Schnürbodens auszureichen scheint. Die größere Schwierigkeit aber, ja das eigentliche Problem bei der Realisierung dieses Werkes, war die völlig neue, aller Konvention fremde Art, wie die Stimmen von Berg behandelt werden. Von den rein melodramatischen Teilen abgesehen, wo zur begleitenden Musik im gewöhnlichen Tonfall gesprochen wird, gibt es große und zahlreiche Partien, die die von Schönberg im »Pierrot Lunaire« postulierte Art des Sprechgesanges, das heißt eines Sprechens nicht nur in vorgeschriebenen Rhythmen, sondern auch in festgelegten Hebungen und Senkungen der Stimmlage, verwenden.

Die Beherrschung eines solchen Sprechgesangspartes fällt, wie jeder erfahren hat, der einmal den »Pierrot« einstudierte, einem Sänger schwerer als die Intonation selbst der kompliziertesten Intervalle, mit denen der »Wozzeck« auch überreichlich durchsetzt ist. Bedenkt man dazu die generelle Schwerfälligkeit der durchschnittlichen Opernsänger vor neuen Aufgaben, ihre konservative Abneigung gegen alles, was über den Rahmen der Konvention hinweg zu ungewohnten Möglichkeiten des Ausdrucks führt, so gewinnt man einen kleinen Begriff von den Widerständen, die das Werk zu überwinden hat.

Dabei ist noch eines zu berücksichtigen, das zwar zum Musikalischen kaum eine Beziehung, für die Aufführung aber eminente Bedeutung hat. Der »Wozzeck« gehört zu den wenigen Opern, deren textlich-dramatische Unterlage an und für sich schon bühnenmöglich ist. Georg Büchners Drama, eines der stärksten, eigenwilligsten Stücke der deutschen Bühnenliteratur, stellt rein mimisch an den Schauspieler Ansprüche der höchsten Art, Ansprüche, die nach der Verkleidung des Wortes durch die Musik der Oper nicht im mindesten eingeschränkt werden. Alles, was sich an Bewegungsarten, an gestischer Konvention der Opernbühne eingefleischt hatte, jedes Zum-Publikum-hin-Spielen, jeder traditionelle Auftritt und Abgang, jedes Starlächeln und jeder Primadonnenausdruck mußte hier, ins krasse Licht einer unerbittlichen Realistik gerückt und so seiner bürgerlich-höfischen Pseudosymbolik entkleidet, absurd und lächerlich desillusionieren. Daß alle diese Bedingungen bei der Uraufführung Erfüllung fanden, ist der monatelangen intensiven Arbeit des Dirigenten und des Regisseurs zu danken.

So bleibt noch das Wichtigste: die Musik selbst. Der Vollständigkeit halber sei die Orchesterbesetzung kurz wiederholt: vierfaches Holz, dazu Baßklarinette; vierfaches Blech, dazu Kontrabaßtuba; Streichquintett; 4 Pauken, große Trommel, 4 kleine Trommeln, tiefes und hohes Tamtam, Becken, Rute, Triangel; Xylophon, Harfe und Celesta.

Die eigentümliche Stilistik der Bergschen Diktion, die Kühnheit und spezifische Farbe des Orchestersatzes stellt an den Dirigenten höchste Anforderungen im Ordnen des Klangmaterials, im Hören der rhythmischen Komplexe und in der Fähigkeit, Polyphones plastisch zu gestalten. Die Partitur enthält zahlreiche Partien, die sich bis zur Sechs- und Siebenstimmigkeit entwickeln. Diese Polyphonie, in der jede Stimme eigenste Organik besitzt, zu realisieren, so daß wirklich die ganze Fläche belebt ist, daß keine Farbe dynamisch untergeht und das Strukturelle der Stimmverflechtung deutlich wird, dürfte zu den schwersten und schönsten Aufgaben moderner Direktionstechnik gehören. Und dabei ist nicht zu vergessen, daß an den Stellen, wo diese Vielstimmigkeit den Gesang zu akkompagnieren hat, dieser noch in einem Gewirr des erregtesten Orchesters hörbar, ja dominierend bleiben muß. So leicht es ist, einen homophonen Orchesterklang zur Begleitung abzudämpfen, so heftig kämpft stets eine auch nur schwach belebte musikalische Fläche um ihre Hegemonie zuungunsten der Hörbarkeit der menschlichen Stimme.

Aus der polyphonen Komplikation ergibt sich notwendig die rhythmische. So wenig die stimmige Belebtheit der »Wozzeck«-Partitur, ihre simultanistische Heterophonik aus den Gegebenheiten des legitimen Kortrapunktes sich deuten läßt, hat ihre Rhythmik noch Bezug auf die objektiven Thesis-Arsis-Zeitmaße einer überlieferten Taktteilung. Die eigentlichen rhythmischen Ereignisse liegen hier mehr als irgendwo anders *zwischen* den Schlägen; unwahrscheinlichste Zäsuren entstehen; Systole fällt mit Diastole zusammen; die Gleichzeitigkeit der verwegensten Bindungen erzeugt eine Phrasierung des Ganzen von äußerster Subtilität der Anordnung und Folge; das Taktgefüge wird schwebend wie ein kaum zu erfassender Komplex von Naturlauten. Hier bedarf also der Dirigent nicht nur einer ungeheuren präzisen Fassungsgabe für rhythmische und phrasische Atome, sondern auch einer den schnellsten Wechseln und metrischen Nuancen gewachsenen Hand.

Die bezüglich des Zusammenspiels und der Abtönung beschwerlichsten Teile der Partitur enthält der zweite Akt in der großen Wirtshausgarten-Szene. Das Orchester bildet hier stellenweise die Begleitung zu einer konzertant behandelten Bühnenmusik.

Vom Dynamischen war schon bei den Problemen der Polyphonie im »Wozzeck« kurz die Rede. Es sei aber noch eine der merkwürdigsten Stellen des Werkes erwähnt: die »Invention über einen Ton« (III. Akt, zweites Zwischenspiel). Hier ist aus dem Prinzip reiner Dynamik einer der wichtigsten dramatischen Momente der Oper gestaltet worden. Kurz nach dem Mord, den Wozzeck an Marie begeht, setzt das gesamte Orchester zweimal hintereinander auf einem Ton (h) pianissimo ein und steigert sich in einem langen Crescendo bis zur unerträglichsten Klangfülle.[1] Die Wirkung bei der Aufführung war von erschütternder Größe.

Daß die Partitur dem Dirigenten auch formale Probleme wichtigster Art bietet, bedürfte kaum der Erwähnung. Bei aller Arbeit am Detail darf die dramatische Gestaltung des musikalischen Gesamtbildes niemals den symphonischen Aufbau in den Hintergrund treten lassen; die Formen, wie die Passacaglia im ersten, die Symphonie des ganzen zweiten Aktes, müssen ebenso konzis interpretiert werden, wie sie konzipiert wurden; die Entwicklung der Musikmaterien hat auch die der dramatischen Ereignisse ständig zu kontrollieren.

Wie schon gesagt wurde, ist die Berliner Aufführung all diesen Forderungen in einer vorbildlichen Weise gerecht geworden. Kein Wort ist Anerkennung genug für die Leistung Erich Kleibers, der Sänger und des Orchesters. Wer Gelegenheit hatte, im Herbst die Probenzettel der Berliner Staatstheater zu verfolgen, weiß, welche unerhörte Arbeit da geleistet wurde. Eine Arbeit freilich, die einem der wichtigsten Werke unserer Zeit zugute kam, die musikgeschichtliche Bedeutung hat; denn der »Wozzeck« wird das meiste überdauern, was von zeitgenössischen Werken heute über die Opernbühne geht.

[1] Das erste Crescendo vollzieht sich ohne Schlagwerk auf einem einzigen Ton, dem kleinen h, das ja fast alle Instrumente des Orchesters besitzen, in der Weise, daß die Einsätze der Bläser vom gedämpften Horn bis zu 4 Posaunen den Rhythmus der folgenden Szene (Invention über einen Rhythmus) vorausnehmen und die Einsätze der Streicher denselben Rhythmus kanonisch imitieren, alle Instrumente aber vom Einsatz an konstant crescendieren. Am zweiten Crescendo, in dem das h auf mehrere Oktaven verteilt ist, nimmt das volle Orchester mitsamt dem Schlagwerk vom Anfang an teil. Es ist interessant, daß das erste Crescendo (ohne Schlagwerk) bei der Aufführung fast noch mächtiger klang als das zweite.

Erik Satie

1.

Daß er in diese Zeit fiel, ist fast absurd. Für ihn, und nicht nur für ihn, war es ein Schicksal. Er gehörte zu den ewigen Jünglingen, zu den großen bescheidenen Lächlern, deren tragische Heiterkeit die Welt verändert. Still und sehr demütig saß er irgendwo in einem kleinen Garten und arbeitete. So entstand ein Werk, das die Musikgeschichte, dieses bunte Gewirr von scheinbaren Zufälligkeiten, umformen sollte.

Sein Kopf, dieser weise und freundliche, ein wenig unscheinbare Faunskopf, der einem Sokrates zu gehören schien und beinahe einem Bürger – dieses Gesicht mit den überaus fröhlichen kleinen Augen, dem Bocksbart und den Falten der Ironie blickte auf eine Welt, über deren Lächerlichkeiten es ihre Kämpfe vergaß.

Zeitgenosse Debussys, überrumpelte er eine im Kampf gegen die Hyperromantik unterlegene Generation, die dem (hinter der Maske des Impressionismus verborgenen) Wagnerismus mit umgekehrten Vorzeichen huldigte und aus Angst vor dem Gespenst des eigenen Ich in die dunkelsten Kasematten der Seele kroch, einer Seele, die sie trotzdem (oder gerade deshalb) leugnen wollte.

»Je ne tolère qu'un juge: le public«, hat er einmal geschrieben. Dieses Bewußtsein, einer Masse zu dienen, dieses soziale Verantwortungsgefühl gegenüber einer Welt, die ihm an Entwicklung, Intellekt und Kultur so glich wie die Liliputaner dem Gulliver an Gestalt, scheint mir seine rührendste Tugend. Eine heroische Tugend und eine prophetische zugleich. Mit ihr wies er einer zukünftigen Generation den Weg. Ohne ihn wäre die Musik immer tiefer in die Sackgasse des l'Art pour l'Artismus, in die Gruft des hemmungslosen Individualismus geraten. Er hat, unpathetisch und mit graziöser Schlichtheit, klare Kunst gemacht, in einer Zeit, da kein Mensch wußte, was Klarheit ist, noch, daß es überhaupt Klarheit gibt.

2.

Blättern wir in seinen Klavierstücken, so scheint zuerst nichts Bedeutsames geschehen. Was uns auffällt, liegt im Äußeren: Notation und Klangbild weichen vom Üblichen ab. Die Musik ist dünn gesetzt, meist in reiner Zweistimmigkeit. Das schwere Gepäck der modernen Harmonik hat sie über Bord geworfen. Herrschend ist überall Dreiklangliches. Die Tonart wird wieder eingesetzt. Keine Chromatik, fast keine Modulation. Dafür eine kristallinische Durchsichtigkeit des Satzes, der nur den ersten oberflächlichen Blick mit seiner geflissentlichen Kunstlosigkeit täuschen kann.

Satie wollte nicht hoch hinaus und fiel daher, ein echter Meister, auch nicht vom Himmel. Welch wunderbares Kind!

Dabei lag ihm nichts ferner als die unechte, gekünstelte Einfachheit, wie etwa Richard Strauss sie gangbar gemacht hat.

Satie erfand die Tatsachenmusik. Wenn er ein Thema hinsetzt, atmet es, wird lebendig. Er kennt die geheimen Triebe der Melodie, weckt sie und zeigt sie in hellstem Licht, ohne sie dabei zur Karikatur aufzudonnern. Maß ist sein oberstes Kunstgesetz. Maß in allen Dingen: in der Rhythmik, im Harmonischen, in der Form.

Satie ist oft banal. Aber er ist es mit Grazie und Geschmack. Hinter seinen Banalitäten steckt etwas wie ein Mensch, ein echter Kerl mit allen Empfindungen, Gedanken und Gemeinplätzen eines Menschen.

Er hat die bürgerlichste Musik geschrieben, voll von guter Stube und guter Kinderstube; die Musik eines sorglosen, sehr weisen, sehr ironischen kleinen Bürgers, der über sich selbst ebenso herzlich lachen kann wie über die Welt und wie die Welt über ihn.

Und so ganz im Geheimen, zwischen Redensarten und braven Themen, macht er Revolution. Man merkt fast gar nichts, erwartet nichts, und auf einmal steht da ein Akkord, biegen die Stimmen in eine Richtung, daß man aufmerksam wird.

Genau so, ganz still und unbeachtet, findet er vor Debussy Dinge und Kombinationen, die diesen berühmt und berüchtigt machen. Alle Requisiten der fortgeschrittenen Harmonik um die Jahrhundertwende hat er vorweggenommen. Erstaunt fand man sie 20 Jahre später in seinen ersten Werken.

3.

Wir haben, da vorher von anderem die Rede sein sollte, eine Kleinigkeit verschwiegen, die dem ersten Eindruck Satiescher Musik unweigerlich verbunden ist: zunächst erstaunt man über seine Titel. »Stücke in Birnenform« heißt ein Heft, »Dinge, die man rechts und links ohne Brille sieht« ein anderes. Die Namen der einzelnen Stücke sind noch seltsamer. »Die, die zuviel redet«, »An eine Laterne«, »Der Mann, der große Steine trägt«. Zwischen die Notenzeilen streut er Bemerkungen ein wie »Hör doch zu«, »Jetzt fällt er hin«, »Da sind die Trommeln«,

»Der arme Mann stirbt vor Erschöpfung«. Diese ironischen Überschriften und Kommentare, meist von unwiderstehlicher Komik, diese krausen Einfälle, sollen eigentlich kein Programm bezeichnen. Satie ist absolut nicht darauf aus, eine Anekdote zu liefern. Aber seine Einfälle kommen doch von ihnen her. Er denkt an eine Birne oder an eine Seegurke und schreibt dabei Musik; manchmal vertont er wirklich eine häusliche Szene, manchmal ist es eine Rabelaissche Fabel, die die Phantasie lebendig macht. Ein bißchen harmlose Ironie gegen die hochlyrischen Überschriften (oder Unterschriften) seiner Zeitgenossen mag auch dazukommen.

Oft aber ist es einfach kindliches Dalbern, eine ganz naive Lust am Komischen, ein profunder Humor, der ihn zu solchen Tollheiten bestimmt. Aus diesem Humor gebiert er die tollsten Einfälle, wahre Purzelbäume des Geistes. Selten ist sein Witz aggressiv, und auch im Angriff hat er soviel Charme, daß man die Bosheit umarmen möchte.

Mütterlicherseits ist er Schotte. Man spürt das Britentum in diesem Witz, der nur zur Hälfte dem Rabelaisschen oder dem Voltaireschen verwandt ist.

4.

Zum Theater trieb ihn das Ballett. Hier konnte er seine Freude am Tänzerischen, am Unpathetischen produktiv machen. Auch liebte er das Publikum, und bei aller künstlerischen Reinheit und Strenge blieb er sich stets der Wirkung auf den Hörer bewußt.

»Ich will ein Ballett für Hunde schreiben,« sagt er zu Cocteau, »der Vorhang hebt sich über einem Knochen.« Und er schreibt Ballette; zwar nicht für Hunde, aber sehr für das Publikum der Music-Halls und Varietés.

»Parade«, eines seiner beiden Meisterwerke, macht ihn berühmt. Es ist suitenartig gebaut, beginnt und schließt mit einem Fugato. Dazwischen Tänze von vollkommener Schönheit: der Schnellmarsch des chinesischen Gauklers, der Ragtime du Paquebot, der Akrobatenwalzer und der Step der kleinen Amerikanerin – lauter klassische Beispiele und Nutzanwendungen von modernen Tanzrhythmen.

Die Harmonik des Werks, eine gleichsam platonische Harmonik, wie stets bei Satie, ist noch geklärter und zukünftiger als in früheren Arbeiten. Wie über ihr, waltet über der ganzen Partitur eine großzügige, vollkommene Einheit, die, vom Melos ausgehend, die Form, das Orchestrale, die Phrasierung und selbst das Tempo diktiert. Über allen Teilen von »Parade« steht die gleiche Metronomziffer, einmal für die Achtel, einmal für die Viertel und einmal für den ganzen Takt.

Die eigentümliche Farbe von »Parade«, dieses verblüffende Gemisch von Zirkuslaune und klassischer Haltung, machte Schule in der modernen Musik. Was dieser Stil sich an allzu augenfälligem Ernst, an »Tiefe« versagt, ersetzt er genial genug durch Trockenheit der Idee und Geschlossenheit des Handwerks. Er hat der modernen Kunst die Metaphysik der Clownerie, eine Art von Trapez-Philosophie, erschlossen, das, was der klassische Instinkt in Nietzsche als geniale Buffonerie bezeichnete und forderte.

5.

Wir sprachen von Saties platonischem Stil. Sollte sich in ihm ein neuer Hellenismus ankündigen? Früh schrieb er ein Heft langsamer Tänze und fand für diese den Titel »Gymnopédies«. Das Varieté, zu dem Satie eine zärtliche Vorliebe hegte, ist von allen modernen Institutionen bürgerlicher Unterhaltung den griechischen Idealen am nächsten. Heiterkeit war für dies Volk von Ästhetikern und Ästheten Lebensbedingung. Nichtsdestoweniger schuf es sich die Tragödie.

Auch Satie sollte seine Tragödie schreiben. Was sich an weisem Ernst, an bester Menschlichkeit hinter unverwüstlichem Frohsinn verborgen hatte, kam einmal ganz rein, ganz konzentriert zum Vorschein. Merkwürdigerweise entstand so sein zweites Meisterwerk: »Socrate«.

Meisterlich ist alles in dieser musikalischen Dichtung, die den Tod eines Philosophen begleitet; ihre vollkommene Harmonie, ihre melodische Rundung, ihre göttliche Form; das traurige Lächeln eines sanften Gottes, der die Welt betrachtet.

6.

Jeden Tag fuhr der alte Satie aus dem ländlichen Vorort Arcueil in die Stadt: nach Paris. Er hatte viele Freunde. Die jungen Musiker erholten bei ihm sich Rats; Maler und Literaten lernten von ihm. Wie ein guter Vater nahm er sich aller Künste an. Auf diese Weise gewann er bald und ohne es selbst zu wollen Einfluß auf die geistige Entwicklung Frankreichs. Picasso und Cocteau folgten Satie zum Klassizismus seines »Socrate«, und der kleine, bescheidene Musiker wurde zum Spiritus rector einer epochemachenden künstlerischen Bewegung.

Er hat niemals Vorteile aus seiner Sendung gezogen. Still und scheu blieb er, auch als die Welt seinen Namen mit Ehrfurcht nannte, in seinem *buen retiro* zu Arcueil vergraben.

Die Krankheit, die ihn 1924 packte, ertrug er mit der Geduld eines Philosophen. Auf dem letzten Lager, umgeben von Freunden und Jüngern, sagte er Worte von köstlichem Frohsinn und vollkommener Weisheit.

Er starb im Sommer 1925, betrauert von allen, die jung waren wie er.

1927

Sozialisierung der Musik

1.

Die Musik von heute geht den Menschen von heute nichts an. Alle Probleme, denen sich der »Schaffende« unserer Zeitläufte konfrontiert sieht, haben den Avantgarde-Komponisten nichts nehmen können von ihrer schönen Isoliertheit, von ihren privaten Freudenschaften, von ihrer weltfremden Ideologie. Die Identität mit dem Sinn ihrer Zeit, die einzige also, zu der ein Kunstwerk heute noch neigen dürfte, opfern diese unzeitgemäßen Künstler einer unfruchtbaren Identität mit sich, mit ihren und ihrer Zunftgenossen Affekten. Sie sitzen und brüten in ihrer Werkstatt, ohnmächtige Alchimisten, lebendige Anachronismen, souveräne Herrscher über eine Spezialwelt von Tönen und Klängen, deren verpflichtende Kraft für den Zeitgenossen gleich Null geworden ist. Was sich an Problemen ihnen entgegenstellt, ist rein technischen Ursprungs; den Vervollkommnungen dieser Techniken wird ein übertriebener wissenschaftlicher Eifer gewidmet, und mit der progressiven Differenzierung des Handwerklichen und Hirnwerklichen sinkt die eigentlichste und innerlichste Gewalt der Musik, dieser mystische Rausch des Herzens, in ein bodenloses Vakuum hirnlichen Selbstzwecks.

Manche noch düpiert der Rummel, die Aufmachung, der gigantische Betrieb. Gelegentliche Erfolge scheinen die Sinnhaftigkeit solcher Esoterik zu bekräftigen. O schöner Irrtum! Alles, was man erfand, der moribunden Kunstmusik dieser Zeit Geltung zu verschaffen, all diese Gesellschaften, Musikfeste, Subventionen und Propagandaschriften können nur den endgültigen Zusammenbruch ein wenig auf die lange Bank schieben. Ändern werden sie nichts. Das gutgläubige Publikum versucht unter dem Zwang der Anschauung, so sei es doch immer gewesen, diesen Werken, die ihm fremd sind, zu applaudieren. Die Kollegen, soweit nicht Konkurrenzneid sie bindet, bekunden Interesse, und die Snobs, diese sympathischen Outsider des Geistes, klatschen aus Eitelkeit oder Trotz. In Wirklichkeit ist nichts geschehen; man langweilt sich, und hinterher wird diskutiert. Sollte aber doch eine Minderheit existieren, die wahrhaften Anteil an diesen Vorführungen nimmt, so wäre damit nichts geändert. Denn diese Minderheit zählt heute nicht mehr. Es ist tatsächlich vollkommen bedeutungslos, ob ein paar Leutchen eventuell das Bedürfnis haben, »moderne Musik« zu hören. Dadurch ist die Tätigkeit der Komponisten, dem Volk fremd und unverständlich, mitnichten rehabilitiert. Jede Bäckerei ist wichtiger. Wo aber sind die Massenwirkungen solcher Musik? Die gibt es nicht. Sie sind nicht einmal denkbar, weniger noch als die der Literatur und der bildenden Künste. Denn im Gegensatz zu diesen sucht die zeitgenössische Musik keinerlei Resonanz; sie besteht nur aus sich selbst; sie gibt dem Ohr des Zuhörers verzwackte phonische Probleme auf und entbehrt jeder großen tragenden Gemeinschaftsidee.

Damit, daß einer das kompositorische Handwerk bis zum ff beherrscht, ist heute nicht das Geringste getan. Auch das Talent, das jeder Dritte ja besitzt, tut's nicht. Wir haben Hunderte und Tausende von genialen Begabungen kennengelernt. Keine bestand vor den Forderungen dieser Zeit. Denn alle verfielen der Versuchung eines veralteten bürgerlichen Individualismus, der auf unsere Generation nicht wirken konnte, da sie nicht mehr in subjektiven Gefühlswerten rechnet, sondern in Kalorien und Horse-Powers.

Der immense seelische Kredit, den die Kunstäußerung in Tönen bei der Mehrheit des Volkes (und insbesondere des deutschen Volkes) genießt, wird in absehbarer Zeit eingestellt werden. Wenn die Musik nicht überhaupt aufhören soll, als zukünftige Kunstäußerung existent zu sein, wird sie sich ihres höheren Sinnes, der den Klang nur als notwendiges Mittel, nicht aber als Zweck benutzt, erinnern müssen.

2.

Es gibt im Augenblick nur zwei Formen der Kunstäußerung, die (abgesehen vom Journalismus) eine breitere Publizität genießen: *Film* und *Tanzmusik*. Beide sind in ihrem Effekt völlig international und allen gesellschaftlichen Schichten gleichmäßig zugänglich. Beide gehören noch jetzt bis zu einem gewissen Grade den suspekten Gattungen an, bewältigen aber nichtsdestoweniger alle Aufgaben, die früher an die hohe Kunst gestellt wurden. Beide haben, innerhalb der ihnen durch die Devise der Allgemeinverständlichkeit gesetzten Schranken, Stil und Niveau. Aber sie haben, trotz aller Bemühungen, eine Vermischung herzustellen, mit den differenzierten geistigen Problemen ihrer Schwesterkünste nichts zu schaffen. Der Unterschied in der Zielsetzung bei einem modernen »geistigen« Komponisten und einem Hersteller von Tanzschlagern ist unüberbrückbar. Das wohlwollende Interesse, das junge Komponisten dem Jazz entgegenbringen, diese halb amüsierte, halb indignierte Neugier, kann nicht darüber wegtäuschen. Am allerwenigsten können es die (mitunter geistreichen) Versuche, die Probleme der modernen Musik in das Jazz hineinzutragen.

Film und Jazz verfolgen ein einziges Ziel: die Unterhaltung und Belebung der Sinne. Andere Voraussetzungen kommen überhaupt nicht in Frage. Diese Künste sind also genau das, was zu allen Zeiten Kunstwerke gewesen sind und sein wollten: Gebrauchsartikel. Ohne ausgleichendes Verhältnis der Nachfrage zum Angebot ist ja ohnedies jede Kunstäußerung ein Unfug. Die Nachfrage nach Unterhaltung ist aber heute zweifellos größer, als sie je vorher gewesen ist. Doch die Retortenkunst der Führenden unserer Tage ist völlig ungeeignet, diese Bedürfnisse zu befriedigen. Film und Jazz bringen es fertig, ohne wesentliches Kopfzerbrechen, ohne Märtyrertum, ohne prophetische Kampfgebärde. Was soll uns das Andere?

Es geht schon längst nicht mehr um Ewigkeitswerte. Wir pfeifen drauf. Es handelt sich um Wichtigeres, darum nämlich, dem heutigen Menschen und seinen gehetzten Nerven einen seelischen Ausgleich zu schaffen, ihn zu entspannen und angenehm zu zerstreuen. Mit seelischen Konflikten lockt man keinen Hund mehr von der Zentralheizung fort. Die Mühe des Schaffens will kein Genießender mit durchmachen.

3.

Man hatte von der Revolution künstlerisch viel erwartet. Die Hoffnungen für die Musik sind bisher getäuscht worden. Ja, es scheint, als wäre mit der politischen Demokratisierung die Musik noch viel tiefer in das aristokratisch-bürgerliche l'art-pour-l'art-Prinzip gesunken. Nie wurde individualistischer musiziert als im revolutionierten Deutschland und Österreich. Nie gab es eine Kunst, die aristokratischer und esoterischer sich gebärdete als die Musik der jungen russischen Chromantiker. Wo sind die großen Revolutionshymnen, wo die Proletariermärsche, wo die Volkssymphonien (man komme mir nicht mit Jaap Kool!), die Marseillaisen von 1917 und 1918?

Die Sowjet-Regierung schickt junge Musiker in entlegene Landschaften, damit sie Volkslieder sammeln und bearbeiten. Das ist viel, und doch stimmt es bedenklich, daß solche Anregung notwendig zu sein scheint, um die Beziehung des Musikers zum Volk wiederherzustellen. Daß die Volksmusik stets eine unerschöpfliche Quelle zur Erfrischung der Kunstmusik gewesen ist, wir wissen es. Die heutige Kunstmusik (wenigstens in

Deutschland und Rußland; in Frankreich ist es merkwürdigerweise anders) hat mit dem Volkslied nichts gemein. Sie hängt in der Luft; ein schillernder Wechselbalg, fremd und ohne innere Kraft.

4.

Zwingt die Besinnung auf die Funktionen der Musik zur völligen Vereinfachung ihrer technischen Substanz, zur Anerkennung von Tanz, Hymne und Marsch als einzig wichtigen Tonformen, so braucht sie doch nicht das rein artistische Interesse an zeitgenössischen Musiken zu lähmen.

Nicht die schlechtesten jungen Musiker sind heute in einem Zwiespalt, in einem Zustand hoffnungsloser Verwirrung. Was ihr sozialer Instinkt ihnen diktiert, findet sofort Widerspruch durch das modern geschulte und in allen Wassern der Esoterik gewaschene Hirn.

So kann es durchaus möglich sein, daß einer Gebrauchsmusik für die einzige zukünftige hält und dennoch durch die magische Mathematik Arnold Schönbergs, die elegante Rokoko-Grazie Francis Poulencs, die rhythmische Turbulenz Igor Strawinskys im Innersten erregt wird.

Eine phantastische Antinomie? Das Differenzierteste kämpft gegen das Primitivste, das Dogma des Zwölftönegesetzes gegen die stereotypen Modulationen der Jazzmusik. Die Musik, abstrakteste Kunstäußerung, will konkreteste Wirkung.

Wohin wird das führen? Niemand weiß es. Nur fühlen alle, daß da etwas nicht stimmt. Hat Musik, hat überhaupt Kunst sich überlebt? Kaum; da sie in gewissen Formen den größten Zulauf hat. Aber die Voraussetzungen sind andere geworden. Die Ästhetik reicht allein nicht aus. Es gibt nur noch ein Dogma, das die Richtung anzeigen kann: das Dogma des Effekts.

Neue Sachlichkeit in der Musik

Unter den Kunstschlagworten, die die Epoche nach der Revolution gebar, hat das von der neuen Sachlichkeit weitaus die wärmste Aufnahme in allen ästhetischen Zirkeln und Salons gefunden. Hinter diesem Begriff fand das Heer derer, denen die Lockerung der künstlerischen Ausdrucksmittel, die Unkontrollierbarkeit der neuen Techniken von Anfang an nicht gepaßt hat, endlich die Möglichkeit, die ganze Richtung im Nachhinein zu diskreditieren. Das Entsetzen über die verworrenen und unverständlichen Wege, die die neue Kunst eingeschlagen hatte, mündete in die schadenfrohe Geste: wir haben es ja immer gewußt, und wenn nicht der Friede, so schien doch der Waffenstillstand zwischen Kunst und Alltag gewährleistet. Die bürgerliche Ordnung, für deren Sicherheit die Herzen des Publikums bang gezittert hatten, konnte als wiederhergestellt gelten, und mit Befriedigung konstatierte man, der Künstler sei aus den revolutionären Kinderschuhen in die Filzpantoffeln eines bürgerlich konzessionierten Daseins hinausgewachsen. Plötzlich arbeitete die Literatur wieder mit Begriffen, die dem Durchschnittsgehirn so geläufig waren wie der Leitartikel des Morgenblattes, die Malerei näherte sich auf sympathische Weise der Photographie, und einem Ondit zufolge ließen sich in den Werken jüngster Komponisten schon wieder Dreiklänge feststellen. Zugleich gab das Wohlgefallen, das das Publikum an diesen Kunstwerken fand, ihm die Überzeugung einer beispiellosen geistigen Fortgeschrittenheit, die Rollen wurden vertauscht, und wehe dem Künstler, der nicht sachlich nach der Tagesparole arbeitete. Er galt als hoffnungslos veraltet und romantisch.

Es muß gesagt werden, daß das Publikum etwas billig zu seinen Erkenntnissen gekommen ist. Ein weiter und anstrengender Weg der geistigen Entwicklung wurde glatt übersprungen.

Und wenn heute wirklich das Bestreben nach einer disziplinierten Haltung in künstlerischen Dingen maßgebend wurde, so ist diese Sachlichkeit doch wesentlich anders beschaffen, als Herr Müller sich das so vorstellt. Der Windmühlenkampf, den heute die intellektuelle Mehrheit in Deutschland gegen die Romantik austrägt, gleicht in seinen Auswirkungen aufs Haar der Wut Calibans, der sein eigenes Gesicht im Spiegel sieht. Eine Wut freilich, die begreiflich wird, bedenkt man, wie die Dutzendromantik des mitteleuropäischen Kunstinteressenten bei Licht sich ausnimmt.

Im Grunde sind Sachlichkeit und Romantik keine Gegensätze, denn künstlerisches Schaffen als eine Steigerung der landläufigen Betrachtungsart ist an und für sich nur aus einem romantischen Zustande heraus möglich. Die Befähigung zu solcher gesteigerten Betrachtung der Dinge, die Befähigung zum künstlerischen Ausdruck auf irgendeinem Gebiete hat jeder Mensch bei seiner Geburt mitbekommen. Und es ist vielleicht wirklich so, daß die kunstschöpferischen Bedürfnisse nur einer abnormen, leicht pathologischen Erweiterung gewisser psychischer Normalzustände entspringen. Der etwas rohe, aber treffende Vergleich mit der übergroßen Gänseleber, die, zwar wohlschmeckend, immer eine kranke

Gans voraussetzt, stammt von einem deutschen Romantiker, von Clemens Brentano. Die modernen Sachlizisten bemühen sich, nicht immer erfolglos, die allgemeine Aufmerksamkeit von ihrem Leberleiden abzulenken. Es bleibt nichtsdestoweniger bestehen. Was an der Romantik zu bekämpfen ist und heute von den Besten bekämpft wird, ist nicht sie selbst, sondern die krankhafte Hypertrophie ihrer Dekadenz. Die Zersetzung und Auflösung der letzten Kulturepoche, die wir als die bürgerliche bezeichnen können, brachte so viele geistige Krankheitserscheinungen mit sich, daß man ungerechterweise den ganzen Komplex, aus dem diese Kultur entstand, verdächtigte und leichthin als überwunden betrachten wollte. Nun glauben die vorschnellen Schrittmacher, es sei mit der klassizistischen Geste getan, und eine neue Kultur wäre als ein geistiger deus ex machina schon wieder zur Verfügung.

Das weltanschauliche Erbteil, das vom vorigen Jahrhundert auf uns kam, enthielt unter anderem die gefährliche Ideologie von der stofflichen *Weltflucht*. Man konnte, um künstlerisch als vorteilhaft zu gelten, nicht weit genug vom Landläufigen, von der Natur sich entfremden; die geistige Leistung begann dort, wo die Transzendenz schon fast wieder aufhörte, und nichts war suspekter als die Gestaltung von Ideen, die jeden angingen. Eine gedankliche Aristokratie ohnegleichen ward Gemeingut, die treibhäuslichsten Ehrgeize machten sich breit, und die Kunst verhielt sich zum Leben genau so wie ein Opiumrausch zum wachen Dasein. Schon gehörte es zur besten Lebensart, sein Heim mit Dämonien jeglicher Herkunft zu schmücken; die ästhetischen Teegespräche setzten sich aus psychiatrischen und mystischen Gedankenkreisen zusammen. Die bescheidene Opposition, die der Realismus diesem Treiben entgegenzusetzen versuchte, erlahmte sehr rasch, und nun wurde es noch schlimmer. Eine schwindelerregende Hausse des Individualismus setzte ein. Es galt als unfein, sich klar und verständlich auszudrücken, und der Weg zu jedem einzelnen Künstler, ja, zu jedem Kunstwerk, führte jeweils über eine besondere Weltanschauung. Nichtigste Anlässe wurden gewaltsam zu phantastischen Erlebnissen aufgedonnert, in jedem harmlosen Laternenpfahl sah man den dräuenden Finger Gottes.

Die Musik fand sich auf ihre Weise mit diesen Zeitströmungen ab. Von der überhitzten Harmonik Wagners ausgehend entschloß sie sich rasch zu einer radikalen Leugnung der Rechte, die das Ohr am Klange zu haben glaubte. Eine restlose Zerkrümelung und Zerfaserung des Harmonischen wurde modern. Was bei Arnold Schönberg einmalige, genialste Form angenommen hatte, sollte entwertet werden durch das Mißverständnis einer Generation, die dem Meister applaudierte, ohne einen Funken seines Wesens zu begreifen.

Fast alles, was nun komponiert wurde, zeigt das erschreckende Stigma einer Impotenz, die sich geschickt mit der Maske der Esoterik verhüllt, im besten Falle das einer gewollten Verstiegenheit, deren einziges Ziel es scheint, sich dem bürgerlichen Empfinden zu widersetzen. Eine beispiellose Verwirrung, ein wahrer Hexensabbath von angekränkelten Ideologien entstand, Form, Harmonie und Melos wurden Gegenstand schiefster Analyse, und wer noch weiter wollte, geriet in Sackgassen, aus denen es keine Flucht mehr gab.

Nach solchem Tohuwabohu mußte das Bestreben nach Vereinfachung wie eine revolutionäre Geste wirken. Die von Dissonanzen entnervte Menschheit atmete auf, es war jetzt wieder gestattet, klassische Musik zu schätzen. Behaglich räkelte sich das erschöpfte Publikum auf dem Lotterbett des Altgewohnten, animiert durch die Gewißheit, die gute alte Zeit sei wieder da.

Woher aber kam der Musik diese Weisheit? Erinnern wir uns, daß der Zustand, von dem wir vorher sprachen, vorwiegend Mitteleuropa beherrschte. Die politischen Verhältnisse der letzten zwanzig Jahre hatten Deutschland und Österreich immer mehr in eine strenge Abgeschlossenheit hineingedrängt, die jede geistige Zufuhr von außen unterband. Erst lange Zeit nach dem Kriege begriffen wir, was unterdessen in der Welt sich ereignet hatte. Während die mitteleuropäische Kunst sich tiefer und tiefer in eine unfruchtbare Übergeistigkeit verbohrte, war im übrigen Europa der sportliche Einfluß der jungen amerikanischen Kultur entscheidend geworden. Für die Komponisten bedeutete das eine starke Favorisierung der Gebrauchsformen, also des Tanzes, des Marschs und der Bühnenmusik. Die deutschen Musiker tüftelten am Schreibtisch ihre Quartette und Kammermusiken aus, die französischen schrieben, in gesunder Verbindung mit dem Leben und dem Theater, Ballette, Tanzsuiten und höhere Kabarettnummern.

Als diese neuen Ideen aber auch nach Deutschland drangen, ergab sich vorerst ein seltsam gemischter Stil. Man wollte nicht ohne weiteres das mühsam gefüllte Reservoir esoterischer Techniken und Probleme ungenutzt lassen. So schrieb man »flüssige« Musik, vereinfachte nur die Fassade der Formen, hinter der sich noch immer alle mögliche Verzwicktheit und Wissenschaft barg. Die bezeichnendste Musik dieser Epoche schrieb der junge Ernst Krenek, ein höchst begabter, mit etwas zu wenig Handwerk und viel zu viel Metaphysik belasteter Wiener. Hier war die Flucht aus der Romantik Programm geworden, ein wenig gewaltsam versuchte diese Musik sich den Anschein des Antipathetischen, der seelischen Kälte, der Objektivität zu geben. Aus einem Choral wurde zum Foxtrott hinübervariiert, und an die Stelle des romantisch satten Klangrausches setzte Krenek nicht die von den mittleren Atonalisten realisierte Apologie des Unschönen, sondern eine nackte und präzise Vielstimmigkeit. Was man hier an harmonischer Logik vermißte, war leicht durch die Freude am Elan des Ablaufs, am genialen Brio der Charaktere zu ersetzen. Über naheliegende Errungenschaften wurde glatt hinwegmusiziert. Auf den Terror der Seele war die Diktatur des Formalen gefolgt. Krenek übrigens blieb nicht der einzige. Hindemith, Toch und Weill gingen schon ähnliche Wege.

Rein technisch betrachtet äußert sich diese neue Sachlichkeit in einer bewußten Reaktion gegen die melodisch-harmonische Kompliziertheit der vorhergehenden Epochen. Während die atonale Romantik ihr Ziel in einer restlosen Auflösung der in der Naturtonskala begründeten Harmonik klassischer Schulen sah, streben die jungen »Sachlizisten« zu den tonalen Grundlagen früherer Zeiten zurück, und der Dreiklang, der jahrelang in Acht und Bann getan war, scheint wieder Ansehen zu bekommen. Zwar werden die harmonischen Errungenschaften der Atonalität, vielstimmige Akkorde, Quartenharmonien, Kombinationen heterogener Klangmassen, benutzt, aber sie verlieren ihre dominierende Stellung und treten als (gleichwertige) Kontrastmittel auf. Die schwebende Klanglichkeit Schönbergs, die keine eigentlichen harmonischen Schwerpunkte kennt und in deren Rahmen es keine Modulation mehr gibt (oder doch nur eine Modulation als Selbstzweck), weicht einer entwickelteren kadenzierenden Harmonik, die wieder von dem ausgeht, was wir als klangliche Gravitation bezeichnen können. An die Stelle der gleichsam räumlichen Akkordlogik, die für den formalen Aufbau des Stücks wenig Bedeutung hat, da sie keinen Anfang und kein Ende fixieren kann, tritt nun eine zeitliche Logik der Klangfolgen, wie sie etwa in Bachs Musik herrschend ist.

Thematisch huldigt dieser neue Stil der melodisch abgeschlossenen Phrase in symmetrischen Formen. Die unendliche Melodie Wagners mit ihrem Mangel an Ruhepunkten und ihren bewußt dehnbar gestalteten Bögen hat für den neuen Musikertypus keine Geltung mehr. Da als oberstes Gesetz die Faßlichkeit angenommen wird, kondensiert man den melodischen Einfall auf ein Minimum von Steigerung. Die vier- und achttaktige Periode kommt wieder zu Ehren, und es scheint, als ob die Kantilene des altitalienischen Belcanto Schule machen wollte.

Auf ähnliche Weise reformierte man das Rhythmische. Die verästelte Gliederung der nachwagnerschen Polyphonie führte sehr bald zu einer höchst gefährlichen Labilität des rhythmischen Bewußtseins. Die elementaren Bewegungseinheiten wurden völlig vernachlässigt, und eigentlich gab es überhaupt keine Rhythmen mehr, sondern nur noch Tempi. Durch die Einflüsse der modernen Tanzmusik wurde der Sinn für Rhythmus wieder geweckt, und heute können wir in der jüngsten Musik schon eine Vorliebe für rhythmische Wiederholungen, symmetrische Zeitmaße und straffe Bewegungsformen feststellen.

Wie in der Malerei steht auch in der modernen Musik der neue Klassizismus in engem Zusammenhang mit diesen Bestrebungen. Wie hier etwa im Porträt der Hauptwert auf die materielle Ähnlichkeit gelegt und der geistige Ausdruck, wie ihn die Expressionisten favorisierten, dieser Ähnlichkeit eingeordnet wird, so bemüht sich die modernste Musik um strenge Zeichnung und klare Fixierung des Konturs.

Das Wohlwollen der Reaktionären gegenüber diesen Kompositionen übersieht jedoch die Folgerichtigkeit sowohl wie die spätere Konsequenz jener Bestrebungen. Es wittert hinter der klassizistischen Geste das Eingeständnis eines Irrtums und verkennt die geistige Entwicklung, die zu solcher Einfachheit geführt hat. Daß wir am Anfang einer neuen musikalischen Kultur stehen, die sich aus soziologischen Umschichtungen ergab, daß die überlieferte künstlerische Ideologie im Sterben liegt, wird das Publikum mit Schrecken erst dann wahrnehmen, wenn es zu spät ist.

1928

Klassizismus

1925 schrieb Arnold Schönberg sein Opus 28, drei Satiren für gemischten Chor (auf eigene Texte). Sie tragen die Titel »Am Scheideweg«, »Vielseitigkeit«, »Der neue Klassizismus« und richten sich recht aggressiv (d. h. satirisch-aggressiv) gegen die Form der neuen Klassizität, die als große kunstpolitische Welle aus Westen kam. Genauer gesagt: sie richten sich gegen Igor Strawinsky, Schönbergs großen Gegenpol und Rivalen in der Führerschaft der heutigen Musik.

Doch hat man in Schönbergs letzten Werken neuerdings recht häufig eine Tendenz zum Klassizistischen feststellen wollen. Diese Tendenz ist offenbar auch vorhanden. Wie reimt sich das mit solcher Satire zusammen?

Schönbergs Klassizismus, um diesen vieldeutigen Terminus für die Dauer einer Diskussion an ihn zu wenden, beherrscht nur eine konstruktive Dimension seiner Musik: die Form. Harmonisch und melodisch hat sein Stil keinerlei Rückentwicklung durchgemacht und auch nicht durchmachen können. Die atonale Harmonik, von ihm zuerst konsequent angewandt, fand ihre Regel in der unentrinnbaren Logik des Hauerschen 12-Töne-Systems; die Melodik ist analogen Gesetzen unterworfen. Es blieb eine Lösung für die Form zu finden, die ja ebenfalls durch die vorhergegangene »expressionistische« Periode bis an die Grenzen des Sinnvollen zerfasert worden war. Hier, wo die Lösung sich nicht aus den Konstruktions-Materialien der Töne ergab, setzt Schönbergs Klassizismus ein. Er kehrt zu den überlieferten Schemata der Sonate, der Suite, des Konzerts zurück, die mit unantastbarer Strenge, mit klassischer Meisterschaft und Abrundung gefügt werden. Zwar erweitert Schönberg diese Schemata durch die spezifisch modernen Hilfsmittel der Themenhäufung, der unsymmetrischen Perioden; aber die Proportion wird mit unbeirrbarer Konsequenz gewahrt. Sie hat klassische Merkmale.

Auch die Romantik des Inhaltlichen weicht mehr und mehr einer objektiven, antipathetischen Mathematik. Das Sinnliche ist aus dieser Musik völlig ausgeschaltet. Die Eruptionen, die noch die Diktion des »Pierrot Lunaire« bestimmten, sind endgültig verschwunden. Was bleibt, ist die nackte, klassische Tatsache einer konstruktiv erfundenen, bis in die letzte Nuance bewußten Musik im Sinne Bachscher Fugen und Kanons, einzig aus den Gegebenheiten des chromatischen Materials und der traditionellen Formidee gezeugt.

Es wäre somit zu sagen, daß dieser Schönbergsche Klassizismus sich weniger im Sensualen als im Spirituellen äußert. Auch wo er Vorbilder kopiert, geschieht es nicht im Detail, sondern in toto. Die geringe Faßlichkeit, die dieser Musik an und für sich eigentümlich ist, erschwert auch die Erkenntnis dessen, worin sie sich älterer Formen bedient. In seiner Ideologie, seiner Auffassung der musikalischen »Handwerkslehre«, seiner Durchgeistigung des Technisch-Musikalischen ist Schönberg absoluter Klassizist; doch liegt seine Herkunft nicht so klar auf der Hand wie bei den Musikern, die er in den Satiren verspottet.

Ferruccio Busoni hatte zwar theoretisch die Forderung nach Klassizistik als erster formuliert, fand aber praktisch nicht den Weg zu ihr. Gewiß begegnet man im »Doktor Faust« und auch in früheren Werken, der »Brautwahl« z. B., Komplexen, die seinen Postulaten nach Beseitigung der thematischen Arbeit und Rückkehr zur Melodie entsprechen. Aber seine romanisch-germanische Mischnatur war viel zu sehr dem inneren Widerstreit der schöpferischen Unruhe ausgesetzt, um die Gelassenheit und Strenge eines neuen Klassizismus erreichen zu können. Es gehört zu den Merkmalen unserer Zeit, daß die theoretische Erkenntnis der schöpferischen Realisierung vorauseilt, daß die Idee den Stil bewußter diktiert, als es in der Vergangenheit der Fall scheint.

Besonders innerhalb der germanischen Rasse, deren Hand schwerer, deren Phantasie gehemmter ist, zeigt sich diese Inkongruenz sehr deutlich. Die Romanen, weniger zielend, rascher feuernd, sind uns darin voraus.

Der erste, der in Frankreich den Weg von der musikalischen Revolution zur Klassik fand, war Erik Satie. Gleichzeitig ist er der einzige unter den modernen Komponisten, der von Anfang an der romantischen, d. h. der Wagnerschen Suggestion nicht verfallen war. Sein stets einfacher, allem Rausch abholder Stil bleibt neben dem brillanten Debussys zunächst unbeachtet. Nach dem Tode des Rivalen entdeckt ihn Jean Cocteau, mit ihm die junge Pariser Generation. Satie wird tonangebend für Pablo Picasso, Cocteau und Strawinsky.

Bei ihm äußert sich das Klassische sofort auch im Ideologischen. Er beginnt früh mit »Gymnopédies«, die altgriechische Tänze verarbeiten wollen, und gelangt schließlich, in der symphonischen Kantate »Socrate«, zu einem Gipfelwerk moderner Klassizität.

Es wird immer wieder vergessen und muß daher immer wieder betont werden, daß »Socrate« die Grundlage aller klassizistischen Versuche und Resultate der neufranzösischen Musik darstellt. Die jungen Franzosen folgen in Scharen dem Stil dieses einzigartigen Werks. Darius Milhaud in »Orphée«. Francis Poulenc in den »Poemes de Ronsart«. Henri Sauguet in »Le Plumet du Colonel«. Arthur Honegger in »Horace Victorieux« und »Antigone«. Und endlich Strawinsky in »Oedipus Rex«.

Beschränkt sich bei Schönberg der Klassizismus auf die formale Struktur, so wirkt er sich bei diesen Franzosen bisweilen zur Imitation aus. Strawinsky, im Concerto für Klavier und Blasorchester, macht den Anfang mit Kopien Bachscher Sequenztechnik. Poulenc und Sauguet halten sich an Gounod und ältere Vorbilder.

Harmonisch werden die Erkenntnisse der letzten Jahrzehnte bedenkenlos geopfert; man kehrt zur reinen Tonalität zurück. Auch melodisch wirkt diese Musik einfach, oft so, als sei sie wirklich ein oder zwei Jahrhunderte früher komponiert.

Beim »Oedipus« Strawinskys liegt jedoch der Fall wesentlich komplizierter. Oberflächliche Betrachtung wird zunächst nur das Konventionelle der Fassade entdecken; die Dreiklänge, die konstanten Verhältnisse von Tonika und Dominante; die Simplizität der melodischen Kurven. Doch ist hier noch manches zwischen die Zeilen geschrieben. Diese Einfachheit ist letztes, raffiniertes Produkt einer psychischen Kompliziertheit, die die Revolution einer nahen Vergangenheit hinter Schleiern nachklingen läßt. Diese Musik ist im artistischen Sinne pervertiert; sie ist im Konjunktiv geschrieben. So entsteht also wiederum eine Tiefenwirkung; man ist in steter Unsicherheit, ob das wirklich so gemeint ist, wie es gesagt wird. Und das eben ist der künstlerische Reiz des Oedipus-Stils. Sein Niveau setzt subtilste, modernste Fingerspitzen voraus (was nicht durchaus ein Vorzug ist!).

Es bleibt die Frage, aus welchen Ursachen diese offenbar zwangsläufige Umkehr sich ergab und in welche Zukunft sie führen mag. Die Anarchie der vergangenen Epoche erklärt sich unschwer aus dem Kampf zwischen einer verfallenden individualistischen und einer beginnenden kollektivistischen Kultur. Welcher von beiden gehört der Klassizismus an? Ohne Zweifel der individualistischen!

Der Vorgang stellt sich in großen Zügen so dar: Um die Jahrhundertwende beginnt der Kampf zwischen den beiden Kulturen. Gegen die überlieferte akademisch-romantische Tradition werden die neuen Ausdruckswerte des Realismus ins Treffen geführt. Etwa um 1910 verwirren sich die Stile. Eine allgemeine Destruktion setzt ein. Die Materiale, die Formen, die Inhalte werden analysiert, alle bestehenden Gesetze aufgehoben.

Solche gewaltsam herbeigeführte Anarchie war eines der geschicktesten strategischen Mittel, die die untergehende Kultur in ihrer Agonie anwenden konnte. Jetzt nämlich kannte sich überhaupt niemand mehr aus. Die Begriffe hatten sich mittlerweile dermaßen verwirrt, daß auf irgendeine Weise zur Form zurückgefunden werden mußte.

Nun kam es darauf an: war die neue Kultur imstande, schon Formen zu statuieren, d. h. konnte sie die Führung übernehmen, oder richtete sich die alte zu letzter Größe auf. Das zweite geschah. Die Überlieferung errang ihren letzten Sieg. Müde und resigniert von soviel Blutverlust verließ sie alles eroberte Terrain und beschwor die Schatten einer gloriosen Vergangenheit, die mit ihrer formalen Autorität alles Heutige, alles Revolutionäre für einen Augenblick vergessen läßt.

Antike und mythische Stoffe (Werfel, Troerinnen; Hasenclever, Antigone; Cocteau, Orphee; Kokoschka/Krenek, Orpheus und Eurydike; Gide, Prometheus; Cocteau/Strawinsky, Oedipus usw.) verdrängen durch ihre unantastbare Allgemeingültigkeit alles Aktuelle.

Das individualistische Prinzip, seiner revolutionären Vergangenheit sich schämend, greift in eine ruhigere zurück und erhält so einen letzten Anstrich von Größe und fingierter Kollektivität.

Wohin aber führt dieser Weg? Zweifellos zu einer neuen, diesmal endgültigen Revolution. Wer Nerven hat, spürt ja hinter dieser oberflächlichen Ruhe die lauernde Spannung, die neuer Aktivität vorausläuft.

Das ist nun keineswegs so zu verstehen, daß wir etwa einem neuen Expressionismus entgegengehen.

Die kommende Generation vielmehr wird sich der Mittel bedienen, die die Anarchie immerhin produziert hatte, und sie zu souveräner Gestaltung bringen.

Der Klassizismus hat die Erlösung, die manche von ihm erwarteten, nicht aufrechterhalten können. Zufrieden ist eigentlich niemand. Die Alten spüren zwischen den Zeilen stehende Ironie und sind verstimmt. Die Jungen empört die äußere Ruhe und Beschaulichkeit dieses Stils.

Mit Imitationen wird nichts erreicht; man kann seine Zeit nicht verleugnen, eine ferne Vergangenheit nicht Urständ feiern lassen.

Und nichts ist typischer als der Kampf, der sogar innerhalb der verschiedenen klassizistischen Bewegungen tobt.

Vier große Musiker unserer Zeit, Busoni, Satie, Schönberg und Strawinsky, haben, jeder auf seine besondere Weise, die Tendenz zum Klassischen gefunden. Gehen wir von Busonis Manifest aus und halten drei der repräsentativen Werke dagegen, so wird der Gegensatz klar. Saties »Socrate« nähert sich dem Klassischen von Hellas aus: die monotone Ruhe seiner primitiv-akkordischen Symphonik hat keinerlei Bezug auf

Überliefertes und beschränkt sich auf die Geste einer quasi optischen Einfachheit. Schönbergs Streichquartett, Opus 30 (im 12-Töne-System), bedient sich gesteigert moderner Mittel in Harmonie, Melos und Rhythmus, sucht aber in der Form den Anschluß an die akademische Tradition der Sonate. Strawinskys Concerto projiziert in die subjektive Sphäre seiner Metrik und Klanglichkeit die Perspektive Bachscher Sequenz- und Durchgangstechnik. Schönberg steht gegen Strawinsky, dieser gegen Schönberg. Die Jugend, auch wo sie klassisch experimentiert, ist häufig gegen beide.

Die reine Musikalität Hindemiths, die alles Aktuelle aufzusaugen sucht, nimmt keine Stellung zu dieser Frage. Krenek jagt dem Erfolg nach und findet ihn im Jazz. Weill arbeitet aussichtsvoll an einer Reform der Oper, Eisler an einer solchen des Liedes.

Warten wir auf die Ungeborenen!

1929

Das Banale in der Musik

Die Banalität ist die grundlegende, einfachste Form der musikalischen Logik. Was aber ist musikalische Logik? Sie ist, wie die philosophische, die Erkenntnis, nein, der Instinkt: so, nur so kann es weitergehen. Ich sage absichtlich der Instinkt, denn wie es in der Philosophie keine abstrakten logischen Denkgesetze gibt (da ja stets der Begriff, von dem aus gedacht wird, ein subjektives Gebilde ist), sondern nur einen Kanon des Fortsetzens, so setzt auch in der Musik die Durchführung den Einfall voraus. Daß allerdings hier das Formgefühl Erzeuger des Einfalls sein, daß die apriorische formale Gesamtvorstellung der eigentlichen Konzeption (und somit auch der Notation) vorauslaufen kann, hat uns Paul Bekker an den Beispielen Beethovens, Wagners und Mahlers unwiderlegbar bewiesen.

Ein circulus vitiosus? Nein. Nur ein plastisches Beispiel des Phänomens aller Phänomene: der Intuition. Die Identität von Sein und Denken, wie sie etwa Hegel formuliert hat, findet ihren präzisesten Beweis in den Vorgängen des musikalischen Gestaltens. Die handlichste Erscheinung solcher Durchwachsung von Sein und Denken, von Einfall und Form in der Musik ist der Kanon. Da er (besonders im Rahmen der Tonalität) ein Produkt des Rechnens ist, eine Denkarbeit also von einfachster Mathematik, kann seine Herstellung sich völlig außerhalb der musikalischen Intuition vollziehen. In diesem Fall ist er nichts als eine Art von Kreuzworträtsel, ein Produkt der Kombination, eine unbeseelte Spielerei. So läßt Romain Rolland im »Jean Christophe« einen alten französischen Major auftreten, der, ohne musikalische Begabung, Kanons als Zeitvertreib herstellt und in dieser Betätigung dem Helden Jean Christophe an Fertigkeit gewachsen ist. Fazit: Es gibt eine Äußerung der musikalischen Logik, die sich mechanisch erlernen läßt.

Sie steht, abstrakt betrachtet, außerhalb der Tongesetze. Sie ist rein intellektuell. Daß auch der Kanon in den Händen des musikalisch schöpferischen Menschen zum Ausdruck erhöht wird, bedarf keines Beweises. In diesem Fall belebt eben die Vitalität des Einfalls die an und für sich tote Form.

Es gibt indessen noch eine weitere musikalische Logik, die als Produkt einer Naturgesetzlichkeit in unmittelbarer Beziehung zum Leben, zum Blut steht. Es ist die Logik der Tonalität. Als eine Emanation des Obertonbewußtseins ist sie elementar und uns angeboren.

Jeder Ton enthält in sich seine Oktave, deren Quinte, seine Doppeloktave und deren große Terz. Diese ersten Obertöne bilden zusammen eine ideale Form des Dur-Dreiklanges. Das Empfinden für die Logik dieser Zusammenstellung liegt außerhalb des Denkvermögens und ist die primitivste Form dessen, was wir als musikalisches Gefühl bezeichnen. Das geschulte, entwickelte Ohr rechnet mit entlegeneren Zusammenklängen, mit »höheren Obertönen«. Es kann unter Umständen überhaupt auf die primitive Logik des Dur-Dreiklangs verzichten und hat sich schon seit Jahrhunderten an die eigentlich »atonale« Dissonanz des Moll-Dreiklangs gewöhnt.

Es gibt jedoch kein Ohr, das die elementaren tonalen Modulationen (Tonika-Dominante-Tonika) etwa als mißtönend, als unlogisch empfindet. Und auf der Basis dieser Obertonlogik entwickelt sich jedes, auch das »atonale« Hören.

Komplizierter und schwerer zu erfassen als die harmonischen Gesetze sind die des *Rhythmus* und der Melodie. Rhythmus, die primäre Form des musikalischen Zeitbewußtseins, bildet sich zunächst aus den Axiomen des Gehens, des Atmens und des Herzschlages. Das Gehen wird rhythmisch interpretiert; so entsteht der Marsch. Dann kommen rhythmisch abgeteilte Arbeitsleistungen dazu: Dreschen, Hammer- und Axtarbeit. Durch den Tanz entstehen weitere Rhythmen.

Rhythmische Logik ist das Bedürfnis nach *Symmetrie*. Jeder Rhythmus ist ursprünglich auf das Axiom des Marsches zu beziehen. Rhythmus macht die Ewigkeit erträglich; er gibt uns erst den Maßstab der Zeit. Gleichzeitig sprengt er ihre Gesetze; denn er kann eine bestimmte Zeitspanne quälend lang oder verblüffend kurz erscheinen lassen. Daher ist er, wie das Obertongefühl, dem Wesen nach bluthaft, dem Verstande unzugänglich, angeboren.

Melodie ist das geistigste Element der Musik. Bleibt Rhythmus nur in der zeitlichen Ausdehnung denkbar, so bewegt sich Melodie notwendig in zwei Dimensionen: im Raum und in der Zeit. Der räumliche Begriff freilich ist hier abstrakt; im Notenbild nur zeigt er sich greifbar. Aber das Steigen und Fallen des Melodiebogens ist nur räumlich vorstellbar. In diesem Steigen und Sinken, in der Abwechslung vielmehr dieser zwei Bewegungsformen ist das melische Gesetz verborgen. Es gibt keine Melodie, die nur ansteigt. Es gibt keine Melodie, die nur herabsinkt. Ein Grundsatz, der in aller Musik beobachtet werden kann.

Das elementare Gesetz der Melodiebildung ist also der *Wechsel* von

Aufstieg und Abstieg. Auch hier, wie beim Rhythmus, sind die primitivsten Formen die rein symmetrischen. Fast alle Volkslieder, insbesondere Kinderlieder beweisen das. Vergleiche etwa »Alles neu macht der Mai« oder »Kuckuck, Kuckuck«. Durch symmetrische Anordnung der Spannungs- und Entspannungsfolgen wird die Auffassung der Melodie erleichtert. Das Wissen um das axiomale melodische Gesetz, um die Notwendigkeit des Wechsels von Hebung und Senkung, ist selbstverständlich angeboren. Das primitive Bedürfnis nach Symmetrie und Wiederholung, als Folge des Erinnerungsvermögens, hat mit musikalischem Gefühl an und für sich nichts zu tun.

Wir haben drei Formen musikalischer Logik beschrieben. Die harmonische, die rhythmische, die melodische. Harmonie, Melodie und Rhythmus sind als musikalische Ausdrucksmittel in der Realität voneinander untrennbar. Ihre Gesetze greifen ineinander, ergänzen und bestätigen sich und hängen voneinander ab. Da jedes dieser musikalischen Gestaltungselemente einfachste Formen haben kann, muß eine Musik, die diese primären Formen vereint, uns höchst simpel und selbstverständlich erscheinen; sie wird uns *bekannt* vorkommen.

Es gibt primitiv musikalische Menschen, deren größte Freude es ist, angefangene Musiken instinktmäßig weiter- oder überhaupt mitzusingen. Es braucht wohl kaum gesagt zu werden, daß diese Methode nur auf sehr unkomplizierte Dinge anwendbar ist oder doch auf Dinge, deren Stil wir so genau kennen, daß wir keine Überraschungen mehr erwarten können. Heinrich Jacoby hat auf dieser naiven Erfahrung eine musikalische Erziehungslehre aufgebaut, die bei ihrer verblüffenden Richtigkeit doch den Fehler begeht, höhere Tonformen unberücksichtigt zu lassen und lassen zu müssen, da auf diese eine so primitive Empirik sich natürlich nicht beziehen läßt. Ob aber die Fähigkeit des Weitersingens und Mitsingens von einfachsten musikalischen Gestalten überhaupt einer Ausbildung bedarf, scheint mir sehr fraglich. (Auch der Einfluß der vegetarischen Küche auf das musikalische Ohr kommt mir anfechtbar vor. Dies nebenbei.)

Genug; es gibt Formen der Musik, auf die wir mit »aha« reagieren, mit verständnisvollem Lächeln und dem geheimen Behagen, einem guten Bekannten zu begegnen. Die Tonlogik dieser einfachen unterscheidet sich von der komplizierterer Gebilde darin, daß wir ihr nicht folgen, sondern vorangehen. Zwei verschiedene Betrachtungsarten: »So und nicht anders mußte es kommen« und »So und nicht anders wird es kommen«.

Wir empfinden bei dieser harmlosen Logik, bei diesen einfachsten Proportionen den Reiz des Bekannten, vermehrt durch die Mühelosigkeit der Konzeption.

Wir nennen solche Musiken banal.

Die Ästhetik des Banalen ist noch nicht geschrieben. Und es bedarf wohl auch keiner. Aber die Schätzung der Banalität hat viele Wandlungen durchgemacht, und die gewaltigsten in den letzten hundert Jahren. Das Banale ist dem Begriff der künstlerischen Differenzierung entgegengesetzt. Die Vertreter des l'art-pour-l'art-Prinzips sind dem Primitiven in der Kunst, sind dem Sozialen abhold und haben diese Abneigung oft genug dadurch geäußert, daß sie Banalitäten in der Umkehrung als neue Wahrheiten in die Welt setzten. (Der Fall bei Oscar Wilde.) Eine sozial empfundene Kunst, d. h. Kunst für breite Massen, wird aufs Banale nie verzichten dürfen.

Markantes Beispiel: Beethoven schreibt in dem Freudenchor der Neunten eine Musik von ausgesprochener Banalität. Niemand wird behaupten wollen, es sei ihm bei dieser Gelegenheit nichts »Besseres« eingefallen. Beethoven konnte sich seine Einfälle aussuchen. Der textliche Vorwurf, die *Soziologie des Werks,* zwang zu dieser Melodik. Beethoven dachte an die Menschheit, folglich brauchte er eine Hymne, die jeder versteht, die jedem vertraut vorkommt.

Der Bann, den Wagner über die Banalität verhängte, hat noch unsere Jugendjahre ihr entfremdet. Wir waren so sehr in der Wagnerschen Ideologie befangen, daß alles Sangbare uns schon suspekt schien, daß wir in Verdi einen lächerlichen Tingeltangelmusiker sahen und in Mozart kaum mehr als einen amüsanten Tändler. Die Wagnersche Kunst, als schöpferische Leistung ein Werk höchsten Niveaus, was als konsequentestes und radikalstes Produkt bürgerlicher Ideologien individualistisch und also asozial. Die ihr untrennbar verbundene Philosophie sah ihre Aufgabe in möglichst vollkommener Differenzierung der Denk- und Gefühlstechniken. »Kinder, schafft Neues«, lautet die Wagnersche Formulierung. Das Alte, Überlieferte gilt von vornherein als inferior, und die bürgerliche Dekadenz, ihre letzten Kräfte zu einer gigantischen Geste anspannend, zwingt den Schaffenden zum aussichtslosen Versuch, auf alles Bekannte zu verzichten. Diese Ideologie hat sich bis in unsere Zeit erhalten und in Arnold Schönberg einen genialen, alle Vergangenheit durch die Macht seines Intellekts und seiner Phantasie übertrumpfenden Interpreten gefunden. (Der Parallelfall in der Dichtung: Stefan George.)

Der erste Musiker, der, obwohl durch Wagner entscheidend beeinflußt, sich wieder zum Banalen bekannte, war Mahler. Wenn Wagner dem Gedanken des Festspiels, also des Volkstheaters, ernstlich nachging, so geschah es, gegen seine weltanschauliche Überzeugung, um der Esoterik seines Originalitätsbedürfnisses ein äußeres Gegengewicht zu schaffen; also aus Machtwillen, aus Ehrgeiz. Er wollte die Welt zu seiner künstlerischen Anschauung zwingen. Mahler besaß diesen Machtwillen auch, sah jedoch ein, daß eine Volksmusik nur vom Volksliede her entstehen kann, daß das Sangbare, das Banale sich aus ihr nicht ausschließen läßt.

In der langen Epoche des Wagner- und Nachwagnertums war das Banale Reservat der Operette, der »leichten« Musik geworden. Kein Wunder also, daß die ernste an Publikum erschreckend verlor. Das Aufnehmen von künstlerischen Eindrücken war eine Arbeit geworden, bei der man keinen Spaß verstand. Erlösung gab es nur noch auf der Bühne. Alle künstlerische Heiterkeit, alles Unproblematische sammelte sich in der *Operette*. Die seriöse Kunst wurde eine strenge Person, mit müden Augen und gerunzelter Stirn. Eine Dame, zu der man Distanz hat und Sie sagt. Die leichte hingegen bot jedem das Seine; sie lächelte – ein wenig gemein zwar, aber sie lächelte wenigstens. Man sagte du zu ihr und fühlte sich verstanden. Die Reaktion auf diese Arbeitsteilung konnte nicht ausbleiben. Und so erleben wir heute den teuflischen musikgeschichtlichen Witz, daß die Rollen vertauscht sind.

Die Gebrauchsmusik, hauptsächlich vertreten durch *Jazz,* versucht mit Erfolg, sich salonfähig zu drapieren. Sie kokettiert mit kultivierter Harmonie, soignierter Melodik, raffinierter Instrumentation. Die Kunstmusik hingegen der jüngsten Komponisten dringt bewußt in die Domäne des Banalen, verzichtet auf alle Differenzierung und hat den gesunden Ehrgeiz, auf Leierkästen gespielt zu werden.

Wirklicher Tragik begegnet man heute nur noch im Kabarett und Operettenhaus. Wahrer Heiterkeit nur bei Aufführungen jüngster Musik. Den Mut zum Pathos haben die Tanzkomponisten.

Das Pendel hat sich wieder mal überschlagen. Aber auch diese Entwicklung hat ihren Sinn. Denn dem Volke war die Kunstmusik verlorengegangen. Das Banale macht sie ihm wieder plausibel.

1930

»Christoph Columbus« von Darius Milhaud

Die Idee der neuen Oper, des neuen Theaters schlechthin, hat, knapp zwei Monate nach der bewegten Leipziger »Mahagonny«-Aufführung, gestern abend ihre zweite Bestätigung in diesem Jahr gefunden. Die Feststellung muß gemacht werden, noch bevor die spezifischen literarisch-musikalischen Werte des »Christoph Columbus«, einer Oper in 27 Bildern und zwei Teilen von Darius Milhaud und Paul Claudel, untersucht werden. Denn in diesem Werk sind die Versuche junger deutscher Musiker und Dichter, der Singbühne einen neuen Sinn zu geben, von einer ganz anderen Seite her aufs überraschendste bestätigt worden. Die Berliner Staatsoper Unter den Linden hat sich allein durch die Annahme ein Verdienst erworben, das mit ihren zahlreichen Entgleisungen versöhnt und sie vor dem Geiste unserer Zeit rehabilitiert. Merkwürdig nur, daß Klemperer, Vorkämpfer des Katholizismus und der modernen Musik, sich dieses Werk hat entgehen lassen!

Zwei Merkmale bedingen den Charakter des Stücks: die konsequente Durchführung eines epischen Theaterstils und die Neuordnung der Beziehung zwischen Hörer und Bühne. Claudel macht den Chor zum Träger der Handlung, läßt ihn als Publikum fragend, Partei nehmend, störend und aufklärend eingreifen. Die Grenze zwischen Zuschauern und Mitwirkenden verwischt sich. Spannungen und Widerstände der Rezeption werden in die Handlung eingearbeitet. Claudel selbst vergleicht den hier verwendeten Chor mit dem im katholischen Gottesdienst, will überdies eine Art öffentlicher Meinung in ihm gesehen wissen, ähnlich der Presse. Die Choristen stehen auf einem Vorbau im Zuschauerraum; hinter ihnen erhebt sich die eigentliche Bühne. So entsteht aus Aktion und Reaktion eine Doppelhandlung, zu der noch vielfache Projektionen und Filmszenen sich gesellen. Die Häufung von Eindrükken läßt Ruhepunkte kaum zu; wo sie aufgehoben wird (etwa im 18. Bild), ist notwendig die Form gefährdet.

Der Dichter der »Verkündigung« geht auch in diesem Text von der Ideologie der alleinseligmachenden Kirche aus. Die Apologie auf Columbus, den »Einiger der christlichen Welt«, mündet in eine bewußte

Verherrlichung katholischer Mystik. Zwischen Tedeum und Hallelujah, dichterisch verklärt durch das Symbol der weltdurchflatternden Taube (Columba), baut sich das Schicksal des genialen Abenteurers auf, so wie es die Nachwelt sich erzählen läßt.

Die Handlung zeigt ihn als genuesischen Weberssohn, Marco Polos Werke lesend, als Wanderer am Ende der Welt, als verschuldeten Unternehmer, als Bittsteller am spanischen Hofe. Königin Isabella, die als Kind einer Taube die Freiheit geschenkt hat, erkennt das göttliche Symbol und nimmt sich des Bittenden an. Drei Schiffe verlassen den Hafen von Cadiz.

Die mexikanischen Götter arbeiten Columbus entgegen; die beginnen (großartigstes Bild dieses an Eindrücken überreichen Dramas!) ein gespenstisches Tauziehen, das den Ozean zur Raserei entfesselt. Die Besatzung der drei Karavellen fordert Umkehr. Columbus bleibt ungerührt. Endlich taucht die westindische Küste auf.

Zweiter Teil: Spanien ist enttäuscht. Der erwartete Goldsegen bleibt aus. Man schleppt Columbus als Gefangenen zurück. Er erfährt, daß der neue Erdteil nicht einmal seinen Namen trägt. Gebrochen und arm vegetiert er in einer jämmerlichen Herberge. Nun ruft ihn Isabella ins bessere Jenseits, ins Reich der Liebe, das sie ohne ihn nicht betreten will. Der Zögernde schickt ihr sein letztes Gut, ein altes Maultier. Isabella betritt durch das Tor der neuen Welt das Reich der Ewigkeit. Und die Jungfrau Maria öffnet den Himmel auch für Columbus.

Es gehört Mut dazu, für diese schwer verständliche, ideell so gewichtige und in sich geschlossene Handlung Musik zu schreiben. Und sie hat in der Tat einen schweren Stand gegen das stets dominierende Wort. Aber Milhaud hat in dieser Partitur von neuem absolute Meisterschaft bewiesen. Seine Hauptaufgabe war die rhythmisch-melodische Behandlung des Chors, gegen den ja alles Solistische zurücktritt. Hier sind ihm, von der einfachen metrisch festgelegten Sprache mit leiser Schlagzeugbegleitung bis zum polyphon durchgearbeiteten Satz, Dinge gelungen, die ihn auf der Höhe eines wunderbar ausgeschliffenen Könnens zeigen. Ich erwähne das farbige und unerhört kunstvolle Bild am Cadizer Hafen mit seiner Kombination von Sprechgesang, Bühnenmusik, Orchester, Soli und gesungenen Chören, die »Zwischenspiel« genannte Einleitung des II. Teils sowie die sakralen Tedeum- und Hallelujahgesänge des Beginns und des Schlusses. Aus der großen Zahl der Soli und kleineren Ensembles ist das skurrile Gitarristenterzett, das allmählich zum Sextett sich steigernde Bild der mexikanischen Götter, der düstere Dialog des Columbus mit dem Schiffskoch und die lichte Arie der Isabella kurz vor dem Schluß zu nennen. Lediglich das 18. Bild, ein endloser Streit mit der Besatzung der Karavellen, bedarf der Kürzung, ist auch formal wohl schwächer gelungen, als es beabsichtigt war.

Milhauds persönlicher Stil gewinnt immer mehr an Klarheit und Substanz. Die harmonischen Mittel der Polytonalität werden in ihrer Härte durch einen sehr subtilen orchestralen Klangsinn gemildert. Verwendung diatonischer Thematik sorgt für Faßlichkeit der Linien, die aber wieder durch eine unendlich verfeinerte Rhythmisierung an Glätte verlieren.

Seit Jahren hat die Lindenoper kein Werk mit größerer Liebe und Arbeit herausgestellt; die Aufführung darf fast ohne Einschränkung gepriesen werden. Kleiber leitet sie musikalisch, und er ist für drei Stunden wieder der junge, straffe, begeisterte, unbeirrbar präzise Musiker, den wir einst in ihm verehrten. Für ihn, den modernen Rhythmiker von Geblüt, scheint die diffizile Partitur keine Probleme zu enthalten; er musiziert, als wenn sich's um eitel Allabreve handelte.

Das zweite Wort des Lobs gebührt dem von Rüdel vorbereiteten Chor, der an Reinheit der Intonation, an dynamischem Reichtum, an rhythmischer Klarheit, aber auch an dramatischem Spiel das nahezu Unvorstellbare leistet.

Hörth als moderner Regisseur – welche Überraschung! Er hat den sakral epischen Stil, um den es hier geht, durchaus erfaßt, weiß die Massen so richtig zu stellen wie die Solisten, hat technische und sogar filmische Einfälle; kurzum, er behauptet sich gegen alle Skepsis, die man seiner Zusammenarbeit mit einem radikalen Geist vom Schlage Milhauds entgegenbrachte.

Aravantinos: die zweite Überraschung. Seine Bilder sind klar, stilvoll, unaufdringlich, sehr fern seiner gewohnten Schablone. Sogar Flechtheim applaudierte ihm, und der muß es wissen.

Und die Sänger? Ich kann sie nicht alle aufzählen. Es genüge, zu wissen, daß Scheidl den zeitlichen Columbus (dem ja während der Handlung ein anderer, ewiger, in Gestalt Max Roths gegenübersteht) gut charakterisiert, ohne allerdings brauchbar zu sprechen; daß Armster die anspruchsvolle Partie des Erzählers mit Würde und Ernst durchführt (wenn auch an seiner Stelle ein Schauspieler besser angebracht wäre), daß Soot in drei Rollen seine sprecherischen und darstellerischen Qualitäten enthüllt und daß Margarete Perras, die sich mit Episoden begnügen muß, als Isabella die Reinhardt vorteilhafter ersetzt hätte.

Das Publikum war leider mit einigen Vertretern jener Kreise durchsetzt, in denen man nebelhafte kulturelle und nationale Belange durch Pfiffe zu retten versucht. Doch den zähen Widerstand besiegte demonstrativer Beifall einer Elite. Milhaud konnte sich, umgeben vom Chor und den hervorragendsten Mitwirkenden, zahllose Male verneigen. Er hat einen bedeutenden ideellen Erfolg zu buchen.

Erfolg und Qualität

Es ist ein Thema zum Verzweifeln. Die Ästhetiker der alten Schule haben es gut. Sie können sich auf die aristokratischen Überlieferungen des l'art pour l'art berufen. Die wahre Qualität, so können sie sprechen, schließt den unmittelbaren Erfolg schlechthin aus. Gerade, weil das gehaltvolle Kunstwerk Produkt einer komplizierten und schwer wiederholbaren Reihe von gedanklichen und assoziativen Arbeiten ist, gerade, weil es eine langwierige Geschmacks-Destillierung voraussetzt, stellt es der Rezeption, dem Genusse zunächst fast unüberwindliche Schranken in den Weg. Zum Verständnis eines großen Kunstwerks muß der menschliche Geist erzogen werden.

So etwa spräche der kultivierte ältere Herr, den wir um seine Meinung über das Thema »Erfolg und Qualität« befragen könnten. Und sogar der historische Augenschein dürfte ihm zur Bekräftigung seiner toleranten und kultur-optimistischen Überzeugungen dienen. Denn es fiele ihm nicht schwer, ein Dutzend Fälle verkannter und erst bei der Nachwelt zu Ehren gekommener Kunstwerke aufzuzählen. Und eben die Musik des letzten Jahrhunderts, also die zur Zeit populärste und meistgeliebte, liefert ihm mit Beethoven, Wagner, Debussy die dankbarsten, unwiderleglichsten Beispiele.

Er würde wahrscheinlich – vorausgesetzt, wir hätten es mit einem gründlich und konsequent denkenden Manne zu tun – noch einen Schritt weiter gehen und seinem schärfsten prinzipiellen Mißtrauen gegen jeden spontanen Erfolg beredten Ausdruck verleihen. Denn die Umkehrung seiner vorher zitierten Sätze ergäbe den Schluß, ein Kunstwerk, das stracks sein Publikum findet, könne im Sinne einer allgemeingültigen Ästhetik nicht vollwertig sein. Eben die Kürze des Weges, den offenbar das Publikum zu seinem Verständnis zurücklegen mußte, beweise ja, es könne mit seinen Gedanken, seiner ethisch-künstlerischen Tiefe nicht gar so weit her sein.

In dieser Anschauung ist der Ästhetiker der alten Schule sich mit der Mehrheit der schaffenden Künstler einig. Genauer gesagt: die Theoretiker haben den Künstlern diese Denkart, diese mehr konsequent als legitim individualistische Kunstanschauung eingeimpft. Und das ist an der eigentlich harmlosen Sache das Gefährliche. Indem nämlich der Schaffende das Bewußtsein der Unverstandenheit in sich kultiviert, gerät er notwendig in die schmeichelhafte, aber verhängnisvolle Sphäre der Verstiegenheit. Wenn ihm täglich erzählt wird, das Publikum sei ein rüpelhafter und mesquiner Haufe von Ignoranten, ebenso unfähig, seine

Meisterschaft zu goutieren, wie bereit, jedem gefälligen Kitsch die Ehrenbezeugung zu erweisen, so wird er allmählich seine vornehmste Aufgabe darin erblicken, sich von dieser Banausenrotte geschmacklich und ideell so weit zu entfernen, wie es nur eben geht. Er wird gradezu seinen Ehrgeiz dareinsetzen, unverständlich zu werden, denn die Verständlichkeit birgt ja die Gefahr des spontanen Erfolges, der wiederum die künstlerische Unzulänglichkeit des Werkes erbarmungslos beweist.

Man sieht vielleicht schon, wohin das führt. So unwahrscheinlich es zwar sein mag, daß ein wirklich genialer Künstler solchen Erwägungen und Einflüssen sich auf verhängnisvolle Weise zugänglich macht, so sehr ist die große Masse der kleinen Talente dafür zu haben. Denn ihnen bedeutet diese Einsicht ja gradezu die Möglichkeit, für ein paar Jahre den Schein der Unsterblichkeit zu tragen, und sei es auch nur dem engsten, anbetenden Familienkreis gegenüber. Verkannt und Genie – wann hätten diese zwei Worte sich nicht zusammengehörig gefühlt!

Ich muß gestehen, daß ich dieser Zusammengehörigkeit ganz außerordentlich mißtraue. Wir sind ja alle in diesen Dingen etwas skeptischer geworden. Und lieber noch verzichten wir auf den Typus des Genies, als daß wir ihn in ewigem Zusammenhang mit Weltferne, Verstiegenheit, Volksfremdheit und ähnlichen parasitären Eigenschaften wissen möchten. Wir tun uns etwas darauf zugute, übers Ziel hinauszuschießen (jeder anständige Polemiker und jeder Geistige, der in geistigen Bezirken etwas erreichen will, muß das gelegentlich tun!) und für die Gegenwart nur jenen Typus des Künstlers zu proklamieren, der ganz bewußt in seiner Produktion der Nachfrage entspricht. Also etwa den Typus Hindemith, den ich nach seiner entschlossenen Wendung zur Gebrauchsmusik als den ersten Journalisten auf Notenpapier bezeichnen möchte.

Die Forderung an den Künstler, er solle so schreiben, wie sich eine Mehrheit ihre Kunstwerke wünscht, ist natürlich nicht frei von Gefahren. Denn wir sind uns darüber klar, daß diese imaginäre Mehrheit (wenigstens wie heute in Deutschland die Dinge liegen) das letzte, rüdeste Geschmacksniveau repräsentiert. Das ist nun allerdings nicht so zu verstehen, als ob etwa nur Kunstwerke letzten Ranges dieser Mehrheit gefielen. Nein, so entschieden, so eindeutig sind die Wünsche des breitesten Publikums nicht. Leider, möchte man sagen. Sein Geschmack ist im Gegenteil sehr vielseitig, seine Genußsucht sehr weitherzig. Es ist imstande, Werke zahlreicher Rangstufen zu konsumieren: vom letzten Schmachtfetzen über die tausend Nuancen des Mittelmäßigen bis hinauf in die Höhen sauberer, differenzierter, gearbeiteter Kunst. Lediglich das Überzüchtete, das ästhetisch Destillierte ist ihm ganz unzugänglich.

Daß der Durchschnittsgeschmack immer wieder eine leise Tendenz nach unten, zum Kitsch, zeigt, liegt an der ganzen Art unsres Geistkonsums, an der generationenlangen Kultivierung des passiv Genießerischen. Solange hier nicht eine systematische Volkserziehung eingreift, ist Besserung kaum zu erwarten. Aktiver Kunstgenuß nämlich erfordert eine ganz bestimmte (oft recht ermüdende) geistige Arbeit, die nicht freiwillig geleistet wird, solange ihr Sinn nicht bewußt geworden ist.

Man kann es nicht leugnen: ein Volkswille, der aus den Werken wie »Dreimäderlhaus« Zentenarerfolge macht, scheint unbefugt, in Kunstfragen ernstlich mitzureden. In einer Welt, wo der ausgemachte Kitsch es zu dreistelligen Aufführungsziffern bringt, kann man es keinem reinlich denkenden Künstler verübeln, wenn er jede Berührung mit dem Geschmack des Publikums meidet wie die Pest.

Und dennoch ist die aristokratische Reserve gewisser Geistiger dem Publikum gegenüber aufs schärfste zu bekämpfen. Denn grade sie ist ja schuld daran, daß die Schlechtesten sich auf einem Feld tummeln, das von Rechts wegen den Besten reserviert werden müßte. Es ist ein gewaltiger Unterschied, ob ein Autor sich dem Fassungsvermögen des Volks in seinen Werken nähert oder ob ein gewissenloser Kitschier das geforderte Niveau ungehemmt unterbietet. Diese Praxis, in der Operettenbranche und in gewissen Filmkreisen leider üblich, entspricht auf ihrem Gebiete ziemlich genau dem, was man im Wirtschaftsleben Schmutzkonkurrenz nennt; wie hier der Preis, so wird dort der Geschmack des Publikums systematisch verdorben.

In dem Augenblick aber, wo eine sozial denkende Generation von Künstlern sich entschließt, zur Mehrheit zu sprechen, ohne dabei auf die Gesetze künstlerischen Anstands zu pfeifen, wird der Geschmack sich heben. Daß ein Werk von hoher Qualität imstande ist, spontanen Erfolg zu finden, diesen Beweis hat uns in neuerer Zeit die »Dreigroschenoper« geliefert.

Ich bin nun nicht Optimist genug, um zu glauben, daß eines Tages nur noch Kunstwerke von Niveau den großen Kassenerfolg ernten werden. In jeder Epoche werden vermutlich Werke entstehen, die das Fassungsvermögen der Masse zunächst hinter sich lassen, die einige Zeit brauchen, um zur Wirkung zu kommen. Aber es ist wichtig, und von Tag zu Tag wird es wichtiger, in einer jungen Künstlergeneration das Bewußtsein wachzuhalten, nicht auf diese Werke, sondern auf zeitgerechte, intelligible, faßliche komme es zuvörderst an.

Solange die Kunst noch nicht einmal die Spur eines Kontaktes zu ihrem neuen, zukünftigen Publikum gefunden hat, zum Proletariat nämlich, darf sie für private und technische Betrachtungen nur wenig Zeit übrig haben.

Die augenblicklich herrschende Geschmacksunsicherheit, die völlige Unfähigkeit des Publikums, gültige Unterscheidungen zwischen Gut,

Mittelmäßig und Schlecht zu machen, hat ihre triftigen zeitbedingten Gründe. Gewiß; das Mediokre hat es zu jeder Zeit verstanden, den Markt zu halten. Aber eine Begeisterung für das rundweg und zweifellos Minderwertige, wie wir sie heute in den Opern- und Operettenhäusern gewöhnt sind, wäre noch vor ein paar Jahrzehnten nicht möglich gewesen. Das ist nun wieder gut; denn derartig krisenhafte Zustände führen rasch zur Lösung, so oder so. Je schärfer ein Übelstand ans Licht tritt, desto leichter und erfolgreicher läßt er sich bekämpfen.

Grade über die Qualitätsfrage in der Oper (und Operette) ließe sich ein Buch schreiben. Das merkwürdige Schicksal der »Carmen«, die Erfolgskurve der Wagnerschen Musikdramen, dann in neuerer Zeit der Strauss-Opern, auf der andern Seite jener Triumph der Mittelmäßigkeit, der sich »Tiefland« nennt, die Inflationserfolge Franz Schrekers – man gerät sehr tief in die Soziologie, wenn man einigermaßen gründlich darüber nachdenkt.

Gegen die Spielpläne unserer staatlichen und städtischen Opern, die sich im allgemeinen mehr für Erfolg als für Qualität interessieren, ist viel und rechtens geschrieben worden. Die Möglichkeiten zur Verbesserung des Spielplans wären heute nur in einem Studio zu demonstrieren. Durch eine Radikalisierung des Repertoires müßte vor allem einmal das alte Stammpublikum endgültig vertrieben werden, damit junge, zeitfrohe Kräfte Einfluß gewinnen könnten. Nur so ist für die Musikbühne eine Renaissance des guten Geschmacks einzuleiten.

Aber mit unsrer heutigen Opern-Bürokratie läßt sich das natürlich nicht machen. Und so werden sich die entscheidenden musikalischen Kämpfe wohl vorerst weit außerhalb der Oper abspielen. (Vom Konzertsaal ganz zu schweigen!)

1931

Der Musik-Ingenieur

Die Maschine zerstört Existenzen, indem sie menschliche Arbeit überflüssig macht. Doch sie vermag auch neue Berufe zu schaffen. Wo immer sie ein Gebiet zu erobern beginnt, folgt ihrem Vordringen zunächst das Gespenst der Erwerbslosigkeit. Nach einiger Zeit aber hat sie die aus ihrer Laufbahn geworfenen Arbeiter und Handwerker wenigstens zum Teil mit neuer Tätigkeit versorgt, und das Gesetz des ökonomischen Ausgleichs mildert den Zustand, an dem ohnmächtige Maschinenstürmerei sich die Köpfe blutig geschlagen hat.

Als die Technik sich der Musik bemächtigte, begann, zunächst unmerklich, dann immer rapider, eine Umschichtung, die in unsern Tagen perniziöse Formen annimmt. Ein Großteil der ausübenden Musikerschaft ist durch die Musikmaschine überflüssig geworden. Ja, der gesamte Musikbetrieb mit seinem riesigen internationalen Netz von Konzerten und Opern scheint an der Wurzel bedroht. Die überwältigende Mehrheit des Publikums hat sich für den Konsum der bequemer zugänglichen und billigeren mechanischen Musik entschieden; immer mehr ist der Konzertgeber auf den Idealismus einer Gemeinde angewiesen, die – vorläufig noch – seine Existenz materiell und sozial begründet. Aber schon in wenigen Jahren kann der Schichtwechsel der Generationen diese Gemeinde vernichtet haben, und ein neugewonnenes Publikum wird seine Lieblinge nie mehr zu Gesicht bekommen. Vorläufig spielt das optische Sensationsbedürfnis im Musikgenuß noch eine entscheidende Rolle. Tritt ein Sänger zum ersten Male auf, den man nur von der Schallplatte oder aus dem Radiolautsprecher kennt, so kann er, einige Beliebtheit vorausgesetzt, mit einem vollen Hause rechnen. Ich erinnere an das erste Konzert Tito Schipas in Berlin oder an Josef Schmidts Debut. Doch beim Sänger ist ja der unmittelbar sinnliche Eindruck wichtiger als beim Instrumentalisten. Und schon beginnt das Interesse für die Exterieurs von Pianisten, Dirigenten, Geigern nachzulassen. Wie lange noch, und es wird sich herumgesprochen haben, daß Musik eine Sache für die Ohren ist und nicht eine für die Augen?

Es fing recht harmlos mit der Vervollkommnung des Grammophons an. Die Schallplatte eroberte allmählich die Stellungen der Hausmusik. Quartettspiel, Lieder, Klavier vierhändig genoß man mit geringerer Anstrengung und in technisch befriedigenderer Ausführung durch den Sprechapparat. Den Schaden hatte und hat die Klavierindustrie zu tragen, die im Kleinbürgertum einen enorm kaufkräftigen Kunden immer mehr verliert.

Erst das Radio und der Tonfilm bedrohen den Musiker selbst, der ja durch das Grammophon nicht nennenswert eingebüßt hatte. Wozu noch Konzerte besuchen, wenn man im Lautsprecher dasselbe für ungleich billigeres Geld geboten kriegt? Wozu sich in vollen Untergrundbahnen, an belagerten Garderoben quetschen lassen, wenn man zu Hause, im bequemen Sessel, für die paar Nebengeräusche reichlich entschädigt wird?

Das stumme Kino hatte bis vor ein paar Jahren Tausenden von Orchester- und Kammermusikern Arbeit und Einkommen gewährleistet. Da zwingt eines Tages der Tonfilm zur Abschaffung der Orchester. Mit einem Schlage wird eine ganze Berufsgattung arbeitslos, paradoxerweise zuerst die Elite des Faches, da ja die besten Kinos als erste die Tonapparatur anschaffen mußten.

Die Gegenleistung der Industrie: Beschäftigung von Orchestern und Solisten bei der Aufnahme fällt kaum ins Gewicht, da sie ja immer nur ganz wenigen zugute kommt. Aber je größer die Ansprüche werden, die Publikum und Fachleute an die mechanische Reproduktion stellen, desto hilfloser werden die Techniker. Jede neue Erfindung an den Maschinen bedeutet nicht, wie man meinen solle, eine Erleichterung, sondern eine Erschwerung des Aufnahmeverfahrens, da ja die Empfangsapparate immer empfindlicher, die phonetischen Gesetze immer komplizierter werden. Man konstruiert Mikrophone, die bis in die tiefsten Tonregionen hineinreichen. Aber leider zeigt sich, daß nun auch die Aufstellung der Instrumente geändert werden muß. Dauernd stören kleine oder große Unsauberkeiten des Tones, für die einer den andern verantwortlich macht. Der Techniker und der Musiker werden zu Gegnern; statt sich zu verbinden, bekämpfen sie sich.

Man kann natürlich nicht von jedem Elektroingenieur verlangen, daß sein musikalisches Gehör einwandfrei ist. Andererseits kann einer fabelhaft geigen, ohne einen Dunst von technischen Dingen zu haben. Die Doppelbegabung für Musik und Technik ist außerordentlich selten. Ihr gehört die Zukunft in den Industrien der Schallplatte, des Radios und des Tonfilms. Ein neuer Beruf ist im Werden begriffen, der Beruf des *Musikingenieurs.*

Es ist merkwürdig, wie wenige Musiker Neigung und Talent für die Beschäftigung mit technischen Dingen haben. Während die abstrakte

Mathematik sie brennend zu interessieren scheint, sind sie in Dingen der Physik so unsicher, daß man bisher noch nicht einmal die Gesetze für die Konstruktion akustisch brauchbarer Räume entdecken konnte. Es gibt vorzügliche praktische Musiker, die seit Jahren fürs Mikrophon arbeiten und trotzdem keine Ahnung von phonetischen Dingen haben.

Nun liegt ja dieses ganze Gebiet der musikalischen Phonetik noch im dunkeln. Kein Gesetz, das nicht am nächsten Tag schon überholt, keine eingebürgerte Praxis, die nicht durch Veränderung von Nuancen hinfällig würde. Ein Beispiel für Hunderte von Fällen: Man hat herausgefunden, daß bei Gesangsaufnahmen die Stimme ganz dicht beim Mikrophon, das begleitende Klavier hingegen einige Meter entfernt stehen muß. Für die meisten Aufnahmen ist dies Gesetz gut und gültig. Nun aber werden Lieder mit symphonischem, vielstimmigem Klavierpart aufgenommen, selbstverständlich ohne Veränderung der Aufstellung. Und siehe da, das Ergebnis ist unzureichend, die Begleitung tritt allzusehr in den Hintergrund, die Stimme überschreit die Komposition. Ein musikalisches Gesetz hat alle Phonetik über den Haufen geworfen.

Das ist eine von den vielen Situationen, wo der Musikingenieur einzugreifen hat. Vorausgesetzt, daß man ihn eingreifen läßt. Denn vorläufig ist seine Stellung im verwickelten Betrieb des Rundfunks und des Tonfilms noch nicht präzisiert. Er tritt in zwei verschiedenen Gestalten auf, dort als »Steuermann«, hier als Tonmeister.

Der Steuermann hat eine Funktion, die etwa der eines Retuscheurs in der Fotografie entspricht. Nur mit dem Unterschied, daß seine Retusche, in ständigem Kontakt mit der laufenden Tonübertragung, sich sofort und ohne weitere Korrekturmöglichkeit auswirkt. Und zwar geschieht das folgendermaßen: Neben dem Senderaum, abgetrennt durch eine schalldichte Glasplatte, ist ein Kabinett mit einer Lautsprecheranlage. Der Steuermann hört also die Darbietung genau so wie der Rundfunkhörer. Vor ihm steht eine Art Schalttafel mit den drehbaren Hartgummischeiben, die wir vom Radiogerät her kennen. Mit diesen Scheiben, die wie kleine Steuerräder aussehen (daher wohl der Name), läßt sich die Übertragung dynamisch korrigieren. Aus einem Forte kann man ein Piano, aus einer kleinen Stimme eine große machen.

Es ist ein gerüttelt Maß von Verantwortung, das auf dem Aussteurer lastet! Denn für alle Unzulänglichkeiten der Sendung, für jeden Fehler des Spielers oder Sängers, für jede Schwäche des Mikrophons muß er eine technische Improvisation bereitstellen. Mitten im Trommelfeuer der Klänge muß er Kritik, Geistesgegenwart und Phantasie beweisen. Und das ist deshalb so besonders schwierig, weil er meistens gar keine Gelegenheit hat, mit den Ausführenden Proben vorm Mikrophon abzuhalten. Häufig kennt er die Musik nicht einmal; oft genug steht für ihn keine Partitur zur Verfügung, an der er sich mitlesend orientieren könnte. Diese Übelstände, die dem Aussteurer sein Amt so unnötig erschweren, müssen und werden beseitigt werden.

Wer im Tonfilmatelier Aufnahmen mitgemacht hat, kennt das kleine, hermetisch verschlossene Glashaus, in dem die phonetische Eignung von Tönendem und Gesprochenem geprüft wird. Er weiß aber vielleicht nicht, daß von der Arbeit seiner Bewohner das Gelingen aller Tonaufnahmen abhängt. Auch der Tonmeister (so heißt im Filmjargon der für Tönendes Verantwortliche) besitzt natürlich die technischen Hilfsmittel, die das Radio dem Aussteurer zur Verfügung stellt. Auch er kann den Ton dynamisch retuschieren. Er hat sogar den Vorteil, jede Einzelheit gründlich ausproben zu können. Dafür ergeben sich im Atelier tausend andere Schwierigkeiten.

Der Schauspieler selbst steht oft dem Mikrophon hilflos gegenüber; auf der Bühne vorzügliche Sprecher versagen vor den Bedingungen der Tonlampe und müssen erst vollständig umgeschult, das heißt, zu einem total andern Sprechen erzogen werden. Das ist nur unter ständiger Kontrolle durch den Kopfhörer möglich und erfordert oft stundenlange, aufreibende Versuche.

Ist das Menschenmaterial brauchbar, so müssen die Kulissen untersucht werden. Es kommt vor, daß die Architektur im Atelier jede Tonaufnahme unmöglich macht, sei es, weil schalldämpfendes Material verwendet wurde, oder weil Echowirkungen entstehen, die das menschliche Ohr kaum wahrnimmt, die jedoch im Film aufs peinlichste hervortreten. All diese Störungen werden dem Tonmeister unterbreitet; für alle muß er Abhilfe schaffen. Dazu aber gehört nicht nur ein äußerst empfindliches Gehör, sondern vor allem ein umfassendes Wissen um Dinge der Akustik und der Mikrophonethik. Der ideale Tonmeister muß die Sinne eines Musikers, das Wissen eines Physikers, die Erfahrung eines Theaterarchitekten und die Phantasie eines Erfinders besitzen.

Am schwierigsten wird seine Arbeit, wenn es gilt, ein Orchester aufzustellen. Hier kämpft er nicht nur gegen unbekannte Gesetze, denen man nur mit äußerster Langsamkeit auf die Spur kommt, sondern auch gegen den Widerstand der Musiker, die häufig seine Versuche nicht verstehen und deshalb nicht mitmachen wollen. Denn der Tonmeister ist zwar im Tonfilmatelier der wichtigste Mann, aber seine Befugnisse sind noch nicht einmal die eines Regieassistenten. Auch darin wird die Zukunft gründlich Abhilfe schaffen müssen.

Selbst für die Bedienung der Tonaufnahme-Apparate ist ein musikalisches Ohr nötig. Der Motor nämlich, wenn er die für die Aufnahme richtige Tourenzahl erreicht hat, summt in einer bestimmten Tonhöhe. Dieser »Eigenton« wird mit Hilfe einer Stimmpfeife fixiert; die Übereinstimmung aber muß äußerst genau sein, da sonst die Synchronität der Aufnahme gefährdet ist.

Alle diese technisch-musikalischen Betätigungen bei Rundfunk, Tonfilm und Schallplatte sind Funktionen des Berufs, den ich mit dem Wort »Musik-Ingenieur« kennzeichne. Für die Doppelausbildung, die er voraussetzt, gibt es vorläufig noch keine ausreichenden Lehrstätten. Aber die Berliner Hochschule für Musik hat in ihrer Rundfunkversuchsstelle und dem Tonfilmstudio den Anfang gemacht, und Hindemiths Interesse für diese Dinge ist eine Gewähr, daß es nicht bei den Anfängen bleiben wird.

Selbst wenn man skeptisch genug ist, einzusehen, daß die Tätigkeit des Musik-Ingenieurs auf der Unvollkommenheit der Maschinen basiert, daß eines Tages die Aussteuerung einer Radioübertragung überflüssig sein wird, sind die Zukunftschancen dieses Berufs unabsehbar. Ein großer Teil der in ihrer Existenz gefährdeten Musikerschaft kann hier sein Fortkommen finden. Freilich wird es nur wenigen möglich sein, sich die erforderliche technische Vorbildung anzueignen.

Die musikstudierende Jugend aber sollte jede Gelegenheit benutzen, in diese Fragen Einblick zu bekommen. Denn rascher, als wir es heute für möglich halten, kann die Entwicklung der mechanisierten Musik den überlieferten Konzert- und Opernbetrieb vernichten und überflüssig machen.

1934

Pirandello plus Malipiero
Uraufführung der
»Fabel vom vertauschten Sohn«

Um es vorwegzunehmen: dieses Werk ist eine Bereicherung der modernen Oper. Es verdiente, als Dokument neuer künstlerischer Gesinnung, als kühner Vorstoß zum neuen Musiktheater auf eine Berliner Bühne gestellt zu werden. Braunschweigs Landestheater und seinem Führer Oskar Walleck gebührt Dank für den Mut, Bewunderung für den Instinkt, hier vorangegangen zu sein.

Das Italien Mussolinis ist heute eine Freistatt für kulturellen Fortschritt. Es liebt und fördert die Jugend, und es hat erkannt, daß neue Formen künstlerischen Ausdrucks nicht Zersetzung, sondern Aufbau bedeuten. Die jungen faschistischen Architekten sind von Le Corbusier und dem Bauhaus nicht allzu weit entfernt. Futuristische Dichtung und Malerei ist offiziell geworden. Der Duce selbst hat auf musikalischem Gebiet in einen Meinungsstreit der Konservativen und der Jugend eingegriffen und sich für Strawinsky eingesetzt.

Der »literarische« Operntext ist ein umstrittenes Objekt. Schauspieldichter, so meint man, sind keine Librettisten; dem Opernkomponisten, so wähnt man, frommt gereimter Unsinn.

Wir sind anderer Ansicht. Den fixen Textschreibern à la Rudolph Lothar gehört die Opernzukunft nicht. Strauss hat sich Bücher von Wilde und Hofmannsthal genommen, Debussy hat Maeterlinck komponiert, und die besten modernen Operntexte stammen von Dichtern wie Georg Kaiser und Paul Claudel.

Der alte Pirandello, einer der originellsten Köpfe unter den zeitgenössischen Dramatikern, erhärtet den Beweis. Seine »Favola del Figlio Cambiato« ist ein Wurf von hohem dichterischen Rang und obendrein ein schöner (wenn auch nicht »effektvoller«) Operntext. Ein uralter Märchenstoff: Königskind und Bettlerkind werden in der Wiege vertauscht. Der echte Prinz, idiotisch, fallsüchtig zuckend, ein Jammerbild der Dekadenz, wächst zwischen Hafendirnen auf, dumpf seine Herkunft ahnend, mit Goldpapier gekrönt. Der falsche, aus südlicher Heimat in ein Königsschloß des Nordens entwurzelt, sehnt sich in die rousseausche Idealwelt eines bedürfnislosen Lebens. Dem Instikt der betrogenen Mutter und dem Seherblick einer seltsamen Hexengestalt, Vanna Scomas, glückt die Aufdeckung des Betrugs. Dem königlichen Kretin wird ererbtes Recht, und der verzichtende Sohn umarmt die Armut der Mutter.

Pirandellos romantischer Rationalismus, Verkleidungen von je geneigt, hüllt sich hier in das Stimmungsgewand der Mythe. Er sagt messerscharfe, Shawsche Wahrheiten im frommen Legendenton, aus dem hie und da Realismus hervorbricht. So in der Hafenkneipe des zweiten Aktes, wo zwischen Matrosen, Dirnen, einer Schwangeren und einer grellgeschminkten Chansonniere der gekrönte Idiot vom Volk Reverenz heischt. Man denkt an Wedekind, an Shaw, an Brecht.

G. Francesco Malipiero ist einer der interessantesten Köpfe in der Galerie der neuen Weltmusik. In Venedig geboren, in Bologna und Berlin (bei Max Bruch) unterrichtet, in Europa aufgeführt und bewundert, vertritt er in der jungen italienischen Musik den Geist eines vorurteilslosen, allen kraftvollen Erscheinungen der Moderne zugewandten Fortschritts. Malipiero kommt von Debussy her; es ist aber auch durch Schönberg, Strawinsky und Bartók angeregt worden. Es gibt kein Klangmittel der alten und neuen Musik, das er nicht auf seine Weise erprobt hätte.

Seine Eigenart liegt in einer Neu-Gestaltung des Operngesanges, die zwischen Rezitativ und Arioso vermittelt; ferner in einer (gelegentlich monoton wirkenden) Vorliebe für Orgelpunkte und Ostinato-Strecken und in einer Art nachdenklicher Imitatorik. Harmonisch strebt er, bei diatonischer Melodik, von der Tonart fort. Sein hauptsächliches Baumaterial sind Quarten-Akkorde und ihre Umkehrungen. Von reinen Dreiklängen bis zu den herbsten polytonalen und atonalen Kopplungen reicht seine Klangphantasie. Der Charakter der zart instrumentierten Musik ist auch hier weich, lyrisch.

Aber in dieser Partitur kommen neue, brutalere Elemente dazu. Die Hafenkneipe verwendet Jazz-Rhythmen und gassenhauerische Floskeln; in den Klagen der Mutter treten volkstümliche Züge auf (die sonst Malipieros Aristokraten-Natur fern liegen), im Gelächter des Volks groteske Wirkungen von großer Eigenart. Und wenn auch die Bindung des Gegensätzlichen zur weiten Form nicht immer gelingt, so sehe ich doch in dieser Partitur Malipieros Meisterwerk.

Freilich: unsere Dreiklangshüter kommen nicht auf ihre Kosten. Das Werk in seiner Gesamtheit, musikalisch wie literarisch, liegt durchaus auf der Linie des Experimentellen.

Man ist erstaunt über die konzessionslose Beherztheit der Inszenierung. In einem konstanten Raum, den Hans Fitzner mit farbenfrohen Leinwänden optisch zurechtmacht, baut sich eine Regie von modernster Tendenz auf. Oskar Walleck kennt nicht nur Tairoff, er kennt sogar das epische Theater, über dessen Stil er in der Kneipenszene kühn hinausstößt (in Braunschweig!).

Zunächst ist das Publikum sprachlos. Der erste Akt begegnet eisigem Schweigen. Dann aber, nach dem Kneipenbild, bricht der Beifall los. Erregte Diskussionen im Zwischenakt, wenn in den Foyers das Publikum sich staut, um die anwesende Prominenz zu besehen: das italienische Botschafterpaar, den Reichsstatthalter Loeper, den Ministerpräsidenten Klagges und die Landesregierung.

Und am Schluß leidenschaftliche Zustimmung, für die Malipiero im Kreise der Ausführenden immer wieder dankt.

Wir bestätigen das Gelingen eines Experiments. Man möchte, daß wieder mehr experimentiert würde. Und gerade in Berlin hätten wir es bitter nötig.

Dieser Bericht in der B. Z. am Mittag vom 15. Januar 1934 verursachte Empörung in der nationalsozialistischen »Fachgruppe Musikkritik« und beim »Kampfbund für deutsche Kultur«. Die Nennung von Bertolt Brecht, Georg Kaiser und Arnold Schönberg, der Hinweis auf das epische Theater und auf den sowjetischen Regisseur Alexander Tairoff, auf Bauhaus, Futurismus und Jazz, die ironische Formel »unsere Dreiklangshüter« wirkten provozierend. Die größte Verärgerung brachte der Absatz über kulturellen Fortschritt im faschistischen Italien und Mussolinis Eintreten für Strawinsky. Denn gegen den neuen Musik-Faschismus, diese »hochinteressante Strömung«, wie ihn Hanns Eisler nannte (siehe S. 315), durfte die Nazipresse aus politischen Gründen nicht schreiben.

Zusammen mit einem Aufsatz zum 50. Geburtstag Anton von Weberns und dem hier folgenden Lob des »Nichtariers« Alexander von Zemlinsky anläßlich der Berliner Aufführung seiner Oper »Der Kreidekreis« wurde der Bericht über Pirandello-Malipieros »Fabel vom vertauschten Sohn« zum wichtigsten Argument für das im Dezember 1934 durchgesetzte Schreibverbot des Verfassers.

»Der Kreidekreis« in Berlin

In einer Aufführung, die ihre musikalischen Werte noch klarer hervortreten ließ, ist Alexander von Zemlinskys neue Oper nun auch hier herausgekommen. Die Staatsoper hat sich durch den unerwarteten und unbegreiflichen Einspruch, den eine lokale Behörde in Stettin gegen das Stück erhob, nicht beirren lassen, und sie verdient Dank für diese Haltung. Auch die hohen Regierungsstellen, denen nochmals der beanstandete Text zur Prüfung vorgelegt wurde, entschieden sich für das Stück.

Die Stellen, die besonders in den gesprochenen Dialogen und Monologen dem Rotstift zum Opfer fielen, sind für die eigentliche Handlung unerheblich. Ihre Wirkung beruht auf dem Kontrast zwischen Tragik und Groteske, der in der Spezialform des chinesischen Theaters so beliebt ist. Aber für uns genügt als Widerspiel zum Sinn der Handlung das Auftreten der komischen Figuren an und für sich. Die Arabesken der Herren Tong und Tschu-Tschu, des Kupplers und des bestochenen Richters, zieren eine Fabel, deren tiefer und rührender ethischer Sinn die Verherrlichung der Mutterliebe und der Gerechtigkeit ist. Mag das Happy end, das Klabund dem chinesischen Original des Li-Hsing-Tao angefügt hat: Haitangs Rettung und Erhebung durch einen salomonisch weisen Kaiser, immer als Finale ex machina wirken – sein Optimismus gibt dem Werk einen Glanz, ohne den es als Oper schwerlich denkbar wäre.

Zemlinskys Musik gewinnt noch bei näherer Bekanntschaft. Es ist nicht nur die reinere Farbe, die ihr Instrumentalklang in der Spiegelung durch die prachtvolle Staatskapelle annimmt. Nein, auch ihr Reichtum an feinsten kompositorischen Werten, der Geist, mit der sie sich selbst zitiert, die Klugheit, mit der sie zu schweigen versteht, öffnet sich ganz erst dem, der sie ein zweitesmal hört. Auf die geistvolle Verbindung von Quartenharmonik und chinesischer Pentatonik (die fünftönige Leiter c-d-e-g-a ist ja nur eine Drängung des fünftönigen Quartenakkords e-a-d-g-c) wurde hingewiesen. Nicht aber auf die Feinheit, mit der das Kreidekreis-Thema in seine eigene Spiegelung, den »Krebs«, mündet, so tatsächlich in sich selbst zurücklaufend und den Kreis symbolisierend.

Aber auch jenseits des Fachlichen, des Hineingeheimnißten, beglückt die Partitur durch Einfälle von Pracht und Größe. Wie außerordentlich ist die Gerichtsszene aufgebaut, mit dem schwatzenden Richter, der albernen Hebamme, den songenden Kulis, dem ergreifenden Protest Haitangs! Wie stark die Dreiteilung des Schneesturm-Bildes: Haitangs in die Natur herausgeschriene Klage zwischen den rhythmischen Liedern der Eskorte. Und wie schön in der Ausweitung seiner melodischen

Bögen das Schlußduett! Man muß mit Blindheit und mit Taubheit geschlagen sein, um das hohe Niveau, den hohen künstlerischen Wert dieser (bewußt im Ausdruck zurückhaltenden) Musik nicht zu erkennen.

Robert Heger dirigiert das Werk mit all der Noblesse, die wir an seiner »Palestrina«-Darstellung rühmten. Er hat es mit ungemein tiefer Eindringlichkeit studiert, und sein stilistisches Grundgesetz siegt in der Auswägung der Gesangsparte und der rhythmisch-klanglichen Bildnerei. Emil Preetorius hat die Dekorationen entworfen. Es ist eine seiner schönsten Arbeiten, von gradezu körperlichem Reiz im zweiten Bild, das ein gebirgiger Prospekt im Stile schönster Tuschzeichnungen ziert. Auch das Schneebild trifft die hoffnungslose Tragik der Situation vollkommen, und der Thronsaal ist bei einiger Äußerlichkeit der Farbwirkung doch sehr stilecht, wird überdies durch wohltuende Schleier zum Schluß verhängt.

Hörths Regie ist hier voll von reizenden Einfällen; so wenn sie die Teehausmädchen wie durch eine magische Projektion im oberen Stock erscheinen läßt. Gut ist auch die Gerichtsverhandlung gelöst; schwächer die Kaiserszene, bei der einige Ungeschicklichkeiten der Bewegung korrigiert werden sollten.

Eine reizende Haitang: Susanne Fischer. Ihr Sopran wächst und blüht, ihr Spiel hat Anmut, sogar ihr Tanz berührt uns. Wittrischs Tenor sonnt sich in der Wärme der Zemlinskyschen Kantilenen; er singt einen Prinzen und Kaiser, der nicht übertroffen werden kann.

Eine Charakterstudie ersten Ranges, ergänzt durch schöne Stimmgebung, liefert Krenn als Mandarin Ma. Herbert Janssen adelt durch den Wohllaut seines Baritons die Partie des Bruders. Margarethe Arndt-Ober verkörpert glaubhaft die Rivalin der Haitang, ohne sich gesanglich in den Stil ganz einzufügen. Rut Berglund und Marie Schulz-Dornburg füllen kleinere Partien aus. Soot erweist sich in der Kupplerrolle wieder als sicherer Schauspieler, K. A. Neumann als Darsteller von Eigenart und seiner Psychologie in der kleinen Partie des Tschao. Otto Lange spielt den Richter etwas weniger komisch, als Klabund ihn gewünscht hat.

(Insgesamt wäre dem Ensemble für die zahlreichen gesprochenen Strecken mehr Einheit der Aussprache aufzuzwingen: wir hören schwedisch, amerikanisch, rheinisch, schweizerisch und wienerisch gefärbtes Deutsch, aber fast kein Hochdeutsch! Ein Problem der Dialog-Oper.)

Eine festlich-schöne Aufführung, die leider zunächst ein zurückhaltendes Publikum findet. Erst nach dem letzten Akt wird der Beifall stürmisch. Er gilt einem Werk von hohem künstlerischen Adel und großen Aussichten auf einen echten Publikumserfolg.

1939

Romantik und Impressionismus in der Musik

Claude Debussy, dessen kritischer Genius bekanntlich mit der Empfindlichkeit einer Mimose auf gewisse Erscheinungen der deutschen Romantik reagierte, hat in seinen Schriften Carl Maria von Weber hohe Verehrung erwiesen. Die Erklärung dafür ist nicht ganz leicht zu finden, denn, vergleicht man die beiden Musikernaturen in ihren charakteristischen Zügen, so wird man nur wenig Gemeinsames entdecken. Jeder ist ein typischer Repräsentant seiner Nation und seiner Epoche: der Unterschied der stilistischen Grundlage wird verstärkt durch eine sozusagen grundsätzlich verschiedene Stellung zur Kunst. Weber lebt von früher Jugend an im praktischen Betrieb als Theaterdirigent und Pianist. Er tritt der Musik mit der naiven Unbekümmertheit eines frühreifen Mannes entgegen, der sorglos produziert, um zu gefallen. Debussy genießt zwar eine glänzende praktische Ausbildung, regelmäßiger und solider sogar als Weber, arbeitet aber selbst niemals im »Betrieb« mit. Er ist mit ungleich mehr Ästhetik belastet, skeptischer und relativ spät entwickelt. Webers Methode liebt die bewußte Unterstreichung von Affekten und Effekten; Debussy im Gegenteil dämpft und verfeinert beide bis an die Grenze des Empfindens.

Zwischen ihnen liegt ein Zeitraum von 75 Jahren. Es ist genau die Epoche, in der sich das europäische Phänomen der Romantik entwickelt und vollendet. Weber steht an ihrem Anfang als Träger und Überwinder der klassischen Tradition, in gewissem Sinne als Antipode Beethovens; Debussy an ihrem Ende als visionärer Begründer einer neuen Welt von Klang und Rhythmus, als Überwinder des romantischen Pathos und dennoch als Romantiker malgré lui. Und wie der prophetische Weber in tausend Einzelheiten die Richtung vorbereitet, aus der eine Reihe so verschiedenartiger Geister wie Berlioz, Chopin, Liszt, Schumann und Wagner hervorgegangen ist, so steht Debussy auf ihren Schultern als der letzte und kühnste Geist, den diese Richtung zeugte.

Die Reaktion gegen Wagner ließ Debussy in der Romantik deren Schwächen erkennen: Übersteigerung des Ausdrucks, Gefährdung der Form und der ästhetischen Grenzen. Gleichzeitig führt sie ihn an die

Ursprünge der Epoche, an die reinen Quellen, aus denen Weber (und nach diesem noch Robert Schumann) schöpften. Hier findet er eine Unmittelbarkeit des Erlebens, die der späteren Romantik fremd geworden war. Weder Berlioz' geniale Phantastik noch Chopins Ekstasen, weder Liszts revolutionäre Kühnheit noch Wagners Pathos haben dieses Webersche Ideal wieder zu erreichen vermocht. Es ist ein Ideal der direkten Natursprache durch die Musik. Die Töne reden bei Weber sozusagen ohne realistische Form als reine Ausdruckssymbole. Nichts ist weiter von diesem Ideal entfernt als der Tonnaturalismus gewisser Programmatiker. Josef Haydns »Schöpfung«, Beethovens »Pastorale« stehen ihm mit ihrem naiven und kräftigen Naturalismus so diametral entgegen wie ein Jahrhundert später etwa Richard Strauss' »Alpensinfonie«. Fast niemals ist Weber Programmusiker in diesem Sinne gewesen: Gewitter und Stürme haben keinen entscheidenden Ausdruck in seiner musikalischen Natursprache gefunden. An die Stelle solcher Tonrealistik tritt bei ihm ein absolut neues Empfinden für das Atmosphärische von Landschaften, Charakteren und Situationen. Es ist jene eigentümliche »Synästhetik« der großen Romantiker (und, wie wir sehen werden, auch der Impressionisten), die bei Weber zum erstenmal konstruktive Bedeutung erlangt. In ihrer Beherrschung und dramatischen Anwendung ist er Meister wie keiner vor ihm. Das Hören von Farben, ja sogar von Linien, körperlichen Formen und selbst von Gerüchen ist eine Erscheinung, die die Experimentalpsychologie seit Jahrhunderten kennt. Aber bis zur Romantik bleibt sie ein höchst subjektives Kuriosum, eine Privatmeinung einzelner, oft stark pathologischer Versuchspersonen. Erst Webers Musik (und etwa gleichzeitig E. T. A. Hoffmanns Prosa) erhebt diese Synästhetik aus der privaten Sphäre in die eines objektiven Kunstmittels. Denn seine Tonsymbole sind in ihrer Wiedergabe des Atmosphärischen durchaus eindeutig. So vergeblich sich die musikwissenschaftliche Hermeneutik um eine Enträtselung der Weberschen Melodik bemüht, so unmittelbar wirkt sein Klang auf jeden, der mit allen Nerven zu hören versteht.

Webers Klanggefühl ist in einem spezifischen und verblüffenden Sinne »modern«. Nicht, daß seine Harmonik besonders kühn oder graduell irgendwie über den Standard der Wiener klassischen Schule entwickelt wäre. An chromatischer Erfindung ist ihm Mozart, an synthetischer Harmonie Beethoven fraglos überlegen. Weber jedoch erkennt und verwendet im einzelnen Klang latente Werte, atmosphärische Eigenschaften, die Beethoven nur geahnt hat. Er löst den Akkord oft aus seiner harmonischen Funktion heraus und setzt ihn als absoluten Klang, ein Verfahren, das nach ihm in der romantischen Musik ungemein häufig angewandt, aber weder bei Liszt noch bei Wagner, vielleicht nur noch bei

Schumann mit der Kraft des ersten, ursprünglichen Eindrucks wirksam wurde.

Die Rolle, die im »Freischütz« der verminderte Septimakkord als unendlich vielseitiger Ausdruck des Nächtlichen, Düsteren, Höllenhaften, der gespenstig und geisterhaft belebten Schattenwelt in der Natur spielt, ist bekannt und oft zitiert worden. Man schlage die Partitur der Wolfsschluchtszene oder die entsprechenden Stellen der Ouvertüre auf, und man steht im Banne einer solchen Naturromantik des absoluten Klangs. Diesen Akkord hat Weber, wie übrigens alle Romantiker und schon Beethoven in seinen romantischen Momenten, schwärmerisch geliebt. Er ist ihm, nicht nur im »Freischütz«, ein hervorragendes Mittel, das Übernatürliche, Phantastische zu illustrieren. Aber gerade in dieser Vorliebe für einen selbständigen, tonal mehrdeutigen Klang liegt zweifellos ein impressionistischer Gedanke, sehr weit entfernt von der hermeneutischen Tonmalerei der Programmusik. Ungemein verstärkt erscheint der impressionistische Charakter gewisser Weberscher Einfälle durch die rhythmischen und instrumentalen Wendungen, die er ihnen gibt. An den dramatischsten Stellen der Wolfsschluchtmusik (und ebenfalls wiederum in der Ouvertüre) wird der gespenstige Ausdruck des Klangs durch einen Baßrhythmus von erregender Wirkung durch jene synkopierten Stakkatoschläge der Pauken und Kontrabässe bedeutend erweitert. Nicht nur Wagner im »Tristan« und Bizet in »Carmen« haben an diese Stelle angeknüpft: auch Debussys Musik kennt Wirkungen ganz ähnlicher Art. Ja, bei ihm ist die Verwandtschaft mit Webers Empfindung noch größer, weil auch er diese Verbindung von tonal unbestimmten Klängen und metrisch unbestimmten Rhythmen bevorzugt.

Gewiß, die reine Harmonik als verbindende Kraft im Verkehr der Tonarten, als historische Erschließung des chromatischen Spielraums, in dem sich die abendländische Musik vollzieht, verdankt Weber keine materiellen Bereicherungen. Aber er stellt die Harmonien in ein neues, vor ihm unbekanntes Licht, er gibt ihnen eine ursprüngliche und höchst suggestive Macht. Es ist, als ob man altvertraute Klänge plötzlich ganz neu ertönen hörte, als wenn wir ihre sinnliche Symbolik erlebten. Ganz ähnlich ist der Vorgang, wenn eine fremde Sprache, deren Regeln und Vokabeln wir kennen, uns plötzlich ihren eigentümlichen Rhythmus, ihre Musik und damit ihren tiefsten Sinn – über die logische Bedeutung ihrer Syntax hinaus – erschließt.

Wenn wir also Weber in bezug auf die Harmonik mehr einen Seelenanalytiker als einen Erfinder nennen müssen, so hat er dem Orchesterklang eine Reihe entscheidender Neuerungen zugeführt. Und hier zeigt sich seine Verwandtschaft mit impressionistischem Gefühl noch weit deutlicher. Sein Klangsinn hat bestimmte Phänomene des Orchesters ans Licht gehoben, auf denen der größte Teil der Instrumentierungskunst bei Berlioz, Wagner und Liszt beruht. Während diese aber vieles von Webers unendlich feinen und geistigen Wirkungen ausgewalzt und ins Gigantische oder ins Panoramische vergrößert haben, indem sie glaubten, den Zuhörer durch Massen raffinierten Klangs erdrücken zu müssen, griffen die Impressionisten, vor allem Debussy und Ravel, auf die ursprüngliche Klangsinnlichkeit Webers zurück. Die hauptsächlichen Errungenschaften seines Orchesters liegen in der Verwendung der Hörner, in der Entdeckung des tiefen Klarinettenregisters und in der Teilung der Streicher. Die vier Hörner des »Freischütz«, ihre eigentümliche koloristische Funktion, die Poesie und Kühnheit ihres Satzes haben eine Epoche neuer Orchestration eingeleitet. Das Adagio-Thema der Ouvertüre und die Entreaktmusik mit den Themen des Jägerchors sind verblüffende Naturbilder einer gänzlich neuen, unnaturalistischen Art. Aus der Atmosphäre, die sie beschwören, hat Wagner viele seiner besten Gedanken bezogen, vor allem die erstaunliche Naturmusik des Waldwebens im zweiten »Siegfried«-Akt. Es ist die gleiche Atmosphäre, die, allerdings unendlich verfeinert und verdünnt, in den Traumklängen des »Prélude à l'aprèsmidi d'un faune« weht, die gleiche, die manchen Szenen des »Pelléas« ihren Zauber gibt. Eine der stärksten derartigen Stellen von ausgesprochen impressionistischer Wirkung hat Weber in der großen Arie Agathens im zweiten Akt geschrieben. Nach den raunenden Sechzehnteln des C-Dur-Teils im Andante setzt auf einmal das Rezitativ ein: »Nur die Nachtigall und Grille scheint der Nachtluft sich zu freun.« Generalpause. Und nun, nichts als ein zarter Farbtupfen in dem nächtlichen Bild, die Oktaven der Hörner, auf H und in stakkatierten Achteln. Eine Wirkung von ähnlich ursprünglicher Macht hat die romantische Musik nie mehr erreicht; erst Jahrzehnte später vermochte das verfeinerte impressionistische Orchester dergleichen wieder zu beschwören.

Durch seine Freundschaft mit dem genialen Klarinettisten H. J. Bärmann hatte Weber dieses jüngste und vielseitigste Instrument aus der Gattung der Holzbläser genauer kennengelernt als irgend ein Komponist vor ihm (ausgenommen Mozart). Die konzertanten Werke und die vielen herrlichen Klarinettensoli seiner Orchesterpartituren, vor allem der Ouvertüren, legen davon brillantes Zeugnis ab. Das ausdrucksvolle »Schalmeiregister«, diese wunderbare tiefste Oktave der Klarinette, war bis zum 19. Jahrhundert fast vollständig ungenutzt geblieben. Nur Mozart verwendet es einmal im Finale des ersten Akts von »Don Giovanni« (Maskenterzett). Weber erst gewinnt ihm die tausend Nuancen des Unheimlichen, Furchtsamen und Visionären ab, die noch heute unerschöpft sind. Die Neigung zu diesen tiefen Holzbläserfarben sollte lange nach ihm ein Charakteristikum des modernen Orchesters werden.

Die stärkere Besetzung der Streichergruppe, die Webers Instrumentierung erfordert, legte die mehrfache Teilung der Violinen als klangsinnliches Mittel nahe. Er verwendet sie häufig und schafft dadurch jene helle, luftige Region des romantischen Orchesters, die etwa im »Lohengrin«-Vorspiel so bedeutsam aufleuchtet und bei Debussy in höchster Potenzierung ihrer Möglichkeiten den typisch impressionistischen Effekt des flimmernden Lichts erzeugt.

Alle diese Erscheinungen, die Entdeckung des absoluten Klangs und die Schöpfung neuer Orchesterfarben, haben eine gemeinsame geistige Quelle. Zu ihrer Definition reicht der Begriff der Romantik allein nicht aus; es sei denn, daß man den Impressionismus insgesamt als einen Teil der großen und vielfach geteilten romantischen Bewegung auffaßt. Dafür ließe sich eine Parallele in der Malerei finden. Delacroix hat zweifellos auf die Impressionisten stark eingewirkt und z. B. in seiner Bevorzugung der Farbe vor der Zeichnung ihren Stil weitgehend vorbereitet.

Webers Natur und seine spezifische Art der künstlerischen Empfindung ist uns nicht nur durch seine Musik, sondern auch durch zahlreiche Stellen seiner Schriften belegt. In seinem Roman »Tonkünstlers Leben« stehen die aufschlußreichen Sätze: »Das Anschauen einer Gegend ist mir die Aufführung eines Musikstückes. Sie ist mir ein sukzessiver Genuß. Sehe ich stillstehend so recht festen Blickes in die Ferne, so beschwört dieses Bild fast immer ein ihm ähnliches Tonbild aus der verwandten Geisterwelt meiner Phantasie herauf, was ich dann festhalte und ausbilde.« Das ist das Credo eines Impressionisten, durchaus verschieden etwa von Beethovens Beziehung zur Landschaft. Von hier aus verstehen wir die schöne Vision Debussys, diese phantastische »Evocation« Webers in den Straßen Londons: »Cet homme avait été inquiété, peut-être le premier, par le rapport qu'il doit y avoir entre l'âme innombrable de la nature et l'âme d'un personnage.« Und, einige Zeilen weiter: »... le pouvoir d'évoquer à son gré les sites invraisemblables, le monde indubitable et chimérique qui travaille secrètement à la poésie mystérieuse des nuits, à ces mille bruits anonymes que font les feuilles caressées par les rayons de la lune.«

Das ist vielleicht das Schönste und Tiefste, was in solcher Kürze über Weber gesagt worden ist und gesagt werden konnte. Es ist kein Zufall, daß gerade der »Oberon« Debussy zu seiner »Evocation« anregte. Vieles an dieser phantastischen Partitur mußte ihn, den Symbolisten und musikalischen Impressionisten, aufs lebhafteste fesseln.

Die märchenhaften, »schimärischen« Landschaften und Figuren der Handlung berührten den Komponisten Maeterlincks und Verlaines verwandt. Hatte nicht Weber immer wieder das Ferne, Exotische, Seltsame als klangliches Stimulans herangezogen: Orientalismen im »Abu

Hassan«, spanische Rhythmen in der Schauspielmusik zu »Preziosa«, chinesische Pentatonik in der »Turandot«-Ouvertüre und arabische Elemente im »Oberon«? Ja, sogar Ännchens Ariette im »Freischütz« ist im kapriziösen Bolerotakt komponiert. Die gleiche romantische Neigung beseelt auch die Impressionisten. Japanische Perspektiven beherrschen 1871 die Leinwände der großen französischen Maler; japanisch-indische Skalen, Rhythmen und Orchesterklänge färben den Stil der impressionistischen Musiker, vor allem Cyril Scotts, spanische Elemente den Debussys und Ravels. Aber Debussys Exotismus ist unendlich weit entfernt von der materialistischen Exotik seiner Vorgänger und Zeitgenossen. Bizets Indien, Chabriers Spanien finden in seiner Kunst einen tausendfach verfeinerten Niederschlag. Es ist ein Exotismus der Seele, den Debussys vornehme Natur anstrebt. Und ganz in diesem verinnerlichten Sinne ist auch die Exotik der »Oberon«-Szenen musikalisch gedeutet.

Die deutsche Sprache kennt ein schwer übersetzbares Wort, das diesen »rapport des âmes«, diese »sorte de rêveuse mélancolie« und manches Verwandte ausdrückt: das Wort »Stimmung«. Es umfaßt alles, was Debussy an Weber geliebt hat; es bezeichnet aber auch mit unübertrefflicher Genauigkeit das Wesen der impressionistischen Musik, diese Kunst der halben, verhallenden Klänge, der Erinnerungen und Sehnsüchte, der zartesten Nervenreflexe, die je in Tönen gestaltet wurden. Webers Musik ist voll von solcher »Stimmung«, mehr noch als die seiner Nachfolger, die oft bewußt versuchten, wiederzuentdecken und anzuwenden, was er mit genialer Intuition gefunden hatte. Sind es die seltsam verschwimmenden und gebrochenen Akkorde in manchem Takt von Webers letztem Werk, die Debussy so verzauberten? Ist es die visionäre Stelle, die das langsame Seitenthema im Allegro con fuoco der Ouvertüre einleitet, wenn sich unter dem E der ersten Violinen, Ton für Ton von zweiten Violinen, Bratschen und Celli zusammengetragen, der Dominantseptimakkord entwickelt, erstes Phänomen eines impressionistischen Orchesterpedals? Oder die Elfenmusik, in deren Sechzehntel-Stakkatos die Dreiklänge und Septimakkorde so überaus »modern« mit ihren chromatischen Nachbarn herumwirbeln? Auch diese Vorhaltwirkung ist erst Jahrzehnte später wiederentdeckt worden; es ist typisch, daß Mendelssohn-Bartholdy in seinen Elfenmusiken, sonst so stark vom »Oberon«-Stil beeinflußt, gerade vor dieser harmonischen Erscheinung Halt macht, die den Geist mancher Klänge der Impressionisten und die Akkorde der Silberblume in Richard Strauss' »Rosenkavalier« vorwegnimmt.

So begegnen sich in der Sphäre des Phantastischen die Extreme einer deutschen Theaterromantik und einer französischen Musik äußerster

Intimität, vereint durch ein seltsames synästhetisches Naturgefühl. In ihrer Verbindung spiegelt sich symbolisch die ewige Macht der Musik, die durch die Jahrhunderte wirkt, erhaben über alle Schranken von Zeitalter und Nation.

1947

Ästhetik des Schrecks

Alle Mißverständnisse um Wesen und Sinn der Künste entstehen aus dem völlig ungerechtfertigten Wunsch, das Kunstwerk voraussetzungslos genießen zu können. Seit es Ästhetik gibt, ist an dem Begriff des Schönen nachdrücklichst vorbeigeredet worden. Das Komfortbedürfnis der modernen Zivilisationen ist die eigentliche Ursache unserer Kunstfremdheit. Man sucht – zunehmend seit dem 19. Jahrhundert – Behagen in alle Lebenszustände zu tragen. Zentralheizung, moderne Verkehrsmittel, gute Kleidung und Ernährung sollen uns dem Zugriff der Elemente entziehen. Das ist als soziales Programm sehr wünschenswert, und wir haben im Lauf der Zeiten, solange Menschheitskatastrophen abzuwenden waren, recht gute Fortschritte darin gemacht. Verhängnisvoll aber wirkt diese Tendenz, sobald sie auf Gebiete des Geistigen übertragen werden soll. Hier äußert sie sich sofort kulturfeindlich; hier schafft sie ein Vakuum, das mit den Mitteln des Geistes nicht mehr ausgefüllt werden kann und eine Verlagerung der (falsch gedeuteten) Kulturwünsche und Formbedürfnisse ins Sinnlich-Animalische herbeizwingt. Es ist kein Zufall, daß der große Psychoanalytiker der Libido, daß Sigmund Freud 1930 als erster dieses Dilemma des modernen Lebens vom Psychotherapeutischen her untersuchte. Der Deutungsplan seiner kleinen Schrift vom »Unbehagen in der Kultur« bleibt jedoch im Entwurf stecken, will wohl auch nicht darüber hinaus. Zu einer Warnung vor den Gefahren rein genießerischer Kunstübung kann sich auch die scharfsinnigste Psychologie nicht entschließen. Sie überläßt sie den Soziologen, die ihrerseits wieder fassungslos vor den Problemen der Ästhetik haltmachen. Bedauerlich, daß der erste größere Versuch einer historisch-materialistischen Analyse der Kunst, Lu Märtens gelehrte und umfangreiche Arbeit »Wesen und Veränderung der Formen«, vor etwa zwanzig Jahren mißglückte, weil auch hier noch von dem Grundsatz aus gedacht wurde, Kunst könne voraussetzungslos an den Menschen herangetragen werden.

Die Krise der Schönheitsbegriffe ist seit dem 19. Jahrhundert nicht mehr latent. Zu deutlich zeigen die lauten Kämpfe und Proteste um impressionistische Malerei und spätromantische Musik, wie sehr im

Publikum eine genießend-reaktionäre Haltung der Kunst gegenüber versucht, den neuen schöpferischen Ideen ein Veto zu gebieten. Gewiß hat das seine guten sozialen Gründe, denn mit dem Kleinbürgertum wächst ja die Schicht derer, die Zeit und Geld für Konzert-, Theater- und Ausstellungsbesuch aufbringen können. Diese breiten bürgerlichen Massen, die kleineren Rougons und Macquarts, sind nun zwar brauchbare ökonomische Träger eines äußerlich florierenden Kunstbetriebs. Sie ermöglichen zum Beispiel die Institutionen des ganzjährig spielenden Stadttheaters mit einem aus Oper und Schauspiel gemischten Spielplan ebenso wie das symphonische Abonnementskonzert oder den Buchgemeinschaftsverlag, aber sie bilden herkunftsmäßig und ihren Überzeugungen und Idealen nach eine Schicht, die alles daransetzt, Abgründen und Unsicherheiten zu entfliehen. Sie wollen keine Tragik, kein Unbehagen, keine Dunkelheiten, keine Hölle. Das Leben, so argumentieren sie gern, ist an sich so dunkel, so tragisch, so unbehaglich und bisweilen höllisch, daß die Kunst sich lichteren Seiten zuwenden soll.

Aus diesem Mißverständnis des Schöpferischen, seines Sinnes und seiner Aufgabe entstehen alle Argumente, die seit Platon gegen die Kunst als solche erhoben werden, Argumente, die sich im Lauf des 19. Jahrhunderts und im Gefolge seiner revolutionären sozialen und nationalökonomischen Ideen zur Anklage verdichten. Leo Tolstojs Kunstgegnerschaft ist das radikalste Bekenntnis dieser Art, und es hat tief in die Anfänge der proletarischen Revolution hineingewirkt.

Der Naturalismus war der erste großzügige und einigermaßen erfolgreiche Versuch in neuerer Zeit, der einseitigen Genußästhetik eine Kunstanschauung entgegenzusetzen, die auch in der Darstellung des »Häßlichen«, des Quälend-Unbefriedigenden einen Teil ihrer Aufgabe sah. Ja, schließlich sogar, aus bewußtem Trotz gegen die Meinung der Allzuvielen, ihre eigentliche Aufgabe. Dieser Standpunkt war genau so einseitig und im Grunde unfruchtbar wie die Prachtästhetik der Schönheitsapostel. Aber er wirkte als Korrektiv sehr heilsam. Und die Kunstwerke, denen man bei ihrem ersten Erscheinen das bewußte »Wühlen im Schmutz« vorwarf, wie etwa Zolas »Germinal« oder »Nana«, stehen bezeichnenderweise in der Hierarchie der naturalistischen Meistertaten obenan.

Das Erschrecken des Betrachters, das von den Naturalisten (und gelegentlich auch von den Impressionisten) schon als Nebenprodukt der Kunstwirkung einkalkuliert war, spielt sechzig Jahre später, bei den Surrealisten (und vorher bei ihren Vorläufern, den Dadaisten), eine noch ungleich wichtigere Rolle. Ihnen kommt es, weiß Gott, nicht darauf an, das Publikum zu »erbauen«; es soll vielmehr aufgewühlt, in den Tiefen seines Unterbewußtseins durcheinandergerüttelt werden. In den Höchstleistungen des Surrealismus, den frühen Gedichten Louis Aragons, in Max Ernsts Bilderbuch »La femme 100 têtes« und in dem Film »Le chien andalou« von Salvador Dali und Luis Buñuel wird die Ästhetik des Schrecks mit Intention auf die Spitze getrieben. George Antheil erzählt in seinem Memoirenbuch »Bad Boy of Music«, wie nach der Hollywooder Privataufführung des »Chien andalou« der Regisseur Cecil B. de Mille grünbleich das Paramount-Studio verließ und Dali das begeistert als den größten vorstellbaren Erfolg an seine Frau telephonierte. Die Abwehr des modernen Menschen gegen die entscheidenden Werke der modernen Kunst gleicht der Wut Calibans vor dem eigenen Spiegelbild. In der kalifornischen Traumfabrik allerdings, wo man (abgesehen von einigen unvergänglichen Meisterwerken des Films) seit je bemüht war, der Wirklichkeit eine gleichsam lackierte und höchst elysäische Lebensfiktion zu konfrontieren, mußte die Schonungslosigkeit des surrealistischen Filmstreifens wie ein Fausthieb in den Unterleib wirken.

Aus dieser calibanischen Wut ist der erbitterte Kampf des konsequenten Faschismus gegen die »Entartungen« der Moderne, das heißt gerade gegen ihre wesentlichen Schöpfungen, zu verstehen. Die ängstliche Bemühung, das Bewußtsein der Öffentlichkeit von den Atrozitäten einer hemmungslosen Machtlehre abzulenken, sah eine Gefahr in jedem Versuch, hinter die Fassaden zu leuchten. Man war sehr hellhörig gegen Entschleierer geworden. Die Fiktion einer problemlosen Gesellschaft mußte um jeden Preis aufrechterhalten werden. Es war gefährlich für die herrschende Klasse, wenn überhaupt Kehrseiten und innere Problemhaftigkeiten zur Sprache oder gar zur Gestaltung kamen. Nie hat sich deutlicher gezeigt, daß Ästhetik eine Machtfrage ist.

Wie aber, so wird man einwenden, war es möglich, die künstlerische Wahrheit zu verbieten, da doch fast alle ästhetischen Verbote sich nur gegen lebende oder gerade erst verstorbene Künstler und Ästhetiker wandten? Bei Grünewald, Greco und Rembrandt, bei Gluck, Beethoven und Schumann war ja die gleiche Aufrichtigkeit des Seelenporträts, die gleiche Verachtung des »Schönen« festzustellen wie bei Picasso und Barlach, bei Strawinsky und Schönberg. Wer so argumentiert, vergißt, daß auch in künstlerischen Dingen die Zeit ihre eigentümlich versöhnende und ausgleichende Wirkung ausübt. Schon dadurch, daß ein Kunstwerk oder ein Gedanke ein bestimmtes Alter hat, durch seine Wirkung auf frühere Generationen, durch seine Zugehörigkeit zu einer Epoche, deren Leistungen als bewährt anerkannt sind, verliert das ursprünglich Aggressive seine Spitze. Dasselbe Ohr, das vor einer Hindemithschen Dissonanz erschrickt, nimmt die (im Prinzip genau so rücksichtslose) Dissonanz Chopins ohne Widerspruch hin. Derselbe Geschmack, der gegen eine Szene, eine sprachliche Wendung Bert Brechts revoltiert, läßt Büchners »Woyzeck« oder Grimmelshausens »Simplicissimus« protestlos gelten. Die Hintergründe, die einer früheren Generation entschleiert wurden, sind eben heute keine Hintergründe mehr; sie gehören zum Gesamtbild; es bedarf keiner Vortäuschung einer halben Wirklichkeit mehr, weil der menschliche Geist den Vergleich zwischen Gegenwart und Vergangenheit nur höchst ungern, ja eigentlich nur unter Druck zu ziehen imstande ist. Was der Geschichte angehört, wird immer als Abstraktion empfunden. Es trägt zwar zum Regel- und Gesetzesvorrat bei, wird aber gleichzeitig als unverbindlich registriert. Äußerungen von Zeitgenossen wie die über Beethovens siebente Symphonie (»Die Extravaganzen dieses Genius haben nun ihren Höhepunkt erreicht; Beethoven ist jetzt ganz reif fürs Irrenhaus«) erscheinen uns als Kuriosa. Dabei sind sie nichts anderes, als was heute gegen lebende Dichter, Musiker und Maler gesagt wird. Sie zeigen, daß der Künstler sein Ziel erreicht hat. Die Schockwirkung, ohne die kein irgendwie bedeutsames Kunstwerk zu denken ist, macht den Ausschlag am Seismographen des Geistes anschaulich.

Sensitive Menschen kennen diese Schockwirkung, dieses panische, ja heilige Erschrecken vor dem »Schönen« (auch bei Werken längst vergangener Zeiten), es ist das Erschrecken des Jünglings und des Mädchens vor dem Erlebnis der Liebe. Das Erschrecken des ursprünglichen Menschen, des Wilden vor dem kultischen Zauber. Alles, was wahrhaft Gestalt angenommen hat, zwingt uns, einen Augenblick aus dem engen Kreise unseres Ich herauszutreten. Es gibt keine Kultur ohne »Triebopfer« (Freud). Es gibt keine Anschauung des Schönen ohne Entsetzen. Unter Schmerzen wird alle Form geboren, auch die scheinbar mühelos entstandene. Selbst Mozart, Raffael und Goethe haben die tiefe Qual des Gestaltens empfunden; nur wer sie oberflächlich begreift (also ihrer eigentlichen Schönheit nicht nahekommt), kann sie »genießen«.

Zeiten äußeren Wohlstandes lenken das Publikum leicht von den Wegen des Geistes ab. Die Beschäftigung mit künstlerischen Dingen wird dann zu einem Teil des täglichen Komforts degradiert. Man nascht Kunst und Geist und tut sich etwas darauf zugute, daß einem die Ewigkeitswerte so gut gefallen. Energisch aber lehnt man ab, sich durch geistige Probleme in seinem Behagen stören zu lassen. Droht solche Gefahr durch ein Kunstwerk, so wird sein Schöpfer sofort und instinktiv als Feind empfunden und infolgedessen bekämpft.

Wir stecken leider noch immer tief in dieser Wohlstandsideologie. Ja, wir sind durch unsere plötzlich spürbar gewordene Verarmung in ein Ressentiment des Verlierers gedrängt worden, das als Ausgleich künstliche Paradiese herbeisehnt. Unsere Tragik ist es, vergessen zu haben, daß der Weg ins Paradies durch die Hölle führt. So irren wir an den

Grenzen von Hölle und Paradies vorbei, Bewohner eines seelischen Niemandslandes, dem zu entrinnen wir nicht das Herz haben. Unbefriedigt durch die Begrenztheit unseres irdischen Behagens, können wir uns doch nicht entschließen, die Qual wirklich geistiger Erlebnisse auf uns zu nehmen, und verzichten so auf die Beglückung, die solche Qual vermitteln könnte.

1948

Shaw und Wagner

1898 kam in London Shaws »The Perfect Wagnerite« heraus, ein Buch, das sich in bewußten, ironischen Gegensatz zu den üblichen Wagner-Kommentaren und zur Wagner-Literatur überhaupt stellte. 1907 erschien in Siegfried Trebitschs Übersetzung, vermehrt um eine Widmung an Dr. Richard Strauss und ein eigens dafür geschriebenes Shawsches Vorwort, die deutsche Ausgabe unter dem Titel »Ein Wagner-Brevier« bei S. Fischer in Berlin. Dieses schmale Bändchen von 219 Seiten ist nicht mehr und nicht weniger als eine Verteidigung des jungen Wagner gegen den alten Wagner, des Revolutionärs von 1848 gegen den Schopenhauerianer der zweiten Lebenshälfte. Seine Interpretation der »Ring«-Dichtung ist ein Meisterstück dialektischer und sozialistischer Exegese und ein vernichtender Schlag gegen die weihräuchernde Heroisierungs-Praxis, die sich zum Ärger aller fortschrittlichen Wagnerianer in Deutschland, und nicht nur in Deutschland, ausgebreitet hatte. Die deutsche Ausgabe des Buches enthält zusätzlich nicht nur das erwähnte Vorwort, sondern auch ein neues Kapitel »Warum Wagner seinen Sinn geändert hat«, das entscheidend über das englische Original hinausführt. Was in dem Vorwort an Positivem und Negativem über Deutschland gesagt wird, ist so treffend und in vielem prophetisch, daß man gut tut, es Lesern von heute ins Bewußtsein zu hämmern. Shaw schreibt:

»Mit Deutschland aber fühle ich mich durch die Bande verknüpft, die meine Natur am stärksten halten. Nicht etwa, daß ich den Durchschnittsdeutschen liebte: das tut niemand, nicht einmal in seinem eigenen Land. Aber der Durchschnittsmensch ist nirgends beliebt, und da kein Deutscher sich für einen Durchschnittsmenschen hält, wird jeder Leser, als ein Ausnahmemensch, mit meiner Abneigung gegen den großen Haufen sympathisieren. Und wenn ich den typischen modernen Deutschen nicht lieben kann, so kann ich ihn doch wenigstens bedauern und begreifen. Sein schlimmster Fehler besteht darin, daß er nicht verstehen kann, daß es möglich sei, von einer guten Sache zuviel zu haben. Überzeugt, daß Pflicht, Fleiß, Erziehung, Treue, Patriotismus und Achtbarkeit gute Dinge sind (und ich bin großmütig genug, zuzugeben, daß es ganz und gar nicht schlimme Dinge sind, wenn man sie mit der nötigen Mäßigkeit zur richtigen Zeit und am richtigen Orte nimmt), schwelgt er in ihnen bei allen Gelegenheiten schamlos und ausschweifend. Er begeht widerliche Verbrechen, wenn ihm das Verbrechen als Teil seiner Pflicht vorgehalten wird; seine Arbeitssucht ist verderblicher als seine Trunksucht.

Nun behaupte ich durchaus nicht, selbst vollkommen zu sein, Gott weiß, ich muß täglich hart genug gegen das ankämpfen, was die Deutschen meine höheren Triebe nennen. Ich kenne nur zu gut die Versuchung, moralisch, selbstaufopfernd, loyal, patriotisch und achtbar zu sein und in gutem Geruch zu stehen. Aber ich ringe mit diesen Dingen und besiege sie, soweit menschliche Schwäche es gestattet; während der Deutsche sich ihnen ohne Skrupel und Nachdenken überläßt und tatsächlich stolz auf seine fromme Unmäßigkeit und Selbstzufriedenheit ist. Nichts wird ihn von dieser Manie heilen. Es mag mit dem Verhungern enden, erdrückenden Steuern, mit Unterdrückung aller Freiheit, neue soziale Versuche anzustellen und veraltete Einrichtungen zu verbessern, mit Snobismus, Jobbertum, Abgötterei und einer allgegenwärtigen Tyrannei, in der sein Arzt, sein Schullehrer, sein Advokat und sein Priester ihn ärger einschränken als irgendein Beamter oder Feldwebel: einerlei, sie sind achtbar, sagt der Deutsche, daher müssen sie gut sein und können nicht zu weit gehen, und jedermann, der sich dagegen auflehnt, muß ein Schurke sein ...

Warum also, wird man nun fragen, sage ich, daß ich mit Deutschland durch die Bande verknüpft bin, die meine Natur am stärksten halten? Ganz einfach darum, weil ich in meiner Jugend vor Verzweiflung zugrunde gegangen wäre, wenn nicht für mich die Welt durch jene große deutsche Dynastie erschaffen worden wäre, die mit Bach begonnen hat und vielleicht mit Richard Strauss nicht enden wird. Man glaube keinen Augenblick, daß ich meine Kunst von englischen Schriftstellern gelernt habe. Es ist wahr, sie zeigten mir, wie man englische Wörter zu handhaben hat. Aber wenn ich nicht mehr als das gekonnt hätte, würden meine Werke den Kanal niemals überschritten haben. Meine Meister sind die Meister einer universellen Sprache gewesen: es waren, um von Gipfel zu Gipfel zu schreiten, Bach, Haydn, Mozart, Beethoven und Wagner.«

Die genormte Wagner-Deutung, der Shaw sich so grundsätzlich entgegenstellt, pflegte fast alle theoretischen Publikationen Wagners aus der Zeit vor 1849 als Jugendsünden und unreife Erlebnisse fehlender Lebenserfahrung zu bemänteln. Daß der Revolutionär und Barrikadenkämpfer von 1849 ein Mann von 36 Jahren war, die Lebensmitte überschritten hatte, als königlich sächsischer Hofkapellmeister eine führende, verantwortliche Stellung im deutschen Kulturleben einnahm, übersahen diese Apologeten ebenso geflissentlich wie die Tatsache, daß damals »Rienzi«, »Holländer«, »Tannhäuser«, »Lohengrin« und die wesentlichen Ideen für fast alle späteren Werke schon vorlagen. Sollten am Ende auch sie als Jugendsünden abgetan werden?

Die Entstehung des »Ring des Nibelungen« zieht sich über einen Zeitraum, der beide Lebenshälften berührt. In den Dresdener Jahren entwirft Wagner den Text der Tetralogie, die erst 1876 beendet ist. Die Wandlung, die der Mensch in diesen Jahrzehnten erlebt, findet ihren Spiegel in den Wandlungen der »Ring«-Idee. Sie äußert sich im Text wie im Musikalisch-Formalen. Mit ihr befaßt sich Shaw in dem Kapitel, das er der deutschen Ausgabe von »The Perfect Wagnerite« einfügt. Nach einer ausführlichen Analyse der politischen Hintergründe schließt er:

»Wenn jemand bezweifelt, bis zu welcher Ausdehnung Wagners Augen die administrative Kindlichkeit und die romantische Einbildung der Helden der revolutionären Generation erkannten, die ihre Lehrjahre unter den Barrikaden von 1848/49 dienten und auf denen von 1871 unter den Mitrailleusen Thiers' zugrunde gingen, der möge ›Eine Kapitulation‹ lesen, diese skandalöse Burleske, in welcher der Dichter und Komponist des ›Siegfried‹ mit der Leichtfertigkeit eines Schuljungen sich über die französischen Republikaner lustig macht, die im Jahre 1871 genau das taten, was er im Jahre 1849 getan hatte und wofür er verbannt wurde. Er hat den Enthusiasmus der Dresdener Revolution in seine eigene größte Musik gebracht, aber den Enthusiasmus von zwanzig Jahren später hat er in der Musik Rossinis verhöhnt. Die Melodie, an die er durch seinen Spottvers ›Republik, Republik, Republik – blik – blik‹ erinnern wollte, ist nicht zu verkennen. Die Ouvertüre zu ›Wilhelm Tell‹ ist darin so deutlich, als wenn sie in voller Partitur niedergeschrieben worden wäre.

In dem Fall eines Mannes wie Wagner kann man diese Wendung weder als bloßen Chauvinismus erklären, hervorgerufen durch Deutschlands überwältigenden Sieg im Französisch-Preußischen Krieg, noch als persönlichen Widerwillen gegen die Pariser wegen des Fiaskos des ›Tannhäuser‹. Wagner hatte mehr Grund zu persönlichem Widerwillen gegen seine eigenen Landsleute, als er jemals gegen die Franzosen gehabt hat. Zweifellos, sein Ausbruch befriedigte die kleinlicheren Gefühle, welche große Männer mit kleinen gemeinsam haben. Aber er war nicht der Mann, solchen Befriedigungen zu fröhnen oder sie als Befriedigungen zu empfinden, wenn er nicht zu einer tiefen philosophischen Verachtung gegen die Unzulänglichkeit der Menschen gelangt wäre, die Nothung zu schwingen versuchten und für Wagners eigene Kunst viel weniger getan hatten als ein einfacher deutscher Krieg, und auch der nur im Wahnsinn.

Ich brauche den Punkt in diesen Blättern nicht weiter auszuführen. Wie alle Genies besaß Wagner ungewöhnliche Aufrichtigkeit, ungewöhnliche Achtung vor Tatsachen, ungewöhnliche Freiheit von dem hypnotischen Einfluß sentimentaler populärer Bewegungen, ungewöhnlichen Sinn für Realitäten politischer Macht, die sich von den Abmassungen und Vergötterungen unterscheiden, hinter denen die wirklichen Meister der modernen Staaten ihre Depeschen schießen und ihre Kanonen auffahren. Als er die ›Götterdämmerung‹ instrumentierte, hatte er den Mißerfolg Siegfrieds und den Triumph der Wotan-Loge-Alberich-Dreieinigkeit als eine Tatsache zur Kenntnis genommen. Er hatte es aufgegeben, von Helden, Heldinnen und Schlußlösungen zu träumen, und hatte als einen neuen Vorkämpfer den Parsifal erdacht, den er nicht als einen Helden, sondern als einen Toren ankündigte, der nicht mit einem Schwert, das unwiderstehlich schneidet, bewaffnet war, sondern mit einem Speer, den er nur unter der Bedingung erhält, daß er ihn nicht gebraucht.

Wenn Sie fragen, warum er ›Siegfried‹ nicht in den Papierkorb warf und den ›Ring‹ von der ›Walküre‹ aufwärts von neuem schrieb, so muß man antworten, daß die Zeit für eine solche Heldentat nicht gekommen war. Weder Wagner noch irgend jemand anders, der damals lebte, wußte genug, um sie zu vollenden. Überdies, was er schon getan hatte, hatte selbst die Grenzen seiner Ausdauer erreicht. Und so machte er, soviel er konnte, aus dem unbeendeten und für immer unbeendbaren Werk, indem er den ›Ring‹ mit einer Oper abrundete, so wie Rossini einige seiner religiösen Kompositionen mit einem Galopp abrundete.«

In diesen Sätzen ist alles gesagt, was der Sozialist und fanatische Wahrheitsfreund Shaw mit seiner Verehrung für Wagner in Einklang bringen konnte. Sie bejahen das Phänomen einer genialen Begabung, ohne ihre Gesinnungswandlung zu verteidigen. Sie erkennen Wagner als deutschen Typus und als Künstlertypus schlechthin. Sie korrigieren ein Heroenbild, das auch heute noch (und wieder) der Korrektur dringend bedarf.

Was ist bürgerliche Musik?

Mit dem Begriff des Bürgertums wird heute wieder viel Unfug getrieben. Widerspruchsvoll definiert von Philosophen und Soziologen, im 18. und 19. Jahrhundert stolze Losung eines sozial heraufgerückten Standes, vorher und nachher bisweilen Schimpfwort von rechts und links gegen die Mitte, führt es ein vieldeutiges Dasein in der Terminologie der Volksredner und kritischen Journalisten. Als »Tiers état« aus dem Ständewesen des Mittelalters übernommen, wo es zwischen den Bauern einerseits, den Adligen und Geistlichen andrerseits die gewerbetreibende Bevölkerung der Städte bildete, ist dieses Bürgertum in Mittel- und Westeuropa die tonangebende Schicht. Bürgerlich zu leben, mit den Bequemlichkeiten, Sicherheiten, Ehrenrechten einer besitzenden Klasse (wobei der Umfang des Besitzes sehr bescheiden oder auch größer sein kann), ist das Ziel aller wirtschaftlich gerichteten Menschensehnsucht. Die luxuriös ausgestatteten Interieurs der Hollywoodfilme zaubern dies Ideal irdischen Wohllebens ebenso verführerisch vor das Auge des Betrachters wie die Handlungen (und im assoziativen Sinne auch die Melodien und Harmonien) der neueren Wiener Operette. Und wie sehr auch dem Sowjetmenschen diese Lebensform erstrebenswert scheint, zeigen die seidenen Lampenschirme, mit denen sich russische Intellektuelle so gern photographieren lassen. So wäre also das Bürgerliche in Sicherheit, Besitz und einer gemäßigten (oder gelegentlich auch exzessiven) Form des Wohllebens begrenzt? Nicht ganz.

Wir haben nach dem ersten deutschen Zusammenbruch von 1918 eine Bürgerfeindlichkeit der jungen Intellektuellen erlebt, die sich zwar auch gegen die Insignien des Besitzes richtete und z. B. die Depossedierung der Bourgeoisie durch die Inflation begrüßte, aber darüber hinaus einen bestimmten bürgerlichen Geistestypus bekämpfte. Die fetten, stiernackigen Kapitalisten, die George Grosz im »Gesicht der herrschenden Klasse« mit zeichnerischer Virtuosität festgehalten hat, die Drahtzieher des Juste Milieu, wie sie Carl Sternheim in Komödien und knapper Prosa schildert, waren ja nicht nur als Geldverdiener verhaßt; sie standen auf der Seite des Ungeistes gegen den Geist, den Fortschritt, die Regungen einer neuen künstlerischen Formenwelt. Sie waren die Hüter kraftloser akademischer Traditionen, in ihren kultiviertesten Exemplaren einer musealen Art von Klassik, in ihren vulgäreren Vertretern dem platten Typus des Gefälligen und billig Genießerischen zugetan. Ruhe war ihnen die erste Bürgerpflicht; alles, was diese Ruhe störte, was den Geist zu beunruhigen drohte, was zu eigener Verstandesarbeit in ungewohnter Richtung zwang, was nicht an die gewohnten und stets wiederholten Schönheitsformeln erinnerte, war ihnen verhaßt. Und deshalb waren sie uns verhaßt.

Mittlerweile haben wir gelernt, daß dieser Typus an keine Klasse gebunden ist. Er verkörpert ein Naturgesetz, dem alle Schichten der Menschheit in gleichem Maße unterworfen sind: das Gesetz der geistigen Trägheit. Es war Sigmund Freud, der große Wiener Psychoanalytiker, der das Triebopfer, d. h. den Verzicht auf das Behagen, als Voraussetzung allen kulturellen Fortschritts erkannte. Ohne solches Triebopfer ist dem menschlichen Geist der Zugang zu geistigen Werten, die nicht zu seinem alltäglichen Umgang gehören, versagt. Jede Begegnung mit neuen künstlerischen Phänomenen, mit Formwerten, die außerhalb des gewohnheitsmäßig Anerkannten liegen, fordert zunächst Widerstand heraus; sie mobilisiert die Auflehnung aller erhaltenden Triebe im Menschen, und erst im Verlauf eines längeren Prozesses allmählicher Erkenntnis und Gewöhnung werden die neuen Denk- und Erlebensformen apperzipiert. Nur in harter, schmerzlicher, oft kämpferischer Auseinandersetzung zwischen dem schöpferischen und dem beharrenden Geist vollzieht sich jeweils der Eintritt der Menschheit in eine neue Phase intellektueller oder künstlerischer Erkenntnis. Die Ablösung des geozentrischen, ptolemäischen Weltbildes durch das heliozentrische des Kopernikus, die Entdeckung der Perspektive in der Malerei, die Einführung »bürgerlicher« Gegenstände in die Dramatik, die Verwendung unvorbereiteter Dissonanzen in der Musik sind einige solcher Phasenwechsel, um die oft generationenlang und in manchen Fällen unter Einsatz von Leben und Gut gekämpft wurde. Das Bürgertum war an ihnen auf beiden Fronten beteiligt, wie die anderen Klassen auch. Die Trennung der Menschen in fortschrittliche und erhaltende, in Revolutionäre und Reaktionäre geht gleichmäßig durch alle sozialen Schichten. Die Neigung, das Behagen zeitweise für den Gewinn an Kultur zu opfern, ist immer nur wenigen geschenkt.

Versucht man den Begriff der bürgerlichen Musik aus der Opposition gegen die aristokratische zu fixieren, so gibt es wohl keinen Zweifel: Beethoven ist der erste bewußte Komponist dieser Auflehnung. Seine Symphonien sind nicht mehr für den engen Rahmen des gräflichen Salons oder des fürstlichen Ballsaals konzipiert, der noch Haydn und Mozart vorschwebt. Schon ihre starke orchestrale Besetzung nimmt den modernen Konzertsaal, nimmt die Hörerschaft, die nach Tausenden zählt, voraus. In ihnen spricht das Bürgertum als revolutionäre Idee. Die Neunte Symphonie ist echt demokratische Kunst des Weltbürgertums, die in jedem Menschen den Bruder sucht und umarmt. Mit ihr ist der Weg der abendländischen Musik für Generationen vorgezeichnet: über Berlioz und Liszt zu Richard Strauss, über Schubert und Schumann zu Brahms, über Schubert und Wagner zu Bruckner und Mahler; und über sie alle hinaus in die Moderne. Das Weltbürgerliche nimmt bei Liszt philosophische, später geistliche Formen an, bei Wagner sozialrevolutionäre. Brahms ist Bürger im Sinne der gesicherten Ordnungen und altmeisterlichen Überlieferung, Strauss bezeichnet die autobiographische Oper »Intermezzo« als eine »bürgerliche Komödie«. Mahlers Bürgertum erlebt in grandioser Zerrissenheit den Zerfall der Glaubens-Ordnungen und existenziellen Sicherungen; seine Symphonik sucht den Bogen zwischen der traulich-naiven Welt des Volkslieds und einer intellektuellen Verfeinerung zu schlagen, die ins Metaphysische mündet.

Und nun tritt uns mit scharf polemischer Absicht ein neuer Begriff des Bürgerlichen entgegen, der in den Schriften sowjetischer Kunsttheoretiker eine wichtige Rolle spielt. Er wird im wesentlichen gleichgesetzt mit weltlichem Verfallsgeist, verbindet also eine lokale Fixierung mit einer Wertung. Vor seinen Einflüssen sind offenbar auch sowjetische Künstler nicht geschützt; ja es scheint, daß gerade die bedeutendsten russischen Komponisten, Männer, die der Sowjetmusik Weltgeltung verschafft haben, ihm am stärksten unterworfen sind. Der vieldiskutierte Erlaß des Zentralkomitees der Kommunistischen Partei vom 10. Februar 1948, der sich gegen Vano Muradelis Oper »Die große Freundschaft« richtet, bezichtigt unter anderen Dimitrij Schostakowitsch, Serge Prokofieff, Aram Chatschaturian, Nikolai Miaskowsky und Vissarion Schebalin solcher westlichen, formalistischen Tendenzen. In einem Aufsatz »Das Recht des Volkes auf Kunstkritik« von B. Sergejew, den die Berliner »Weltbühne« (Jahrgang III, Nr. 15) veröffentlicht, wird die Trennlinie klar gezogen. Er nennt auch die westlichen Komponisten, in deren Schaffen die »gesellschaftliche Funktion der Musik vollständig mißachtet« sei: Alban Berg, Arthur Honegger, Paul Hindemith, Olivier Messiaen, Arnold Schönberg und Igor Strawinsky. Er weist auf die Mystik ihrer Liturgischen Symphonien (Honegger), Psalmensymphonien (Strawinsky), apokalyptischen Quartette (Messiaen) und Erzählungen vom hl. Franziskus (Hindemith) hin, während der Vorwurf des extremen Individualismus sich gegen Berg und Schönberg richtet. Eine genauere Definition, inwiefern diese Musik den westlichen Verfallgeist spiegelt, ist dem Aufsatz leider nicht zu entnehmen. Er behauptet nur, daß man in Westeuropa die »Zerstörung der Formen der klassischen und romantischen Kunst« betreibe, die Kunst als »etwas Zufälliges« ansehe, »absichtliche Alogik der künstlerischen Sprache« als wesentlich und bestimmend betrachte. Er weist kurz auf die »Zerstörung der Melodik und der Harmonie«, auf die »erkünstelte, willkürlich konstruierte Verbindung der Tonfolgen« hin. (Der Begriff »bürgerlich« wird in Sergejews Darstellung vermieden; er findet sich aber in vielen anderen sowjetischen Äußerungen zu diesem Thema, so z. B. in L. Irins »Popularisierung der Musik«, »Moscow News« vom 9. April 1948: »Das Volk schätzt nicht die falsche und unharmonische Musik, die durch dekadente Strömungen bourgeoiser Musik beeinflußt ist.«) Reduziert man alle diese Einwände auf Kernformeln, so richtet sich der Kampf gegen zwei Dinge, die in der modernen bürgerlichen Musik festgestellt werden: Melodielosigkeit und Dissonanz. Nichts anderes kann die gerügte Alogik, Zerstörung der Melodik und Harmonik, willkürlich konstruierte Verbindung von Tonfolgen bedeuten.

Auf uns deutsche Avantgardisten haben diese Veröffentlichungen wie eine eisige Dusche gewirkt. Sie stimmen nicht nur sachlich bis in Einzelheiten der Formulierung mit den Kunst-Maximen der Nationalsozialisten überein, von deren geistigem Terror wir gerade erst drei Jahre lang befreit sind. Sie diffamieren auch dieselben großen Führer der zeitgenössischen Musik, die im Hitler-Reich verboten waren und, soweit sie in Deutschland lebten, zur Emigration gezwungen wurden. »Zersetzung«, »Volksfremdheit«, »Subjektivismus«, »atonale Mißklänge« waren die Dinge, um derentwillen man die Aufführung von Werken Paul Hindemiths und Alban Bergs verbot und allen den Krieg bis zur Vernichtung erklärte, die sich für dergleichen einsetzten. Und der Feldzug wurde ebenso im Namen des Volkes geführt, im Namen der Millionen werktätiger Menschen, denen die l'art-pour-l'art-Spielereien eines Häufleins intellektueller Snobs unverständlich seien. Es hat etwas Erschütterndes, drei Jahre nach dem Tode Joseph Goebbels' seine Kunst-Doktrinen fast lückenlos in der »Weltbühne« wiederzufinden. Man fragt sich, wozu der Kampf um die moderne Kunst geführt worden ist, wozu eine Elite deutscher Künstler und Intellektueller die Leiden der Verfolgung, des Verbots, der Emigration auf sich genommen und durchgestanden hat, wenn heute haargenau dieselben Argumente von weithin sichtbarer Warte aus gegen sie ins Treffen geführt werden. So hätte also Hitler in künstlerischen Dingen recht gehabt, der dieselben Geister entartet nannte, die heute als Repräsentanten westlich-bürgerlicher Dekadenz beschimpft werden?

Wir konnten 1934, als der Berliner Kampf um die »entartete Musik« begann, den Machthabern erwidern, daß zahlreiche bedeutende Komponisten deshalb bedeutend waren, weil sie Neuerungen einführten, neue künstlerische Elemente, die von dem großen Publikum ihrer Zeit abgelehnt wurden. Wir konnten nachweisen, daß Melodielosigkeit und Dissonanz zu allen Zeiten an den jeweils modernen Kompositionen gerügt wurden. Goebbels wies diesen Nachweis als eine Erfindung von Caféhaus-Literaten zurück. Sergejew stößt in dasselbe Horn: »Diese Behauptungen sind erlogen.« Seiner Ansicht nach hat eine reaktionäre Minderheit dafür gesorgt, daß die Werke der großen Meister schon zu ihren Lebzeiten die Aufführungsziffern Franz Lehárs ernteten.

In Wirklichkeit hat es stets zweierlei Musik gegeben: die populäre, die sich in ihren Mitteln nach dem Bedarf der Massen richtete, und eben die weniger populäre, die ihrer Zeit jeweils um ein oder zwei Generationen vorauslief und nur von einem nicht allzu großen Kreise gleichgestimmter, geistig fortgeschrittener Menschen anerkannt wurde. Die Beweise dafür sind so überwältigend zahlreich, daß man nur eine Biographie unserer führenden Komponisten, nur eine beliebige Musikgeschichte durchzublättern braucht, um ihrer habhaft zu werden. Es ist geradezu ein Kriterium höherer schöpferischer Geistesart, auf solche Weise aufzufallen und sich von den Lieferanten des Tagesbedarfs zu unterscheiden. Und es liegt umgekehrt im Wesen der Masse, sich nur zögernd den neuen Errungenschaften des Geistes zuzuwenden. Die Entwicklung unserer gesamten abendländischen Kultur ist ohne diese fruchtbare Wechselwirkung von vorwärtstreibendem Schöpfergeist und retardierendem Volksgeist nicht denkbar. Das bedeutet nach beiden Seiten hin keine Wertung, sondern eine objektive wissenschaftliche Feststellung. Daß der Abstand zwischen beiden sich im Laufe des 19. und vor allem des 20. Jahrhunderts dauernd vergrößert hat, liegt in der eigentümlichen Züchtung des Spezialistentums begründet, die mit dem Zeitalter der Industrialisierung einsetzt. Aber das gleiche Phänomen ist z. B. auf manchen wissenschaftlichen Gebieten (höhere Physik, organische Chemie) zu beobachten, ohne daß man es für nötig hielte, diese Disziplinen dem Verständnis breitester Volksschichten anzupassen.

Wie wenig die modernen Komponisten gewillt sind, Traditionen mutwillig zu zerstören, Alogik an die Stelle von Logik zu setzen, wie wichtig ihnen Probleme der Form, der Melodik, Harmonik und Polyphonie sind, beweisen alle reifen Werke Alban Bergs, Paul Hindemiths, Arthur Honeggers, Olivier Messiaens, Arnold Schönbergs und Igor Strawinskys jedem Menschen, der willens ist, sie zu studieren, bevor er sie ablehnt. Allerdings folgen diese und alle wahrhaft bedeutenden Künstler den als gültig erkannten Gesetzen der tönenden Materie und nicht dem Geschmacksdiktat einer Masse, die Behagen und leichten Genuß sucht, weil sie die höheren Beglückungen, die das Triebopfer vermittelt, nicht kennt. Sie wissen nämlich, daß bei einer Abstimmung über die Beliebtheit von Mozarts »Don Giovanni« und Paul Linckes »Frau Luna« diese den Vorrang bekäme, obwohl jener immerhin 160 Jahre Zeit hatte, sich durchzusetzen.

So zeigt sich uns das Phänomen der »bürgerlichen Musik« von vielerlei widerspruchsvollen Aspekten. Hanns Eisler, der wegen seiner kommunistischen Sympathien Amerika verlassen mußte, komponiert im Zwölftönesystem. Reinhold Glière und Dimitrij Kabalewski, die beide nicht wegen formalistischer Tendenzen gerügt werden mußten, schreiben in Stilen, die der mittel- und westeuropäischen »bürgerlichen« Musik zwischen 1910 und 1920 nahestehen. Auch bei Schostakowitsch, Prokofieff und anderen Sowjetkomponisten, die wir hochschätzen, fällt uns oft ein Zug zum Geist des Mittelstandes, zur pathetischen oder scherzhaften Behäbigkeit auf, die sich mit der Sphäre des Salons und der Bürgerwohnung eher verträgt als mit Hütten und Palästen. Aber sind diese Fragen der Atmosphäre, des Milieus, der geistigen Umwelt für die Beurteilung eines künstlerischen Wertes überhaupt von Bedeutung? Wir glauben es nicht. Mag es für den Historiker noch so interessant sein, die Einflüsse des feudalen, des bürgerlichen und des proletarischen Geistes auf die Entwicklung der Kultur zu betrachten – Bestand hat ein Kunstwerk nicht, weil es bürgerlich oder unbürgerlich, dekadent oder konstruktiv, volksnah oder volksfremd isoliert ist, sondern weil sein Schöpfer das Handwerk beherrschte und den Verlockungen des Augenblickserfolges weniger hörig war als dem eigenen Trieb zur Wahrhaftigkeit und Redlichkeit.

1955

Furtwängler – Ende einer Epoche

Settembrini, der italienische Humanist in Thomas Manns »Zauberberg«, sagt einmal den sehr auffallenden Satz: »Ich hege eine politische Abneigung gegen die Musik.« Er sagt es, nicht zufällig, zu seinen jungen deutschen Freunden, zu dieser »gefährdeten Jugend« der Zeit vor 1914. In keiner früheren Zeit wäre die Formulierung sinnvoll, keinem Engländer, Franzosen oder Italiener gegenüber wäre sie nötig gewesen. Musik, von dieser Erkenntnis geht Thomas Mann, geht Settembrini aus, hat sich im 19. und 20. Jahrhundert zu einem deutschen Politikum entwickelt. Darüber kann auch ihre eigentümliche Sinn-Wendigkeit nicht hinwegtäuschen, diese Proteus- und Chamäleon-Eigenschaft, diese holde Charakterlosigkeit, die ihr ermöglicht, nach Bedarf einem geistlichen oder weltlichen Zweck zu dienen, ja, mit demselben schmerzlichen Lächeln abwechselnd einen heiteren oder traurigen Text zu illustrieren. Trotz solcher politischen Unzuverlässigkeit – ja, vielleicht durch sie? – ist Musik im deutschen Nationalbewußtsein eine ganz unvergleichliche Geistes- und Seelenmacht geworden; etwas, das eigentlich weit über sich selbst hinausreicht; etwas Übermusikalisches gleichsam.

Der Repräsentant solcher Macht aber wird in einem bestimmten historischen Moment der Kapellmeister, der Präzeptor überm Orchester, der Befehlshaber einer Hundertschaft von Elitemusikern, die zu Kündern von Metaphysischem verzaubert werden. Als Sinnbild seiner Befehlsgewalt trägt er den zu Anfang des 19. Jahrhunderts durch Carl Maria von Weber eingeführten Taktstock.

Wir haben den Höhepunkt dieser Epoche miterleben dürfen. Wir sind auch Zeugen ihres Endes. Was nun kommt, ist Nachhall, Abenddämmerung, virtuose Kopie.

Lorbeer, Chrysanthemum und Rosen sind auf die weißen Tücher gestreut. Blitzlicht schärft die Konturen, gibt den Zügen ungewohnte Härte, die da am Spätnachmittag des 30. November 1954 in einem Heidelberger Sanatorium zum letzten Male photographiert werden. Der lange, schmale Kopf mit der mächtigen Stirn und der Narbe am Mundwinkel ist in Deutschland so etwas wie ein Symbol für den Begriff Musik geworden; Bücher, die von ihr handeln, populäre Bücher, haben ihn auf dem Umschlag gedruckt. Wilhelm Furtwänglers Gesicht hatte repräsentative, stellvertretende Macht bekommen, nicht nur in Deutschland, wo es als etwas national Vertrautes und Verehrungswürdiges galt – fast wie die Gesichter Albert Schweitzers oder Paul von Hindenburgs –, sondern überall in Europa. So beispiellose Volkstümlichkeit, selbst bei Menschen, denen Musik sonst nicht viel sagte, ist mit den Erfolgen eines Pultstars allein nicht ausreichend erklärt. Die Zeitspanne von 1886 bis 1954, in der Furtwängler wachsen, blühen, sich entwickeln und reifen konnte, war an großen Kapellmeistern nicht arm. Männer wie Artur Nikisch, Bruno Walter, Leopold Stokowski standen Furtwängler an musikalischer Zaubermacht um nichts nach; sein größter und einziger Rivale in späteren Jahrzehnten, Arturo Toscanini, ist ihm an internationalem Marktwert weit voraus und hat den um 19 Jahre Jüngeren überlebt. Aber sie alle sind nicht Mythen, ihre Antlitze nicht Inbegriffe geworden.

Woran liegt es? Gewiß nicht daran, daß vielleicht die Leistung des Mannes unfehlbar und universell anerkannt war. Furtwängler war ein höchst subjektiver Künstlertypus, ein Musiker, der oft zu scharfem Widerspruch herausforderte und solchen Widerspruch auch reichlich fand. Die Welt der Dinge, die er auf seine besondere und epochale Weise erlebte und erlebend gestaltete, hatte sehr spürbare Grenzen. Beethoven, Wagner, Bruckner, Brahms standen seinem Herzen und seinen Sinnen am nächsten. Von diesen Schwerpunkten aus visierte er, was vorausgegangen war und was folgte. Seine starken Besetzungen in Bachschen Werken, seine Zeitmaße bei Mozart, seine Rhythmik bei Strawinsky und Bartók waren umstritten, und der polemische Eifer, mit dem er sie oft verteidigt hat, konnte die Diskussion nicht ersticken.

Nein, die Wirkungen, die von Furtwängler ausgingen, die ihn zu einem Leitstern seiner ganzen Epoche gemacht haben, liegen tiefer in der Persönlichkeit verborgen, als der Augen- und Ohrenschein seines Wirkens in Konzertsaal und Oper spüren ließ. Und man muß die Analytiker-Sonde schon sehr gründlich handhaben, um sie zu verstehen. Ein ganzer Komplex sozialer, nationaler, psychologischer und sogar physiologischer Einzelheiten muß dabei aufgewickelt werden.

Die deutsche Archäologie hält den Namen Adolf Furtwänglers, des Vaters, in Ehren. Aus badischer Familie, in Freiburg um die Mitte des 19. Jahrhunderts geboren, wurde er einer der größten Experten für altgriechische Kunst. Wissenschaft und Kunst sind die Götter des Hauses; auch die Mutter, Malerin und intellektuelle Frau großen Stils, trägt zu der geistigen Spannung des Milieus bei, in dem Wilhelm Furtwängler aufwächst.

Es ist ein wohlhabendes Haus; man kann sich für die begabten Kinder Privatlehrer leisten, und die Lebensklugheit des Vaters trägt Sorge, daß die körperlich-sportliche Ausbildung der geistigen die Waage hält. Von Wilhelm erwartet man anfangs, daß er bildender Künstler wird; Malerei und Zeichnung locken den Knaben. Daneben wird Musik getrieben, die dann plötzlich und mit Macht die Oberhand gewinnt. Was soll es werden: Klavierspiel, Komposition, Dirigieren? Alles zieht den jungen Furtwängler in Bann. Und so gibt man ihn bei den besten erreichbaren Meistern in die Lehre. Joseph Rheinberger, von dem Wagner ironisch-eifersüchtig meinte: der kann immer komponieren, wird zum theoretischen Mentor, nachdem schon Anton Beer-Walbrunn im Sinne seiner Tradition vorgearbeitet hatte, einer Tradition, die aber erst später durch Max Schillings im Geiste Wagners und der neudeutschen Modernisten ergänzt wurde. Zugleich übernimmt Conrad Ansorge die pianistische Ausbildung, der grüblerische, auf letzte Nuancierung des Anschlags bedachte Schlesier, einer der feinsten und geistigsten Musiker der Jahrhundertwende.

Die Kapellmeisterei wird schließlich Furtwänglers Brotberuf. Breslau, Zürich, Straßburg und Lübeck sind die Stationen. Er dirigiert und korrepetiert Opern, Operetten und Konzertprogramme, bisweilen auch mit eigenen Werken.

Und dann holt ihn Mannheim. Die südwestdeutsche Industriestadt, ehemals Residenz und schon im 18. Jahrhundert europäisches Musikzentrum, hat ein reiches und kulturfrohes Bürgertum. Das Nationaltheater mit den altmodischen Logen und Garderoben zehrt noch vom Ruhm der »Räuber«-Uraufführung. Musikalisch hat Arthur Bodanzky, einst Gustav Mahlers Assistent in Wien, seit 1909 glänzende Arbeit geleistet. Ungern sieht man ihn nach New York an die Metropolitan Opera abschwimmen. Aber die Lübecker »Fidelio«-Aufführung, zu der Mannheims Theaterkommission ein Komitee nebst dem »Hofkapellmeister« Bodanzky delegiert hatte, ließ nur bei Furtwängler selbst Zweifel offen. Er wurde zu seiner größten Überraschung verpflichtet und amtierte vom 1. September 1915 an als Dirigent der Oper und der Musikalischen Akademien in Mannheim. Er ist achtundzwanzig. Er hat es geschafft, ohne eigentlich etwas dazuzutun, ein noch recht weltfremder Musiker. »Ein hochaufgeschossener junger Mann mit einem ungewöhnlich langen Hals, mit großem, schwarzem Hut und Lodencape.« So schildert ihn eine Dame, die fortan in seinem professionellen Dasein ein wichtiges Wort mitreden wird: Berta Geissmar.

Die Geissmar stammt aus einer der alteingesessenen jüdischen Familien, die in Süddeutschland jahrhundertelang an der Kultur mitgebaut haben. Der alte Geissmar, prominenter Advokat, sammelte Meistergeigen und spielte sie fachmännisch, allein und als Primarius eines wöchentlich zelebrierenden Quartetts. Der Tochter hatten die himmlischen Mächte zwar kein schönes Gesicht, aber einen phänomenal arbeitenden Verstand und ein leidenschaftliches Herz für die Musik mitgegeben. Sie fand in Furtwängler das Ziel ihrer wissenschaftlich-musischen Ideale: den Künstler aus anspruchsvollstem Kulturmilieu, den Gebildeten mit Intuition, den bewußt gestaltenden Gefühlsmenschen.

Alles an dem Mann war mehrschichtig, war komplex, war nicht einfach auf einen Generalnenner zu bringen. Das war nicht der bayerische Urmusikant wie drüben in Karlsruhe einst Felix Mottl, der Wagnerianer, der sein ganzes Können ansetzte, um eine Brahms-Symphonie unwirksam aufzuführen. Das war auch nicht der glänzende und fanatische Theatermensch Bodanzky, der noch aus einem Mahler-Fest eine Sensation des dramatischen Stilwillens machte.

Nein, dieser Furtwängler brachte eine neue Aura mit sich. Er war ein Parsifal und ein *homme à femmes;* Philosoph und leidenschaftlicher Skiläufer; Asket und Sinnenmensch; theaterfroh und Mann der Studierstube. Ein Bündel von Antithesen. Und gerade dieses Antithetische und Antinomische in Furtwänglers Persönlichkeit sollte sich immer stärker, immer auffälliger entwickeln. Denn in der Widersprüchlichkeit seiner geistigen Existenz lag die Besonderheit seiner Wirkung, seiner Kunst, seines Erfolges.

Von Mannheim nach Heidelberg war ein Katzensprung. Berta Geissmar hatte in der Neckarstadt ihre Philosophie-Semester abgesessen und bei Wilhelm Windelband ihre Dissertation angefangen, »Kunst und Wissenschaft als Mittel der Welterfassung«. Bald brachte sie den jungen Hofkapellmeister in die Heidelberger Kreise. Man traf sich bei dem Archäologen Ludwig Curtius, der als Assistent von Furtwängler-*père* auch Mentor des Sohnes gewesen war, bei dem Philosophen Heinrich Rickert, bei Max Weber, der sicher manchen Gedanken seiner »Soziologie der Musik« in Gesprächen mit dem Dirigenten durchgehechelt hat. Auch Friedrich Gundolf, der Prophet Stefan Georges, Shakespeare-Übersetzer und Goethe-Biograph, war in Heidelberg und befreundete sich mit Furtwängler.

Für den jungen Musiker war diese intellektuell hochgespannte Atmosphäre nichts Neues. Er kam ja aus einem Akademikerhaus, hatte den Vater auf Forschungsreisen begleitet und kannte sich in der bildenden Kunst der Antike fast so gut aus wie in seinen Partituren. Er war nie in dem Maße zünftig beschränkt gewesen wie so viele seiner Kollegen. Das romantische »plus ultra« stand wie ein Motto über seiner geistigen Haltung und Existenz; er begriff wohl instinktiv Musik als »Mittel der

Welterfassung«, wie es in der Doktorthese seiner Mannheimer Seelenfreundin und späteren omnipotenten Sekretärin hieß.

Friedrich Nietzsche, nicht der jünglinghaft begeisterte der »Geburt der Tragödie«, sondern der reife Abtrünnige, sagt einmal, das Verdächtige an Wagner sei ihm, daß er mehr hätte sein wollen als nur Musiker; so spreche kein Musiker. Tatsächlich ist dies Mehr-als-Musiker-sein-Wollen Wagners größtes musikalisches Stimulans gewesen; durch diesen Willen hat er für die Deutschen (und weit über Deutschland hinaus) die Kultur seiner Zeit und der folgenden Epoche geprägt, gewandelt, vorausbestimmt. Schopenhauer hatte es geahnt, wie Kierkegaard es später, und mit gänzlich anderer Tendenz, aussprach. Musik, nicht mehr unbewußt produziert, gerade dadurch aber Raum gebend für den Nachstoß aus Reservoirs des Unbewußten und Unterbewußten, wollte sich des ganzen Menschen bemächtigen. Sie wurde zur Dolmetscherin außermusikalischer Hergänge und Phänomene, sie psychologisierte, sprach Literatur und Philosophie aus, malte Bildergalerien nach, suchte den Kosmos auszufüllen. Sie wurde stellvertretend für jede denkbare Emotion, und man verstand sie nicht mit den Ohren allein. »Das wichtigste steht nicht in den Noten«, soll Gustav Mahler gesagt haben. Nietzsche hätte geantwortet: »So spricht kein Musiker.« Aber so sprachen seit Wagner alle Musiker einer Epoche. Und diese Epoche hat am Dirigentenpult Furtwängler verkörpert.

Mannheim war das große Sprungbrett. Von hier spannen sich plötzlich Fäden: nach Berlin und Frankfurt. Dann ging es ohne größere Widerstände vorwärts, eine der gloriosesten Karrieren des Jahrhunderts. Das Wort vom Jupitermenschen Furtwängler spricht sich herum; der noch nicht vierzigjährige Dirigent wird eine Macht, eine künstlerische Großmacht. Und immer ist es Berta Geissmar, in deren Büro die Außenpolitik dieser Großmacht klug und weitblickend gelenkt wird. Sogar die weltbeherrschende Konzertdirektion Wolff & Sachs und ihre königliche Herrscherin Louise Wolff müssen dem Ungestüm dieser Energie nachgeben.

In Europa gibt es bald kein Land, keine große Stadt, in der Furtwängler nicht Ruhm findet. 1924 kommt Nordamerika dazu, wo er bis 1927 regelmäßig gastiert.

Die Ehrungen nehmen kein Ende. Ihre höchste: die philosophische Fakultät der Heidelberger Universität verleiht Furtwängler den Doktorgrad *honoris causa.* Ihre sichtbarste, etwas später: der Orden Pour le Mérite. Ihre fragwürdigste, noch etwas später: Hermann Göring macht ihn zum preußischen Staatsrat, was Furtwängler zwar nicht berechtigte, den preußischen Staat oder dessen nationalsozialistischen Ministerpräsidenten zu beraten, aber doch im Gebiet des Deutschen Reiches umsonst erster Klasse zu fahren.

Furtwängler ist zu klug, um nicht die Grenze zu erkennen, bis zu der er den Verlockungen des Reisens und Gastierens nachgeben darf. Er liebt, er genießt den Erfolg, die Wirkung, die Macht. Aber es hieße ihn einseitig und tendenziös sehen, wollte man, nach Alexander Mitscherlichs Vorbild, nun alle seine Entschlüsse auf die platte »Psychologie des Stars« zurückführen. Berlin ist seit 1921 nicht nur sein ständiger Wohnsitz, sondern auch der geographisch-geistige Ort, dessen Schwerkraft ihn anzieht. Obwohl aus süddeutscher Familie von beiden Elternteilen her, hat der in Berlin Geborene in seiner Sprache den norddeutschen Tonfall gehabt. Er spürt die Weltweite der Stadt, die zwischen 1920 und 1933 Europas Metropole ist in allen Dingen der darstellenden Kunst und sogar in manchen der Kunstschöpfung.

Ein Dualismus übrigens, den Furtwängler nicht anerkennt. Wo ist bei ihm die Grenze vom Interpretentum zum Schaffen? Er selbst fühlt sich als schöpferischer Musiker, nicht nur, wenn er dicke Stöße Notenpapier mit gewaltigen Kompositionen vollschreibt, Sonaten, Instrumentalkonzerten, Symphonien. Es war der Wermutstropfen in seinem Leben, daß er als Komponist tief im Schatten seines Dirigentenruhms stand. Furtwängler fühlte sich verkannt; er glaubte, als Komponist ebenbürtig in der großen schöpferischen Tradition zu stehen, als deren Mittler er am Pult von der ganzen Welt, und namentlich von der deutschen, vergöttert wurde.

Mit dieser Repräsentanz, mit der festen Überzeugung, Beethovens, Bruckners, Wagners und Brahms' Vermächtnis den Menschen erst zugänglich zu machen, wurde er zum Prototyp eines Interpretentums, das es bis zum 18. Jahrhundert nicht gegeben hatte. Erst das 19., genauer gesagt, die Fortsetzung des Wagnerschen Gedankens vom Mehr-als-Musiker-sein-Wollen, hat diesen Machtbereich im Territorium des Geistes erschlossen. Wagner selbst war wohl in solchem Sinne Kapellmeister; er glaubte, Beethovens Willen zu erfüllen, als er in der Neunten Symphonie die berühmten Retuschen anbrachte, Ventilhörner blasen ließ, was Waldhörner nicht hätten blasen können, und dergleichen mehr. Hans von Bülow ist der erste hauptberufliche Vertreter der Spezies, ein diktatorischer Maestro, voller Bizarrerie und Willkür, aber auch ein Vorbild an Geist, Kenntnis und universeller Bildung, wie es sie bei Musikern vor ihm selten gegeben hatte. Ein Intellektueller, der das *plus ultra* so weit treibt, daß er in den Konzerten vom Pult aus Reden hält, Reden, die zu aktuellen politischen Dingen scharf, furchtlos, antiwilhelminisch Partei nehmen. Der Dirigent als Instanz auch in außermusikalischen Fragen, als Praeceptor Germaniae. Musik wird im öffentlichen Bewußtsein und Unterbewußtsein zur Konkurrentin der Politik; sie wird eine Meinungsmacht wie nur in Frankreich die Literatur. Das ist das Kennzeichen der Epoche. In der zweiten Hälfte des 19. Jahrhunderts geben auch kleinere deutsche Städte ihren Musikdirektoren als Jubiläumsgeschenk schwere silberne Taktstöcke, die Zeptern gleichen: Symbole der Herrscherbefugnis.

Das Hochgefühl der Seelenherrschaft fordert große Darstellungsobjekte. Furtwängler hat, wenn er von Programmbildung sprach, gern das Wort »große Musik« gebraucht. Große Musik, das war für ihn vor allem symphonische Musik, darüber hinaus Musik des großen, des romantischen Espressivo. Daher seine immer zunehmende Konzentration auf Beethoven, auf Bruckner. Aber auch Wagner gehörte zu dieser Ausdruckskunst der gewaltigen Dimensionen, und so verschmähte er nicht, Bruchstücke der Musikdramen, vor allem das »Tristan«-Vorspiel mit Isoldens Liebestod, in seinen Konzerten zu spielen, neben Brahms oder Beethoven.

Das Musikerphänomen Furtwängler war bei aller Handgreiflichkeit der Wirkung sehr verwickelt. In ihm verschmolzen Kunstverstand und nachschöpferisches Genie, korrigierende Phantasie und eine sehr subjektive Vorstellung von kulturellem Präzeptorentum, Formsinn und leidenschaftlicher Hingabe an die Intuition des Augenblicks zu einem Wirkungswillen, der nie sein Ziel verfehlte. Aber es entstanden Konflikte, sobald er sich Objekten zuwandte, deren Wirkung sich nicht vorausberechnen ließ.

Dieser Unsicherheits-Koeffizient schwebte über Furtwänglers Verhältnis zur modernen Musik. Er war ihr aus geistigem Interesse geneigt, wußte oder spürte wohl auch, daß man ihr die Berechtigung der Existenz und damit das Recht, aufgeführt und gehört zu werden, nicht absprechen durfte. Als zwischen den beiden Kriegen die Internationale Gesellschaft für Neue Musik gegründet wurde, übernahm bald Furtwängler die Präsidentschaft der deutschen Sektion. Er dirigierte auf den Musikfesten, die zeitgenössischem Schaffen gewidmet waren, und brachte eine große Anzahl von Uraufführungen heraus, vor allem in den Berliner Philharmonischen Konzerten. Schönberg, Strawinsky, Bartók, Pfitzner, später Hindemith, Karol Rathaus, Arthur Honegger, Theodor Berger, Karl Höller und viele andere standen auf seinen Programmen. Strawinsky spielte in einem Berliner Furtwängler-Programm den Klavierpart seines Klavierkonzerts. Schönbergs Orchestervariationen op. 31 brachte er zur Uraufführung. Allerdings gab er auch anderen, ephemeren Erscheinungen Raum in seinen Programmen, Georg Schumann zum Beispiel oder Max Trapp. Französische und russische Moderne kam ein wenig kurz. Zu Debussy und Ravel hatte er die Beziehung eines galanten Liebhabers, nicht aber das Ehrfurchtsverhältnis, das ihm Beethoven oder die deutsche »große Musik« zum immer neuen Erlebnis werden ließ.

Anders war es mit Hindemith. Da spürte er die Rückverbindungen zur großen Überlieferung, zu Reger und Brahms, vielleicht sogar zu Bruckner. So wurde Hindemith der zeitgenössische Komponist, zu dem sich Furtwängler in einem sehr kritischen Augenblick bekannt hat, indem er ihn gegen die totalitäre Kulturpolitik Alfred Rosenbergs in Schutz nahm. Denn die Angriffe gegen den Komponisten von Franz Bleis »Nusch-Nuschi«, wo ein Liebhaber kastriert wird, während die Posaune König Markes »Dies, Tristan, mir!« zitiert, den Vertoner von Marcellus Schiffers »Neues vom Tage«, dessen Aufführung in der Kroll-Oper Hitler wutschnaubend verlassen hatte, als die Heldin, in der Badewanne sitzend, eine Arie über die Vorzüge der Warmwasserversorgung sang – die Angriffe wurden seit 1933 immer massiver. Furtwängler ignorierte sie zunächst und setzte auf eines seiner philharmonischen Programme am 11./12. März 1934 die Uraufführung der Symphonie »Mathis der Maler«, d. h. dreier Bruchstücke aus der noch unvollendeten Oper. Die Begeisterung, mit der Aufführung und Stück aufgenommen wurden, machte die Schergen des Kampfbundes für deutsche Kultur noch hellhöriger. Man versuchte, Furtwänglers Programme zu beeinflussen; allerlei Gift sickerte aus den Naziblättern gegen den Dirigenten und seine jüdische Sekretärin. Denn die Geissmar hielt ihre Stellung. Hinter den Kulissen führte Furtwängler einen erbitterten Kampf gegen Ämter, Parteistellen, Bünde und Individuen. Er glaubte noch, selbstherrlich und naiv, an die Macht seiner Persönlichkeit. Was Totalitarismus war, hatte er nicht erkannt. Wer hatte es damals in Deutschland?

Dann lief der Krug über. Am 25. November 1934 brachte die »Deutsche Allgemeine Zeitung« den berühmten Artikel »Der Fall Hindemith«, in dem Furtwängler sich erkühnte zu schreiben, was Millionen dachten: »Wo kämen wir überhaupt hin, wenn politisches Denunziantentum in weitestem Maße auf die Kunst angewendet werden sollte?« Es war die offene Kampfansage. Mit dem Erfolg, daß ein paar Tage später der Verfasser seine sämtlichen Ämter niederlegen mußte und für längere Zeit aus dem deutschen Musikleben verschwand.

Was immer man gegen Furtwänglers politische Haltung im Hitler-Reich sagen kann: Opportunisten verhalten und verhielten sich anders. Denn selbst die Lehre von 1934 hatte nicht genügt, ihm zu beweisen, daß seine Musik, seine Persönlichkeit, seine Magie keine Mächte waren, die es mit der einzig zählenden Macht aufnehmen konnten. Und auch das gehört zum Bild seiner Individualität.

Daß Furtwängler den Kampf versucht und wirklich geführt hat, ist nur aus dem überaus komplexen Bilde seines Künstlertums zu erklären. Er lebte eigentlich in einer beständigen Opposition gegen Elemente seines eigenen Wesens. Gefühl und Verstand waren so stark in ihm, daß jedes von beiden unablässig um Hegemonie rang. Den Aposteln der dumpfen Triebhaftigkeit konnte Furtwängler leicht als Intellektueller erscheinen; tatsächlich wurde ihm das von einigen Nationalbarden der Hirnlosigkeit vorgeworfen. Unter Intellektuellen aber verteidigte er die Rechte des Gefühls. Sein Kampf gegen den Intellektualismus, vor 1933 und nach 1945 oft geführt, war psychologisch ein Aufbegehren gegen die dominierende Vatergestalt, die er liebte, aber sich nicht übergeordnet wissen wollte. Unter den vielen Aufsätzen, die Furtwängler in den letzten Jahren publiziert hat, ist der über »Das intellektuelle Leitbild in der Musik« (»Die Neue Zeitung« vom 8. Februar 1953) leider nicht in den Sammelband »Ton und Wort«[1] aufgenommen worden. Er kreist um zwei »Leitideen«, den Historismus und den Intellektualismus. Furtwängler spricht von dem Historiker als »ewigem Zuschauer«, und er gibt zu verstehen, das historische Sehen mindere die »tiefere Kunsterkenntnis«. Es ist für ihn identisch mit »Freudlosigkeit« und »lieblosem Besserwissen«. Dann wird so etwas wie eine Schuldfrage aufgerollt. Der Gewichtsverlust unseres Musiklebens sei durch eine kühl-referierende, historisch abwägende Berichterstattung gefördert.

Merkwürdig, daß ein Kenner der Antike, ein Sohn aus Archäologenhaus, ein intellektuell hochentwickelter Geist solche unversöhnlichen Töne gegen die Historiker anschlägt. Der Konflikt in seinem Inneren muß furchtbar gewesen sein. Denn es ist nichts anderes als dieser Konflikt, der ihn immer wieder aufstachelt, sein ungelöstes Problem hinauszurufen in die Welt, die ihm huldigt. Furtwängler haßte das, was er die falsche Werktreue nannte: die historisierenden Bach-Aufführungen mit kleiner Besetzung und alten Instrumenten. Sein ganzes musikalisches Erlebnis war auf den satten Klang der romantischen Kunst gerichtet und aus ihm herausgewachsen. So war sein Musizieren die Erfüllung dessen, was das 19. Jahrhundert gewollt hatte: Mittel der Welterfassung nicht nur, sondern Mittel, den ganzen Menschen zu erfassen, zu hypnotisieren, zu passivieren.

Es ist ein wagnerisches Verfahren, und zu Wagner führt jede Betrachtung Furtwänglers zurück. Aber keiner ist den Weg solcher totalen Unterwerfung des Hörers mit so viel Geistigkeit und magischer Künstlerkraft gegangen wie Furtwängler. Es ist, als hätte sich die Epoche in ihm verkörpert und erschöpft.

[1] Wilhelm Furtwängler, *Ton und Wort,* F. A. Brockhaus, Wiesbaden.

Als Furtwängler im Dezember 1952, nach der schweren Erkrankung bei der Vorbereitung der Salzburger Festspiele, wieder Berlins Philharmoniker dirigierte, waren Nachwirkungen des Leidens in Gesicht und Gang zu sehen. Das Programm brachte die »Freischütz«-Ouvertüre, Beethovens »Eroica« und Hindemiths Kepler-Symphonie »Die Harmonie der Welt«. Seither ging man in jedes seiner Konzerte mit dem Gefühl, es könne das letzte Mal sein. Aber der starke Wille und die sehr kräftige Konstitution des Mannes hielten noch zwei Jahre lang durch. Es gab Rückschläge, aber auch erstaunliche Rekreationen. Die Weltfreude des dionysischen Temperaments errang noch viele Siege. Berlin, Wien, Salzburg, Luzern, Europa-Reisen mit den Berliner Philharmonikern, ja, eine Tournee mit den Wienern, von der Haute Couture finanziert, mit den schönsten Mannequins Österreichs. Schließlich noch einen Blitzausflug zur Panamerikanischen Konferenz nach Caracas, Venezuela. Der Sommer 1954 brachte neue Schwierigkeiten; das Ohr ließ nach. Im September kam Furtwängler noch zu den Berliner Festwochen. Das Programm enthielt seine eigene e-Moll-Symphonie, das riesige, von romantischem Espressivo randvolle Werk. Der Titaniapalast war nicht wie üblich ausverkauft; aber man bejubelte den Mann, die Aufführung, das Werk.

Ich sah ihn noch einmal kurz in der neuen Schöneberger Sporthalle, wo ein volkstümliches Konzert, vornehmlich zur Prüfung der Saalakustik, veranstaltet wurde. Der Gang war unsicher, etwas schwankend, der Gesichtsausdruck heiter, mit einem Anflug unterdrückten Schmerzes. »Darf man hier sitzen, oder ist das nur für Kritiker?« fragte er ironisch. Die Hand war immer am Florettgriff, wenn er Intellektuellen begegnete.

Als er starb, wußte man: eine Epoche war zu Ende. Es gibt eine ganze Reihe vorzüglicher Dirigenten, brillanter Musiker, großer Pultstars. Aber es ist müßig, einen Nachfolger zu suchen. Etwas anderes wird kommen. Man wird vielleicht größere Perfektion erreichen, sinnlicheren Klang, virtuosere Einzelleistung. Aber Furtwänglers Mittel der Welterfassung sind mit ihm dahin. Das Zeitalter, in dem ein Kapellmeister zum Symbol der Musik werden und über die musikalische Wirkung hinaus Führung im geistigen Leben der Nation behaupten konnte, ist abgeschlossen.

Der elfenbeinerne Turm

Sorge erfüllt Komponisten und Konzertgeber, Kritiker und Kommentatoren. Sorge um die Verständlichkeit gerade der wichtigsten Erzeugnisse der Kompositionskunst in unseren Tagen. Seit vielen Jahren bemüht man sich, die Kluft zu überbrücken, die zwischen dem Produzenten und dem Musikverbraucher liegt. Mit rührendem Fleiß hat man die Sonden der Psychologie und der Soziologie angesetzt, um zu ergründen, was es denn eigentlich sei, das der Masse den Zugang zu moderner Musik versperrt. Man hat es mit der Gebrauchsmusik der zwanziger Jahre probiert, mit Schulopern, Laienmusik, Blockflötenkult und sogar mit Carl Orff. Die Resultate sind dürftig zu nennen. Zwar werden die erwähnten Hilfstypen geduldig konsumiert und von weiten Menschenkreisen für bedeutend gehalten, ohne daß jedoch das Verständnis für die wesentliche moderne Musik über das Maß hinaus zugenommen hätte, das durch die versöhnende und ausgleichende Kraft der Zeit ohnehin gewährleistet ist.

Im Zeitalter des Sozialstaates, der allgemeinen Wohlfahrtsfürsorge und der Bühnenvolksbünde lag die Fehlmeinung nah, Kulturgüter müßten grundsätzlich und unbegrenzt popularisierbar sein. Es war ja seit dem frühen 19. Jahrhundert Mode geworden, den Künstler auf seine Bürgerpflichten aufmerksam zu machen, ihm zu sagen, er dürfe sich nicht eigensüchtig auf die Lösung von Problemen beschränken, die für niemanden einen irgendwie praktischen, d. h. nutzbaren Wert enthalten. Die Aufgabe (heute würde man auf gut heideggerisch frömmeln: »das Anliegen«) der Kunst sei dies oder jenes, auf alle Fälle aber etwas, das für die Menschheit Gewinn bedeute. Und man berief sich wohl auf die Gesellschaftswissenschaft, die da nachgewiesen habe, auch der Künstler sei kein Wesen für sich, sondern ein Herdentier, Zoon politikon, Teil einer Gemeinschaft, Mosaiksteinchen in einer riesigen Brüderschaft von Wesensgleichen, deren Bedürfnisse, Neigungen und Sinnenreaktionen zu verleugnen oder zu übersehen er nicht befugt sei.

Der Köder, der mit dergleichen Weisheiten zugleich ausgeworfen wurde, ist für die Künstler außerordentlich anziehend. Denn man konnte ja darauf hinweisen, daß ihre Nachgiebigkeit gegenüber den Ansprüchen »des Publikums« sich bei ihnen reichlich bezahlt machen werde. Man konnte ihnen vorrechnen, wieviel Tantieme eine Symphonie oder ein Streichquartett bringen werde, wenn sie oder es sich in den Grenzen einer allgemeinverständlichen Sprache halte.

In totalitären Staatssystemen läßt sich der Köder, russisch auch Pajok genannt, mit sachter Warnung verbinden. Nicht, daß dem Künstler irgend etwas vorgeschrieben würde, was er nun streng zu befolgen hätte. Nein, solche Unfreundlichkeiten waren nur in der Schdanow-Epoche ganz vorübergehend üblich. Aber schon im nationalsozialistischen Deutschland ließ der Staat gern durchblicken, daß er die sonst so großzügig gewährte Lebenserleichterung nur demjenigen garantieren könne, der eben *auch* seine Bereitwilligkeit zeige, im Sinne dieses Staats zu arbeiten. Wenn einer darauf bestand, Kunstwerke zu produzieren, die nur einem kleinen Kreise von Menschen verständlich waren, so verbot man ihm das zwar nicht. Aber man zog die schützende Hand von ihm; mochte er sehen, wie er zurechtkam.

Es erwies sich bald, daß diese Art der künstlerischen Gängelung keine auch nur diskutierbaren Werke gedeihen ließ. Was in totalitären Staaten an bedeutender Kunst produziert wird, das entsteht außerhalb der ästhetischen Gevierte, die von der Macht geschaffen werden. Es hängt von Temperament und Geschicklichkeit des Schaffenden ab, wie weit er imstande ist, etwa die Gesetze unmerklich und doch so zu überschreiten, daß man ihn nicht fassen und haftbar machen kann. Aber die außerordentliche Armut des nationalsozialistischen Deutschlands an Kunstwerken von bleibendem Wert beweist, daß es auch mit dieser Durchschlüpf-Technik schöpferisch nicht sehr weit her ist. Sowjetrußland hat zwar musikalisch einige bedeutende Werte hervorgebracht; sie stammen aber ausnahmslos von Komponisten wie Prokofieff und Schostakowitsch, die immer wieder als Urheber volksfremder und dekadenter (d. h. für den Massengeschmack nicht brauchbarer) Musik gerügt und gemaßregelt werden mußten.

Die Geschichte der Kultur aber liefert eine erdrückende Fülle von Beweisen, daß große Kunst häufiger gegen als für den Konsum durch breite Abnehmerkreise entstanden ist. Es waren nicht die schlechtesten Kulturen, in denen der Künstler als ein Zauberer betrachtet wurde, dessen Handwerk man zwar nicht verstand, den man aber als übermenschliches Wesen zu respektieren bereit war. Der Begriff des Schönen war oft identisch mit dem des Unheimlichen, Erschreckenden, geisterhaft Jenseitigen. Man erwartete vom Künstler Hilfe gegen den Tod, man glaubte an seinen Einfluß auf bedrohliche Schicksalskräfte, und deshalb sorgte man für ihn. In Arnold Hausers »Sozialgeschichte der Kunst und Literatur« finde ich das sehr klar dargestellt: »Der Künstler-Magier scheint demnach der erste Vertreter der Spezialisierung und Arbeitsteilung gewesen zu sein. Er tritt neben dem gewöhnlichen Zauberer und Medizinmann jedenfalls als erster aus der undifferenzierten Masse hervor und ist, als der Besitzer von besonderen Gaben, der Wegbereiter des eigentlichen Priesterstandes, der neben dem Anspruch auf außergewöhnliche Fähigkeiten und Kenntnisse auch den auf eine Art Charisma erheben und sich jeder gewöhnlichen Arbeit entziehen wird.« Was hier vom Paläolithikum gesagt wird, hat bis in unsere Tage hinein seine Gültigkeit bewiesen und bewährt.

Der Künstler ist seiner Struktur nach »esoterisch«, was ja auf deutsch »nach innen zu gerichtet« heißt. Die Tätigkeit, die er ausübt, ist nur wenigen, nur den »Eingeweihten«, bekannt. Sie wirkt infolgedessen auch zunächst nur auf diese Eingeweihten. Aber die Früchte solcher Tätigkeit, die großen Kunstwerke, haben eine rätselhafte Eigenschaft. Der Kreis, auf den sie wirken, vergrößert sich nämlich im Lauf der Zeit, und oft überlebt die Wirkung den Urheber, der sie verantwortet, um Generationen und Jahrhunderte. Dagegen hat sich oft erwiesen, daß solche Werke, die unmittelbar eine große und breite Resonanz fanden, an Wirkung nach einiger Zeit verloren und schließlich ebenso rasch vergessen waren, wie sie sich zu Beginn ihres Daseins durchgesetzt hatten.

Es blieb unserer Zeit vorbehalten, den Begriff »art pour l'art« mit dem Stigma des Unerlaubten, Asozialen und recht eigentlich Minderwertigen zu versehen. In dem Maße, in dem man Kunst als eine Konsumware von Nutzwert und Nährwert ansah, wuchs die Verachtung für alle geistigen Emanationen, die sich als nicht direkt nützlich oder nahrhaft erwiesen. Bei der Polemik gegen die Esoteriker behauptete man gern, in früheren Zeiten habe es dergleichen art pour l'art nicht gegeben; das sei ein typisches Produkt des modernen Individualismus und Subjektivismus, eine Verfallserscheinung, an der man so recht das Schwinden der kulturellen Produktionskräfte erkennen, ja ablesen könne. Diese Ästhetiker der Pragmatik wußten nicht oder wollten nicht wissen, daß die großen Blütezeiten musikalischer Komposition fast sämtlich von den Vertretern der ausgepichtesten Esoterik eingeleitet worden sind. Eine so gewaltige formale Erfindung wie die isorhythmische Motette, die ihre fortzeugende Kraft durch Generationen und Jahrhunderte bewahrt hat, ist im Grunde nur für Connoisseurs entstanden. Wer ihren komplizierten, in zwei voneinander unabhängigen Schichten vollzogenen Aufbau nicht kannte oder nicht verstand, der konnte sie notwendig auch nicht schätzen, ja, auf den hätte sie auch keinen Eindruck machen können. Ihre Schöpfer, Philippe de Vitry und Guillaume de Machaut, waren Intellektuelle höchsten Ranges, waren auch gesellschaftlich über alle Gemeinschaft erhoben. Die Kunst, die sie im 14. Jahrhundert ausübten, hat einer der besten Kenner dieser Epoche, Heinrich Besseler, als eine Gelehrten- und Ästhetenkunst bezeichnet. Und gerade von dieser esoterischen Musik gingen die stärksten formschöpferischen Anregungen auf die folgenden Jahrhunderte aus. Über die Ars Nova schreibt Besseler (»Musik des Mittelalters und der Renaissance«): »Damals entschied es sich endgültig, daß die große Tonkunst Europas stets von einer *Elite* getragen werden und somit zum Volksganzen in einem spannungsreichen, wechselnden Verhältnis stehen würde.«

Die Anwendung vulgär-marxistischer Ideologien auf die Erscheinungen der Kultur hat zu einer Verwirrung im Bereich der Ästhetik geführt, die nicht zu überbieten ist. Kein Wunder, da in einer Zeit, die alle Möglichkeiten zur Massenverbreitung von Musik geschaffen hat, die Künstler sich solcher Massenverbreitung zwar nicht subjektiv, aber dafür sachlich widersetzen. Es war Herbert Read, der große englische Kunstkritiker, der auf die Notwendigkeit eines zweigleisigen kulturellen Denkens hingewiesen hat, indem er darlegte, daß zu vielen Zeiten Kunst auf zwei völlig getrennten Grundlagen geschaffen wurde. Damit ist bewiesen, daß Kulturen von sehr verschiedener Art und Bestimmung, eine für die Eingeweihten, d. h. für die geistige Oberschicht, und eine andere für die Massen, gleichzeitig nebeneinander existieren können, mitunter sogar, ohne daß die eine von dem Bestehen der anderen überhaupt Kenntnis hat. Read erwähnt in diesem Zusammenhang (»Wurzelgrund der Kunst«) als sinnfälligstes Beispiel für eine zweiseitige Kultur das alte Ägypten. »Es gab dort im Niltale viele Jahrhunderte lang zwei nebeneinander bestehende Kunsttypen von völlig verschiedenem Charakter. Der eine, der vor allem in öffentlichen Bauten und Skulpturmonumenten in Erscheinung trat, war religiös; der andere, der hauptsächlich in Malereien, Kleinplastiken und dekorierten Gefäßen der verschiedensten Art bestand, war profan. Die religiöse Kunst war geometrisch, rational, objektiv, abstrakt; die andere war naturalistisch, lyrisch, ja selbst sentimental.«

Der Unterschied zwischen der Doppelkultur im alten Ägypten und unserer modernen Doppelkultur besteht darin, daß heute beide sehr wohl voneinander wissen und daß die eine sich auf den Anspruch der Masse stützt, gleichzeitig aber diesen Anspruch auf die andere ausdehnen will. Dem zu entsprechen hieße auf die eine Form der Kultur schließlich verzichten. Und die Historie beweist, daß damit der wesentliche Bestandteil gerade unserer abendländischen Musik, nämlich die ihr innewohnende Kraft autonomer Entwicklung und gesellschaftlich freien Wachstums, verlorengehen müßte.

Ich habe 1954, als in Rom bei dem Musikfest des Kongresses für die Freiheit der Kultur (»La Musica nel XX Secolo«) eine öffentliche Diskussion über Musik und Politik stattfand, den Standpunkt vertreten, daß die Kunst jeden Eingriff nichtmusikalischer Art und Herkunft zurückweisen müsse. Weder Politik noch Religion noch Philosophie noch irgendeine der sogenannten »Weltanschauungen« haben auf ihrem Territorium etwas zu suchen oder sich in der Welt ihrer Formen Mentorengewalt anzumaßen. Der bekannte Eingriff in Fragen des musikalischen

Stils und der kompositorischen Technik, den im 16. Jahrhundert die katholische Kirche durch das Konzil zu Trient vornehmen ließ, geschah zu einem günstigen Zeitpunkt. Erstens lagen die Tendenzen zur Vereinfachung der Polyphonie und zur Verdeutlichung des Textvortrags als humanistische Ideen in der Luft. Und zweitens nahm sich ein Genie der Aufgabe an: Palestrina. Daraus aber einen Anspruch außermusikalischer Mächte überhaupt abzuleiten, ist nur mangelnder Einsicht in das Wesen künstlerischer Zusammenhänge möglich. Ich habe in Rom als zweckmäßigsten Ort für musikalische Produktion den elfenbeinernen Turm empfohlen. Die Lebhaftigkeit der Diskussion, die mein Vorschlag noch nachträglich angeregt hat, scheint seine Aktualität zu beweisen. Leider haben die politisch linken Kontrahenten, vor allem der kommunistische Musiker und Kritiker Mario Zafred, dazu nicht Stellung genommen. Nur Fedele d'Amico wiederholte die bekannte These von der gesellschaftlichen Gebundenheit des Künstlers und des Intellektuellen, die so unentrinnbar sei, daß auch ich z. B. mich ihr nicht entziehen könne. G. Francesco Malipiero erklärte sich lebhaft für den elfenbeinernen Turm. Es scheint mir nötig, den Begriff selbst zunächst zu definieren. Das Gleichnis vom elfenbeinernen Turm ist biblisch; es steht im Hohelied Salomonis, wo es dazu dient, ein Antlitz zu schildern. Der Sinn ist klar: das Bild trägt die Züge des Erlesenen; Elfenbein als Luxusmaterial, der Turm als Symbol eines Bauwerks, das in höhere Regionen strebt. Aber erst viel später wird das Gleichnis in die Sphäre der Ästhetik übertragen.

Um die Mitte des 19. Jahrhunderts ist das Wort im Sprachschatz der Dichter zu finden, denen die Kunst ein schöner Selbstzweck wird. Am deutlichsten sagt ein Brief Gustave Flauberts, was gemeint ist: »Wir wollen unsere Türe schließen, ganz hoch auf den Elfenbeinturm steigen, auf die oberste Stufe, dem Himmel am nächsten. Manchmal ist es kühl da oben, nicht wahr? Aber was tut es? Man sieht die Sterne flimmern, und die Gänseriche sind nicht mehr zu hören« (1852). Das Bild, deutlich genug, ist obendrein die Absage Flauberts an das marschierende Zweite Kaiserreich. Er hat es überlebt. Elfenbeintürme sind dauerhafter als die Bastionen der Staatsmacht.

Dem Sinne nach ist art pour l'art dem Elfenbeinturm gleich. Frankreich liefert tausend Zitate; von Victor Hugos »Wir wollen nur prüfen, *wie* einer gearbeitet hat, nicht *worüber* und *warum«* bis zu Théophile Gautiers Vorwort zu Charles Baudelaires »Fleurs du Mal« bestätigen sie alle die Wichtigkeit der Isolierung. Schon der alte Immanuel Kant hatte eingesehen, daß die Bereiche des Schönen und des Nützlichen auf immer getrennt sein werden. Oscar Wilde bestätigt es, Tolstojs Warnungen zum Trotz: »Alle Kunst ist völlig nutzlos.«

Mag sein, daß Dinge wie Veredelung der Sitten sich als Nebenprodukte künstlerischer Wirkung einstellen. Um so besser für die Menschheit, wenn das Schöne auch noch praktische Effekte haben kann. Als Legitimation für den Künstler aber darf man solche Wirkungen nicht ansehen; das hieße seine eigentliche Leistung bagatellisieren.

1956

Die Scheinklassik in der Musik

Gottfried Benns Lieblingsbegriff in der Erörterung ästhetischer Dinge, die Ambivalenz, wird durch die Situation der Neuen Musik mit verblüffender Vollkommenheit bestätigt. Die abstoßende Kraft des Gefälligen, die anziehende des Schrecklichen schickt sich zur Wagner-Zeit an, Erfahrung und Erlebnis der Wissenden zu sein; Nietzsche spricht hintergründig von der Zauberkraft des Altvertrauten als einem Privileg der Musik; alles, was nach dem »Tristan« entsteht, hat in solchem Sinne seine Unschuld eingebüßt.

Die Krise der Musik, die um 1920 evident wird, ist zugleich eine Krise der Rückbindung. Ist, so verdichtet sich die Frage, verpflichtend, was wir als Tradition übernommen haben? Wenn ja, was daran verpflichtet? Der Schein eines Klangs, der von der Zauberkraft des Alten kündet und dem noch die überkommenen Gesetze dienen? Oder die immanente Logik, wie das »Material« der Musik sich im Prozeß des Tonsatzes verhält, mehr Subjekt als Objekt der Formwerdung, verabsolutiert in der Herrschaft des Chromas über die siebentönigen Leitern und ihre ungleich verteilten Stufen?

Gleich nach 1920 treten die Richtungen auseinander, von denen Erneuerung ausgeht: Zwölftönetechnik als Unterwerfung unter das autonom werdende Material; Neoklassizismus als Versuch, die Zauberkraft des Vertrauten zu bannen, und sei es als Maske eines archaisierenden Kostümfestes der Formen. Beide sind getragen von dem Bewußtsein ihrer Schöpfer, nicht revolutionär zu wirken; beide machen sich einen Konservativismus der Gesinnung streitig, den ihnen die landläufige Meinung gleichermaßen abspricht.

Hat die Vergangenheit eine Zukunft? so scheinen die Vertreter einer Ästhetik zu fragen, bei der es darum geht, die Stilkopie in einem Sinne zu besiegeln, der Werte setzt, obgleich sie erschöpft, ausgelaugt, durch Akademismus kompromittiert waren.

Musikalischer Klassizismus in der Art, wie sie 1923 in Igor Strawinskys Bläseroktett evident wird, hat seine Vorstufen in Frankreich seit dem

»Hommage à Rameau« in Claude Debussys erstem »Images«-Heft von 1905, dem »Tombeau de Couperin« von Maurice Ravel (1914/17) und in Erik Saties »Socrate« (1919). In allen drei Fällen ist er aus der Tendenz gegen die impressionistischen Dunstwolken des Klangs getragen, ein Prozeß der Konturierung, eine Anwendung zeichnerischer Künste in Opposition zur koloristischen Ästhetik der Zeit. Stilkopie liegt aber noch in keinem Falle vor; das Vorbild Rameaus ist bei Debussy kaum, das Couperins (des Großen) bei Ravel überhaupt nicht erkennbar, und Saties archaistischer Primitivismus spiegelt nicht einmal die barocke Attitüde, die bei den anderen ja doch unverkennbar ist. Durch den asketischen Verzicht auf alle harmonischen Reize und chromatischen Pikanterien wirkt überdies Saties »drame symphonique« unendlich viel radikaler als die beiden Klavierwerke, die sich im wesentlichen als späte Früchte vom Baum der alten Clavecinisten-Suite erweisen. Debussys »Hommage« ist eine Sarabande, Ravels Tombeau verwendet Forlane, Rigaudon und Menuett als Bewegungs- und Formmodelle.

Satie hat, genau besehen, sein ganzes Leben lang das Ziel einer »musique dépouillée« visiert, von den mystischen Akkorden der »Messe für die Armen« über die »Gymnopédies« und »Gnossiennes« bis zu den ironischen Klavierstücken, den Vulgärtänzen des »Parade«-Balletts und den »Trois pièces montées« für Orchester. Mit ihm tritt die Antiromantik ins Stadium radikaler Askese und sarkastischer Gefühlsverachtung. Der »Socrate« treibt die Eliminierung der klanglichen und orchestralen »Sauce« auf die Spitze; seine archaischen Quinten- und Oktavenparallelen, seine starren Ostinati, seine abgezirkelte Periodik stellen noch die Kargheit hinter die Maske der Kargheit. Die Musik wird statisch, doch in einem gänzlich anderen Sinne als der stagnierende Klang, das ausgehorchte Verhalten Debussys oder die vielfach verspannte Chromatik Ravels.

Was hat an ihm Strawinsky zu lernen vermocht? Dessen erste Begegnung mit klassizistischem Klang vermittelt Pergolesi, die zweite Bach, und zwar ein rossinisch buffonisierter Bach. Die Rückwendung zum 18. Jahrhundert ist demonstrativ und gar nicht zu überhören; mit dem Schock der retrospektiven Allüre wird die Unruhe vertrieben, die sonst moderne Musik auslöst. Da stehen die Akkorde der Harmonielehre, aber sie reichen sich nicht in ruhiger Entwicklung die Hand; sie treten aus den gewohnten Zusammenhängen heraus, durchkreuzen sich in ihren »Funktionen« (so nannte ja die Theorie ihre Bezogenheiten auf Grundton, Kadenz und diatonische Leitern) und werden damit quasi neues, unverbrauchtes Material. Der Stil, den Strawinsky hier entwickelt, ist diatonisch, aber so, daß die Töne der Moll- und Dur-Leitern als Totalität gehört werden und beliebig übereinandergelegt werden können, als Akkorde mit Terzen- und Quartenaufbau, als Tontrauben, als Gewebe polyphon vereinigter Linien, deren Gefälle nicht parallelgeschaltet ist, sondern wirklich »linear« verläuft. Tonikale und dominantische Akkorde stehen nicht mehr kontrovers, nicht mehr im Verhältnis Spannung–Entspannung, da sie gleichzeitig erklingen. Tonarten vermischen sich in gleicher Weise; nicht mehr auf dem Wege raffinierter Klangverschmelzung (wie noch bei Ravel, in den »Sarcasmes« von Prokofieff, den »Bagatellen« von Bartók), sondern in der scheinnaiven Kopplung, wie sie Darius Milhaud zu seiner Sondertechnik ausbaut.

Wenn es die Haupttendenz der nachromantischen und der frei-atonalen Musik, in ihren Anfängen auch der Schönbergschen Zwölftönemusik war, die geheimsten und verborgensten Nuancen des Übergangs melodisch, harmonisch und rhythmisch zu erhören, so will Strawinskys frühe neoklassizistische Musik auf Übergang gänzlich verzichten. Das zeigt sich im Oktett am deutlichsten an der Dynamik, die erklärterweise nur das Forte und das Piano stehen läßt, alles Crescendo und Diminuendo aber ausschaltet und so den vormannheimischen Zustand gewisser Barockmusik restituiert: Terrassendynamik, die hier aber nicht als hieratisch-höfische Geste auftritt, sondern im plötzlichen Aufschrei wie im unerwarteten Verstummen gleichermaßen den Schock hervorruft.

Am Schluß des Oktetts steht ein Fugato, das erste in Strawinskys reifer Produktion. Aber es wirkt durchaus wie ein Konjunktiv, wie eine Als-ob-Form, wie ein Gestus, dessen Schönheit noch erkannt und deshalb nachgeahmt, dessen Inhalt jedoch nicht mehr erlebt wird. Strawinsky hat Fugen solcher Art später mehrfach geschrieben; das bekannteste Beispiel ist die Doppelfuge der »Psalmensymphonie«, in der aus der linearen Führung von Stimmen ein Maximum an knirschender Dissonanz gewonnen wird. Zusammenklänge, so spaltender und verfilzender Art, daß die polyphone Einheit und Integration zerbricht wie Drahtgeflecht unter überstarker Zerreißprobe.

Hier wird die Ambivalenz beispielhaft; indem die strenge vielstimmige Form isoliert auftritt, rücksichtslos dem Klang angepfropft, gibt sie sich scheinbar selbst auf, bleibt jedoch als Disziplin wirksam und sogar verbindlich. Die historische Rückwendung hat denn auch eindeutig revolutionäre Züge; eine Evolution, die über Reger hinaus die Fuge zum Vehikel freigehäuften Chromas machte, ihren perfekten Verlauf durch eine Art harmonischer Stromlinien gewährleistete, ist aus Stilgründen unterbrochen und schlechthin widerrufen worden.

An diesem frühen Strawinskyschen Neoklassizismus hat sich viel musikalischer Leerlauf orientiert, aber auch manche Kammermusik von Hindemith, Honegger und Milhaud. Strawinsky selbst hat ihn bald zu der Monumentalität des (noch vor der »Psalmensymphonie« entstandenen) »Oedipus Rex« und der konzertanten Durchsichtigkeit des »Dumbarton Oaks«-Konzerts mit seiner echten Bach-Huldigung erweitert. Er beschließt diesen Weg, an dessen Kreuzungen die beiden Symphonien und das »Orpheus«-Ballett stehen, mit dem genial überhöhten Pasticcio der Oper »The Rake's Progress«, in deren Szenen die Gespenster der Buffa und Seria sich mit Halbzitaten und esoterischen Anspielungen unterhalten.

Den Weg zu Bach hatte lange vor Strawinsky schon Ferruccio Busoni gewiesen, als er den gigantischen Versuch einer Vollendung der »Kunst der Fuge« unternahm. Das Resultat, die »Fantasia Contrappuntistica«, wurzelt freilich noch in der romantischen Harmonik, schlägt aber bisweilen (und zwar an formal kritischen Punkten) Brücken zu einer neuen, auf ihre Weise polytonalen Klanglandschaft. Ganz im Sinne der Temperierung, der ja Bach als einer der ersten schöpferisch gehuldigt hatte, wurde die Tonfolge B–A–C–H von Busoni als chromatische Antithese eines diatonischen Formbewußtseins angesetzt. Wenige Jahre später geht von ihm, dem Deutsch-Italiener, der erste formulierte Ruf nach Junger Klassizität aus. Er fordert die »Meisterung, Sichtung und Ausbeutung aller Errungenschaften vorausgegangener Experimente: ihre Hineintragung in feste und schöne Formen«. Er setzt voraus den »Abschied vom Thematischen und das Wiederergreifen der Melodie als Beherrscherin aller Stimmen, aller Regungen, als Trägerin der Idee und Erzeugerin der Harmonie, kurz: der höchst entwickelten Polyphonie«. Er verlangt »Entsagung gegenüber dem Subjektiven, Wiedereroberung der Heiterkeit und absolute Musik«.

Cocteau, wenn er von Strawinskys russisch-klassizistischer Komödie »Mavra« spricht, denkt an ein »Gleichgewicht am Rand des Leeren«. Er beschwört das Bild von Clowns, die ganz oben auf einem Haufen balancierender Stühle die Mandoline spielen. Mit dieser Vision gerät die »wiedergewonnene Heiterkeit« in die Nachbarschaft Saties, der ja zu der Varieté-Handlung von »Parade« keine im Wesen andere Musik erfindet als zu dem letzten Gespräch des sterbenden Sokrates.

Die Lehre des Klassizismus für die neueste Phase der Musik ist noch nicht gezogen. In fünfundvierzig Jahren hat er viele Wandlungen erlebt. Er wirft Schlaglichter in die Formenwelt der frühen Schönbergschen Zwölftönemusik, namentlich der »Serenade«, er geht, ähnlich den Versuchen Giorgio de Chiricos um 1925, aber auch den Collagen Max Ernsts und den reifen Bildern Salvador Dalis, eine bald skandalöse, bald beglückende Liaison mit dem Surrealismus (d. h. dem psychischen Automatismus André Bretons) ein. Die Kinder dieser Mesalliance sind typischerweise Theaterstücke: Francis Poulencs »Mamelles de Tirésias« und Virgil Thomsons »Four Saints in Three Acts«.

Eine Welt, die alles tut, um das Lachen zu verlernen, die den einzelnen isoliert, weil er nur so die Chance hat, der Massenvernichtung zu entkommen – sie hat es nicht leicht, dem Subjektiven zu entsagen, Heiterkeit wiederzugewinnen und absolute Musik zu treiben. Die lateinischen Länder, wo die klassizistische Forderung erhoben wurde und Gestalt annahm, sind ihrer Ästhetik und Ethik himmelweit entwachsen; die Musik Frankreichs und Italiens steht im Zeichen des Dallapiccolaschen und Messiaenschen Gefühls- und Ausdrucksappells, trotz aller Rationalität. Doch gibt es hie und da Versuche der Synthese. Da wird die klassizistische Lehre zur Gestalt erhoben und mit anderen Lehren aus dem Bereich der neuen Musik verbunden. Ich nenne die Opern und Orchesterwerke Benjamin Brittens, namentlich »The Rape of Lucretia«, die Arbeiten Hans Werner Henzes, etwa von der dritten Symphonie an, die merkwürdigen letzten »Bachianas« von Heitor Villa-Lobos und die Sinfonietta von Hindemith.

Sie alle beweisen, daß eine akademische Wiederherstellung der Tonalität unmöglich, daß die Erfahrung der Dodekaphonie nicht widerruflich ist. Sie zeigen aber auch, wie tief und wie »ambivalent« sich diese Erfahrung mit dem Streben nach klassischer Schein-Vertrautheit verbindet. Aus solchem zwiefältigen status animae allein scheint heute Komposition noch möglich.

1957

Treffpunkt Donaueschingen

Donaueschingen liegt rund 700 Meter hoch im Schwarzwald an der Stelle, wo zwei stattliche Flüßchen, Breg und Brigach, sich vereinigen und gleich danach, offenbar tief beeindruckt von der winzigen Quelle der Donau, deren Namen annehmen. Es ist Kreisstadt, Kurort und war Residenz, bis 1806 das Fürstentum der Fürstenbergs mediatisiert und zwischen Baden, Württemberg und dem preußischen Hohenzollern-Sigmaringen aufgeteilt wurde. Die 9000 Einwohner partizipieren an dem Wohlstand, den die zweieinhalb Jahrhunderte alte Fürstenbergsche Brauerei, die alte Textil- und Bürstenindustrie, die großen Viehmärkte und ein beträchtlicher Fremdenverkehr fördern. Reiterei und Jagd sind beliebt. Im übrigen ist man katholisch, und die hübsche, 1724 begonnene Stadtkirche in böhmischem Barock hört im Februar und März viele Beichten. Denn in der Fastnachtszeit geht es hoch her; da leben heidnische Sitten auf, Spottvögel streichen durch die Straßen und halten jedem den Spiegel respektloser Fasnetliedle mit ad hoc verfaßten Strophen vor. Hansel und Gretel, Holzmasken vorm Gesicht, Schellengehänge über der Tracht, einen Fuchsschwanz am Blumenhut, machen das Städtchen unsicher. Der Hanselebrunnen in der Karlstraße erinnert an dies winterliche Spiel, dessen Ursprünge tief in die Vergangenheit der Alemannensiedlung Esgingea deuten.

Die Fürsten von Fürstenberg gehörten noch 1914 zu den Multimillionären des deutschen Hochadels, verloren allerdings 1919 durch den Frieden von Saint Germain große Teile ihres österreichischen Grundbesitzes an die Tschechoslowakei. In vielen Generationen waren sie kunstfrohe und wohl auch kunstsinnige Sammler und Mäzene. Die großen Sammlungen stammen ebenso wie die Tradition einer Hofkapelle aus dem achtzehnten Jahrhundert. Das Archiv, um 1760 gebaut, und das Schloß in seiner heutigen großzügigen Gestalt von 1893 enthalten Kostbarkeiten und Rara ersten Ranges, darunter das Nibelungenlied C (13. Jahrhundert), den Parzivalroman, den Schwabenspiegel, die Weltchronik des Rudolf von Ems, an Musik vor allem die berühmte Handschrift Nr. 120, das Donaueschinger Liederbuch sowie einen Ottobeurer Codex von Neumen. Nicht zu reden von dem Kunstbesitz, der Bilder von Matthias Grünewald, Lukas Cranach und beiden Hans Holbein umfaßt.

1766 musizierten der Salzburger Vizekapellmeister Leopold Mozart und sein zehnjähriger Sohn Wolfgang neun Tage lang vor dem Fürsten.

Das neunzehnte Jahrhundert sah Konradin Kreutzer, den Komponisten des »Nachtlagers von Granada«, als Hofkapellmeister in Donaueschingen, etwas später den Dichter Josef Viktor von Scheffel als Bibliothekar. Die aktivste Musikerfigur war seit 1822 der Prager Johann Wenzel Kalliwoda, der die kleine Residenz methodisch mit neuen Opern bekannt machte. Sein Denkmal steht in dem großen alten Schloßpark, wo Schwäne hölderlinisch das Haupt ins heilignüchterne Wasser tunken.

Kurz vor dem ersten großen Krieg machte ein junger Musikdirektor in Donaueschingen durch hochfliegende Pläne von sich reden. Sein Name Heinrich Burkard steht auf der Gründungsurkunde der »Gesellschaft der Musikfreunde«, die sich 1913 das Ziel setzte, die ungehobenen und vergessenen Schätze der Hofbibliothek zum Leben zu wecken. Der Fürst Max Egon förderte und finanzierte die Unternehmung.

Aber Burkard spürte den Geist einer neuen Zeit; er blieb nicht bei seiner ursprünglichen Idee stehen. Man schrieb 1921, Deutschland war Schauplatz einer neuen, jugendlichen Entwicklung auf allen Gebieten der Kunst. Dem Fürsten gefiel der Wagemut seines jungen Musikdirektors; seiner Einladung in den Ehrenausschuß der geplanten Kammermusiktage folgten Männer wie Ferruccio Busoni und Franz Schreker, ja sogar Gegner der modernsten Musik wie Siegmund von Hausegger, Hans Pfitzner, Arthur Nikisch und Max von Pauer. Schließlich tat Burkard den Hauptzug in seiner kultur-diplomatischen Schachpartie: er gewann Richard Strauss als Ehrenvorsitzenden. Dem Arbeitsausschuß aber gehörten neben ihm Joseph Haas und Eduard Erdmann an.

Die meisten Autoren des ersten Festes im Sommer 1921 waren junge Leute. Paul Hindemith, als Komponist wie als Bratscher in dem mitwirkenden Amar-Quartett unermüdlich, sorgte nicht nur für glänzende Aufführungen, sondern auch für den heiteren Teil. Die Titel des Repertoriums für Streichquartett, das er »Minimax« taufte und in vorgerückter Stunde zur Uraufführung brachte, verdienen der Vergessenheit entrissen zu werden:

1. Armeemarsch 606
2. Ouvertüre »Wasserdichter und Vogelbauer«
3. Abend an der Donauquelle, Intermezzo für zwei Trompeten aus der Entfernung

4. Konzertwalzer »Löwenzähnchen am Bachesrand«
5. Zwei lustige Mistfinken, Charakterstück für zwei Piccoloflöten
6. »Alte Karbonaden«, Marsch

Die Komponisten und die Mitwirkenden waren Gäste des Fürsten, und man kann sich die Stimmung ausmalen, die drei Tage lang die eleganten Räume des Schlosses erfüllte.

In den folgenden Sommern, 1922 bis 1926, wurden die Feste wiederholt. Ihr Erfolg war für die ganze Entwicklung der neuen Musik in Mitteleuropa entscheidend; der englische Musikwissenschaftler Edward Joseph Dent (1876–1957), der es wissen muß, behauptet, daß ohne Donaueschingen die »Internationale Gesellschaft für Neue Musik« nicht existieren würde.

Unter den Komponisten, die auf den ersten sechs Donaueschinger Festen zur Diskussion gestellt wurden – und die Diskussion war oft recht lebhaft! –, befanden sich Busoni, der Zwölftonapostel Josef Matthias Hauer, Arnold Schönberg und sein Schüler Anton von Webern, Béla Bartók und Igor Strawinsky. Musiker aller Länder drängten sich um Aufführungen; 1924 lagen der bedauernswerten Jury 280 Kammermusikwerke und mehrere hundert Lieder zur Auswahl vor.

Inzwischen war Hindemith dem Arbeitsausschuß beigetreten, und 1927 wurde das ganze Fest nach Baden-Baden verlegt. Wieder drei Jahre später landete man in Berlin, wo sich jedoch die ganze Institution entwurzelt fühlte und denn auch bald eingestellt wurde.

Nach dem Jahre 1933 versuchte man in Donaueschingen heimatgebundene Volks- und Brauchtumsmusik vorzuführen; nicht umsonst wußte man Trossingen in der Nachbarschaft, die Stadt der Hohnerschen Ziehharmoniken mit ihrem weltumspannenden Exportgeschäft. Aber was von da kam, hatte schließlich mit der ursprünglichen avantgardistischen Donaueschinger Planung nichts mehr zu schaffen.

Im Jahre 1950 erlebte Donaueschingen seine wirkliche Renaissance. Die »Gesellschaft der Musikfreunde« stand nun unter dem Präsidium Max Rieples, eine Großkaufmannes mit hohen musischen Qualitäten, der alle paar Jahre einen Band eigener Produktion oder superb verdeutschter französischer Lyrik herausbringt. Das Protektorat hat Fürst Max Egon zu Fürstenberg, geboren in Prag 1896, seit 1941 Inhaber des schwäbischen Hausgutes, dazu Administrator seiner Betriebe in Land- und Forstwirtschaft, von Brauerei, Sägewerk, Papierfabrik und anderem mehr. Die Fürstin Wilhelmine, eine geborene Gräfin zu Schönburg-Glauchau, spielt selbst Klavier und ist an alter und neuer Musik sehr interessiert. Die Person des Fürsten wird im Vorstand der Gesellschaft der Musikfreunde durch Dr. Christian Altgraf zu Salm-Reifferscheidt-

Reitz vertreten, einem charmanten Wiener, Jahrgang 1906, der seit 1946 die Fürstenbergschen Sammlungen leitet.

Die französische Militärregierung wirkt wohlwollend mit; Stadtrat und die Regierung von Baden-Württemberg sind von der Partie. Den Hauptanteil im Kreis der helfenden Mächte aber hat die finanzkräftigste unter ihnen, der große Mäzen des Vingtième, allmächtiger Anreger und Lenker moderner Kompositionspolitik: der Rundfunk.

In Baden-Baden sitzt Dr. Heinrich Strobel, der streitbarste und reaktionsfeindlichste Leiter aller Musikabteilungen, Biograph Hindemiths, Bewunderer Strawinskys, vom langjährigen Gegner Schönbergs zum Förderer der Zwölftonmusik und jeder Art musikalischen Experiments gewandelt. Und neben ihm Hans Rosbaud, den Schönberg und Strawinsky als ihren besten Interpreten erklärt haben, ein Dirigent und Orchestererzieher, dem kein Hörproblem zu schwierig, keine metrische Nuß unknackbar ist. Über ihnen beiden der Intendant, Prof. Friedrich Bischoff, der die Chance einer unvergleichlichen Stärkung des Kulturprestiges erkennt. – Baden-Baden wählt aus, richtet die Programme ein, und Donaueschingen läßt sich's etwas kosten, den Rahmen zu liefern: den landschaftlichen Dekor; die hübschen altmodischen Hotels; dazu die Festhalle und für geistliche Musik die Stadtkirche. Die fürstliche Familie schließlich gibt für Hunderte von Teilnehmern den berühmten Empfang im Schloß, wo neben Champagner und Bowle auch Fürstenberg-Bier getrunken wird.

Es gelingt sogar, im Kalender eine Zeit zu finden, zu der sonst keine Festspiele gehalten werden: der Oktober verspricht noch ein paar Sonnenstrahlen und ist auch der internationalen Musikkritik als Auftakt zur Spielzeit genehm.

So beginnen unter guten Auspizien die »Donaueschinger Musiktage für zeitgenössische Tonkunst« im Herbst 1950. Hier defiliert seither alljährlich an zwei bis drei dissonanzreichen Herbsttagen die jüngere Garde der neuen Musik nebst einigen ihrer »Klassiker«. Pfiffe, Gelächter, Buhrufe und zugeknallte Türen gehören ebenso zum Bild dieser Musiktage wie begeisterte Demonstrationen und minutenlange Applausstürme der alljährlich wachsenden Menge von Besuchern.

Donaueschingen Oktober 1957. Im Schwarzwald sonniges Wetter; Thermometerstand 16 Grad Celsius. Am Sonnabendnachmittag kommen die letzten Besucher; vor dem Festbüro im »Schützen« steht man Schlange. Aber die Organisation klappt, jeder bekommt die weißen Passepartouts, gültig für die beiden Orchesterkonzerte und die Matinee »Jazz-Time«. Dann pilgert man zur Stadthalle. Auf dem Parkplatz stehen einige hundert Wagen aus einem Dutzend europäischer Länder.

Der Vorhof der Stadthalle ist zum internationalen Treffpunkt von Freunden und Feinden geworden. Man geht zu den Garderoben durch eine Ausstellung moderner Noten und Musikbücher. Über allem liegt ein schwacher Duft von Landwirtschaft: Heu, Stroh und Kuhmist.

Das erste Konzert beginnt mit Kompositionen des Amerikaners Elliot Carter und der Franzosen Gilbert Amy und Michel Ciry; Höhepunkt der Veranstaltung ist jedoch zweifellos die Aufführung von Strawinskys »Agon«, einem »Ballett für zwölf Tänzer«.

Strawinsky, der vom Dirigenten nicht mehr verlangt, als das Seil zu ziehen, damit die Glocke schwingt, leitet das Orchester mit den Gesten eines alten Tanzmeisters, die Rechte wie Kußhändchen werfend, die Linke oft in die Hüfte gestützt. Das Baden-Badener Orchester spielt wie unter einer Klanglupe. – Fürst Max Egon zu Fürstenberg schwingt sich auf das Podium und reicht dem Gast die gelben Chrysanthemen. Das Orchester steht auf. Es ist die große Apotheose, die jedes rechte Ballett beschließen soll.

Abends. Große Autoauffahrt im Regen. Marmorne Vorhalle. Marmortreppe. Oben steht die Hausherrin, lächelnd und gütig, im Foyer grüßt das Ölporträt Wilhelms des Zweiten in Garde-du-Corps-Uniform, drinnen scharen sich die Gäste um die kalten Büfetts und Weinflaschen, deren Arrangement sich auf vier Räume verteilt. Gobelins, Perserteppiche, Empiremöbel, venezianische Lüster. Die Eleganz hat einen großbürgerlichen Beiklang. Der Fürst, rüstiger und witziger Sechziger, Hüne und Grandseigneur, erinnert an Richard Strauss. Er findet an der modernen Musik aufrichtig Geschmack, aber mehr wohl noch an den Leuten, die sie produzieren. Für das Orchester gibt er Sonntag einen Bierabend.

Des Fürsten Grußadresse wendet sich an alle, die zum Festzauber beitragen, auch an die Jazzleute. Deren Stunde schlägt am Sonntag vormittag, gleich nach der morgendlichen Uraufführung der »Septimenmesse« des Heidelbergers Johann Baptist Lechner für A-cappella-Chor beim feierlichen Hochamt in der Stadtkirche. Um 11 Uhr 34 ist die Stadthalle voll. Im Parkett sitzen neben den Seriösen und Seriellen die »Fans«: Teenager als Schulmädchen, Teenager als Vamps, Teenager als Teenager mit zu engen Hosen und Pferdeschwanz, reife Damen als Teenager, dazu Jünglinge mit existenzialistischen Gesichtern. Eineinhalb Stunden Jazz (tonal, atonal oder zwölftönig). Nicht ohne Kurzweil, wenn der Jazz auch in seiner Jugend stimulierender erschien als heute, dreißig Jahre später. In Donaueschingen wirkt er als Korrektur zum Manierlichen hin; Hindemiths »Minimax« Anno 1921 war lustiger, wenn auch minder raffiniert.

Am Nachmittag Schlußkonzert mit Werken des Münchners Wilhelm Killmayer, des Westfalen Hans Werner Henze (dessen Arien nach Gedichten von Ingeborg Bachmann, vorgetragen von der schokoladenhäutigen Gloria Davy mit sammetweichem Sopran, den Maximalbeifall des Tages erzielen) und des Venezianers Luigi Nono, der für seine »Varianti« lebhafte Protestrufe, Gelächter und Pfiffe, aber auch starken Beifall erntet. Danach wirken Wolfgang Fortners Orchester-Impromptus als Beruhigung.

Am Dienstag nach so dissonanzreichem Weekend findet eine Sitzung des Gemeinderates statt. Auf der Tagesordnung steht neben anderem: Satzung über die Müllabfuhr, Beschaffung von Schweinebuchten für Zuchtsauen; Ausbau der Mozartstraße. Keine Gefahr, daß ein Wort gegen die Musik fiele.

Die Stadt trägt ihr Alltagskleid wieder, sauber und an ein paar Stellen gestopft: das Kleid einer stillen süddeutschen Ex-Residenz.

Zahlenzauber und Gottsuche in der Neuen Musik

Vor ein paar Jahren überraschte der Berliner Musikwissenschaftler und Theologe Friedrich Smend die Welt durch eine Reihe durchaus sensationeller Entdeckungen im Werk Johann Sebastian Bachs. Er fand nämlich, daß Bachs geistliche Musik, und in gewissem Umfange auch die weltliche, nach den Gesetzen der Zahlensymbolik gebaut ist, daß Buchstaben- und Ziffernspiele ihren an und für sich gewiß nicht einfachen Aufbau ständig begleiten und daß dabei gewisse Formeln der Tonsprache entwickelt wurden, nach denen man die Bedeutung der Musik sehr leicht verstehen konnte, vorausgesetzt, daß man die Formeln kannte. Smend zeigt z. B., daß Worte wie Kreuz und Christus, wenn sie im Text erscheinen, sehr oft durch ein Notenbild ausgedrückt werden, das den Buchstaben X nachzeichnet, im Griechischen der erste Buchstabe des Wortes Christus. Er weist in der h-Moll-Messe eine verwirrende Fülle von Ziffernspielen nach, die fast immer beherrscht sind von zwei seit Urzeiten als heilig betrachteten Zahlen: der Sieben und der Zwölf. Fast überall, wo Bach von sich selbst spricht, erscheint sein Name durch die

Zahlen 14 und 41 gekennzeichnet, die nach der mittelalterlichen, aber auch im 18. Jahrhundert noch bekannten Ziffern-Buchstabenschrift (A = 1, B = 2, C = 3, H = 8, J = 9, S = 18) eben die Quersumme von Bach oder von J. S. Bach bedeuteten.

Die überwiegend emotionelle Musikauffassung des 19. Jahrhunderts hat die Kenntnis solcher Symbole verdrängt, und wo immer auf ihre Existenz hingewiesen wurde, geschah es mit dem Unterton der Begönnerung und des Mitleids, als ob Menschen, die solchem Aberglauben frönten, doch nicht so recht ernst zu nehmen wären. Wir selbst stehen noch so stark unter dem Einfluß romantisch-gefühliger Kunstauffassungen, daß vielen von uns die Verbindung des Rechnerischen mit dem Metaphysischen als eine schwer begreifliche Mesalliance vorkommt. Und doch hat sich die Musik im Abendland und in einigen exotischen Kulturen im Zeichen solcher Verbindung zu grandiosen Formleistungen aufgeschwungen; jahrhundertelang haben die Menschen des 13. bis 16. Jahrhunderts in dieser Welt der zweischichtig verbundenen Kunst gelebt, haben Meister von legendärem Ruhm wie Perotinus, Guillaume de Machaut, Dufay und Josquin Desprez ihre seltsamen und frommen Glasperlenspiele mit Tönen getrieben, zu denen uns die spätere, emotionelle Musik den Zugang so gründlich versperrt.

Für uns Menschen des 20. Jahrhunderts aber hat all das wieder eine Bedeutung gewonnen, die von Jahrzehnt zu Jahrzehnt, von Generation zu Generation wächst. Denn wir stehen mitten in einer künstlerischen Entwicklung, deren Nöte, Probleme und Schwierigkeiten, aber auch deren Beglückungen und geistige Erlebnisse aus denselben Bezirken stammen, aus Bezirken, in denen Zahlenzauber und Gottsuche die seltsamste mystische Hochzeit feiern. Thomas Mann hat das Wesen der Musik einmal sehr glücklich mit dem Adjektivpaar »abstrakt und mystisch« umschrieben, und er hat dabei unversehens gerade eine Musik gekennzeichnet, die ihm selbst, dem Wagnerianer, so interessant wie unzugänglich gewesen ist. Tatsächlich vollzieht sich seit nunmehr einem halben Jahrhundert alle legitime, d. h. gleichzeitig auf Vergangenheit und Zukunft weisende, Produktion von Musik im Zeichen einer Vergeistigung, wie sie die Tonkunst kaum jemals erfahren hatte.

Die Bindung von Musik an Zahlen bedarf nicht vieler Erläuterung oder Rechtfertigung. Sowohl ihr zeitlicher Ablauf als auch ihr Fluktuieren in Tönen von wechselnder Höhe ist meßbar. Wir können den Takt bestimmen und begnügen uns bei dem uns zugänglichen Vorrat an Stücken der Epoche zwischen 1700 und 1900 mit den wenigen Taktarten, deren Zähler sich aus 2, 3 oder deren Vielfachen ergeben. »Unsere Musik kann nur bis drei zählen«, hat Leibniz nicht unrichtig gesagt. Aber wir wissen auch, daß die sogenannten Tonhöhen sich aus Unterschieden in den Schwingungszahlen herleiten; die griechischen Akustiker schon haben am Monochord deduziert, daß Halbierung der Saite Transponierung in die höhere Oktave bedeutet, daß wir in der wohlgefälligen Quinte das Verhältnis 2 : 3 wahrnehmen und dergleichen mehr, wobei übrigens die heilige Zahl sieben sich im Naturtonsystem als ein ausgesprochener Störenfried und Problematicus erwies. Von solcher Erkenntnis führt ein Weg logischen Analogieschlusses zu der Annahme, unser Hören von Intervallen, Melodien und Harmonien sei überhaupt nichts als ein unbewußt vollzogenes, ins Ohrsinnliche übertragenes Rechnen.

Mit der geheimnisvollen Welt der Zahl aber verbinden sich von alters her religiöse und theologische Vorstellungen, so daß etwa den Musiktheoretikern des Mittelalters der Dreivierteltakt als der vollkommene galt, weil sie in ihm ein Sinnbild der Dreieinigkeit sahen. Zahlenvorstellungen mystischer Art haben zweifellos auch die Bildung unserer Tonleitern beeinflußt. Denn es bestand keinerlei logischer Anlaß, bei der Erweiterung des Tonvorrats über die Pentatonik, die archaischen Fünftonleitern hinaus gerade bei einer Kette von sieben Gliedern stehenzubleiben. Tatsächlich sind sowohl die griechischen als auch die Kirchentonleitern alle siebentönig, und auch die modernen Dur- und Moll-Tonleitern, die seit dem 16. Jahrhundert die Hegemonie an sich ziehen, kennen nur sieben verschiedene Töne, denn der achte, die Oktave, ist ja nur Wiederholung des ersten auf einer höheren Ebene. Daß die zwölftönige chromatische Leiter ebenfalls nur eine willkürliche Konvention ist, läßt sich durch die Praxis anderer Musikkulturen wie der arabischen beweisen.

Aber alle diese rechnerischen, mystischen, theologischen und spekulativen Bindungen der Musik waren längst aus dem Bewußtsein des hörenden Menschen entschwunden, die jahrhundertelange Gewöhnung an ihre Resultate hat ihr Erlebnis so sehr automatisiert, daß nur Staunen und Befremdung um sich greifen, wenn gelegentlich an solche Zusammenhänge erinnert wird.

Wir sind es gewohnt, unsere klassische und romantische Musik (deren künstlerische Höhe und Würde niemand in Frage stellen wird und die eine Sternenstunde in der Kulturgeschichte der Menschheit verkörpert) als den allein gültigen Maßstab für alle tonsprachlichen Manifestationen anzusehen. Es ist aber unbestreitbar, daß sie gewisse Bindungen aufgelöst hat, die der Musik früherer Epochen ihren Sinn überhaupt erst gegeben haben. Wenn in den zwanziger Jahren unseres Jahrhunderts von einer Entgötterung der Musik gesprochen wurde, so müssen wir erkennen, daß der Werdegang der Tonkunst nach dem Tode J. S. Bachs logisch und unaufhaltsam zu solcher Entgötterung führt. Ja, die großen, unfaßbar kunstreichen und phantasievollen Genies der Epoche von 1750 bis 1900, Haydn, Mozart und Beethoven ebenso wie Schubert, Schumann, Wagner, Mussorgsky, Verdi, Brahms oder Chopin, mögen sie nun fromme Männer gewesen sein oder nicht: als Schaffende beziehen sie ihre Kraft nicht mehr aus der Bindung an Gott und die Kirche, sondern eher aus einem neuen Welt- und Lebensgefühl, das solche Bindung hinter sich geworfen hat. Was wir in den Symphonien und Streichquartetten der Klassiker, in den Opern, Liedern und Klavierstücken der Romantiker an neuem Geist wahrnehmen, was uns daran beglückt und fesselt, ist ein menschliches, ein weitgehend subjektives Element, und wenn in dieser Musik Sinnbilder zu uns sprechen, so sind es Reflexe der natürlichen Welt, Spiegelungen von Gewitter und Sturm, Nachbildungen von Vogelrufen und Bachesrauschen, assoziative Übertragungen vom Optischen ins Akustische, bei denen ein Blitz zum raschen, zerlegten Dreiklang wird und das große Tor von Kiew zu einer Folge schwerer, quadernartiger Akkorde.

Bald nach 1900 ist der Höhepunkt dieser Entwicklung erreicht. Zwei große Komponisten der Jahrhundertwende, Richard Strauss und Claude Debussy, bestimmen genau den geistigen Standort einer von allen religiösen und metaphysischen Bindungen befreiten Musik, und sie entsprechen gerade darin einem tiefen Bedürfnis der zeitgenössischen Menschheit. Strauss, wo immer er sich heiligen Bezirken nähert, wird unsicher und wirkt verstellt wie in den Jochanaan-Szenen der »Salome« oder in der »Josephslegende«. Debussy sublimiert das Heilige, wo es in seinem Werk Gestalt erheischt, zu einem pseudoreligiösen Ästhetizismus wie in den allerdings genialen Stilisierungen des »Martyre de Saint Sébastien«.

Gewiß hat es auch im 19. und frühen 20. Jahrhundert Komponisten gegeben, in deren Werk christliche oder andere metaphysische Ideen leben, Männer von der naiven Frömmigkeit Anton Bruckners oder der reflexiven Gottesfurcht Gustav Mahlers und Musiker, die für den liturgischen Gebrauch schrieben wie Gabriel Fauré oder aus liturgischem Geist wie Max Reger. Aber ihnen stehen ebenso gewichtige Künstler in Maurice Ravel und Hans Pfitzner gegenüber, deren Werk keine Spuren solcher kirchlichen Bindung aufweist.

Nun zeigt die technische Betrachtung dieser ganzen Epoche, also der Musik zwischen 1750 und 1900, daß in ihr das Zahlenwesen mit seinen Symbolen und rechnerisch bestimmbaren Formen eine viel geringere Rolle spielt als in der Musik der vorhergegangenen Zeiten. Selbst die strengen Strukturen des Kontrapunktes und der Imitation, obwohl Mozart in ihnen ebenso heimisch wurde wie Beethoven, erscheinen doch nicht als formschöpferische Idee wie noch bei Johann Sebastian Bach. In aller dieser Musik, namentlich in der spätromantischen, wird dem gestaltenden Gefühl eine ungleich größere Bedeutung zugemessen als etwa in der des Mittelalters und der Renaissance, deren Theoretiker von Gefühl und Gemüt nur äußerst selten sprechen. Die mittelalterliche Ordnung der Universitäten, in der die Musik ihren Platz als Teil des Quadriviums neben Arithmetik, Geometrie und Astronomie hatte (und beileibe nicht etwa im Trivium neben den literarischen Disziplinen), ist den Intellektuellen des 19. und des frühen 20. Jahrhunderts ganz fremd.

Sollte zwischen Zahlenzauber und Gottsuche in der Musik ein geheimnisvoller Zusammenhang bestehen? Sollten rechnerische Abstraktion und mystische Jenseitsbindung zusammen das Wesen der Tonkunst genauer definieren als der freigeistige Ichkult, als die Natur- und Menschenverherrlichung des klassisch-romantischen Zeitalters?

Wir erleben die Nachwirkung zweier Geschichts-Zäsuren, zweier gewaltiger Einschnitte, die sich als Weltkriege und ihnen folgende Epochen gesellschaftlicher Umschichtung dem historischen Blick darbieten. Alle Kunst, jede kulturelle Äußerung dieser Epoche, also der Jahrzehnte nach 1918, steht in ihrem Zeichen. Was etwa noch hineinragt in die Gegenwart aus der vorangegangenen Epoche, wirkt als schöner Nachhall einer entschwundenen Welt. An die Kunst unserer Zeit aber können die Maßstäbe nicht gelegt werden, die noch in unserer Kindheit gültig waren. Sie entzieht sich dem tastenden Gefühl und versagt sich den Kriterien eines Erlebnisses, wie es die schöne romantische Melodie, der Rhythmus eines klassischen Tanzes, die schmelzende impressionistische Harmonik vermitteln. Wir stehen vor dieser neuen Musik unserer Zeit zunächst so ratlos und vielleicht erbittert wie vor den Formen- und Farbensymbolen eines gegenstandslosen Bildes. Und doch wirken ihre künstlerischen Äußerungen in die Tiefe, sie beunruhigen uns, sie lassen den Widerstrebenden nicht los. Seit nunmehr rund fünfzig Jahren lassen sie sich durch keine Verleumdung, keine Ächtung seitens politischer Mächte, keine scheinbar noch so stichhaltige Kritik verjagen. Den Meistern, die sie zum Leben geweckt haben, sind keine ebenbürtigen Rivalen von der akademischen Seite her erwachsen, und andererseits hat kein noch so konservativer Künstler sich ihrem Einfluß auf die Dauer ganz zu entziehen vermocht. Noch kämpft diese neue Kunst und neue Musik gegen das, was Sigmund Freud das Unbehagen in der Kultur genannt hat, noch hat sie keine Breitenwirkung so müheloser Art, wie sie heute den klassischen und romantischen Kunstwerken zuteil wird. Aber ihre Botschaft hallt in uns nach, stärker und unabweisbarer von Jahr zu Jahr, von Meisterwerk zu Meisterwerk. Ja, vieles, was uns an der Kunst ferner Epochen verborgen und unzugänglich gewesen ist, beginnt unter dem Druck dieses Unbehagens und unter den Erkenntnismitteln, die wir an den neuen Werken entwickelt haben, seinen Sinn zu enthüllen.

Neue Musik im Sinne einer Definition, die sich an allen umstrittenen Phänomenen zwischen den beiden Kriegen erprobt, gibt es seit 1908. Sie bedeutete damals ein Negativum: Auflösung der Tonart und Verzicht auf Konsonanz, aber auch ein Positivum: unbedingte Freiheit. Nach einer Entwicklung, die das Problem der Form von vielen Seiten her behandelt, ohne es zu lösen, tritt der Fluß in zwei verschiedene Strombetten. 1921 und 1920, also fast gleichzeitig, entstehen die ersten Werke Arnold Schönbergs in der zwölftönigen Technik und die ersten Arbeiten Strawinskys in neoklassizistischer Stilisierung. Die Richtungen wie ihre Schöpfer stehen kontrovers; die moderne Musik scheint unrettbar in zwei feindliche Lager gespalten. Der Haupteinfluß geht damals von Strawinsky aus. Seine scheinbare Regression, sein Ausweichen in gefälligere Bezirke des Altgewohnten, ist eine stilistische Revolution, die in Wahrheit den Faden kontinuierlicher Entwicklung zerschneidet. Die Schar der Nachahmer sieht nur die Äußerlichkeiten dieses Stil-Experiments, ohne sich um die neue polyphone Haltung, die strenge asymmetrische Konstruktion zu bemühen, die Strawinskys beste Werke dieser Zeit, das Bläseroktett und den »Oedipus Rex«, auszeichnet.

Das Schönbergsche Verfahren, im Technischen des Kompositionsprozesses gründend, bleibt jahrelang völlig auf seine engere Schule beschränkt. Es geht aus von einer Revision der Melodik, wie sie kurz vorher schon Josef Matthias Hauer proklamiert hatte: jede melodische Gestalt muß die zwölf Töne der chromatischen Leiter abspielen – und zwar in beliebiger Reihenfolge –, bevor einer von ihnen wiederholt werden darf. Dieses primitive Gesetz wird von Schönberg nur auf die Reihe angewandt, die einer Komposition zugrunde liegt, ähnlich wie die Tonart in tonalen Kompositionen, zugleich aber schon Rohstoff der thematischen Gestalten ist, die sich aus der Reihe und ihren Spiegelungen herleiten. Spiegelformen sind: die rückläufige, Krebs genannt, bei der sozusagen der Spiegel vertikal hinter der letzten Note aufgestellt ist; die intervall-verkehrende, Umkehrung genannt, bei der analog der Spiegel horizontal unter (oder über) der Notenzeile steht; und die rückläufig verkehrende, Krebsumkehrung, bei der das vertikale Krebsbild auch noch horizontal gespiegelt wird.

Da nur aus diesen vier Formen der Reihe Material verwendet wird, kompliziert sich der Kompositionsvorgang außerordentlich, und mit ihm der Prozeß des Hörens. Aber auch wo die Formen der Reihe nicht wahrgenommen werden, ergibt sich sozusagen von innen her der Eindruck des Gleichgewichtes, man bekommt die Richtigkeit der Konstruktion gleichsam subkutan eingespritzt, und mit der Beunruhigung durch die Folge rätselhafter Klänge und Intervalle mischt sich die zusätzliche Ahnung, daß all dies auf eine magische Weise stimmt.

Es ist eine alte Streitfrage der Ästhetiker, ob wir etwas werten können, was wir nicht verstehen. Man kann Beispiele dafür und dagegen finden. Nehmen wir einen konkreten Fall; ich gehe in eine Theatervorstellung oder in einen Film, dessen Sprache ich nicht kenne, sagen wir in eine japanische Vorstellung. Die Handlung, die vor mir abrollt, wird mir nur verständlich, soweit ich sie erraten oder aus Mimik und Gestik der Darsteller ablesen kann. Vom Dialog begreife ich nichts, der Kern der Tragödie bleibt mir verborgen. Und dennoch kann ich von dem rätselhaften künstlerischen Vorgang tief beeindruckt werden. Ich stehe im Bann von Ausstrahlungen, die über die Grenzen des Verständnisses hinauswirken. Ich spüre, daß Saiten in mir angerührt werden, die meinen seelischen Zustand verändern. Und das alles geschieht in einer Sphäre außerhalb des Rationalen, außerhalb dessen, was man mit der Vernunft kontrolliert.

Fast alle Kunstwerke enthalten Elemente, die eben dieser Sphäre angehören, die wir nicht verstehen und die trotzdem auf uns eine Wirkung ausüben. Irgendein großer Dichter hat gesagt, jedes lyrische Gedicht sei in seinem Kern irrational. Sicher ist, daß in den großen Kunstwerken ein Rest von Unerklärlichem, von nicht Analysierbarem steckt, eine Art Ursubstanz, die nicht bewußt wahrnehmbar ist. Welche Kunst aber wäre geeigneter, das zu beweisen als die an und für sich ungegenständliche, abstrakte, in einem anderen Bereich der Logik ablaufende Kunst der Töne? Schon ihre einfachsten Wirkungen, etwa der Unterschied zwischen einem Dur- und einem Moll-Dreiklang, sind ja trotz aller Bemühungen unerklärt geblieben. Sie sprechen uns an, ohne daß wir erkennen, warum und wie. Dennoch wissen wir, daß es Musik gibt, die dem einen oder anderen von uns schwer, und dann wieder solche, die leicht verständlich ist. Im allgemeinen wird ein durchschnittlich musikalischer Hörer, dem man ein Stück von Bach, sagen wir eine fünfstimmige Klavierfuge oder eine verwickelte Motette, vorspielt oder vorsingt, sagen, diese Musik gefalle ihm. Er wird auch glauben, daß er sie versteht, und sicher versteht er wirklich manches davon. Dennoch darf man bezweifeln, daß ein so kompliziertes Stück bei erster Begegnung wirklich gehört werden kann.

Bei moderner Musik, wo die Zusammenklänge viel schwerer erfaßt werden, wo obendrein der orientierende Stützpunkt der Tonart häufig wegfällt, ist die Grenze der Verständlichkeit noch enger gezogen. Man kann sagen, daß dies gerade das Hauptproblem für die Komponisten des 20. Jahrhunderts war: in einem Meer von neuen Klängen Orientierungspunkte für das Ohr zu schaffen, an die der Hörende sich halten kann. Die beiden Versuche, das Hauptproblem zu lösen, haben wir genannt: den stilistischen des Neo-Klassizismus oder Neo-Archaismus und den technischen der Komposition mit zwölf Tönen.

Und nun geschieht 1930 etwas höchst Merkwürdiges, bisher in der Betrachtung der neuen Musik noch gar nicht genügend Erkanntes. Die beiden großen Genies der technischen und stilistischen Erneuerung suchen und finden gleichzeitig religiöse Inhalte für ihre Musik. Strawinsky schreibt seine Psalmensymphonie nach Texten der alten lateinischen Bibel, der Vulgata. Und Schönberg beginnt die Komposition seiner Oper »Moses und Aaron«, deren ersten und zweiten Akt er 1932 beendet hat; der dritte ist unvertont geblieben. Für beide Komponisten war diese Wendung zum Metaphysischen und Religiösen nicht etwa eine ästhetische Nuance wie bei Debussy, als er d'Annunzios »Sébastien« vertonte. Wer Strawinsky kennt, der weiß, wie tief sein ganzes Wesen durch den Einfluß des Katholizismus geprägt ist, wie er ungern die morgendliche Messe versäumt, wie allumfassend für ihn der Gottesbegriff ist. Das Paternoster für gemischten Chor a cappella, das er 1926 komponiert hat, bezeugt klar genug, wie unwichtig ihm dabei die ästhetische Nuance gewesen ist. Er selbst hat von diesem Paternoster und von dem wenige Jahre danach entstandenen Credo und Ave Maria gesagt, daß er sie in dem Wunsch geschrieben habe, die alten Gebete in ihrer Würde wiederherzustellen, und auch aus Ärger über die sentimentalen Arrangements, die in der russischen Kirche verwendet werden.

Von demselben christlichen und liturgischen Geist ist die Psalmensymphonie erfüllt, die obendrein mit ihrer motivischen Präzisionsarbeit und mit der Kunst ihrer hochdissonanten Doppelfuge Strawinskys Handwerk eindrucksvoll dokumentiert.

Man kann sich der Vermutung kaum verschließen, daß Strawinsky, sobald er sich einem großen religiösen Gegenstand zuwendet, unwillkürlich demselben geheimen Gesetz der Zahl verfällt, das die alten theologischen Musiker von der Notre-Dame-Schule des 13. Jahrhunderts bis zu Johann Sebastian Bach beherrscht. Die hieratische Formstrenge in der thematischen Konstruktion und in den Fugen der Psalmensymphonie beweist das so überzeugend wie seine spätere Entwicklung.

Denn achtzehn Jahre nach der Psalmensymphonie hat Strawinsky eine Messe geschrieben, die auf weiten Strecken sich der gleichen Spiegeltechnik bedient wie die alte niederländische Musik. Stücke wie das »Gloria«, an dessen Beginn sich Alt und Sopran gleichsam spiegelnd, d. h. in der Umkehrung antworten, oder wie das »Agnus Dei« mit seinen krebsgängigen Melismen sind von einer neuen mathematischen Ordnung getragen, die sie in engste Nachbarschaft mit den zwölftönigen Werken Arnold Schönbergs und seiner Schule rückt. Tatsächlich beginnt mit der Messe eine Entwicklung in Strawinskys Musik, die erst kürzlich mit dem »Canticum Sacrum« gekrönt wurde. Sie führt über die elisabethanische Cantata nach anonymen Texten des 15. und 16. Jahrhunderts und das

Septett zu immer abstrakteren und strengeren Konstruktionen auf der Basis von Tonreihen, fünf- und achttönigen zuerst, bis dann in den Kernsätzen des »Canticum Sacrum« die zwölftönige Disziplin völlig im Geiste und in der Technik Arnold Schönbergs und Anton von Weberns angewandt wird.

Bei Schönberg und seinen Schülern Berg und Webern ist der Vorgang offenbar umgekehrt. Aus der Zahl heraus, aus der Einordnung der Kompositionstechnik in die seltsamen Bereiche der Mathematik scheinen metaphysische Bindungen zu wachsen. Anton von Webern hat im Ersten Weltkrieg begonnen, geistliche Texte zu komponieren. Die ihm und seinem musikalischen Denken immanente Form des Kanons herrscht souverän in seinem Opus 16 von 1924, und im selben Jahr entstehen die drei geistlichen Volkstexte op. 17, in denen er zum erstenmal Schönbergs zwölftönige Technik übernimmt. Webern ist es, der dann in allmählicher Entwicklung dieser Technik neue Verfahrensweisen anwendet, durch die auch andere Elemente der Musik dem Gesetz der Reihe unterworfen werden: der Rhythmus, die Dynamik und die Klangfarbe. Webern war ein im tiefsten Wesen frommer, ja, naiv-frommer Mann. Den »Kinderglauben an das Genie«, von dem einmal Theodor W. Adorno etwas ironisch mit Bezug auf den Schönberg-Kreis gesprochen hat, verkörpert niemand so rührend wie dieser Mann, der eine musikwissenschaftliche Dissertation über den »Choralis Constantinus« von Heinrich Isaac geschrieben hat. Wer ihn, wie das heute mitunter geschieht, als Gegensatz zu Schönberg deutet, profitiert von dem Umstand, daß Webern tot ist und solchen Irrtum nicht mit eiferndem Zorn zurückweisen kann. Aber richtig ist, daß er in dem neuen musikalischen Weltall, das Schönberg eröffnet hat, die traditionsfernsten Räume bezieht und bewohnt. Von hier aus hat er eine Synthese von Komplikationen der Kompositionstechnik geschaffen, die höchst eigentümlich in große Einfachheit umschlägt. Und an diesem Webern der äußersten Transparenz, dessen Formgebilde an Zeichnungen Paul Klees erinnern, hat sich ein großer Teil der jungen Musik nach 1945 orientiert. Überraschenderweise begegnet sie auf diesem Wege dem von ihr bis dahin verabscheuten Igor Strawinsky, so daß eine historische Versöhnung der Stile und Techniken stattfindet, die ich übrigens seit vielen Jahren vorausgesagt hatte.

Alban Berg war eine viel weltlichere Natur als Webern. Und doch gibt es in seinem letzten Werk, dem Violinkonzert, das er als Requiem für Manon Gropius komponiert und »dem Andenken eines Engels« widmet, einen Moment, wo sozusagen der Vorhang von dem Bild Gottes gerissen wird. Berg zitiert hier den Choral »Es ist genug: Herr, wenn es dir gefällt, so spanne mich doch aus« in der Harmonisierung Bachs aus der Kantate »O Ewigkeit, du Donnerwort«. Und dann bezieht er diesen Satz in die zwölftönige Konstruktion seines Werkes ein, wobei die Identität der ersten vier Choraltöne A-H-Cis-Dis mit den letzten vier Tönen der Zwölftonreihe eine wichtige Rolle spielt.

Schönbergs eigene Entwicklung hatte von jeher unter dem Zeichen metaphysischer Betrachtung gestanden. Immer wieder, seit er 1908 den schicksalhaften Schritt über die Grenzen der Tonart hinweg tat, hat er von dem inneren Zwang gesprochen, der ihn auf diesen Weg führte, oft gegen seinen Willen. Er gehorchte offenbar solchem Zwang wie einem Auftrag von oben her.

Die ersten Dokumente einer Auseinandersetzung mit religiösen Fragen haben bei Schönberg keine musikalische Form gefunden. Sie finden sich in seinen literarischen Arbeiten, dem »Totentanz der Prinzipien« mit den dreizehn Glockenschlägen kurz vor Schluß, dem »Requiem«, der »Jakobsleiter«. Schönberg war als Sohn jüdischer Eltern evangelischer Christ geworden, hat dann lange Zeit ohne eigentliche konfessionelle Bindungen gelebt, 1926 aber ein Schauspiel »Der biblische Weg« geschrieben und um dieselbe Zeit Entwürfe zum Text der Oper »Moses und Aaron« skizziert. Damit hat er sich, im Gegensatz zu den liberalen Assimilationsgedanken, auf den Boden des Judentums zurückbegeben und ist dann immer mehr und immer bewußter ein Exponent des jüdischen Genius geworden, ein Prophet neuer Gedanken und einer neuen künstlerischen Geistigkeit und Innerlichkeit wie neben ihm nur der Dichter Martin Buber und der Maler Marc Chagall. Im Mai 1933 verließ Schönberg mit seiner Familie Berlin und Deutschland, und in Paris ist er kurz nach der Emigration der jüdischen Glaubensgemeinschaft beigetreten. In Amerika hat er seit seiner Einwanderung immer häufiger Stellung zu jüdischen Problemen genommen. Er entwarf 1938 ein Vier-Punkte-Programm für das Judentum, dem schon einige Gedanken und Fragmente über die österreichischen Juden und andere jüdische Angelegenheiten vorausgegangen waren. Ebenfalls 1938 erhielt er den Auftrag, für eine jüdische Gemeinde das traditionelle »Kol Nidre«, das Gebet am Vorabend des Versöhnungstages, zu komponieren. Mit dieser Arbeit, die im selben Jahr beendet wurde, beschäftigen sich drei Aufsätze Schönbergs, ein Zeichen dafür, wie außerordentlich ernst er den Auftrag nahm. Musikalisch liegt in der jüdischen Liturgie eine Melodie vor, die auf recht alte Ursprünge zurückgeht, aber in den Sammlungen des 19. Jahrhunderts mit neueren Elementen verschmolzen erscheint. Es war ursprünglich eine der von den Synagogendienern oder Hazzanim geschaffenen jüdischen Melodien; solche Hazzanim, eine Art jüdischer Troubadoure, wanderten seit dem 16. Jahrhundert durch Polen und Deutschland.

Schönberg hat die Kol-Nidre-Melodie tonal bearbeitet; seine Komposition steht in g-Moll. Aber innerhalb der frei behandelten Tonart entfaltet die Partitur, die für eine Sprechstimme, gemischten Chor und kleines Orchester gesetzt ist, den ganzen Reichtum kompositorischer Mittel, der sich aus der Fortsetzung klassischer Prozeduren im Geiste der alten Polyphonie ergibt. Das bedeutet, daß die Kompositionstechnik hier dieselbe ist wie in den reifen zwölftönigen Werken, die dem »Kol Nidre« vorangehen und folgen, also im vierten Streichquartett und in der »Ode an Napoleon«. Wer Freude an mathematisch-präzisen Analysen von Musik hat, der wird in der Kol-Nidre-Partitur ähnlich auf seine Kosten kommen wie in dodekaphonischer Musik. Das heißt, er wird alle Arten der Spiegelung, der motivischen Variation und der Vertauschung von Vertikale und Horizontale beobachten können, die uns aus der modernen Polyphonie vertraut sind.

Fast ein Jahrzehnt danach hat Schönberg abermals einen jüdischen Text bearbeitet, allerdings in einem größeren und politischen Zusammenhang. Eines der Hauptgebete der Israeliten, das Sch'ma Jisroel, das fromme Juden als Sterbegebet sprechen, erscheint am Ende der Kantate »Ein Überlebender aus Warschau«, die Schönberg 1947 nach einer erschütternden wahren Begebenheit für Sprecher, Männerchor und Orchester schrieb.

Im Nachlaß des großen Meisters fanden sich achtzehn lyrische Dichtungen, die er »Moderne Psalmen« genannt hat. Sie waren als Texte für Kompositionen gedacht. Nur der erste davon ist vertont worden, und nach dem 85. Takt bricht die Arbeit mitten im Zusammenhang ab. Der Tod hat Schönberg die Feder aus der Hand genommen. Das Gedicht ist, ganz im Sinn alttestamentarischer Psalmen, ein Zwiegespräch mit Gott, ein Stück Gedankenlyrik, das sich mit Wesen und Sinn des Gebets auseinandersetzt. Schönberg stellt seinem Gott, dem »Einzigen, Ewigen, Allmächtigen, Allwissenden und Unvorstellbaren, von dem ich mir ein Bild weder machen kann noch soll«, das Ich entgegen. In dem Text zu dem Oratorium »Die Jakobsleiter« hatte er Balzacs Wort aus »Seraphita« zitiert: »Wer betet, ist mit Gott eins worden.« Auch der Text des ersten Psalms geht von diesem Einssein mit Gott aus, wenn er schließt: »Und trotzdem bete ich, denn ich will nicht des beseligenden Gefühls der Einigkeit, der Verbindung mit Dir verlustig gehen.«

Bei den Worten »Und trotzdem bete ich« endet die Komposition; wie ein letztes Rufen nach Gott klingt das Schaffen des Mannes aus, der wie Gabriel in der »Jakobsleiter« die Menschen verwandeln wollte. Das kurze Werkfragment schließt sich würdig an die religiösen Kompositionen der späten Schaffenszeit in Kalifornien an: das »Kol Nidre« und die beiden a-cappella-Chöre op. 50, von denen der zweite »De profundis« den hebräischen Text des 130. Psalms vertont. Die Texte seiner achtzehn

Modernen Psalmen sind jetzt als Faksimiledrucke bei Schott in Mainz erschienen. Auf dem letzten Krankenlager notiert, zeigen sie, wie sehr Schönbergs Denken um religiöse Motive kreiste. Und die ihnen zugehörigen Kompositionsskizzen sind voll des beziehungsreichen Zahlenzaubers, der in der Zwölftönetechnik so überzeugende und fruchtbare Keime getrieben hat. Es hat übrigens auch für Schönberg Zahlen mit metaphysisch-geheimnisvoller Bedeutung gegeben, so vor allem die Dreizehn, die er zeitlebens gefürchtet hat, die als Uhrenschlag seinen »Totentanz der Prinzipien« beschließt und die sein Leben schicksalhaft umrahmt. Am 13. September 1874 geboren, hat Schönberg die erste Stunde des 14. Juli 1951 nicht mehr erlebt; kurz vor Mitternacht am 13. hörte sein Herz auf zu schlagen.

Das Vermächtnis, das dieser Mann hinterlassen hat, ist noch unübersehbar. Schon heute wirkt es derart in die Tiefe, daß die Weltmusik sich weitgehend an ihm orientiert. Das gilt nicht für Deutschland allein, sondern vor allem für Frankreich und Italien, wo die begabteste Jugend sich ihm und Anton von Webern verschworen hat.

In Frankreich trat schon um 1930 den spielerischen neo-klassizistischen Tendenzen eine Bewegung entgegen, die sich »La Jeune France« nannte und von Olivier Messiaen geführt wurde. Die ungewöhnliche, genialische Begabung Messiaens hat einen neuen Typus theologischer Musik geschaffen, der in seiner seltsamen Verbindung von sentimentaler Religiosität und mathematischer Konstruktion einsam dasteht. Geistige Analogien lassen sich vielleicht mit den christlichen Dramen Paul Claudels und den mystischen Gemälden Salvador Dalis finden. Messiaen, 1909 in Avignon geboren, ist Organist an der Trinité in Paris, hat als Lehrer am Conservatoire einen Kreis bedeutender Schüler herangebildet und, wie Claude Rostand einmal gesagt hat, im Geist der Neugier erzogen. Er hat eine umfangreiche Theorie seiner Musik unter dem Titel »Technique de mon langage musical« veröffentlicht. Seine Musik verwendet künstliche, auf rechnerischem Wege entwickelte Tonleitern, die er begrenzt transponierbare Modi nennt, und Rhythmen mit zugefügten Werten, z. B. Dreivierteltakte, die um ein Sechzehntel verlängert sind, außerdem nicht umkehrbare Rhythmen und Metren, die sich aus der indischen Musik herleiten. Das Gesetz der Zahl wirkt als stets gegenwärtiger formbildender Faktor in seinen Kompositionen, von denen viele religiöse Titel tragen, wie die Orgelstücke »L'Ascension« (»Die Auferstehung«) oder wie die »Nativité du Seigneur« (»Geburt des Herrn«), in der fünf theologische Grundgedanken fünf Hauptausdrucksmittel in der Musik entsprechen, oder wie die »Trois petites Liturgies« für Orchester und die »Vingt regards sur l'enfant Jésus«, eine Sammlung von Klavierstücken, die teilweise außerordentlichen Umfang haben.

In Messiaens Schule sind viele der jungen Komponisten gegangen, die heute in Frankreich und anderen Ländern die Avantgarde bilden, unter ihnen Pierre Boulez, der vielumstrittene Komponist der »Structures« für Klavier und des »Marteau sans Maître«, einer Art Kantate nach Gedichten von René Char. Boulez ist durch Vermittlung Arthur Honeggers vor Jahren musikalischer Mitarbeiter Jean-Louis Barraults und seiner Truppe am Théâtre Marigny geworden. Und hier, im Herzen von Paris, hat er Konzerte mit modernster Musik als regelmäßige Institution eingeführt, zu denen die intellektuelle Jugend der Stadt sich drängt, Konzerte, in denen man auch die Werke jüngerer deutscher Komponisten wie Hans Werner Henze und Karlheinz Stockhausen aufgeführt hat. Aus dem gleichen Kreise um Boulez und seine Freunde ist die Bücherreihe des »Domaine Musical« hervorgegangen.

Von den jungen deutschen Komponisten, die in ihrer Mehrheit durch die Darmstädter Internationalen Ferienkurse für Neue Musik bekannt geworden sind, hat kaum einer sich dem Zahlenzauber der seriellen und zwölftönigen Musik ganz entziehen können. Seit dem Sommer 1947 ist das Vorbild Schönbergs und dann auch das Weberns bei ihnen übermächtig geworden, und bald wurde es sogar nötig, auf die Gefahr eines neuen Zwölftöner-Akademismus hinzuweisen, der die seriellen Konstrukteure von moderner Pseudomusik herdenweise gedeihen ließ. Diese Gefahr ist noch keineswegs überwunden. Sie wird stets da akut werden, wo ein technisch-mechanisches Verfahren zur Produktion von Kunst ohne innere Not angewandt wird, wo Mode und forscher Zeitgeist sich der Äußerlichkeiten einer Prozedur bemächtigen, die erlebt sein will, wenn sie nicht ihren Sinn verlieren soll.

Zu solcher äußerlichen Anwendung mathematischer Prinzipien auf Kunst und Kunstlehre hat auch ein Mann beigetragen, dessen Name nicht fehlen darf, wo von Zahlenzauber in der modernen Musik gesprochen wird. Ich meine den Russen Joseph Schillinger, der von 1929 bis 1943 in New York lehrend sein System einer musikalischen Technologie der Klänge und Rhythmen verbreitet hat. In seinem Buch »The mathematical basis of arts« gibt er eine geistvolle und kenntnisreiche Darstellung aller denkbaren Variationsmittel von Kunst auf rechnerischem Wege. Von ihm, dem Russen, führen geistige Fäden zu dem seit dem Ersten Weltkrieg ebenfalls in New York ansässigen Franzosen Edgard Varèse, einem kühnen und durch keinen Mißerfolg abgeschreckten Propheten der Zukunftsmusik, der seinen vielfach nur für Geräuschinstrumente gesetzten Werken Namen gibt wie »Intégrales«, »Ionisation«, »Hyperprism« und »Oktaeder«. Varèse hat immer wieder darauf hingewiesen, daß unsere Musik schon im Klang einen Anachronismus darstellt, wenn sie auf die Möglichkeiten moderner Tonerzeugung verzichtet.

Wie schon Ferruccio Busoni in seinem 1906 geschriebenen »Entwurf einer neuen Ästhetik der Tonkunst« erwartet auch er von elektrischen Apparaten die Erweiterung der Klang- und Spielmöglichkeiten, die ihm für eine wirklich neue Musik unentbehrlich scheinen.

Diese Versuche einer Erneuerung der Musik aus den wissenschaftlichen Errungenschaften des Zeitalters heraus sind von metaphysischen und religiösen Bindungen ganz frei; sie verhalten sich damit komplementär zu den Tendenzen einer evangelischen und katholischen Kirchenmusik, die sich von einer ästhetisch-technischen Erneuerung vorsichtig fernhält. Auch ein Mann wie Boris Blacher ist in seiner stets fesselnden, interessanten und an neuen Ideen reichen Produktion ganz irdisch gebunden, auch da, wo er dem Zahlenzauber zu verfallen beginnt. Von ihm ist 1950 eine merkwürdige Erneuerung der Form auf rhythmischer Grundlage ausgegangen. Das was Blacher »variable Metren« nennt, ist eine Methodisierung der labilen Rhythmik, die wir aus manchen Werken Strawinskys und Béla Bartóks kennen, eine Unterwerfung des Taktwechsels unter die Gesetze arithmetischer Reihen. So baut sich eines seiner Klavier-Ornamente auf eine Akkumulation von Achteln derart auf, daß hintereinander 2, 3, 4, 5 Achtel und so weiter abgelöst werden durch den umgekehrten Vorgang. Daraus ergibt sich ein sehr anschauliches Schwellen und Abschwellen der Periodik, das unmittelbar formbildend wirkt.

Ich muß es mir versagen, hier auf die eigentümliche Sonderstellung Paul Hindemiths einzugehen, dieses großen, jetzt ganz außerhalb der aktuellen Stilfragen schaffenden Musikers, der sich seit vielen Jahren immer wieder religiösen Gegenständen der Komposition zugewandt hat und heute eine mystisch-physikalische Einordnung der Musik in metaphysische Zusammenhänge betreibt, in der Zahlenbeziehungen so wichtig sind wie in der zum Vorbild erkorenen Harmonia Mundi des Astronomen Kepler. Auch die Komponisten der Hindemith-Generation, die aus spielerischen Anfängen allmählich in religiöse Bindungen hineingewachsen sind wie die Franzosen Darius Milhaud und Francis Poulenc, haben für unsere Betrachtung nur am Rande Bedeutung.

Dagegen scheint mir in der letzten und konsequentesten Anwendung mathematischer Reihengedanken, wie sie die elektronische Komposition fördert und fordert, eine entscheidende Wendung zu liegen. Wir können heute mit Hilfe gewisser Apparaturen, die aus der Rundfunktechnik entwickelt worden sind, Töne und Klänge unmittelbar produzieren, d. h. unter Ausschaltung eines Spielers und eines Musikinstrumentes. Damit beginnt sich ein musikalisches Universum zu erschließen, von dessen phantastischen Möglichkeiten man sich schwer eine Vorstellung machen kann. Seit ein paar Jahren liegen schöpferische Resultate dieser elektronischen Komposition vor, deren erste Bauhütte unter der Leitung Herbert Eimerts am Kölner Rundfunk eingerichtet wurde. Aber auch in Mailand hat der Rundfunk neuerdings solche Arbeiten möglich gemacht und zum erstenmal eine Schallplatte mit Kompositionen von Bruno Maderna und Luciano Berio herausgebracht. Auch eine kleine Literatur über diese neuen Techniken existiert bereits. Das für Musiker Erschreckende an allen diesen theoretischen Veröffentlichungen ist das Überwiegen von Zahlen, Diagrammen, Tabellen und Maschinenphotos. Aber da die Resultate dieser musischen Elektronik unbezweifelbaren künstlerischen Wert haben, und da man zu ihnen offenbar nur vordringt, wenn man sich durch einen Berg von Mathematik und Physik durchfrißt, wird man diese Literatur studieren müssen. Sie ist sensationell genug, wenn man z. B. erfährt, welche extremen Schwierigkeiten sich schon der Notation solcher neuen Klänge und Polyphonien entgegenstellen.

Alle Komponisten, die sich der Elektronik verschrieben haben, gehen von der zwölftönigen Methode aus, und die meisten verbinden sie mit anderen »seriellen« Verfahren, durch die auch Rhythmus, Dynamik und Klangfarbe dem Zufall entzogen sind. Das Ergebnis ist, wie Ernst Krenek es genannt hat, eine »total prädeterminierte Musik«, in der, ähnlich wie im Kanon, die ganze Form schon im Thema beschlossen liegt.

Schon die ersten elektronischen Musiken und Klangexperimente wirkten als Einblicke in unirdische Welten, die als höllisch oder himmlisch empfunden wurden. Gemeinsam war ihnen das Abrücken vom Menschen, die Dehumanisation. Darin verhält sich die elektronische zur Instrumentalmusik wie diese zur Vokalmusik, die ja dem Menschen am innigsten verbunden war.

Die ungeheuer dichte und lückenlose Struktur dieser Musik hatte eine merkwürdige Wirkung zur Folge: Ohr und Geist des Hörers ermüden außerordentlich schnell, so daß Formen von fünf Minuten Länge schon als anstrengend empfunden werden. Das entspricht übrigens auch der Mühe des Kompositionsprozesses, der für wenige Minuten Musik anfangs noch wochenlange konzentrierte Arbeit erforderte.

Die Versuche, solche elektronisch gezeugte Musik mit real gespielter zu vermählen, erwiesen sich als höchst problematisch: die Medien schienen nicht vermischbar, ähnlich wie Öl und Wasser. Und doch wurde von den Komponisten das unabweisbare Bedürfnis empfunden, die Schranken der Dehumanisation auf irgendeine Weise zu durchbrechen. Endlich, im Frühjahr 1956, brachte der Kölner Sender ein neues Programm elektronischer Musik heraus, in dem zwei Kompositionen besonders auffielen. Es waren Versuche sehr anspruchsvoller und künstlerisch komplexer Art, die Elektronenklänge mit der menschlichen Stimme zu verbinden, aber ohne Vermittlung von Musikinstrumenten. Vokalmusik und Maschinenmusik begegneten sich. Die Komponisten, die sich an diese Synthese wagten, gehören verschiedenen Generationen an. Der eine, 1900 geboren, ist Ernst Krenek; der andere, 1928 geboren, Karlheinz Stockhausen. Beide gehen dabei sehr verschiedene Wege: während Stockhausen eine einzige Knabenstimme durch fünf im Raum verteilte Lautsprecher singen und sprechen läßt, rein oder verfremdet, vervielfacht, technisch verzerrt und durch akustische Siebe gejagt, surrealistisch zerpflückt und chargiert, bedient sich Krenek mehrerer Stimmen, darunter auch seiner eigenen, die ein Zitat von Sören Kierkegaard spricht. Sein Versuch enthält Gestalttypen bewährter, oratorienhafter Art neben Visionen einer fremdartig neuen Vokalität.

Das Entscheidende aber neben dem rein Ästhetischen und Formalen ist, daß beide Komponisten geistliche Texte gewählt haben. Stockhausens »Gesang der Jünglinge« ist dem Alten Testament entnommen, Kreneks Pfingstoratorium »Spiritus intelligentiae sanctus« teils den Psalmen und teils der Genesis. Es kann kein Zufall sein, daß diese beiden so völlig verschiedenen Künstler, die ihre Musik radikal dem Zahlenzauber unterworfen haben, biblische Vorwürfe dabei zugrunde legten. Hier wirken geheimnisvolle Gesetze, deren Kraft wir nur ahnen, die aber vielleicht von allen wirklichen Künstlern unbewußt angewandt werden, wo völlig neue Welten des Ausdrucks sich ihnen erschließen. Denn sie leben geistig in einer Höhenluft, die in ihrer hermetischen Abgeschlossenheit und Reinheit an klösterliche Vorbilder erinnert. –

Es gehört zu den beliebtesten Argumenten der Gegner, daß solche Kunst keine Resonanz finde, daß sie nur für einen winzigen Kreis Gleichgestimmter geschaffen sei. Aber hat es nicht zu allen Zeiten für die hohen Künste nur eine kleine Minderheit Verstehender gegeben? War das Publikum der Matthäuspassion größer als die paar hundert Menschen von Bachs Leipziger Gemeinde, das der Haydnschen Streichquartette größer als die paar Dutzend Gäste im Salon des Fürsten Esterházy? Und für wen hat Bach sein letztes Werk, die »Kunst der Fuge«, geschrieben, wenn nicht für Gott, von dem er wußte, daß er ihn verstehe, und vielleicht für die paar Menschen, von denen er es nicht genau wußte?! Der Wert von Kunst bemißt sich nicht an der Anzahl derer, die ihn zu schätzen wissen, sondern einzig an der Geisteskraft, die in ihr Form annimmt. Musik für jedermann wird fast immer schlechte Musik sein; das Werk aber, in dem der Künstler Zwiesprache mit sich selbst führt, kann Tore zum Überirdischen öffnen.

1958

Folkloristische Möglichkeiten in Neuer Musik

Das Bild einer Kultur ist nur verständlich, wenn man die Notwendigkeit ihrer Mehrschichtigkeit akzeptiert. Es mag für den schaffenden Künstler schwierig, ja unmöglich sein, zu erkennen, daß auch außerhalb seiner geistigen Welt Leben und Bewegung herrscht, er wird oft die Tendenz zeigen, alles zu verdammen, was in anderen Schichten des schöpferischen Werdens sich hervortut. Wenn immer wieder geklagt wird, durch unsere geistige Welt laufe der Schnitt eines Schismas, sie sei gespalten in geistige Erfahrungen, die nur der Eingeweihte begreift, und solche, die dem naiven Publikum gefallen, so wollen und können wir das gewiß nicht bestreiten. Aber war es zu anderen Zeiten anders? Kannte nicht auch das Mittelalter eine Kunst für Laien und eine für Fachleute, stand da nicht genau so unversöhnlich (oder scheinbar unversöhnlich) der Minnesang neben dem Rätselkanon, das Tanzlied neben der isorhythmischen Motette? Ich will mir den Weg durch die Musikgeschichte ersparen, der die unzähligen Stationen des zwei- oder dreigeteilten Musikwesens berührt. Aber eines muß man sich ins Bewußtsein zurückrufen, weil es heute so wenig bekannt ist und von denen, die es wissen, so ungern eingestanden wird: daß nämlich die Trennung der zwei Ebenen, auf denen sich Musikgeschichte meistens abspielt, oft aus Gründen der Kirchenpolitik und auch aus anderen Erwägungen erwünscht gewesen ist. Der Klerus sah es sehr ungern, wie eines Tages das lebensfrohe Volk der Niederländer, dessen Maler so gern die Heilige Familie in Trachten der Gegenwart darstellten, auch in die geistliche Musik volkstümliche Lieder einführte. Das ging so weit, daß allmählich der Cantus Firmus, ehemals streng auf liturgisches Melodiengut beschränkt, immer mehr von Tanzliedern und sogar von dem aufgefüllt wurde, was wir heute Schlager nennen. Eine solche Schlagermelodie war im 15. Jahrhundert der Homme Armé, über den im Lauf des 16. Jahrhunderts an die dreißig Messen geschrieben worden sind, eine sogar von Palestrina. Die Wirkung haben wir uns ungefähr so vorzustellen, als wenn man heute ein Kyrie Eleison oder ein Gloria über »Lili Marlen« oder über die Zithermelodie aus dem »Dritten Mann« sänge; denn in unserer Großstadtkultur nehmen ja

Soldatenlieder und Filmschlager die Stelle des nicht mehr produzierten Volksliedes ein. Das letzte wirkliche Überbleibsel solcher Praktiken hat die Heilsarmee in Verwahrung genommen, wenn sie versucht, mit Hilfe gängiger Gassenhauermelodien seelenretterische Texte an den Mann zu bringen.

Nun haben wir ja, wenn wir Kulturgeschichte in ihren größeren Zusammenhängen, mit der Ebbe und Flut ihrer wechselnden Außenseiten betrachten, immer zwei Tendenzen festzustellen, die einander bald bekämpfen, bald zu versöhnen suchen: eine kollektive, aus dem Gefühl des Verbundenseins und dem Wunsch des Sich-verständlich-Machens geborene; und eine individualistische, die allein das schöpferische Subjekt für das Maß aller Dinge hält. So gewiß aber der individualistisch Schaffende allein die Erfindungen und Sprachbereicherungen zuwege bringt, die im abendländischen Kulturkreis die geistige Entwicklung tragen, so sicher gibt es auch im Bereich des Künstlerischen das, was der Schweizer Psychologe Carl Gustav Jung das kollektive Unbewußte nennt, das heißt: eine gemeinsame und vererbte Erinnerung an Erlebnisse in der Kindheit der Menschengeschichte. Wir wissen, daß der moderne Kulturmensch, der Europäer, der »Mythenlose«, um einen Lieblingsbegriff Gottfried Benns anzuwenden, das kollektiv unbewußte Erleben verdrängt. Und doch leben die Archetypen unauslöschlich und lauernd in einer Ecke seiner Phantasie, den Augenblick erwartend, der sie ans Licht ruft.

Gibt es Archetypen der Musik? Gibt es Ur-Erlebnisse des Klangs, des Rhythmus, der Melodie? Die vergleichende Musikwissenschaft ist uns die Antwort auf diese Frage bisher noch schuldig. Es scheint, als beginne der primitive Mensch auf sehr ungleiche Weise Musik zu produzieren, hier rein rhythmisch-geräuschhaft, dort mit gesungenen Einzeltönen oder Intervallen. Aber auf einer höheren Stufe musikalischer Kultur findet man Übereinstimmungen; sie sind so frappant, daß nahezu identische melodische Gestalten in der asiatischen Türkei und in Ungarn oder in Arabien und Schottland oder gar in Brasilien und bei russischen Zigeunern vorkommen. Aber nicht nur die Gestalten sind gleich, auch die Materialordnung verläuft in fast allen Kulturen auf einer bestimmten Entwicklungsstufe analog. So gibt es einen Prototyp der Leiterbildung, man findet ihn zweitausend Jahre vor der christlichen Zeitrechnung in China genauso wie heute in der schottischen Volksmusik, er kommt bei den süd-, mittel- und nordamerikanischen Indianern ebenso vor wie in Afrika und Polynesien. Es ist die sogenannte pentatonische Leiter, fünftönig und ohne Halbtonschritt, aus Ganztönen und kleinen Terzen in unregelmäßigem Wechsel zusammengesetzt.

In allen pentatonischen Melodien gibt es Kleinzellen, die im Raum einer Quarte drei Töne unterbringen, so daß Ganzton und kleine Terz wechseln. Nun gibt es in Europa noch einige Residuen von altem pentatonischen Melodiengut in den Volksliedern, vor allem auf dem Balkan. Die ersten modernen Komponisten, die sich mit diesen stehengebliebenen Gestalten schöpferisch befaßten, waren zwei Ungarn: Béla Bartók und Zoltán Kodály. 1905 beginnen sie ihre abenteuerlichen Fahrten ins Innere Ungarns, zu den bäuerlichen Bewohnern entlegener, von moderner Zivilisation noch unberührter Landschaften. Ausgerüstet mit Edison-Phonographen und Wachswalzen nehmen sie auf, was ihnen an Volksliedern vorgesungen wird, übertragen es in moderne Notenschrift, katalogisieren es, ordnen es nach Ähnlichkeit, Verwandtschaft, melodischer Geste und schaffen so eine Typologie des ungarischen Liedes und Tanzes, die grundlegenden wissenschaftlichen Wert hat. Kodály promovierte 1906 mit einer Arbeit über den Strophenbau des ungarischen Volksliedes zum Doktor der Philosophie. Er fand dabei, daß die alten ungarischen Melodien die fünftönige Leiter, die Pentatonik teils ganz rein, teils schon mit Verzierungen durch andere Töne bewahrt haben. Eine der schönsten von diesen alten ungarischen Melodien, das Lied vom Pfau, der als Symbol der Befreiung gilt, hat Kodály als Thema für seine Orchestervariationen über ein ungarisches Lied benutzt. Sie sind in den Jahren 1938 und 1939 komponiert, und in den kunstvollen Abwandlungen der Melodie entfaltet Kodály ein enzyklopädisches Wissen über die Zusammenhänge, Wurzeln und ethnologischen Verwandtschaften, die das Thema mit allen möglichen Völkerschaften verbinden, mit fernen mongolischen Stämmen im asiatischen Rußland und mit Völkern der finnisch-ugrischen Sprachgruppe, wie den Wotjaken und Tscheremissen nicht weit von Kasan.

Auch Bartók hat, vor allem in seiner Jugend, dieses folkloristische Material in unveränderter oder kaum abgewandelter Form übernommen und zu Klavierstücken verarbeitet, wie den Improvisationen über ungarische Bauernlieder. Man braucht nur eine der folkloristisch inspirierten Arbeiten von Kodály neben eine von Bartók zu stellen, um zu sehen, wie groß die Freiheit ist, die der schöpferischen Persönlichkeit selbst in diesen so eng scheinenden Grenzen des Folklorismus vergönnt wird. Bei Kodály ein Klanggefühl und eine Instrumentation, die ganz von der sinnlichen Impression diktiert sind, ein schwelgerisches Verweilen in den Akkorden, die sich bei klanglicher Einbettung jedes Melodietons ergeben, ein Verfahren, das Debussy abgelauscht ist, aber durch die scharfe Klangwürze ungarischer Musik eine völlig andere Note bekommt. Bei Bartók hingegen eine Ableitung des Stils aus dem Geist der Melodie, aus den Intervallen, die synthetisch zu Akkorden zusammengestellt werden, fast ohne Rücksicht auf konventionelle Schönheit oder Logik des Klangs.

Als seine Improvisationen entstanden, 1920, ist Bartók, der ja wissenschaftlich höchst genaue und umfangreiche Bücher über ungarische und rumänische Volksmusik veröffentlicht hat, auch als Fürsprecher des Folklorismus, und zwar unter ausdrücklichem Bezug auf die modernste Musik von damals, hervorgetreten. So erschien in der Berliner Zeitschrift »Melos«, die damals Hermann Scherchen leitete, ein Aufsatz »Der Einfluß der Volksmusik auf die heutige Kunstmusik«, wo Bartók konstatiert: »Die reine Volksmusik fängt erst Ende des 19. und Anfang des 20. Jahrhunderts an, einen überwältigenden Einfluß auf unsere höhere Kunstmusik auszuüben. Als erste Beispiele haben wir die Werke Debussys und Ravels zu betrachten, auf welche die Volksmusik Osteuropas und Ostasiens ihren bleibenden und gewissermaßen richtunggebenden Einfluß ausübte. Noch mehr ausschlaggebend ist dieser Vorgang in den Werken des Russen Igor Strawinsky und des Ungarn Kodály: das Œuvre beider Musiker wächst derart aus der reinen Volksmusik ihrer Heimat heraus, daß es beinahe als eine Apotheose derselben gelten kann (wie z. B. Strawinskys »Sacre du Printemps«) . . . Es genüge der Hinweis auf ein besonders charakteristisches Beispiel: die Pribaoutki von Strawinsky. Die Singstimme derselben besteht aus Motiven, welche . . . durchweg Nachbildungen von russischen Volksmusikmotiven sind. Die . . . Kurzatmigkeit dieser Motive, die sämtlich, allein betrachtet, durchaus tonal sind, ermöglicht eine Art instrumentaler Begleitung, die aus einer Reihe von unterlegten, für die Stimmung der Motive höchst charakteristischen, mehr oder minder atonalen Tonflecken besteht. Die Gesamtwirkung steht jedenfalls dem Atonalen viel näher als dem Tonalen.«

Ein paar Jahre später hätte Bartók bei Strawinsky ein noch anschaulicheres Beispiel zitieren können: die »Noces«. Das Werk, in Deutschland durch seine Imitationen berühmter als im Original, steht am Ende von Strawinskys folkloristischer Entwicklung, Exilmusik typischer Art, eine Überkompensation des nationellen Denkens, wie sie kaum je erfahren worden ist. Die Partitur ist wahrhaft durchtränkt von russischer Folklore, und es gehört zu den magischen Tricks des Zauberers Strawinsky, wie er den Inbegriff des russischen Liedes auf ein Urmotiv aller frühen Musikkultur zurückführt. Der Kern, die Zelle des Werks, ist eine dreitönige Gestalt. Im Quartenraum ergänzen sich kleine Terz und Ganztonschritt genau auf die gleiche Art wie in den alten pentatonischen Melodien Ungarns, wie am Beginn des Pfauliedes und in vielen Melodien, die Bartók verwendet hat. Dies sind die Dreitonfiguren: h–d–e, d–e–g, h–e–d, d–g–e. Sie bilden die Skelette fast aller Themen, die Strawinsky in den »Noces« verwendet; es ist ein Prozeß der Rückführung, wie er so radikal noch nicht stattgefunden hatte. Gewiß hatten schon die Romantiker ähnliche Melodiezellen aus der russischen Folklore benutzt.

Aber ihr Bestreben war immer, diese Fremdkörper in die Konzeption der abendländischen Kunstmusik einzuschmelzen; selbst Mussorgsky, der einen neuen Typus der Harmonisierung anstrebte, geht von der Idee einer Anpassung aus.

Das ist nun bei Strawinsky, ebenso wie bei Bartók, grundsätzlich anders. Hier wirkt das folkloristische Material nicht als malerische und interessante Nuance, sondern es wird in einen neuen Konstruktionsplan einbezogen. An die Stelle von Einschmelzung tritt die bewußte, von schärfstem Gegensatz getragene Scheidung von Elementen. Diese Art folkloristischer neuer Musik gleich nicht der kolorierten Fläche, sondern dem Relief. So ergibt sich das Verfahren der Harmonisierung, das Bartók »unterlegte, mehr oder minder atonale Tonflecken« nennt. Es ist, wie wir wissen, nicht atonal, sondern bitonal, in manchen Fällen polytonal. Das heißt, daß zu der Tonalität der melischen Zellen eine kontrastierende der Begleitung hinzugefügt ist. Auf unsere Dreitonfiguren der »Noces« angewandt bedeutet das: Dis und Ais liegen als Bässe unter dem Tetrachord h-e. Nehmen wir e-Moll als Tonalität, so ist also der Baß der Nachbarhalbton der Tonika oder der Dominante. Das ist die gleiche Akkordspannung der vermiedenen oder verfehlten Oktave, die wir in der Wiener Schule Arnold Schönbergs finden. Im Falle der folkloristischen Ästhetik hat sie aber noch einen naturalistischen Nebensinn. Sie ergibt sich aus der oft gemachten Erfahrung unreiner Stimmung oder falscher Intonation, die anfangs störend, später aber als charakteristische und tatsächlich sprachbereichernde Wendung empfunden wird, im Prinzip verwandt der Wirkung von Dudelsackquinten. Das Primitive schlägt in der ästhetischen Hierarchie sehr eigentümlich um in den Anschein äußersten Raffinements. Und eben das ist der stilistische Ort der »Noces«-Musik, die Strawinsky nach dem Vorbild spanischer Orchestrions instrumentiert hat: vier Klaviere, Xylophon, Pauken und eine Anzahl von Schlaginstrumenten sowie Singstimmen.

Kurz nach der Beendigung der »Noces« macht Strawinsky eine der für ihn kennzeichnenden radikalen Wandlungen durch, in der er den Typus der neoklassizistischen Musik ausbildet. Er wird nun zum Gegner aller folkloristischen Bestrebungen und stimmt darin merkwürdigerweise mit Arnold Schönberg überein, obwohl beide damals weiter auseinandergerückt waren als jemals vor- oder nachher. Wenn Bartók die folkloristische Methode für die neue Musik empfahl, so formuliert Strawinsky in seiner Darstellung der russischen Gruppe um Balakirew: »Die fünf kultivierten hartnäckig eine nationalethnographische Ästhetik, die im Grunde nicht weit von dem Geiste jener Filme entfernt ist, die das alte Rußland der Zaren und Bojaren schildern. Bei ihnen ebenso wie bei den modernen spanischen Folkloristen, Malern wie Musikern, zeigt sich immer wieder die naive, aber gleichzeitig gefährliche Neigung, eine Kunst noch einmal schaffen zu wollen, die längst vorhanden ist und die ihren Ursprung dem Instinkt und dem Genie des einfachen Volkes verdankt.«

Schönberg begründet seine Ablehnung des Folklorismus mehr technisch, wenn er formuliert: »Folkloristen, die, sie mögen so müssen (weil ihnen eigene Themen nicht zu Gebote stehen) oder nicht (da ja eine vorhandene musikalische Kultur und Tradition schließlich auch noch sie tragen könnte), auf die naturgemäß primitiven Gedanken der Volksmusik eine Technik anwenden wollen, die nur einer komplizierten Denkart angemessen ist.« Beide Meister übersehen, daß es in der großen Periodizität kultureller Entwicklung Wiederkehren und scheinbare Rückkehren gibt, durch die das vermeintlich Primitive fortschrittlich, das vermeintlich Fortschrittliche primitiv erscheint. So erweist sich der ihnen gemeinsame Anti-Folklorismus als Folge positivistischer Grundanschauungen, in deren Licht die Musikgeschichte als kontinuierlicher Weg additiver Entwicklung erscheint. Gerade diese Anschauung ist aber durch Erkenntnisse ganz anderer Art abgelöst worden. Die Entdeckung der alten bayerischen Hinterglasmalerei durch die Maler des Blauen Reiter, die der Negerplastik durch die modernen Franzosen waren dafür nur die augenfälligsten Symptome. Die Erschütterung des Grundtonbewußtseins im modernen musikalischen Denken stellt einen Zustand wieder her, der beim Übergang der Kirchentöne in die modernen Tonarten, also im 16. Jahrhundert, bestanden hatte. Dieser wiederum scheint einer geschichtlich schwer zu lokalisierenden Situation zu entsprechen, in der sich die Erweiterung der fünftönigen Skalen zu sechs- und siebentönigen durchsetzte. Es gehört nicht viel Phantasie und Analogiegefühl dazu, sich eine solche Kette historischer Lagen wie eine Spirale weit in die Vergangenheit fortgesetzt vorzustellen. Dazu aber kommt die Erkenntnis, daß die abendländische Musik seit dem Mensuralzeitalter und zunehmend bis in die Blütezeit der Klassik gegenüber früheren Stadien eine rhythmisch-metrische Verkümmerung der Musik herbeigeführt hat. Die Wiederherstellung des Reichtums von einst knüpft ganz zwanglos an die stehengebliebenen Formen des Volksliedes an, wie sie vor allem die balkanischen Volkskulturen konserviert haben. So entdeckt Bartók bei seinen folkloristischen Forschungsreisen in Bulgarien und Rumänien Rhythmen, die neben den seltenen $^5/_8$- und $^7/_8$-Takten auch asymmetrisch aufgeteilte $^8/_8$ zeigen, etwa nach dem Schema $3+3+2$, das dem letzten der bulgarischen Tänze seines »Mikrokosmos« zugrunde liegt.

Bei Bartók wie beim frühen Strawinsky sind die Volksmusikelemente nicht zitatenhaft einbezogen; sie wirken nicht als Fremdkörper, sondern bei genauer Scheidung der Elemente doch als integrale Bestandteile. Es ist nicht der Zustand mancher Typen national-romantischer Musik, wo das Kollektive sozusagen im Naturschutzpark des Individuums ausgestellt erscheint, sondern die Relieftechnik hat ein neues musikalisches Phänomen hervorgebracht, in dem Zukunft und mythisch-ferne Vergangenheit zusammenfallen, wie in dem lateinischen Wort olim, das in dem deutschen »einst« eine so genaue Analogie gefunden hat.

Im Bereich der tschechisch-mährischen Musik gibt es ein ebenso anschauliches und bedeutsames Sich-Binden des Kollektiven mit dem Individuellen: die Spätwerke Leoš Janáčeks. Dieser älteste Meister unter den Novatoren der Musik im 20. Jahrhundert, geboren 1854, aufgewachsen in einem kulturellen Milieu, wo die Folklore lebendiger ist als bei vielen anderen slawischen Völkern, entwickelt relativ spät, lange nach der Komposition seines erfolgreichsten Werkes, der Oper »Jenufa«, einen Stil, wo Kirchentöne und Fünftonleitern sich mit Quarten- und Ganztonharmonik so natürlich paaren, als entstammten sie demselben Zeitgeist.

Auch Janáček, wie Bartók und Kodály, anders als Strawinsky, ist wissenschaftlicher Folklorist, dazu ein methodischer Belauscher des Sprachrhythmus und der Vogelrufe; und er baut aus so vielfacher Beobachtung eine Methode der dramatischen Komposition auf, die in den Opern »Katja Kabanowa«, »Das listige Füchslein« und »Aus einem Totenhaus« großartige Früchte getragen hat. Unter den Typen, die er im mährischen Volkslied findet, fehlt auch der dreitönige nicht, den wir bei den Ungarn und bei Strawinsky gehört haben. Die Formel, die er 1925 im ersten Satz seiner Sinfonietta für die Integrierung solcher Dreitonmotive gefunden hat, ist so urtümlich wie modern. Gestalten solcher Art, die dem klassischen Tonartgefühl ferner stehen als etwa der Pentatonik oder den Kirchentönen und in denen, ähnlich wie bei Ravel, die Kadenzschlüsse über den Leitton vermieden sind, kommen bei Janáček immer wieder vor, nicht zuletzt in der großartigen »Glagolithischen Messe«, die auf Archetypen heidnischer Vorzeit zurückzugreifen scheint.

Intuitiv hat Janáček die Zusammenhänge zwischen den kollektiven Typen des Volksliedes gespürt; er hat zwar moderne Musik geschrieben, die denn auch lange Zeit nicht auf die Konzeption des sozialistischen Realismus zu reimen war, wie man sie in seinem Heimatland verstand. Aber er hat an die Erneuerung dieser modernen Musik aus dem Geist des Volksliedes geglaubt und seinem Glauben bei einer Londoner Rede 1926 vor einem Konzert mit englischen Volksliedern diesen Ausdruck gegeben: »Das Volkslied ist *eines* Geistes, weil es den des reinen Menschen mit der Kultur Gottes hat, nicht mit der aufgeimpften. Und deshalb glaube ich, daß auch wir alle, wenn unsere Kunstmusik aus derselben Volksquelle hervorwachsen wird, einander in diesen Schöpfungen der Kunstmusik umarmen werden, so gemeinsam wird es uns sein, so wird es uns verbinden. Das Volkslied flicht die Nation, flicht die Nationen, die ganze Menschheit zu einem Geist, zu einem Glück, zu einem Heil zusammen.«

Und doch gibt es am anderen Rande Europas ein Gebiet, dessen Volksmusik zwar ebenso reich an stehengebliebenen kollektiven und archaischen Formen ist wie der slawische und der balkanische Raum, mit dessen Liedern aber kaum Gemeinsamkeiten zeigt. Es ist die Iberische Halbinsel, das Spanien der verschiedenen, ethnisch und kulturell so streng geschiedenen Provinzen, bis in die portugiesische Südwestecke und bis in den baskischen Norden, wo Volk und Kultur dies- und jenseits der französischen Grenze dieselben sind. Von allen diesen iberischen Provinzen hat Andalusien den Begriff der spanischen Musik am nachhaltigsten geprägt, und zwar schon vor Georges Bizets »Carmen«. Aus Andalusien stammen zwar nicht die ältesten, wohl aber die berühmtesten Formen des Volksgesanges: der Cante Jondo und der Cante Flamenco. Wenn der Jondo sehr alten Ursprungs, von starken Gefühlen bewegt, meist depressiv bis zur Tragik, möglicherweise von sephardischen Juden und Zigeunern geprägt ist, so zeigt sein Abkömmling, der von Zigeunern gesungene und getanzte Flamenco, überwiegend Heiterkeit und mitunter orgiastische Ausgelassenheit. Im Cante Flamenco ist uns als kollektiver Typus vor allem die fallende Tetrachordfigur wichtig, etwa die vier Töne h-a-g-fis.

Alle melodischen Tetrachordgestalten sind sehr alter Herkunft, und sie zeigen gerade in dieser Form, mit dem Halbtonschritt auf der untersten Stufe, die bei den alten Griechen als dorische, in den Kirchentönen als phrygische bekannt ist, stark formbildende Kraft.

Auch die nordspanische und baskische Musik geht zum Teil auf sehr alte Ursprünge zurück; so hat Curt Sachs für den Fandango die Abstammung von phönizischen Formen nachzuweisen gesucht. Die Basken haben für diesen Fandango eine sehr charakteristische Klangform gefunden, sie spielen ihn mit dem Xistu, der kleinen Holzflöte, deren Spieler zugleich die kleine Trommel bedient. Man spricht viel von den arabisch-maurischen Einflüssen, die in der südspanischen Volksmusik verarbeitet seien. Nachzuweisen sind sie schwer, es sei denn in den Melodienschritten der übermäßigen Sekund und in den ornamentalen Melismen andalusischer Lieder. Trotzdem ist bei den spanischen Musikern das Bewußtsein einer Art von Kulturgemeinschaft mit den Arabern offenbar sehr stark, und auch der Dichter Federico García Lorca hat in seinen Äußerungen über den Cante Jondo auf diese orientalischen Einflüsse hingewiesen. García Lorca war es, der in den Geist der Zigeunerlyrik, und zwar nicht vom Text her allein, intuitiv und methodisch eingedrungen ist. Er trat in den zwanziger Jahren dem Mann freundschaftlich nahe, der aus dem andalusischen Lied und Tanz die wichtigsten Elemente in die neue Musik übergeleitet hat: Manuel de Falla.

Neben den beiden Erweckern des iberischen Nationalismus in der Musik, Felipe Pedrell und Isaac Albéniz, haben vor allem französische Komponisten wie Chabrier, Debussy und Ravel die Einflüsse der transpyrenäischen Folklore aufgesogen und fruchtbar gemacht. Albéniz hat versucht, die Vielfalt der spanischen Provinzialmusik zu erschließen; seine »Suite Espagnole« enthält von der granadischen Serenade über die aragonesische Jota bis zum baskischen Zortziko im $^5/_8$-Takt einige der wichtigsten Tanz- und Liedformen. Falla ist darin einseitiger, viel mehr dem andalusischen Flamenco und Jondo zugetan, aber dafür die ungleich stärkere schöpferische Natur. In seinen sieben spanischen Volksliedern kommt auch ein rhythmisch interessanter Tanz vor, der Polo, der mit seinem Wechsel von $^3/_4$ und $^6/_8$, dem Übergleiten des Metrums auf hemiolischem Wege, unmittelbar an den tschechischen Furiant erinnert.

Mehr als bei Albéniz ist bei de Falla der Klavierklang dem Charakter der Gitarre angepaßt, die ja vor allem in der südspanischen Musik neben den Kastagnetten die Alleinherrschaft hat. Aus dem Erlebnis des gitarrenbegleiteten Zigeunergesangs, der Seguiriya, ist die geniale Partitur eines Balletts mit Gesang »El Amor Brujo« geboren, das de Falla 1915 für die Zigeunertänzerin Pastora Imperio geschrieben hat. Lied und Tanz, die Grundpfeiler aller Volksmusik, sind hier aus dem Geist der Zigeunerfolklore auf typische Formeln gebracht und zu einer modernen Partitur geformt worden, die den Bogen zwischen Tragik und orgiastischer Trunkenheit sehr weit spannt.

Wir erkennen in dem berühmten Feuertanz aus »El Amor Brujo« wieder den melodisch überbrückten Tetrachord, in diesem Falle von g nach d fallend, und zwar mit Einbeziehung chromatischer Zwischenstufen. Auch Kirchentöne und griechische Modi sind in der iberischen Volksmusik häufig, dagegen scheint der pentatonische Typus zu fehlen. Er ist offenbar durch die später entwickelten siebentönigen Skalen verdrängt, wenn nicht melodisch zu ihnen hin erweitert worden.

Von Spanien und Portugal haben seit dem 16. Jahrhundert sämtliche lateinamerikanischen Völker musikalische Einflüsse empfangen, ohne deshalb ihre Eigenart immer ganz aufzugeben. Es entstehen dabei Wechselwirkungen, die einen Tanztypus emigrieren und später zurückwandern lassen. Das ist vor allem bei der Habanera der Fall, die, obwohl spanischen Ursprungs, ihre endgültige Form in Mittelamerika bekommt und dann nach Europa zurückgetragen wird, wo sie Bizet, Ravel und Debussy in Oper und Konzertsaal einführen. Übrigens ist die berühmte

Habanera aus »Carmen« gar nicht von Bizet, sondern von dem spanischen Komponisten de Yradier.

Der ungeheure folkloristische Reichtum Süd- und Mittelamerikas ist bisher noch nicht annähernd erschlossen worden, weder wissenschaftlich noch kompositorisch. Immerhin hat der brasilianische Halbindianer Heitor Villa-Lobos in seinem unübersehbar riesigen Œuvre mitunter geniale Lösungen für das Problem gefunden, die exotische Lyrik seines Heimatlandes mit moderneren kompositorischen Mitteln einzuschmelzen. So stehen in dem Heft »Cirandas«, das er 1926 nach brasilianischen Kinderliedern für Klavier geschrieben hat, Stücke von der Originalität des »Kampfes der Nelke mit der Rose«.

Am stärksten von allen diesen lateinamerikanischen Staaten scheint Mexiko das Bewußtsein einer autochthonen Volksmusik sich erhalten zu haben. Neben Carlos Chávez und dem tragisch und früh verstorbenen genialischen Amateur Silvestre Revueltas steht als Persönlichkeit von Eigenart der fünfzigjährige Daniel Ayala. Er stammt von dem alten Maya-Volk ab und hat in der dreisätzigen Orchestersuite »Tribu« das alte pentatonische Melodiengut mexikanischer Lieder neuartig verarbeitet. Die stärkste Botschaft aus diesem Lande aber hat Revueltas mit seiner »Homenaje a García Lorca« ausgesandt, in deren langsamem Mittelsatz, »Duelo«, das Vorbild Darius Milhauds und seiner polytonalen Einschmelzungen folkloristischen Materials sehr persönlich reflektiert wird.

Die Frage, ob die späteste Entwicklungsphase der Komposition, die serielle und zwölftönige Technik, Verwendung von Volksliedmaterial zuläßt, ist sehr verschieden beantwortet worden, vor allem aus dem Kreise ihrer Schöpfer, der Wiener Schule. Arnold Schönberg hat 1947, wenige Jahre vor seinem Tod, eine Studie unter dem Titel »Symphonien aus Volksliedern« veröffentlicht, in der er alle Volksmelodik als ungeeignet für größere und kompliziertere Formkonstruktionen bezeichnet. Er billigt namentlich der ungarischen Folklore große Schönheit zu, glaubt aber nicht an ihre Verwendbarkeit für die symphonische Konzeption. Sein Schaffen gibt auf diese Frage eine etwas andere Antwort. In der Suite op. 29, die 1926 in Berlin geschrieben wurde, ist der dritte Satz ein Thema mit vier Variationen über die zum Volkslied gewordene »Ännchen von Tharau«-Melodie des Romantikers Friedrich Silcher, den übrigens Schönberg in der erwähnten Studie sehr unfreundlich beurteilt. Das Thema wird langsam in E-Dur von der Baßklarinette gespielt, während die Begleitung jeweils die zum chromatischen Total fehlenden Töne spielt, und zwar in dreiklangähnlichen Kombinationen, so daß eine Art zwölftöniger Polytonalität entsteht. Die Wirkung ist durchaus gespalten, ambivalent, mehr kurios als organisch, und man ist an Schönbergs ironische Wendung erinnert, wenn er über den Unterschied von Volksmusik und Kunstmusik schreibt: »Sind diese vielleicht nicht so groß, wie die zwischen Erdöl und Olivenöl oder zwischen Waschwasser und Weihwasser, so mischen sich diese beiden so schlecht wie Öl und Wasser.« Aber 1939, dreizehn Jahre nach den so ironischen Volksliedvariationen, schreibt Schönberg in Amerika ein Werk religiösen Inhalts, dessen Cantus Firmus das liturgische »Kol Nidre« bildet, eine jüdische Melodie mit orientalischen und spanischen Elementen. Schönberg baut auf den Motivspannungen dieses Gesanges eine streng symphonische Form auf und bedient sich dabei der hochkomplizierten Technik, die er in der zwölftönigen Komposition entwickelt hat. Die Struktur des »Kol Nidre« ist jedoch nicht zwölftönig, das Stück ist sogar tonal, wenn auch in einer sehr freien und stufenreichen Tonalität geschrieben. Die stilistische Abweichung von Schönbergs zeitlich benachbarten Kompositionen ist evident; das Stück ist ein Beispiel hoher Kunst, aber sie vollzieht sich in einem Nebenbereich seiner ausgedehnten Territorien.

Ganz anders bei Alban Berg. Nicht nur in seinen dramatischen Werken spielen Volksliedelemente eine wichtige Rolle, werden sie in den Prozeß einer sehr differenzierten Komposition integriert. Die Volkslieder im »Wozzeck« bezeugen das für den frei-atonalen Stil, ebenso wie die Variationen über ein Bänkellied von Frank Wedekind in der »Lulu« es für die zwölftönige Technik bestätigen. Die auffallendste und genialste Amalgamierung findet sich in seinem letzten Werk, dem Violinkonzert. Berg verwendet hier, in offenbar programmatischer Absicht, einen Kärntner Ländler von der Art der Jodellieder, eines alpinen Typus von sehr primitiver tonaler Haltung. Die Melodie besteht aus sechs Tönen, Berg exponiert sie in Ges-Dur und schreibt dazu eine harmonische Grundierung, die zwischen Ges-Dur und C-Dur nebst den tonalen Hauptstufen von C-Dur wechselt. Das ist also ein bitonales Verfahren, und es bietet die Möglichkeit, die fehlenden sechs Töne zur Komplettierung der Reihe in der Begleitung zu bringen, ähnlich wie Schönberg es in der Suite getan hatte. Berg geht dabei so wenig orthodox vor, daß er einen Rest offenläßt, den Ton a, was allerdings im weiteren Verlauf der Komposition einen zunächst nicht erkennbaren Sinn bekommt. Die Zitierung geschieht hier so zwanglos, daß dieses Material nicht eigentlich als Fremdkörper wirkt. Prinzipiell ist ja schon die Dur- und Moll-Harmonik auf viele alte Lieder in stehengebliebenen pentatonischen oder modalen Systemen nicht anwendbar. Aber genau wie innerhalb der modernen Tonarten ist auch in der Zwölftonmusik die Bildung von Gestalten möglich, in die eben Volksgut eingebunden werden kann. Dabei werden sich besonders die ältesten Melodietypen, etwa die chromatisch ausgefüllten Tetrachorde, als brauchbar erweisen, brauchbarer gewiß als jüngere oder gar als romantische Formen des Volksliedes. In der neueren deutschen Zwölftonmusik haben zur Lösung dieser Probleme namentlich Wolfgang Fortner und Hans Werner Henze sehr wichtige Beiträge geliefert. Der Cante Jondo im ersten Akt von Fortners »Bluthochzeit« ist dafür noch charakteristischer als die ebenfalls von spanischer Folklore sehr eigenartig durchtränkten Zwischenspiele. Wie anregend und bereichernd nun erst die Metren und Rhythmen der Volksmusik auf die neueste Komposition gewirkt haben, dafür bietet die jüngere Produktion eine überwältigende Fülle von Beweisen.

Es ist heute in gewissen avantgardistischen Zirkeln Mode, alle derartigen Einbeziehungen der Volksmusik als Abweichungen vom rechten Pfade anzusehen und zu belächeln. Die Ursache dieses geistig-technischen Totalitarismus liegt nicht so sehr in einem Verantwortungssinn höherer und geistigerer Art als in der Tatsache, daß es unendlich viel schwieriger ist, Spannungen zu überbrücken als sie bestehen zu lassen. Die Simplifizierung durch hermetische Abschließung ist doch nur eine Flucht vor Entscheidungen, die eine höhere und umfassendere Einsicht in künstlerische und kulturelle Zusammenhänge erfordern. Hier aber möchte ich nicht mißverstanden werden. Der elfenbeinerne Turm ist und bleibt der angemessene Wohnsitz für jedes künstlerische Schaffen, das heute Anspruch auf höhere Beachtung erhebt. Ich glaube nicht, man sollte das Erlebnis und Verständnis der modernen Musik dadurch erleichtern, daß man dem Hörer mit Hilfe bekannter Liedchen musikalische Eselsbrücken baut. Eine frisch-fröhliche Simplifizierung durch Injektion von Lied und Tanz wäre so unkünstlerisch und töricht wie die Überpinselung abstrakter Malereien mit Darstellungen aus der Sachwelt. Folklorismus als Umkehr ist nicht möglich, und nur wer ganz außerhalb des Zeitgeistes steht, kann derlei Zupfgeigenweisheit proklamieren. Eher noch wäre die Folklore durch den Avantgardismus zu legitimieren als umgekehrt. Aber gerade, wer Kultur als Reichtum erkennt und wünscht, muß aus ihrer Mehrschichtigkeit Konsequenzen ziehen. Den Anfang haben für die neue Musik die Meister der alten Generation gemacht, Bartók und Kodály, Strawinsky und Janáček, de Falla und Villa-Lobos. Ihr Vorbild wird fruchtbar bleiben.

Sitten und Gebräuche der Neutöner

Edward Joseph Dent, baumlang, hager, dem Mosel wie dem Burgunder gleichermaßen zugetan, sah aus wie ein Engländer aus dem »Punch«. Aber seine Landsleute konnten ihn um perfekte deutsche, französische und italienische Sprachkenntnisse beneiden, die er sicherlich nicht in Eton oder Cambridge erworben hatte. Er war ein Europäer, und obwohl er der Musikologenzunft angehörte, liebte er moderne Musik. Er hörte zu, wie 1921 mehr oder minder tonale Dissonanzen die sommerliche Stille des Schwarzwaldbades Donaueschingen zerrissen. Und als die Österreicher 1922 in Salzburg ähnliche Zerreißproben veranstalteten, kam Professor Dent mit einer kleinen Invasionsarmee britischer Musiker hin. Die Österreicher, meist Anhänger Arnold Schönbergs, an der Spitze der Komponist Rudolf Réti, planten etwas völlig Kosmopolitisches. Dent formuliert: »Sie warfen ihr Netz über ganz Europa und auch Amerika. Sie gingen so weit, England einzuladen, und sicherlich war das Beweis genug für ihre völlige Unmusikalität.«

Das Salzburger Fest im August 1922, zwanzig Stunden neue Musik in fünf Tagen, von vierundfünfzig Komponisten aus fünfzehn Staaten, war trotz seiner durchaus chaotischen Organisation ein Erfolg. Es stellte eine Atmosphäre freundschaftlichen weltbürgerlichen Kontaktes her, aus der die Idee einer ständigen Einrichtung sozusagen automatisch resultierte. Ehe Dent sich's versah, war er Vorsitzender eines »Round-Table-Committee«, und ebenso plötzlich wurde aus diesem Komitee eine internationale Gesellschaft, deren Sitz London sein sollte. Sie nannte sich »International Society for Contemporary Music«, kurz ISCM, was deutsch nicht ganz korrekt mit Internationale Gesellschaft für Neue Musik, IGNM, übersetzt wurde.

Dreißig Jahre später fand in demselben Salzburg das XXVI. sommerliche Musikfest der IGNM statt, vier (1940, 1943, 1944 und 1945) waren wegen der kriegerischen Ereignisse ausgefallen.

Die Pioniere von 1922 waren ergraut. Auch Sezessionen kommen in die Jahre. Das tapfere Häuflein Neutöner, das dreißig Jahre vorher das Argonautenschiff der IGNM flott gemacht hatte, wurde als Heldenmannschaft bestaunt. Die Komponisten, für die man sich zusammentat, waren 1952 kaum weniger umstritten, aber berühmt. Ihr Einfluß hatte gegen alles Widerstreben die Weltmusik affiziert. Mit 35 Ländersektionen war die IGNM eine Macht geworden; aber dem Zustand der Sezession entwachsen.

Die Salzburger Geburtstagsfeier dauerte vierzehn Tage, denn dem eigentlichen Fest der SIMC (so kürzt man in Frankreich den Namen der »Société Internationale de Musique Contemporaine«) war noch ein seltsamer Appendix nachgeschickt worden, der sich (wie ähnliche Versuche in Mailand und Darmstadt) III. Internationaler Zwölftonkongreß nannte.

Wer die Orchesterkonzerte und Kammermusikabende, das festliche Eröffnungskonzert, das Schönberg-Programm, den Abend »Klassiker der Moderne«, die »Moderne Orgelmusik« und die Sonderveranstaltung »Moderne Österreicher« als harmloser Hörer mitmachte, konnte nicht ahnen, welche dramatischen Kämpfe sich nachmittags bei den Versammlungen der nationalen Delegierten abspielten. Selbst der tragische Vorfall eines Herzschlags, der den Wiener Dirigenten Herbert Haefner mitten während der Aufführung dreier Orchesterstücke des 36jährigen Österreichers Wilhelm Hübner tot zusammenbrechen ließ, konnte von diesen Machtkämpfen um Sein oder Nichtsein der Gesellschaft nicht ablenken.

Was war los? Worum rauften sich die Herren Künstler aus Stockholm und Johannesburg, Berlin und Zagreb, Amsterdam und New York? Es ging diesmal nicht um Stilfragen oder technische Probleme. Zwölftöner und Neoklassizisten, Punktuelle und Folkloreanbeter saßen um einen Tisch, ohne daß ihre künstlerischen Meinungsverschiedenheiten auch nur berührt wurden. Denn man stritt um Fragen der Organisation. Es ging, kurz gesagt, um Parität.

Als internationale Organisation hatte (und hat) die IGNM Mitgliedergruppen, die Ländersektionen. Aus den Beiträgen, die innerhalb dieser Sektionen den individuellen Mitgliedern abgenommen werden, fließen dem Präsidialbüro Summen zu, die zur Deckung der Organisationskosten, zur Bestreitung von Reisespesen für die Mitglieder der Jury und dergleichen dienen. Die Jury, fünfköpfig und alljährlich neu gewählt, muß aus dem Haufen eingesandter Partituren geeignete Werke für das sommerliche Fest aussuchen und so ein Programm zusammenstellen. Sie verfährt, wie sich das für eine Jury gehört, ausschließlich nach dem Grundsatz der Qualität.

Nun stellte sich heraus, daß manche Länder zwar zahlungskräftige Sektionen, aber keine brauchbaren Komponisten haben. Und wenn so die Jahre ins Land gehen, ohne daß jemals ein Komponist aus Xland oder Yreich auf den Festprogrammen figuriert, werden die Sektionen aus Yreich und Xland vergrämt. Sie wollen nicht nur Beiträge nach London schicken, weil ihre Mitglieder, die ihrerseits Beiträge zahlen, aufgeführt werden möchten. Und nur wer Mitglied der Ländersektion ist, darf von der Jury aufs Festprogramm gesetzt werden.

Den Salzburger Delegierten rauchten die Köpfe. Man entwarf einen neuen paritätischen Plan, der jeder Nation das Recht zusichert, in bestimmtem Turnus ein Werk zur Aufführung zu stellen. Aber wird nicht die Qualität der Programme leiden, werden nicht die Feste zu reinen statistischen Musterschauen der IGNM-Produktion in allen Teilen der Welt werden? Sollen die traditionsgemäß großen und fruchtbaren Musiknationen Italien, Österreich, Deutschland und Frankreich gleiche Rechte haben wie Kuba, Neuseeland und Portugal?

Es bildeten sich Gruppen und Interessengemeinschaften. Die kleinen Musiknationen taten sich zusammen, sie wollten die Hegemonie der großen brechen. Gelang es nicht, so mußte mit ihrem Austritt aus der Gesellschaft gerechnet werden, was vermutlich deren Bankrott bedeuten würde.

Zu diesem Zeitpunkt war Dent nicht mehr Präsident. Er war zu alt und behauptete selbst, nahezu taub zu sein; man hatte ihn zum Ehrenpräsidenten gemacht. Sein Nachfolger war Edward Clark geworden, polyglott wie er, Schönberg-Schüler, ein eleganter Weltmann mit roter Nelke im Knopfloch. Aber er kann die Wogen nicht glätten.

Es kamen andere Schwierigkeiten hinzu. Eine Gruppe, geführt von dem Franzosen Pierre Capdevielle, stellte die Existenzberechtigung der IGNM überhaupt in Frage. Die Organisation sei überlebt, die neue Musik aus der heroischen Kampfzeit längst in ein Stadium der Konsolidierung getreten. Eine Sezession vollzog sich. Von Paris aus sollte ein Musikfest neuer Art organisiert werden. Der Jury, hieß es, müßten nicht nur Partituren vorliegen, sondern auch Tonbänder aller zu beurteilenden Werke, so daß der optische Eindruck durch das Ohr kontrolliert werden könne.

Das Dach der Organisation zerriß. Edward Clark trat als Präsident zurück. Mit der Führung der Geschäfte betraute man ein fünfköpfiges Direktorium. Endlich schien die Stunde der kleinen Musiknationen gekommen, denn neben England waren Holland, Südafrika, Norwegen und Chile in der Leitung. Norwegen wurde zum Gastland des nächsten Festes. 1953 traf man sich in Oslo.

Helle norwegische Nächte. Im Hotel Continental gingen die Salzburger Kämpfe weiter. Sie nahmen persönlichen Charakter an; es kam zu einer Ohrfeigenszene zwischen zwei führenden Mitgliedern aus England. Der Vorstand sollte mit neuen Männern besetzt werden: Goffredo Petrassi nahm die Wahl zum Präsidenten an. Das Amt des Vizepräsidenten wurde mir angeboten; ich lehnte ab, empfahl Heinrich Strobel. Strobel sagte aus Baden-Baden telefonisch zu, wurde, wie vorausgesehen, zwei Jahre später Präsident, und damit war die IGNM ins Kraftfeld des Prestige-Wettbewerbs zwischen den deutschen Rundfunksendern getreten. Finanziell sehr günstige Lage. Und künstlerisch?

Pierre Capdevielles Sezession bekam Auftrieb. 1953 fand in Köln, vom Rundfunk organisiert und finanziert, das Neue Musikfest statt, eine Veranstaltung wirklich neuer Art. Die Jury hatte Partituren gelesen und Tonbänder gehört. Zum erstenmal wurde neue Musik mit artähnlicher Barock- oder Renaissancemusik konfrontiert, eine »Sonata pian e forte« des Cinquecento-Venezianers Giovanni Gabrieli mit den Bläsersymphonien Igor Strawinskys. Zum erstenmal wurde die Ton- und Geräuschorganisation aus den Laboratorien der Pariser Musique Concrète und ihres Wortführers Pierre Schaeffer sowie der Kölner Rundfunkstudios für Elektronische Musik und ihres Wortführers Herbert Eimert dem verblüfften Publikum vorgeführt.

Die Fortsetzung dieses so erfolgreich gestarteten Unternehmens als alljährliche Veranstaltung des Kölner Senders scheiterte an den Ambitionen der französischen Anreger. Denn Capdevielle hatte als Exponent des Pariser »Centre de Documentation de Musique Internationale« gehandelt, kurz CDMI genannt, mit seinem Sitz bei dem Verleger Heugel in der Pariser rue Vivienne. 1954, darauf bestanden die Franzosen, fand das Neue Musikfest in Paris statt. Das war der Anfang vom Ende. Heugel verlor die Lust am CDMI. Die Idee wurde begraben.

Mittlerweile holten die Retter der IGNM tief Luft. Strobel, Präsident, durch Verleihung der Schönberg-Medaille für zehn Jahre des Kampfes (für Hindemith und gegen Schönberg) prämiiert, beförderte die Feste in den Rang von Weltmusikfesten und vereinigte klug die Interessen der Gesellschaft mit der Programmpolitik des Senders Baden-Baden (dessen Musikabteilung er leitet) sowie mit dem Inhalt der von ihm herausgegebenen Zeitschrift »Melos«, die bekanntlich nicht im Verlag Schott erscheint.

So glitt das Schifflein munter durch die europäischen Gewässer, von Baden-Baden nach Stockholm, von Stockholm nach Zürich, von Zürich nach Straßburg. Für Treibstoff sorgten die Rundfunksender, die ohnehin schon eine Hörermehrheit durch Pflege neuer Musik verstimmten. Sie geben sich dadurch wenigstens den Anschein, Kultureinrichtungen zu sein und nicht nur Firmen, die Unterhaltung billig ins Haus liefern.

»Gange Sie à pied oder en voiture?« erwidert der elsässische Portier, den ich nach dem kürzesten Weg zum Straßburger »Théâtre de la Comédie« frage. Wir gange en voiture zu dem Riesenbau des ehemaligen elsässischen Landtages, wo jetzt neben anderem das städtische Konservatorium untergebracht ist. Der kleine Theatersaal ist halb voll. Anfang des Weltmusikfestes 1958, ein Programm mit vokal erweiterter Kammermusik. Es beginnt und schließt mit Stücken derselben seriellen Art; das ist sauber mit Lineal und Zirkel gezeichnet, die Tonreihen sind im Septett des Holländers Peter Schat, Jahrgang 1935, à la Anton Webern hingestellt, die Symmetrien im Klarinettenkonzert (mit Horn, Geige, Klavier und Schlagzeug) des Amerikaners Ralph Shapey, Jahrgang 1921, ornamental verdunkelt. Eigene Handschrift nicht erkennbar; Musik nicht wahrnehmbar. Das Lesen der Analysen und Kommentare ist kurzweiliger als das Anhören der analysierten und kommentierten Stücke.

Die Faust aufs Auge: Milko Kelemen, Jugoslawe, vierunddreißigjährig, derzeit in Wolfgang Fortners dodekaphonischer Zucht, läßt sechs munter musizierte Tänze auf pseudo-surrealistische Gedichte Vasko Popas von dem superben Bariton Vladimir Ruzdak singen. Das Ganze heißt »Igre«. Der Text sieht so aus:

»L'un caresse le pied de la chaise
Jusqu'à ce que la chaise bouge
Et lui fasse le doux signe de sa jambe
Un autre baise la serrure
Il la baise comme un fou
Jusqu'à ce que la serrure lui rend un baiser
Un troisième se tient à l'écart
Il les regarde ébahi
Et il secoue la tête il la secoue
Jusqu'à ce que la tête lui tombe.«

Musikalisch hat es die Naivität von Rundfunk-U-Musik, mit einer Prise Mussorgskyschen Salzes und vorsichtig erweiterter Tonalität.

Genug Kontraste? Bewahre. An zweiter Stelle breitet sich ein Jung-Schweizer aus. Klaus Huber heißt der 1924 geborene Berner, »Oratorio Mechtildis« seine über 25 Minuten hingedehnte »Kammersinfonie in 3 Teilen für Kammerorchester und Altstimme«. Da steht unerschrocken und seelenvoll Frau Barbara Geiser-Peyer und singt mittelhochdeutsche Texte, mystische Liebeshymnen der Mechthild von Magdeburg. Spätromantischer Klang, ostinate Figur der Celesta, Steg-Tremolo der Streicher, ringt mit dem selbstherrlich werdenden Intervall. Die Musik ist tiefernst, wie ein religiöses Bild von Emil Nolde oder eine Barlach-Plastik. Aber es fehlt den Formen alles Maß, dem Komponisten alle Selbstkritik an seiner schwärmerischen und ekstatischen Sprache.

Die Uhr schnurrt vom Mittelalter um siebenhundert Jahre vorwärts. Ein Japaner erinnert uns, daß es 1958 geschlagen hat. Exotisch, reizvoll durch intellektuelle Verbindung mit Paris und einem neonbeleuchteten Europäismus, technisch hochapart und vermutlich in allen Wassern serieller Schreibweise gewaschen, machen die »Développements raréfiants« von Makoto Moroi (Tokio, Jahrgang 1930) den geschlossensten Eindruck. Texte von Kitasono Katué, im üppig ausgestatteten Programmheft französisch wiedergegeben, Beispiele einer Großstadtlyrik, deren alogische Syntax teils auf James Joyce, teils auf Paul Eluard und René Char zurückgeht. Etwa so:

»Je crois que l'ombre de bronze s'est enfin trouvée – la mer surréaliste – le mythe de marbre – et – la nuit de Giorgio de Chirico – dans – la glace – le sable – de la nuit bleue.«

Der bald singenden, bald sprechenden Sopranstimme setzt Moroi mit raffiniertem Farbsinn wechselnde Zusammenstellungen von Flöte, Piccolo, Baßklarinette, Bratsche, Klavier und Schlagzeug entgegen, zu denen sich die Homunculusstimme der Clavioline gesellt. Von der Sopranistin Yoshito Furusawa, einer zartgliederigen Dame in phantastischem Kimono, höchst delikat dargeboten, zeigt das Stück den Reiz des Geheimnisvollen, einer literarischen und musikalischen Haltung, die man nur gleichsam als Einblick durch Löcher eines Vorhangs erkennt.

Diese Japaner sind erstaunlich. Kaum ein paar Jahre mit Dodekaphonie und serieller Komposition vertraut, beherrschen sie sie besser als die meisten Europäer, von denen sie gelernt haben. Sogar im Absurden übertreffen sie uns; das zeigte zwei Tage später in Straßburg ein Variationenwerk für Klaviertrio des 27jährigen Yori-Aki Matsudaira (Sohn des bedeutenden Komponisten Yoritsune Matsudaira). Das Stück geht offenbar von dem primitiven Erlebnis der Ungleichheit von Tonhöhen, Rhythmen und anderen Akzessorien der Tonmaterie aus. Es gehört zum punktuellen Typus, das heißt, daß die Einzeltöne weltenweit auseinandergezogen, in wechselnden Klangfarben und Lautstärken gespielt, dem Zusammenhang tunlichst entrückt sind, außer wo Glissandohäufungen zu komischen Effekten führen. Sie liegen isoliert und völlig dissoziiert, wie Wegzeichen im Hochgebirge oder wie Bausteine im Zimmer eines destruktiven Kindes.

Mit dem Eröffnungsabend sind einige Kennzeichen gegeben. Nicht alle. Die Ehre eines recht dürftigen Orchesterkonzerts unter dem höchst genauen Dirigenten Ernest Bour rettet ein Schwede, Ingvar Lidholm, 37 Jahre alt und seit einigen Jahren Habitué der IGNM-Feste. Mit seinem »Ritornell« für Orchester öffnet er das Tor in einen Stilraum, wo sich die Tendenzen Anton Weberns (strenge zwölftönige Reihentechnik, diffuser Satz, Herrschaft weniger Intervalle) mit denen Edgard Varèses (Organisation des Geräuschs, Emanzipation der Schlaginstrumente, Konzeption eines durch Geräusch und Ton herbeigezauberten musikalischen Raumes) vermählen. Mit brillanter Anwendung des Wiederkehrprinzips (»Ritornell«!) auf serielle Gestalten weiß er die zäsurenlose Viersätzigkeit eines achtzehn Minuten füllenden Klangblocks in kontinuierlicher Steigerung zu sichern. Die Spannung, äußerlich-dynamisch wie innerlich, wächst unablässig bis zu einer Finalorgie der Orchesterfarbe, in der

Schlagzeugfortissimi das normale Orchester plus Xylophon, Vibraphon und Harfe überlagern. »Das Werk«, kommentiert Lidholm, »ist vom Gesichtspunkt der Klangfarbe konzipiert« – ein Traum, den Schönberg 1911 in seiner Harmonielehre unter dem Slogan der »Klangfarbenmelodie« beschrieben hat. Aber von Schönberg spricht man besser nicht in der IGNM. Er nährte gegen die Gesellschaft eine heftige Abneigung, die auf das Musikfest 1925 in Venedig zurückging. Dent hatte die Probezeiten eingeteilt; Schönberg probte seine »Serenade« für Klarinette, Baßklarinette, Mandoline, Gitarre, Geige, Bratsche, Violoncello und Baritonstimme, ein schwieriges Frühwerk der zwölftönigen Technik. Um zwölf Uhr sollte Louis Grünberg seinen »Daniel Jazz« proben. Dent fragte Schönberg, wie lange er noch arbeiten wolle. »Bis wir zu Ende sind«, war Schönbergs Antwort. »Aber Grünberg muß um zwölf proben«, meinte Dent. »Kann er nicht morgen proben?« fragte Schönberg. »Herr Schönberg«, sagte nun Dent etwas ungeduldig, »glauben Sie, daß Sie hier der einzige Komponist sind?« Darauf Schönberg: »Ja.« Dent lachte. Der Meister war gekränkt und blieb es. Selbst Anton Webern konnte ihn viele Jahre später nicht dafür gewinnen, der IGNM ein Werk zur Aufführung zu überlassen.

Zu den seriösen Seriellen kann man auch den jungen Engländer Peter Maxwell Davies rechnen, der in einem Bläsersextett »Alma Redemptoris Mater« auf die Anfänge der abendländischen Musik zurückgreift, indem er gregorianisches Melos zwölftönig deutet und Brücken schlägt zwischen sich und John Dunstable, einem Engländer des 15. Jahrhunderts. 1934 in Manchester geboren, ist dieser Davies einer der jüngsten Festautoren.

Es ehrt den Römer Goffredo Petrassi, der als Vertreter Italiens in der Jury saß (neben dem Deutschen Wolfgang Fortner, dem Tschechen Alois Hába, Champion der Vierteltonmusik, dem Franzosen Henri Martin und dem ungarischen Wahlengländer Matyas Seiber), daß er einen Mailänder für das Festprogramm auswählte. Denn zwischen Süd- und Norditalien herrscht, vor allem im musikalischen Bereich, eine noch größere Animosität als zwischen Bayern und Preußen. Niccolò Castiglioni, Jahrgang 1932, folgte Alban Berg und Anton Webern als Modellen des Espressivostils. Er plappert nicht, wie mit Karlheinz Stockhausen so viele Deutsche und Italiener, die paradoxe Strawinskysche These von der Ausdruckslosigkeit der Musik nach, sondern schreibt in seiner »Ouverture in tre tempi« ein Stück von starker Emotionskurve in den gehetzten und dramatisch tobenden Eckteilen wie in dem blütenhaft zarten Lento, das diese pausenlos umschließen.

Einer der Autoren kommentiert sein Werk als eine »melodische und rhythmische Zelle, die seriell die Musik vorbestimmt, festlegt und verwandelt«. Das Stück heißt »Previata«, ist für Orchester gesetzt und wirkt so klar disponiert wie durchs Ohr kontrolliert, ohne daß bei so viel Kunst eine romantisch-emotionelle, finnisch-nationale Note ganz unterdrückt wäre. Denn der Komponist, Enojuhani Rauttavaara, kommt aus Helsinki, hat mit seinen dreißig Lebensjahren schon in Finnland die Universität absolviert und in den USA bei Roger Sessions, Aaron Copland und Vincent Persichetti, in der Schweiz bei Wladimir Vogel Komposition studiert.

Als strikter Fortsetzer der Schönberg-Linie legt Hans Erich Apostel, Wahlwiener aus Karlsruhe, geboren 1901, ein Streichquartett von hochexpansiver Sprache und treibender, unruhig gespannter Polyphonie vor.

Um das eine Orchesterkonzert wirksam zu beschließen, hat die Jury von einem Recht Gebrauch gemacht, das selten zur Anwendung kommt. Sie wählte ein nicht eingesandtes Stück, das »Concerto für Jazzband und Symphonieorchester« von Rolf Liebermann, einen Bestseller der zeitgenössischen Symphonik.

Neben den Werken, die ich hier genannt habe, stehen eine Majorität von Nieten, zum Teil Nieten katastrophaler Art, Nieten aller Stilrichtungen und technischen Provenienzen.

Dent war 1957 uralt gestorben. Das wirkte in Straßburg wie ein böses Omen. Immer wieder und mit zunehmender Heftigkeit wird die Frage gestellt, ob die ISCM-SIMC-IGNM noch lebensfähig, ja auch nur existenzberechtigt sei. Die positiven Inhalte, die sie mit dem PEN-Club gemeinsam hat: Kosmopolitismus und Liberalität, sind aller Förderung wert. Um ihretwillen haben wir lange Geduld mit der Gesellschaft gehabt. Aber wenn sie nicht zu einer Gelegenheitsmacherin für persönliche Kontakte herabgewürdigt sein will, muß man sie gründlich reformieren, und wenn das nicht geht, sterben lassen.

Es fehlt heute modernen Komponisten nicht an Aufführungsmöglichkeiten, seitdem die europäischen Rundfunksender mit wenigen Ausnahmen eigene Konzerte, ja mitunter festivalartige Konzertreihen mit neuer Musik arrangieren. Man kann sagen, daß einige dieser Sender sich gegenseitig den Rang als Förderer des Ultramodernen, des kompositorischen *dernier cri* ablaufen möchten und daß dadurch ein Wettlauf um Novitäten entstanden ist, an dem eine ganze Gruppe von Komponisten profitiert.

Ob überhaupt Musikfeste noch ein vorteilhaftes Forum zur Diskussion neuer Werke hergeben, ist fraglich. Die Neigung und das Interesse der aktiv beteiligten Menschen hat sich zunehmend einem Typus von Veranstaltungen zugewandt, bei dem seminarhafte Unterweisung, Vortrag mit Diskussion, öffentliche Probenarbeit sich mit allabendlichen Aufführungen verbinden. Es ist der Typus der internationalen Ferienkurse für neue Musik, wie ihn in Amerika Tanglewood und in Europa am erfolgreichsten Darmstadt unter der sachten Ägide Dr. Wolfgang Steineckes verwirklichen. Es kann gar keinen Zweifel geben, daß alle wichtigen (und auch viele unwichtige) Erscheinungen der modernen Musik – Persönlichkeiten wie Stile und Techniken – in Darmstadt, genauer gesagt auf Schloß Kranichstein und im Isadora-Duncan-Seminar Marienhöhe, zuerst publik gemacht worden sind und von dort in die Programme der IGNM-Feste sowie der Rundfunksender eingegangen sind.

Was 1946 als musikalische Re-Education der deutschen Jugend begonnen hatte, war längst zu einem Weltlaboratorium der Kompositionstechnik geworden. Punktueller Stil, Neo-Webernismus, a-thematische Musik, serielle Ordnung der Tonmaterie in allen ihren Eigenschaften, elektronische Schallwelt – hier wurde es ausprobiert, leidenschaftlich umstritten, gut oder schlecht aufgeführt, mit höhnischen Pfiffen und zähem Beifall quittiert. Hier erschien aus Paris der polnische Schönberg-Berg-Webern-Prophet René Leibowitz, mit ihm seine erotisierende junge Frau Ellen Adler, die, frisch gebadet und dekolletiert, mit großen Augen zusah, wenn er weiße Tonmagie auf schwarze Schiefertafeln malte und die strenge Arithmetik der dreifach gespiegelten Zwölftonreihen pries. Hier stand wie ein *rocher de bronce* der alte Edgard Varèse inmitten eines schrumpfenden Kreises von Jüngern, die er lehrte, die Schälle des Tons und des Geräusches zu koordinieren. Hier tauchte, vom Saulus zum Paulus der Dodekaphonie geworden, Wolfgang Fortner auf, um forsch und vielgebildet die jungen Männer zu unterweisen. Hier saß Yvonne Loriod in schmetterlingsbuntem Abendkleid mit gewaltigen Seidenschleifen auf dem Podium und raste in tastenmörderischer Ekstase für ihren Freund und Meister Olivier Messiaen. Dieser selbst, schubertisch still hinter dicken Brillengläsern, sprach sachlich von Hindurhythmen, neuen Tonleitern, den blau-orangenen Schwertern der Erzengel, den Wollüsten südamerikanischer Indianer, dem Kontrapunkt der Notre-Dame-Schule, und wenn es Abend wurde, setzte er sich mit der Loriod an zwei Klaviere und spielte eine Stunde lang mit knirschenden Dissonanzen und saccharinsüßen Melodien seine »Visions de l'Amen«.

Es wurde viel geliebt und viel gehaßt im Darmstädter Juni. Männlein und Weiblein wohnten in den kargen Schlafsälen der Marienhöhe, wo einst Isadora Duncan Barfußtanz und freie Liebe praktiziert hatte. Dozenten und Lernwillige bildeten Gruppen und spinnefeindliche Lager. Theodor W. Adorno kränkte die Blockflötenanhänger, Scherchen rüffelte Egk, die Webernianer verachteten Schönberg, ohne ihn zu kennen, ein Trio von Dimitrij Schostakowitsch wurde niedergelacht. Als der blutjunge Luigi Nono von Scherchen mit einem Bündel Orchestervariationen über eine Schönberg-Reihe vorgestellt wurde, gab es Krach in der Darmstädter Stadthalle. Er stand baumlang und unbeweglich da und sah totenbleich ins tobende Publikum. Er revanchierte sich: als 1955 Strawinskys »Messe« aufgeführt wurde, lachte er Protest, und um ihn bildete sich eine Gruppe von Rebellen gegen so viel Vergangenheitskult. Ein junger deutscher Komponist trat mit rotem Kopf zu Nono: »Wie können Sie dagegen protestieren?« Nono: »Weil Strawinsky eine Sprache redet, die andere vor ihm besser gesprochen haben.« Der Kontrahent, mit wutverzerrtem Gesicht: »Man sollte auch nicht Weberns Sprache nachplappern!« Nono, schon wieder blaß vor Zorn: »Wen meinen Sie damit?« Der andere, mit letzter Entschlossenheit: »Viele hier, und Sie auch!« Hätte ich mich nicht ins Mittel gelegt, so wäre es zum Duell gekommen. Ich hatte eine Gruppe von acht Studenten aus Berlin mit, die mir halfen, die Wütenden auseinanderzudrängen.

Ein Jahr später waren Nono und sein Feind Duzfreunde; dieser hatte sich zum begeisterten Webernianer entwickelt.

1958 verlassen die Darmstädter Darmstadt und ziehen etwas südlicher in den Odenwald. Das Pädagogische Institut in Jugenheim stellt im September das hübsche klassizistische Schloß Heiligenberg zur Verfügung. Romantische Geister gehen da um. Heiligenberg wurde für den hessischen Prinzen Alexander gebaut, der eine nicht ganz standesgemäße Ehe mit einer polnischen Gräfin Haucke geschlossen hatte. Für die Nachkommen der beiden wurde der Name Battenberg geschaffen; ein Prinz Battenberg war ein paar Jahre lang Fürst und Landesherr von Bulgarien. Ein anderer brachte es in der Royal Navy zum Großadmiral und Ersten Seelord. 1914 dankte er wegen des Kriegs mit Deutschland ab, 1917 änderte er seinen Namen Battenberg in Mountbatten. Er war nicht nur der Schwiegervater des Schwedenkönigs Gustav VI., sondern auch der Vater des jetzigen Ersten Seelords, der wiederum der Onkel und Adoptivvater des Herzogs von Edinburgh ist.

Doch wie das Jugendstil-Seminar Isadora Duncans längst zum Hauptquartier der Adventisten geworden ist (einer Methodisten-Sekte, die allmorgendlich den Untergang der Welt erwartet und mit gutem Gewissen dem Jüngsten Gericht entgegensieht), so haben die Battenbergs seit langem Heiligenberg verlassen. Die Räume des behaglich um einen Brunnenhof gebauten Schlosses sind im August mit Flügeln und Notenpulten bestückt, die moderne Turnhalle ist als Konzertsaal hergerichtet worden. Am 2. September ziehen die Neutöner ein.

Es sind ernste Männer dabei wie der Komponist Ernst Krenek, der Pianist Eduard Steuermann, der Geiger Rudolf Kolisch, aus Berlin Boris Blacher, aus Mailand Bruno Maderna, aus Zürich Heinz Rehfuß, aus Rom Severino Gazzelloni. Aber durch die Absage von Pierre Boulez, der sein Seminar nicht halten kann, weil er in Baden-Badener Klausur für Donaueschingen ein sensationelles Stück schreiben muß, kommt das Programm durcheinander. Ein Mann bekommt unangemessenen Spielraum, der eigentlich nur für einen Vortrag mit musikalischen Demonstrationen vorgesehen war. Er heißt John Cage, ist Amerikaner, lebt nach den Regeln des Zen-Buddhismus, hat einem Ondit zufolge kurze Zeit bei Schönberg studiert und war schon in Donaueschingen 1953 als eine Art avantgardistischer Musical Clown aufgefallen.

Cage, Jahrgang 1912, hat vor zwanzig Jahren das »prepared piano« eingeführt, Fortsetzung bruitistischer Methoden und einer Klaviertechnik, die Henry Cowell seit etwa 1920 entwickelt hatte. Die Saiten des Klaviers werden mit Klammern, Schrauben, kleinen Nägeln und dergleichen behängt und dadurch im Ton verändert. Cage zupft sie, schlägt mit kleinen Hämmern auf sie und gelegentlich auch auf die Holzteile des Klaviers. Sein Mitarbeiter, der Super-Pianist David Tudor, sekundiert ihm an einem zweiten Flügel, beide nehmen mitunter kleine Flöten, Okarinas und andere Tonwerkzeuge in den Mund und stoßen unversehens damit Töne aus. Ein Radioapparat wird während des Spiels angestellt, eine beliebige Musik tönt heraus und vermischt sich mit Cages Komposition. Überlange Pausen (bis zu 16 Sekunden wurde gemessen) unterbrechen und zerstören die Kontinuität. Die Form ist weitgehend dem Zufall überlassen, die Verwendung von Tönen durch ein Würfelspiel entschieden, wohl auch durch Flecken im Notenpapier, die als Noten benutzt werden.

Dieses »aleatorische« Moment, der Einbau des Zufälligen in die Formwerdung, spielt auch bei europäischen Komponisten eine Rolle. Wie die Hersteller musikalischer Gesellschaftsspiele im 18. Jahrhundert, wie Johann Philipp Kirnberger mit seiner »Methode, Sonaten ausm Ermel zu schütteln« (1793), nur eben mit dem bitteren Ernst von Propheten, schreiben Pierre Boulez und Karlheinz Stockhausen Klavierstücke, deren Formpartikel vom Spieler nach Belieben ausgetauscht werden können. Mit der Undeterminiertheit von Anfang und Schluß fällt der überlieferte Gestaltbegriff, und die Musik ist in einem amorphen Zustand der Überraschung.

Technisch hat das allenfalls den Wert, daß der Komponist flexibles Material bereitstellen lernt, ähnlich, wie man es etwa für eine Filmkomposition und für manche Bühnen- und Hörspielmusiken braucht. Bei kritiklosen Hörern aber wird es als neue Offenbarung hingenommen; die Mikro-Cages werden eine Zeitlang ins Kraut schießen und die Entwicklung der neuen Musik für ein paar Jahre etwas bremsen.

Cage ist ein netter, femininer, gebildeter Mann, der sich mühsam in den

Jugenheimer Buchenwäldern Pilze suchte, weil er kein Fleisch ißt. Seine Ästhetik geht auf dadaistische Vorbilder von 1916 bis 1920 zurück; es ist eine Schreck- und Bluffästhetik, die aus ihren Absichten kein Hehl macht. Nur fehlt ihr der große Elan, mit dem die Dadaisten während des ersten Krieges eine zusammenbrechende Welt geistig entlarvten. Der Radikalismus trifft ins Leere, da keine Wurzeln mehr da sind, an denen man operieren könnte. Der blutige Ernst der Überzeugungen steht in Gegensatz zu dem Unernst, der bei ihrem Vortrag zur Schau gestellt wird. Zum Beispiel so: Auf dem Podium, wo Cage Platz nimmt, verbietet ein Riesenplakat das Rauchen. Vor Cages Manuskript steht ein Aschbecher, ein Päckchen Zigaretten, eine Schachtel Streichhölzer. Er beginnt zu lesen, sehr rasch zu lesen. Er sagt:

»Fährt ein Lastwagen an der Musik vorbei? Wenn ich ihn sehen kann? Muß ich sie dann auch hören? Wenn ich sie nicht höre? Kommuniziert er sich dann noch? Und wenn ich ihn, während ich sie sehe, nicht hören kann, sondern etwas anderes höre ...«

Hier zündet sich Cage sehr langsam eine Zigarette an, zieht einmal an ihr, drückt sie sofort umständlich aus und fährt fort:

»... so einen Eierschläger, weil ich im Inneren bin und hinausschaue, teilt sich dann der Lastwagen mit oder der Eierschläger, der sich kommuniziert?«

Dieses Zigarettenspiel wiederholt sich viele Male, bis die Schachtel leer und der Aschbecher voll von nicht gerauchten Zigaretten ist. Mitten während des Vortrags beginnt Tudor auf dem Klavier Holzgeräusche, Töne und Akkorde zu produzieren. Musikalisches »Cabaret Voltaire«, vierzig Jahre zu spät.

Mitunter macht es Spaß, und Cage ist sichtlich erfreut, wenn man seine Produktionen auslacht. Sein Humor steht in scharfem Gegensatz zu dem bitteren Ernst, der an politische Vorbilder erinnernden Humorlosigkeit, mit der Karlheinz Stockhausen, ein begabter rheinischer Komponist mittleren Alters, seine Werke kommentiert und dabei mit Prophetengeste den gläubigen Hörern versichert: »In Zukunft wird das Intervalldenken durch das räumliche Hören ersetzt werden.«

Manchmal erscheint mir in Jugenheimer Träumen der Geist des lieben Anton von Webern. Er blickt kopfschüttelnd auf die Schar seiner Adoranten und grollt in reinem Grazer Dialekt: »Die Buben sollen erst mal Fugen schreiben lernen und Schönberg studieren, dann wird ihnen der Übermut schon vergehen.« Aber das, wie gesagt, ist ein Traum.

1959

Schillinger oder die errechnete Kunst

1929 ließ sich in New York ein russischer Musiker nieder, der trotz seiner nur 34 Jahre in seiner Heimat eine Reihe wichtiger Stellungen bekleidet hatte. Er hieß Joseph Schillinger, stammte aus Charkow, war in Sankt Petersburg Schüler von Nikolaus Tscherepnin und Joseph Wihtol gewesen, seit 1918 Dekan und Professor der Ukrainischen Staatsakademie. Als 1927 der zehnte Jahrestag der Oktoberrevolution gefeiert wurde, beauftragte man Schillinger mit der Festkomposition, einer symphonischen Rhapsodie »Oktober« für Klavier und Orchester.

In Amerika lehrte Schillinger zuerst an der New School for Social Research. Später beschränkte er sich auf Privatunterricht, und sein Ruf als Kompositionslehrer verbreitete sich so, daß er in der fashionablen Park Avenue eine Wohnung mieten konnte. Hier entstanden seine sensationellen Aufsätze (»Electricity, a Liberator of Music« in »Modern Music«, der Zeitschrift der League of Composers, 1932) und Bücher (»The Schillinger System of Musical Composition«, bei Carl Fischer, New York 1941; »The Mathematical Basis of the Arts«, Philosophical Library, New York 1948).

Schillinger nannte sich einen Wissenschaftler der Kunstproduktion; von allen Romantikern der Mechanisierung und Technisierung war er der konsequenteste, radikalste und gebildetste, allerdings auch der erbarmungslos einseitigste. Sein Glaube an ein geistiges Schaffen auf Grund der mathematisch errechenbaren Möglichkeiten kam dem naiven Rationalismus der Amerikaner entgegen. Die Musiker, die sich bei ihm Unterweisung holten, waren durchaus nicht immer Anfänger, sondern oft arrivierte Männer, vor allem Komponisten leichter Musik. Der prominenteste von ihnen, George Gershwin, kam (nach der Mitteilung Leonard Lieblings im »Musical Courier«, November 1940) als berühmter Autor von mehr als 700 Songs zu Schillinger, um einen Zustand schöpferischer Schwäche zu überwinden. Er blieb viereinhalb Jahre sein Schüler und hat in zweijähriger von Schillinger überwachter Arbeit sein bestes Werk, die Oper »Porgy and Bess«, geschrieben, die 1935 beendet und in Boston uraufgeführt wurde. Schillinger berichtet, daß Gershwin mit einem Thema für »Porgy and Bess« nicht zufrieden war; er versuchte, gemäß der musik-technologischen Lehre, dessen Spiegelformen und fand in der rückläufigen Inversion (»Krebsumkehrung«) die charakteristische Gestalt, die ihm vorgeschwebt hatte.

Das Schillinger-System, mit allen seinen geistigen Schwächen und mitunter kindlichen Positivismen, ist die Kunstlehre schlechthin des technischen Zeitalters. Es bildet ein Kompendium der Entmythologisierung, dessen repräsentative Kraft und Wirkung man nicht unterschätzen darf. So gering die Verbreitung seiner (übrigens seit Jahren vergriffenen) Bücher ist, hat doch seine Darstellung eines Netzes formal-rechnerischer Zusammenhänge Schule gemacht, auch nach seinem vorzeitigen Tod 1943.

Worin besteht die suggestive Kraft seiner Lehre, was ist und was meint sie? In dem kurzen Vorwort zu »The Mathematical Basis of the Arts« hat Schillinger 1942 festgestellt, er behaupte nicht, den Leser in einen schöpferischen Künstler zu verwandeln. Ziel des Werks sei, den Mechanismus des Schöpfertums zu enthüllen, wie er sich in Natur und Künsten zeige. »Dieses System, das selbst Produkt eines Schaffensaktes, d. h. ein Kunstwerk, ist, öffnet neue Ausblicke, die lange auf ihre Entdeckung gewartet haben.« Während eine wissenschaftliche Theorie die andere überwinde, um ihrerseits durch neue Fakten und Beweise überwunden zu werden, überwinde sein System die erreichbaren Fakten und Beweise.

»Wie wir wissen«, schreibt Schillinger, »gibt es zweckbestimmte Kunst seit hunderttausend Jahren, einem vergleichsweise kurzen Zeitabschnitt in der hypothetisch geschätzten Menschheitsgeschichte. Das vorliegende System ist neu geboren. Das Alter seiner ältesten Zweige überschreitet nicht ein Vierteljahrhundert, was, selbst bei dem Tempo der heutigen Entwicklung, ein geringfügiger Zeitraum ist. Seine jüngsten Zweige sind nur zehn Jahre alt. Es ist einem sehr begrenzten Maß von Experimenten und Verifikationen unterworfen worden. Aber die angesammelten Beweise betreffs der Brauchbarkeit dieses Systems und der Qualität seiner Erzeugnisse sind so überwältigend, daß er, wenn man ihm eine Chance gibt, wohl imstande sein mag, die Grundlagen des großen Mythos künstlerischen Schaffens zu zerstören, das wir seit der Morgendämmerung der Menschengeschichte kennen.«

Das Lehrbuch, 696 Seiten Großoktav, ist in drei Abschnitte geteilt: 1. Wissenschaft und Ästhetik, 2. Theorie der Regelmäßigkeit und Koordination, 3. Technologie der Kunstproduktion. Ein großer Teil des Werks besteht aus Formeln, Diagrammen, Gleichungen und Zahlenreihen.

Schillinger will den schaffenden Künstler unabhängig von geographischen und historischen Grenzen machen, will ihn wissenschaftlich in allen bekannten und erreichbaren Stilen und Techniken unterweisen und ihn dadurch zur Freiheit führen. Kern seiner Untersuchungen über Wissenschaft und Ästhetik ist das Kapitel »Nature of esthetic symbols«, das sich mit der Semantik, dem Bedeutungswert künstlerischer Formen, vor allem der Melodie, befaßt. Schillinger weist auf die Sprachähnlichkeit der Melodie hin, definiert diese dreifach (physiologisch, semantisch und musikalisch) und kommt zu dem Schluß, daß ein in fremder (unbekannter) Sprache rezitiertes Gedicht eine unentwickelte Form von Musik bildet.

In dem folgenden Kapitel über Schöpfung und Kriterien von Kunst herrscht die These, Kunst sei kein Ergebnis von spontanem Schaffen, sondern von »engineering«, also planmäßiger Konstruktion.

Der zweite Hauptteil beginnt mit der kühnen Konzeption des »Continuums«, d. h. eines Systems von unbegrenzten Parametern. Schillinger bedient sich des Parameterbegriffs in dem Einsteinschen Sinne; er sieht Zeit und Raum als allgemeine Parameter an, denen er spezielle für die Elemente der verschiedenen Kunstformen hinzufügt.

Er stellt nun eine Tabelle der möglichen individuellen Künste auf, von denen er achtzehn zählt. Sie gründen auf den Sinnesempfindungen: Hören, Fühlen, Riechen, Schmecken und Sehen; ihre allgemeinen Komponenten sind Zeit und Raum, die speziellen: Schall, Materie, Geruch, Geschmack, Licht, Farbe und Oberfläche. Musik hat in dieser Liste der möglichen Künste den ersten Platz. Dem hörbaren Schall weist Schillinger drei Parameter zu: Tonhöhe, Lautstärke und Farbe (bzw. Charakter).

Wie verfährt nun die praktische Kompositionslehre Schillingers? Sie geht ebenfalls von einer wissenschaftlichen Sichtung der Möglichkeiten aus, von Symmetrien, Abweichungen, Reihenmethoden, Permutation, Spiegelung und dergleichen. Mechanische Verfahren wie die Verdopplung, Verdreifachung usw. von Intervallen führen zu Stilwandlungen. Schillinger bezeichnet die Anwendung und Summierung solcher Verfahren als obligatorisch, und er ist naiv genug, der Vorführung der drei Spiegelformen von J. S. Bachs F-Dur-Invention folgenden Kommentar voranzuschicken: »Vergleicht man zum Beispiel die Musik von J. S. Bach mit den folgenden Illustrationen, so wird das ganze Ausmaß dessen klar, was er bei Verwendung der Methode geometrischer Inversionen hätte leisten können.«

Hier zeigt sich besonders drastisch die Schwäche eines Systems, das von dem etwas platten Positivismus des neunzehnten Jahrhunderts nicht loskommt und sich eben durch diese Fixierung als so materialistisch gebunden erweist wie manche politischen Heilslehren. Bernard Shaw hat einmal von den Deutschen gesagt, sie könnten nicht einsehen, daß man von einer guten Sache zuviel haben könne. Auch Schillinger, der Russe, in seinem wahrhaft faustischen Drang, alle nur denkbaren Möglichkeiten einer Kunstform zu erschöpfen und zu demonstrieren, übersieht ein Grundgesetz aller Künste: die Ökonomie der Auswahl. Bach kannte die Möglichkeiten dreifacher Spiegelung einer Melodie so genau wie irgendein niederländischer Polyphonist. Wenn er auf einige von ihnen verzichtete, dann gewiß nicht aus Vergeßlichkeit oder mangelnder Einsicht in die Fülle der Versionen, sondern aus der Erkenntnis heraus, daß die Form dieser zweistimmigen Invention sich in begrenztem Raum zu halten habe. Die Richtigkeit der Auswahl aus Millionen verschiedener Gestaltungsmöglichkeiten gehört zu den schöpferischen Geheimnissen, die keine Wissenschaft und keine Technologie erschließen kann.

Was an Schillingers System fruchtbar ist, das haben einige moderne Komponisten recht gut erkannt. Die Parameteranalyse und -synthese ist ebenso Bestandteil der modernen seriellen Komposition geworden, wie die selektiven Verfahren bei der Produktion elektronischer Musik ihr Wort mitsprechen. Mikro- und Makroformen, wie sie Schillinger entwickelt, haben an der Strukturierung neuer Musik entscheidenden Anteil. Auch die Notation elektronischer Musik, wie sie in den von der Universal Edition gedruckten Partituren Karlheinz Stockhausens (»Studie II«) und Franco Evangelistis (»Incontri di fasce sonore«) praktiziert wird, geht auf Schillingers Diagramme zurück. Dabei ist dieser rational vorgehende Musik-Ingenieur kein eigentlicher Vorkämpfer moderner ästhetischer Ideen; namentlich im Bereich der bildenden Kunst fallen recht kritische Worte gegen die »Ismenmacher«, zu denen er Picasso, Kandinsky und Klee rechnet. Hingegen setzt er sich für eine von Leon Theremin konstruierte Komponiermaschine, das Rhythmicon, ein. Mittlerweile hat man in Amerika, vermutlich unter Anwendung Schillingerscher Methoden, vollkommenere Komponierautomaten konstruiert, die in der Schlagerproduktion tatsächlich mit Erfolg benutzt worden sind. War das Rhythmicon nur auf Herstellung von Rhythmen eingerichtet, so verstehen sich die neuesten Maschinen auch auf Melodie und Harmonie.

Der Mensch, der für die Wiedergabe von Musik bereits entbehrlich ist, wird damit auch unnütz für ihre Schöpfung. Dieser Traum ist allerdings so neu nicht, wie er scheint. Die Universalgelehrten der Barockzeit haben dergleichen mit Passion betrieben. Einer ihrer begabtesten, der Jesuit und Naturwissenschaftler Athanasius Kircher, entwarf in seiner »Musurgia Universalis« von 1622 eine Apparatur, die er »Arca Musarithmica« nannte und die auf mathematischer Grundlage Kompositionen herstellen konnte. Alle diese Spekulationen haben ihren Reiz und sogar ihren ästhetischen Sinn. Sie sind aus dem Werdegang der Musikentwicklung sowenig zu eliminieren wie die Versuche der Alchimisten aus der Geschichte der Chemie. Man wird an ihnen lernen. Aber man sollte nicht allzuviel Hoffnung darauf setzen, daß Gold dabei entsteht.

1960

Grenzen des musikalischen Hörens

Der Titel ist mehrdeutig; denn ich glaube nicht an die Eindeutigkeit musikalischer Probleme. Schon der Begriff der Grenze läßt sich verschieden interpretieren; es gibt sogenannte ewige Grenzen, das sind die von der Natur gezogenen, deren Umrisse sich allerdings menschlicher Betrachtung sehr wandelbar darbieten und vielleicht – wie uns die Vertreter der modernen, philosophierenden Physik versichern möchten – für die Bedingungen außerhalb unserer irdischen Erfahrung überhaupt nicht zutreffen. Daß nun vollends die von Menschenhand gezogenen Grenzen nach Belieben verrückbar sind und im geographisch-politischen Bereich alle paar Jahre verändert werden, dessen haben uns die vergangenen Jahrzehnte reichlich belehrt. Und im Bereich des Geistes und der sogenannten Kultur steht es um die Festigkeit solcher Grenzen keineswegs besser. Die Frage, wo denn eigentlich die Grenzen der Musik liegen, wird denn auch nicht nur von jeder Epoche in unserer abendländischen Geschichte verschieden beantwortet, sondern auch von jedem Volk oder jeder Völkergruppe, in dem oder in der bestimmte musikalische Konventionen entwickelt worden sind. So ist also auch das Wort »musikalisch«, das als adjektivische Definition die von mir gemeinten Grenzen des Hörens bestimmen soll, etwas Mehrdeutiges, von vielerlei Überlieferungen Abhängiges, die einander widersprechen oder gar auszuschließen scheinen. Was nun aber das Hören angeht, so erweist es sich als ein recht verwickelter physiologisch-psychologischer Vorgang, dessen Geheimnisse schon die Theoretiker und Philosophen der griechischen Antike beunruhigt haben, dem die Denker des 16. Jahrhunderts, Männer wie Descartes und Mersenne, nicht auf den Grund zu leuchten vermochten, dem Helmholtz und später Carl Stumpf mit modernen wissenschaftlichen Methoden physikalisch und psychologisch nachspürten und der sich heute etwa in den Untersuchungen Fritz Winckels mit abermals neuen Aspekten zeigt, die vermutlich wiederum von einer späteren Generation revidiert werden müssen.

Lassen Sie mich von der Feststellung ausgehen, daß Hören etwas Subjektives ist. Wir wissen, daß die physiologischen Grenzen unseres

Ohres nach oben etwa bei 20 000, nach unten bei 20 Herz liegen, wobei der jugendlich reife Mensch zwischen 20 und 30 Jahren als Norm dient; mit zunehmendem Alter rücken die beiden Grenzen zusammen. Bei manchen Menschen sind sie weiter oder enger, bleiben auch wohl bis ins hohe Alter einigermaßen stabil. Andere Lebewesen hören bedeutend mehr als wir, und so gibt es Hundepfeifen, deren Ton über unserer Wahrnehmungsgrenze liegt, vielleicht bei 30 000 Herz herum, aber z. B. für Suso, den Neufundländer in Thomas Manns »Doktor Faustus« und treuen Gefährten Adrian Leverkühns, ohne weiteres vernehmlich ist. Wie jeder Muskel und jedes Organ des menschlichen Körpers kann man auch das Ohr trainieren, man kann es an die Unterscheidung und vor allem schon an die Wahrnehmung hoher und tiefer Frequenzbereiche gewöhnen, und zweifellos hören wir heute mehr Töne als etwa die Musiker des 15. Jahrhunderts, deren Ohr im wesentlichen nur die Erfahrungen der Gesangsmusik mit ihrem ziemlich schmalen Ambitus zu verarbeiten hatte, wogegen wir heute mehr als sieben Klavieroktaven und im modernen Orchester sogar noch einige Töne darüber und darunter zu hören und musikalisch zu erleben gewohnt sind.

Aber vom musikalischen Standpunkt aus ist die subjektive Erweiterung des hörbaren Frequenzbereichs gar nicht wünschenswert, da sich durch sie ja die musikalische Erlebnisfähigkeit nicht vergrößert. Man kann künstlerische Dinge nicht quantitativ beurteilen, und je mehr unser musikalisches Denken technischen Kriterien unterworfen wird, desto mehr verarmt ihre ästhetische Erkenntnis, bei der es niemals um meßbare und zählbare Werte gehen kann. Die Wissenschaft vom Hören ist heute überwiegend positivistisch orientiert, sie gehört in ihrer Methode – so sehr sie sich auch der mechanistischen Mittel der jüngsten Gegenwart bedient – völlig dem 19. Jahrhundert an und entfernt sich dadurch immer mehr von der geisteswissenschaftlichen, der ästhetischen Deutung von Musik.

Wir haben es beim musikalischen Hören nicht nur mit dem großen Komplex von Bestimmungen der Tonhöhe zu tun, dem sich neue Begriffe wie der Einschwingvorgang zugesellen, nicht nur mit dem weiteren Komplex der Tondauer, unter den alle Probleme des sogenannten Rhythmus und der Betonungsschwerpunkte fallen, sondern mit einer ganz spezifischen Chemie des Zusammenwirkens von Höhe und Dauer. In dieser Chemie, die sich dem naturwissenschaftlichen Zugriff entzieht und auch ästhetisch bisher eine terra incognita ist, spielen die übrigen Eigenschaften des hörbaren Tones, seine Stärke und Farbe vor allem, eine zwar sekundäre, aber darum nicht vernachlässigbare Rolle.

Der erste Forscher, der als Musiker auf die Zusammengehörigkeit dieser Toneigenschaften hingewiesen und sie versuchsweise synthetisch verbunden hat, war der in Rußland geborene, in New York gestorbene Joseph Schillinger. Sein sogenanntes Kompositionssystem, das er in dem Buch »The mathematical basis of the arts« zu einer Technologie aller existierenden und noch denkbaren Künste erweitert hat, arbeitet weitgehend mit mathematischer Terminologie. So führt Schillinger für die Eigenschaften des Tons den Begriff der Parameter ein, den der Bonner Physiker Werner Meyer-Eppler adaptiert hat und der über die Laboratorien für elektronische Musik in das moderne Musikschrifttum Einlaß gefunden hat.

Hinter Schillingers System, das eine koordinierende Analyse und Synthese der Künste betreibt und sich dabei leider allzu tief ins Gestrüpp von Formeln und Diagrammen verliert, steht aber ein humanistischer Gedanke, der das positivistische Abrakadabra weit überstrahlt. Schillinger will nämlich die bestehenden Formen musikalischer Gestalt, wie sie in den verschiedenen Epochen der Menschheitsgeschichte und wie sie von den verschiedenen Völkern, Völkergruppen und Rassen entwikkelt worden sind, auf einen Generalnenner bringen. Der moderne Musiker, so meint er, muß nicht nur mit der europäischen Musik vom einstimmigen Choral bis zu den modernsten Versuchen vertraut sein, sondern auch mit den musikalischen Denkarten der asiatischen, amerikanischen, afrikanischen und australischen Völker.

Das ist in der Praxis der Kompositionslehre und in der Ästhetik ein Novum, denkbar überhaupt nur seit der Erfindung von Schallplatte und Tonband, die uns mit dem nicht-transskribierten Klang solcher Musik bekannt machen, aber auch eine Folge der Bemühungen um die Wiederbelebung alter Aufführungspraktiken, die der modernen Musikgeschichtsforschung in Verbindung mit dem Nachbau alter Instrumente zu danken ist.

Durch die mechanischen Aufzeichnungen, anfangs des Edisonphonographen, später des Berlinerschen Grammophons und der heute bevorzugten Tonbandaufnahme, wurden die Grundlagen geschaffen für das, was man die vergleichende Musikwissenschaft nennt. Die Disziplin wurde begründet, als 1885 der Engländer Alexander J. Ellis im »Journal of the society of arts« seinen Versuch »On the musical scales of various nations« veröffentlichte. Sie fand ihre stärkste Förderung in Berlin durch die Forschergemeinschaft Curt Sachs und Erich von Hornbostel; Sachs hat nach seiner Emigration in Paris und später an der New Yorker Columbia-Universität seine Forschungen weitergeführt.

Die vergleichende Musikwissenschaft hat vorbereitet, was Schillinger in seiner totalitären Kunstlehre unternimmt. Sie stieß bei ihren Untersuchungen exotischer Musik auf eine Vielzahl von Tonsystemen und verwendeten Tonleitern, die meistens mit den im Abendland eingebürgerten sehr wenig gemeinsam haben. Die beliebte Fiktion, es handele sich bei unserem Tonsystem der Dur- und Moll-Geschlechter oder auch bei den älteren Kirchentönen und noch älteren Tetrachord-Paaren der Griechen um etwas Naturgegebenes und daher Allgemeinverbindliches, mußte angesichts der oft sehr entwickelten Kulturen dieser anderen Völker aufgegeben werden. Naturgegeben ist in der Musik nur eine Anzahl von Intervallen der Obertonreihe, die aber zum überwiegenden Teil für ein System und für den praktischen Gebrauch nicht geeignet sind. Infolgedessen mußten alle musikalischen Kulturen das vorliegende natürliche Material den getrennten Prozessen von Auswahl und Korrektur unterwerfen. Bei der Auswahl empfahlen sich vor allem die einfachen Intervalle der Oktave, Quinte und Quarte, die denn auch bei allen Kulturen der Leiterbildung dienen. Durch die verschiedenen Korrekturen wurde versucht, zu einer Einebnung der Intervalle zu gelangen, so daß bestimmte einfache Konventionen erreicht werden konnten. Wir kennen solche Einebnungen der Intervalle von unserer temperierten Halbtonskala, die seit dem Ende des 17. Jahrhunderts ein unbegrenztes Modulieren zwischen den 24 Tonarten erlaubt, was 1702 ein Badenser namens Johann Kaspar Ferdinand Fischer in seiner »Ariadne Musica« und nach ihm Johann Sebastian Bach im »Wohltemperierten Klavier« praktisch auswerteten.

Unsere Temperierung ist nicht die einzige, die in der Musik Verwendung findet. Man kann auf siamesischen Gongspielen und Xylophonen und Metallphonen wie dem Ranad und dem Ranad Thong eine Tonleiter hören, die den Oktavraum in sieben gleiche Intervalle teilt, also keine Halbtöne und auch keine Ganztöne enthält, sondern nur $^6/_7$-Töne. Aus diesen wird wiederum eine pentatonische Auswahl getroffen, so daß es als verwendete Intervalle nur einen zu kleinen Ganzton und dessen Verdoppelung, d. h. ein Intervall zwischen kleiner und großer Terz (sowie die Summierungen dieser Schritte), gibt.

Unser in der Konvention der Halbtönigkeit erzogenes Ohr reagiert auf diese Intervalle zunächst unnachgiebig und rechthaberisch; es deutet sie als verstimmt, als falsch intoniert, weil es sie auf die gewohnten Schritte bezieht. Da die Siamesen sich unserer Notenschrift bedienen, notieren sie ihre Melodien auch falsch, d. h. auf unsere Tonvorstellungen bezogen.

Beschäftigt man sich aber auch nur kurze Zeit mit der siamesischen Leiter, so stellt sich bald ein verändertes Tonbewußtsein her; das Ohr richtet sich in dem ungewohnten System ein und erlebt die fremden, temperierten Intervalle als melodische Möglichkeiten sui generis. Damit ist eine Grenze des uns anerzogenen musikalischen Hörens überschritten, und zwar eine Konventionsgrenze. Für Musiker, die sich – etwa in Verbindung mit den Kompositionen Alois Hábas in Prag – in der Klangwelt der Viertel- und Achteltöne umgetan haben, war eine ähnliche Grenzüberschreitung zu bewerkstelligen; sie ist aber bei den Vierteltönen dadurch erleichtert, daß nur zusätzliche kleine Schritte neben den bestehenden Halb- und Ganztonintervallen ins Bild treten, wogegen die siamesische Temperierung auf alle uns bekannten Intervalle verzichtet.

Ich bin kein zünftiger Kenner der vergleichenden Musikwissenschaft und auch kein musikalischer Ethnologe. Meine Kollegen Kurt Reinhard und Hans Eckardt in Berlin sind befugter als ich, die Systeme z. B. der ostasiatischen Musikkulturen zu schildern. Als ich im vorigen Sommer ein paar Wochen in Japan und vorher ein paar Tage in Bangkok verbringen konnte, trat ich in die mir fremden Welten ebenso vorurteilslos und naiv, wie ich immer wieder versuche, die Phänomene moderner Musik auf mich wirken zu lassen. Ferruccio Busoni hat die Frage »was ist Musik« mit dem bündigen Satz beantwortet: »Musik ist, was in Rhythmen und Intervallen tönt.« Ich möchte ihn durch den Zusatz erweitern: »und durch Geist und Sinne erfaßbar ist.« Wir Abendländer werden durch asiatische Intellektuelle, die westliche Erziehung genossen haben, beschämt. Denn sie sind imstande, sich in unseren Künsten und Wissenschaften mühelos zu orientieren, ohne doch die Verbindung mit den eigenen Traditionen zu verlieren. Sie überschreiten die durch Tradition und Konvention gezogenen Grenzen des Hörens und nähern sich damit einer umfassenderen musikalischen Denkart, als sie uns Abendländern bisher möglich war.

Diese Grenzen betreffen nicht nur das Tonsystem: es gibt ja auch innerhalb unserer abendländischen Musik Grenzen ganz anderer Beschaffenheit, durch die sich Epochen voneinander unterscheiden. In Frankreich hat Jean Etienne Marie mit seiner »Musique vivante«, in Deutschland Hans Heinz Dräger mehrfach auf die für bestimmte Epochen charakteristischen Klangfärbungen und Tonerzeugungsgeräusche hingewiesen. Der schnarrende Ton des Renaissance-Orchesters, der klirrende des Barockorchesters ist ebenso unverkennbar wie der näselnde und gequetschte gewisser ostasiatischer Instrumental- und Vokalmusik.

Es kann kein Zweifel sein, daß unsere musikalische Erlebnisfähigkeit mitten in einem Prozeß radikaler Wandlung begriffen ist. Die Musikgeschichte der letzten dreihundert Jahre hat ähnliche Prozesse der Wandlung gezeigt, von denen der jüngste in die erste Hälfte des 19. Jahrhunderts fällt. Er hängt zusammen mit der Veränderung des Repertoires in den Bereichen der Oper und der Instrumentalmusik. Bis etwa 1800 gab es nur bescheidene Anfänge dessen, was wir ein öffentliches Musikleben nennen, die Musikpflege war ein Reservat des musisch interessierten Adels und der Kirche, und beide Institutionen hatten ihre fest verpflichteten Mitarbeiter, zu deren Aufgaben es gehörte, das Repertoire aufgeführter Werke fortwährend zu ergänzen. Joseph Haydn schrieb seine mehr als hundert Symphonien zum überwiegenden Teil für den häuslichen Gebrauch der adligen Brotgeber, in deren Schlössern er als Domestik diente; Johann Sebastian Bach seine Kantaten für die sonntäglichen Gottesdienste Leipziger Kirchen. Die Opernhäuser der europäischen Residenzen hatten ihre Hauskomponisten oder gaben anderen lebenden Komponisten den Kompositionsauftrag, die Scrittura. Eine antiquarische Musikpflege, ein immer wiederholtes Inszenieren oder Einstudieren von Werken vergangener Epochen, einen Repertoire-Rückblick auf zwei bis drei Jahrhunderte, wie er heute üblich ist, gab es damals nicht. Man setzte sich mit dem jeweils Neuen auseinander, und die Komponisten waren stolz, ihren gebildeten Hörern musikalische Probleme vorzuführen, die ihnen wichtig waren. Mit dem Aufkommen des bürgerlichen Publikums in der modernen Industriegesellschaft hat sich das völlig geändert. Nun entstanden die großen Konzertsäle, zu denen jeder zahlende Interessent Zutritt hatte; Opernkarten, die z. B. in Berlin als königliche Privatgunst an einen Kreis adliger und großbürgerlicher Liebhaber verschenkt wurden, konnten nun im freien Verkauf erworben werden.

Diesem neuen, breiten Publikum, das sich immer mehr aus Kreisen des Kleinbürgertums und der Arbeiterschaft rekrutierte, mußte eine ungleich konservativere Auswahl von Werken geboten werden; es wünschte keine Probleme vorgesetzt zu bekommen, sondern nach Möglichkeit Bewährtes und schon Gehörtes. So entstand in einem konsequenten Erstarrungsprozeß das heutige begrenzte Repertoire, mit dem die Erlebnisfähigkeit auf den Raum von rund zwei Jahrhunderten reduziert war. Im Orchesterkonzert reicht das Repertoire etwa von Händels oder Corellis Concerti grossi bis zu den Dichtungen von Richard Strauss, den Gemälden von Claude Debussy, den Weltanschauungssymphonien von Gustav Mahler. In der Oper von Glucks »Orpheus« bis zum »Rosenkavalier« und zu d'Alberts »Tiefland«.

Den Spielplan-Kern, dort wie hier, bilden zwei Dutzend Symphonien von Mozart, Beethoven, Schubert, Schumann, Mendelssohn, Brahms und Bruckner oder zwanzig Opern von Mozart, Wagner, Verdi, Puccini und Strauss. Was davor oder danach entstanden ist, wird bestenfalls als historisierende oder modernistische Konzession geduldet, aber nicht eigentlich begehrt.

Schon nach dem Ersten Weltkrieg setzte gegen diese relativ neue museale Tradition eine kritische Haltung ein, namentlich von seiten der Jugend. Dabei wurde gern das Kind mit dem Bade ausgeschüttet; statt die Möglichkeiten einer Reform des Opernspielplans zu erwägen, erklärte man, die Oper als Institution sei tot oder doch moribund, und statt dem einseitigen Beethoven-Kult der Symphoniedirigenten moderne Programmvorschläge entgegenzustellen, hielt man den Typus des Symphoniekonzerts für überlebt.

Nach dem Zweiten Weltkrieg begann, und zwar wiederum bei der jungen Generation, ein gewisser Überdruß an Musik des 19. Jahrhunderts spürbar zu werden, der durch ein wachsendes Interesse an sehr alter und an sehr neuer Musik kompensiert wurde. Gleichzeitig entwickelte sich ein neuer Typus von Orchesterkonzerten, dessen Träger meistens die Symphonieorchester der Rundfunkgesellschaften sind. Hier entstanden neue Repertoire-Schwerpunkte, teils mit Werken des Barock und sogar der Renaissance, teils mit sehr modernen, oft experimentellen Kompositionen der Zeitgenossen.

Damit sind nun Grenzen des musikalischen Erlebens und somit des Hörens überschritten worden, die noch zu Eduard Hanslicks Zeiten unüberschreitbar schienen. Für die intimere Kenntnis sehr alter und sehr neuer Musik erwies sich gleichermaßen die Schallplatte als ein Medium von gar nicht zu überschätzender Werbekraft. Da sich aber die Programme der konservativen symphonischen Konzerte neben diesem teils historisch, teils modern reformierten Musikleben lebendig erhielten, resultierte ein Hörerbewußtsein, das in einer großen Anzahl sehr verschiedener Stile sich beheimatet fühlt, das eine Sonate pian e forte von Giovanni Gabrieli so erregend findet wie die vierte Symphonie von Beethoven oder wie ein Orchesterstück von Schönberg, Messiaen oder Hans Werner Henze. In der Oper ist der Wandlungsprozeß etwas schwerfälliger, aber ebenfalls nicht zu übersehen.

Und wie Geschmack und Erlebnisfähigkeit sich zeitlich entfernten Kulturen zuwenden, ohne dadurch den Sinn für Klassik und Romantik einbüßen zu müssen, so sehen wir seit zwei oder drei Generationen auch den Sinn für die Musik ferner exotischer Kulturen sich beleben. Den Anfang machten ein paar junge französische Komponisten bei der Pariser Weltausstellung 1884, wo es eine ägyptische Straße, ein javanisches Theater und chinesische Kaufläden zu sehen gab. Hier fanden Erik Satie, Claude Debussy, Emmanuel Chabrier und Maurice Ravel das Erlebnis einer Musik, die jenseits aller Grenzen des gewohnten Hörens lag und deren Niederschlag in ihrem späteren Schaffen vielfach entscheidend war. In den folgenden siebzig Jahren ist die französische Musik von den Erfahrungen dieses Grenzdurchbruchs nicht mehr losgekommen. Ich möchte hier aber nicht mißverstanden sein. Eine hybride Vermischung von Formen exotischer und abendländischer Musik scheint mir nicht wünschenswert, da sie immer Stilverfall und Geschmacksverfall nach sich zieht. Exotismen, wie sie schon die Klassiker des späten 18. und die

Romantiker des frühen 19. Jahrhunderts liebten, haben Sinn nur als malerische Nuance und wenn sie den ironischen Unterton nicht einbüßen. Hingegen kann die Einbeziehung von Tonleitern, Rhythmen und Klangfarben außereuropäischer Kulturen zu einer Erweiterung des musikalischen Denkens führen, die dem humanistischen Wesen des modernen Kulturbewußtseins Hilfsdienst leistet. In diesem Geiste hat z. B. Olivier Messiaen sich rhythmischer Formeln und melodischer Typen der Hindumusik bedient und damit den Horizont seines eigenen Schaffens ganz erheblich geweitet.

Wie schwer es uns Abendländern fällt, die durch Konvention gezogenen Hörgrenzen zu überschreiten, das wurde mir in Japan vor allem bei der Vokalmusik des No-Theaters sowie der Kabukispiele und der Instrumentalmusik des Gagaku, der kaiserlichen Hofmusik, deutlich. Daß es lediglich Konventionsgrenzen sind, ist unbestreitbar. Denn die Gagaku-Instrumentalisten im Tokioer Kaiserpalast spielen jeder außer dem traditionellen japanischen Instrument auch ein europäisches, so daß sie je nach der Gelegenheit als japanische Kapelle in traditionellen Kostümen und als Symphoniker in Fräcken auftreten.

Das Gagaku weicht im Tonsystem von unserer abendländischen Musik nicht ab. Es beruht auf pentatonischem Grund, bedient sich aber einer großen Anzahl unserer Halbtöne. Die melodische Führung zweier Melodieinstrumente, der Ryuteki-Flöte und der Hichiriki-Schalmei, ist eine besondere Form von Heterophonie, bei der die Linien sich häufig in kleinen Sekundintervallen verknäulen. So entsteht für unsere im polyphonen Hören erzogenen Sinne der Eindruck einer hochdissonanten Chromatik, die durch den Schleifton des Glissandos noch verstärkt wird. Zu alledem tritt als Akkordinstrument noch das Scho, die 17pfeifige Mundorgel mit ihren engen Tontrauben im Diskant.

Die junge japanische Komponistengeneration ist ausnahmslos in westlichen Methoden geschult. Seit drei Generationen haben deutsche, französische und amerikanische Lehrer sie in Harmonielehre, Kontrapunkt und europäischer Instrumentation unterwiesen. Der Milieu-Eindruck der japanischen Volksmusik aber bleibt unverändert, prägt die geistigen Physiognomien von Kindheit auf und hält, mindestens im Unterbewußtsein, ein labiles Gleichgewicht zwischen Orient und Okzident in ihnen aufrecht. Eine ähnliche Situation findet man heute in mehreren ostasiatischen Ländern, in fast allen Staaten des Nahen Ostens, in großen Teilen Afrikas und natürlich in den beiden Amerika. Und nun versetzen Sie sich bitte in die Zeit vor 50 oder gar 100 Jahren zurück. Asiatische oder afrikanische Musik, sogar im wesentlichen die amerikanische war nur als fremdartige exotische Begegnung denkbar; sie wurde ins Kuriositätenkabinett verwiesen, nicht anders als die Trophäen der Kopfjäger oder eine Negerplastik oder ein bizarres Netsuke. Die Anekdote weiß zu berichten, daß der damalige Schah von Persien nach einem Besuch der Pariser Oper als schönste Musik das Stimmen des Orchesters bezeichnet habe; der heutige gehört mit seinen Frauen dank den Bildberichten der illustrierten Zeitschriften beinahe zu unseresgleichen.

Das Phänomen der kulturellen Annäherung gehört, wie ich glaube, zu den bemerkenswertesten unserer Zeit. Japanische, türkische, indische Komponisten figurieren auf den Programmen unserer Musikfeste mit Werken, die wir unmittelbar verstehen, so wie sie unsere Musik verstehen und weitgehend als ihre Modelle verwenden. Dieses Rapprochement geschieht von beiden Seiten her; Debussys Ganztonleiter war zwar aus einem Mißverständnis des chinesischen Musiksystems hervorgegangen, aber Messiaens Hindurhythmen sind authentisch. Das Gamelangorchester hat mit seinem Klang die Phantasie abendländischer Komponisten ebenso belebt, wie die arabischen Maqams und indischen Ragas Eingang gefunden haben in westliche Kompositionssysteme, namentlich in bestimmte Formen der Zwölftontechnik. Das organisierte Geräusch in den Kompositionen Edgard Varèses ist zwar technologisch fundiert, verwendet aber die Erfahrungen exotischer Schlagzeugmusik. Und von Jahr zu Jahr wächst unsere Kenntnis außereuropäischer Musik, wächst auch die Vertrautheit anderer Kulturen mit der unseren. Die Liquidierung der klassischen Tonalität und ihre Substituierung durch die Reihentechnik der Zwölftonmusik ist ein wichtiger Schritt zur Annäherung an das musikalische Denken von Völkern, die eben nicht aus der Tradition des Dur und Moll hervorgegangen sind.

Das Ziel aller dieser Tendenzen ist die definitive Begegnung der Kulturen. Oft sind wir noch in der Lage von zwei Arbeitertrupps, die von verschiedenen Seiten her Stollen in einen Berg sprengen. Eines Tages werden sie sich begegnen, und der Tunnel wird befahrbar, die Kommunikation hergestellt sein.

Begegnungen solcher Art gehören zur ständigen Erfahrung unserer kulturellen Existenz. Es gibt heute unter den jungen Komponisten aller Länder eine gemeinsame Sprache. Ein Musikfest in Karuizawa oder Donaueschingen, ein Konzert der Musica Viva in München oder der Incontri Musicali in Mailand oder des Domaine Musical in Paris, ein Ferienkurs in Darmstadt oder im brasilianischen Teresopolis zeigt heute die Identität der geistigen Probleme bei der jungen und der mittleren Generation aller Breitengrade.

In seiner Rede zur Eröffnung der Kasseler documenta 2 hat Werner Haftmann von der »lautlosen Phalanx« der Künstler gesprochen, deren Botschaften überall auf ein gleichgestimmtes Echo trafen. Er sagte: »Aus diesen sich schnell verdichtenden Rufen und Gegenrufen entstand ein gemeinsames Schaffensklima, das sich so stark erwies, daß es in kurzer Zeit die alten großen Leitbilder der einzelnen Regionalkulturen überwand oder veränderte. Gerade diese Ausstellung zeigt Ihnen, wie die Form und Empfindungsweise der modernen Kunst heute bereits um den ganzen Erdball reicht. Sie ist der erste Modellfall von Weltkultur.«

Haftmanns Betrachtung läßt sich auf das Gebiet der Musik fast unverändert übertragen. Die documenta der modernen Komposition sprechen menschheitlich, wenn auch die Grenzen hier schwerer überwunden werden als in der Malerei und Plastik. Das Ohr ist konservativer als das Auge, die Trägheitsgesetze des hörenden Menschen sind starrer als die des sehenden. Aber der Prozeß ist unaufhaltsam, weil er dem übergeordneten Gesetz eines Zusammenschlusses der Menschheit entspricht.

Als Robinson Crusoe in Daniel Defoes Roman dem Eingeborenen begegnete, den er Freitag nannte und der sein bester Freund werden sollte, gab es zunächst zwischen ihnen keine Verständigung. Dann aber entdeckten beide neben dem Trennenden einiges Verbindende, und schließlich überwog dies Verbindende so sehr, daß sie kein Trennendes mehr empfanden. Wir sind heute im Bereich der Kultur so weit, daß es Verständigungsschwierigkeiten grundsätzlicher Art zwischen den modernen Künstlern auch der fernsten und fremdesten Völker nicht mehr gibt. Der Unterschied zwischen einer Musik von der konservativen, am 19. Jahrhundert orientierten Art, wie sie heute in sowjetisch regierten Ländern gepflegt wird, und einer Komposition von Luigi Nono, Pierre Boulez oder Hans Werner Henze ist größer als der zwischen einem Klavierstück des Japaners Makoto Moroi und einem von Anton Webern oder einem der drei eben genannten Musiker.

Die Grenzen des musikalischen Hörens zwischen den Völkern und Kulturen beginnen zu fallen. Die Allgegenwart von Kurzwelle und Schallplatte trägt zu ihrer Beseitigung unablässig bei. Nietzsche hat 1872 von dem »dritten Ohr« der modernen Musiker fabuliert. Sollte er gemeint haben, was sich heute im musikalischen Bewußtsein vieler Künstler andeutet: das Hören in einem Klang-Universum, wo es keine Systeme, keine Leitern, keine Kadenzen, keine Stufen, keine tonalen und keine metrischen Schwerpunkte gibt, und wo doch jedes System und jeder Schwerpunkt seinen Platz einnehmen kann? Ein solches Universum bedeutet nicht die Nivellierung aller kulturellen Eigenschaften und Eigenarten, sondern ihr Zusammenwirken im Geist einer Kultur der Humanität und der Toleranz. Die Grenzen des musikalischen Hörens, durch alte Tradition gezogen, sollen erkennbar bleiben. Aber es wird keine Mühe machen, sie her und hin zu überschreiten.

Amerikanische Wege zum Musiktheater

Blickt man vom 86. Stock des Empire State Building auf das glitzernde, von Schnee und Frühlingssonne strahlende Netz aus Stein, Glas und Metall, das einmal das indianische Dorf Mana-hatta gewesen ist, so kommt einem das Theater- und Musikviertel lächerlich klein und unwichtig vor. Irgendwo zwischen den Schluchten kauern die Backsteinwände von Carnegie Hall, dahinter liegt die 57. Straße mit ihren Agenten, Klavierläden, Zeitschriften, Gesangstudios: ein Steinchen im Riesenmosaik der Weltstadt von hundert Sprachen und Dialekten. Und doch ist New York musikbesessen, musikdurchdröhnt und von tausend Impulsen zitternd, die sich allabendlich in Konzertsälen, Opernhäusern und Broadway-Theatern konzentrieren. Die Faszination der großen Künstlernamen ist nirgends auf der Welt stärker als hier; Rundfunk, Schallplatte und Fernsehen haben der amerikanischen Musik zu einer Macht verholfen, die der Filmindustrie Sorgen macht. Die heilige Cäcilia beherrscht Dollarmillionen. Der Name Abraham Lincolns, das Vermögen der Rockefeller stehen im Dienst eines Planes, der die Grundpfeiler des New Yorker Musiklebens in einem einzigen gewaltigen Gebäudekomplex verbinden wird.

Plötzlich setzen die alten Institutionen Patina an. Amerika wird sich seiner Geschichte bewußt. In der Metropolitan Opera hat Rudolf Bing die zehnte Saison seiner Intendanz eröffnet. Ein neuer Typus von Opernführung ist entstanden, mit ihm eine Form des Startheaters, die deutsche, italienische und französische Sektoren verbindet, Anregungen des modernen Schauspiels einbezieht und sich durch amerikanische Blutzufuhr unaufhaltsam wandelt und dem Leben der Nation einschmelzt. Der Tod des großen Baritons Leonard Warren mitten in der Aufführung von Verdis »La Forza del Destino« traf als lähmender Schock die ganze Stadt. Er beraubt die »Met« eines ihrer unersetzlichen Mitglieder, und zwar im italienischen Ensemble, obwohl Warren geborener Amerikaner war.

»Der fliegende Holländer«, eine Zwei-Uhr-Matinee am Samstag, begann als Totenehrung für Warren mit dem Vorspiel zum dritten »Traviata«-Akt. Er ist in den Hauptpartien bayreuthisch besetzt. George London als Holländer, Leonie Rysanek als Senta standen anfangs merklich unter dem frischen Eindruck der Katastrophe; im dritten Akt aber geschah das schlechthin Außerordentliche: Sentas Gesang streifte in Farbe und Dynamik die Grenze des Irdischen. Es war ein Triumph, neben dem selbst so ausgeglichene Leistungen wie die Giorgio Tozzis

(Daland) und Karl Liebls (Erik) Mühe hatten, wahrgenommen zu werden. Thomas Schippers dirigierte so ahnungslos, daß man ihm zwei Jahre Korrepetition an einem deutschen Provinztheater wünscht. Falsche Tempi, falsche Phrasierungen, sentimentale Ritardandi und Fermaten. Schade um diese Begabung, die sich bei der Berliner Premiere von Gian Carlo Menottis »Heiliger der Bleecker Street« so bewährte. Schippers verkörpert ein schweres Problem des amerikanischen Musiklebens: die Hilflosigkeit der Musiker vor Opernaufgaben in einem Lande ohne Theater. Alle Begabungen in Ehren, die der neue Kontinent so verschwenderisch produziert; in Dingen der Wagner- und auch der Verdi-Tradition braucht er noch europäische Führung. Man spürte den klaffenden Unterschied zwei Tage darauf, als Karl Böhm die »Walküre« leitete. Das ausgezeichnete Orchester der »Met«, eins der besten im Lande und zu Unrecht im Schatten der berühmten Symphonieorchester, musizierte mit einer Gelöstheit und Subtilität des Klangs, die Schippers trotz seiner höchst sensitiven Nerven nicht erreichte, weil ihm in elementaren Dingen der Zugang zur Partitur fehlt. Glanzpunkt dieser Aufführung war der Tenor Jon Vickers. Kanadier, in Toronto ausgebildet, in New York seit einem »Fidelio« (1956) bekannt, steht er seit Herbst im hellsten Licht von Publicity und Melomanengunst. Die Stimme ist ein Wunder an Ebenmaß, tragend von baritonalen Tiefen bis in den blitzenden Diskant, lyrisch und heldenmetallisch zugleich, mit einem Pianissimo beim »Friedmund darf ich nicht heißen«, das alle Vorbilder in den Schatten stellt, einem eruptiven und doch schönen Fortissimo beim »Wälse, Wälse« und am Aktschluß, daß es einem kalt den Rücken herunterläuft. Dagegen enttäuschte die vielgerühmte Aase Nordmo Loevberg, deren Sieglinde stimmlich gepreßt, in den Spitzentönen pfeifend, im Spiel konventionell wirkte. Die Inszenierungen, für die Herbert Graf zeichnet, gehören stilistisch dem vor-tietjenischen Zeitalter an, die »Holländer«-Dekors (von Charles Elson nach Entwürfen von Robert Edmond Jones) besser als die zur »Walküre« (von Lee Simonson), beide in einem fast provinziellen Naturalismus befangen, der auf Hundings Tisch einen Schinken, im Kamin rote Papierflammen duldet und dem Gespensterschiff überraschenderweise einen Feuerzauber umhängt.

New Yorks Wagner-Publikum, montags in Frack und großem Abendkleid, aber auch im grauen Anzug, wenn die Zeit zum Umziehen nicht langt, fügt sich der starken Atmosphäre des Riesenhauses mit den dunkelweinroten Polstern und vergoldeten Reliefsäulen genau ein. Hier wird noch Oper gespielt und geschlürft wie in den »naughty nineties«; selbst in Mailand und London, von Paris ganz zu schweigen, ist der Geist von vorgestern nicht so reizvoll gegenwärtig wie hier unter dem goldenen Hufeisen, dessen Box Holders im Programm mit Namen genannt sind.

Über dem Vorhang stehen die Namen der ungleichen Götter, zu denen hier gebetet wird: Gluck, Mozart, Verdi, Wagner, Gounod und Beethoven.

Nur elf Straßen (in New York sagt man »blocks«) weiter stehen die Broadway-Bühnen, wo ein helleres Genre des Musiktheaters gepflegt wird. Das Musical hat weitgehend den alten Typ der Pariser und Wiener Operette abgelöst. Seine Form, Synthese von modernem Schauspiel und Kammerrevue, ist im Berlin der himmlischen zwanziger Jahre entstanden. New York hat sie übernommen und perfektioniert. Wir hören den »hit« des Jahrzehnts: »My Fair Lady«. Seit vier Jahren läuft diese Musikgarnierung von Shaws »Pygmalion« vor vollen Häusern. Das Stück ist so reizvoll wie eh und je; es bedarf der Musik nicht, und ein bißchen wundert man sich, daß einem der singende Colonel Pickering, der tanzende Professor Higgins soviel Spaß machen. Denn Frederick Loewe ist kein Komponist mit Einfällen aus erster Hand, und die Verse von Alan Jay Lerner gipfeln in Wortmontagen wie »The rain in Spain stays mainly in the plain«. Woher also der Zauber?

Es ist die Art, wie hier Theater gemacht wird. Eine Kunst der entspannten und spannenden Reihung von Nummern, die so raffiniert, so leicht, so ununterbrochen Gegensätze verknüpft, daß Dialog, Tanz, Song und Melodram eine funkelnde Kette dramatischer Lustbarkeit bilden. Michael Allinson als Higgins, Ronald Radd als Vater Doolittle, Melville Cooper als Pickering sind die Protagonisten, denen leider Pamela Charles als Eliza knapp das Wasser reicht (von Champagner nicht zu reden!). Am Pult ein Musiker von Rang, gleichermaßen an leichter Kunst wie an Symphonik bewährt: Franz Allers.

Das Ensemble steht vor dem Abflug zu einem Gastspiel in Moskau. Auch das gehört zum amerikanischen Stil, daß man gerade dieses lässigfreche, von elegant-bürgerlicher Ironie und Weltstadtgeist pralle Stück Boulevardtheater in die Metropole des Kommunismus schickt. Shaws Proletariermädchen, auf wissenschaftlichem Wege zur Salonherzogin befördert, mit jazzgewürzter Orchesterbegleitung, Pferderennen und Botschaftsball: der Eindruck wird schockhaft sein. Aber vielleicht sehen die New Yorker Theaterleute, von denen einige sich von Moskauer Aufführungen so sehr faszinieren ließen, mehr als der normale Beurteiler des amerikanisch-russischen Rapprochements. Ihr Blick ist die Wolkenkratzer-Perspektive gewohnt. Er reicht ein Stückchen weiter ostwärts, mag sein, auch ein Stückchen weiter in die Zukunft.

Amerikanische Konzertprogramme – eine bunte Palette von Gabrieli bis Boulez

Amerika ist verrückt nach »Symphony«, die Orchester wachsen wie Pilze und mehren sich wie Puertoricaner. An die 450 sind jetzt schon in den 49 Staaten, davon ein Drittel anständig, ein Zehntel gut, ein Dutzend sehr gut. Wie alle Kultur drüben sind sie privat unterstützt, und da die Saison nicht annähernd das Jahr füllt, müssen die Musiker – auch die in den paar weltberühmten Mannschaften – sich während der warmen Jahreszeit »Jobs« suchen. Sie finden sie spielend: im doppelten Wortsinn.

Der Konsum von Orchestermusik ist riesenhaft, und nicht nur in New York. Ich hörte ein Gastspiel des Baltimore-Orchesters in Mamaronek, einer winzigen Stadt, eine Autostunde von Manhattan. Peter Herman Adler dirigierte, zwei Sänger produzierten sich, es war ein Verdi-Wagner-Programm, endend mit den Winterstürmen, die dem Wonnemond wichen. Und die mächtige Aula der Junior High School, schätzungsweise 2000 Plätze, war voll; zu Hunderten parkten die Wagen, denen Smokings und Hermelincapes in Hollywooder Mengen entquollen. Das Orchester war nicht homogen, aber Adler prägte ihm seinen Willen auf, daß das »Siegfried-Idyll« in schöner Leuchtkraft tönte.

Natürlich sind das Provinz-Programme. In den großen Städten will man neben den Kalorien der deutschen Klassik, der deutschen und russischen Romantik, des französischen Impressionismus auch Unvertrautes. Zur Zeit wird die amerikanische Produktion durch ein wohlfinanziertes Auftragsprogramm angekurbelt. Eine Symphonie, ein Klavierkonzert, eine Suite wird bestellt, und mehrere Orchester verpflichten sich, das neue Stück aufzuführen, auch den Solisten dazuzukaufen. So kommt die Partitur unter die Leute und durchs weite Land. Eine Methode, von der die Komponisten viel halten und einige recht sorglos leben. Hindemith hat sich gerade heftig ins Fettnäpfchen gesetzt, als er bei einem Interview mit Howard Taubmann von der »New York Times« energisch gegen die vielen Preise und Aufträge protestierte; ein Musiker, meinte er, müsse sich von praktischer Arbeit nähren und nebenher komponieren. Die Herren seien viel zu verwöhnt. Bittere Worte, gerade in Amerika, wo Kunst von solcher Verwöhnung lebt – wenigstens die, auf die sich das Interesse der Mäzene richtet.

Was hat sich, so werde ich unablässig gefragt, im amerikanischen Musikleben verändert in dem Jahrelft seit 1949? Am spürbarsten die Beteiligung großer Publikumsschichten an Konzert und Oper. Daß der Taxifahrer sich von seinem Radiogerät Bartók vorspielen läßt, daß zwei Farbige im Fifth-Avenue-Bus über Menuhin streiten, drei College-Girls von Ravel reden, ist eine Alltagserfahrung. Die Ursache solcher »Music-Mindedness« liegt auf der Hand: Es ist die massenweise Verbreitung von Musik, von guter Musik, durch Radio, Schallplatte, Fernsehen. Wir ahnen in Deutschland (mit unseren hohen Preisen für Musikkonserven) gar nicht, welche Rolle die Langspielplatte im Leben der Amerikaner spielt. Was hier noch Luxus ist, das gehört drüben zum täglichen Bedarf wie das Pocket-Book. Man blättere in einem der amerikanischen LP-Kataloge, und man findet mehr Bach, mehr Mozart, mehr Beethoven, ja mehr Schönberg, Strawinsky, Bartók als in allen europäischen Plattenläden zusammen.

Noch etwas hat sich verändert: der Klang der amerikanischen Orchester. Zu dem Perfektionswillen tritt zunehmend die Lust am großen, ja am überdimensionalen Ton. Fülle, Glanz, Glamour sind die Ideale. Die Stradivari eines hervorragenden Geigers wie William Kroll (der uns mit der Pianistin Nadja Reisenberg ein Farewell recital gab) droht im Forte den großen Privatsalon im schönen East-Side-Haus meiner Freunde zu sprengen. Wenn die New York Philharmony in Carnegie Hall unter dem asketischen Taktschlag Fritz Reiners Brahms' Zweite spielt, ist der Ton ungleich kräftiger als bei unseren Elite-Orchestern. Der Unterschied wurde drastisch beim Gastspiel der Pariser Lamoureux-Leute unter Igor Markevitch. Ein phänomenal musiziertes, wenn auch im Streicherklang nicht schlackenfreies Programm mit Gounods Es-Dur-Symphonie, Messiaens Hymne, Ravels zweiter Daphnis-Suite und der unvermeidlichen Phantastique von Berlioz. Präzis, elegant, dynamisch ungemein zart gestuft.

Bernstein ist zur Zeit – pourvu que cela dure – New Yorks Musikkönig, erfolgreich mit allen seinen erstaunlichen Talenten, ein Star von Bach bis Gershwin, von der österlichen Aufführung der »Missa solemnis« bis zur allabendlichen »Off Broadway«-Vorstellung seiner »West Side Story«, zu deren Cocktail von Halbstarken, Teenagern, Puertoricanern, Yankees, Polizisten, Romeo-und-Julia-Tragik er eine federleicht jazzgetränkte Partitur geschrieben hat.

Wir hören die Vormittagsprobe eines seiner berühmten Television-Konzerte mit Kommentar für Jugendliche. Bernstein steht im Pullover, vorm Mund ein Mikro, in der Hosentasche ein Kabel, am Pult. Er stellt jedes Stück, jeden Komponisten, jedes Detail der musikalischen Machart mit flink treffenden Worten vor. Nennt er ein Instrument, so steht der Spieler auf, intoniert kurz, läßt eine charakteristische Figur hören. Das Programm ist auf Vielfalt der Typen und Farben gestellt. Da blasen vier alte Schalmei- und Pommerinstrumente einen spanischen Tanz der Lutherzeit; gleich danach drei funkelnde Zwergposaunen und ein Kornet einen Canzonensatz von Giovanni Gabrieli. Und Bernstein kommentiert alles populär-fachmännisch: »Aren't they beautiful, these trombones, or, as they were called: sackbuts?« Man lernt sogar die Etymologie der Namen. Bei Bachs viertem Brandenburgischen wird der Anschauungsunterricht riskanter. Eine Gruppe alter Instrumente (Blockflöten, Gambe, Cembalo) konzertiert mit einer Gruppe neuer (Querflöten, Violoncello, Hammerklavier). Übrigens sind die Spieler des archaischen Klangwerkzeugs superb; sie gehören der New Yorker »Pro Musica« an, die sich unter der Leitung Noah Greenbergs mit erstaunlichstem Spürsinn der mittelalterlichen und Renaissancekunst verschrieben und mit dem »Play of Daniel« ein Vorbild an Ausgrabungsarbeit geleistet hat. Dann ein Sprung in die Gegenwart. Auf dem Podium stehen Lautsprecher und phantastische Apparate. Es gibt als Uraufführung ein »Concerto for tape recorder and orchestra«. Zwei Autoren sind beteiligt, beide Professoren der Columbia-Universität: Otto Luening und Wladimir Ussatschewsky. Musikalisch ist dies Tonband-Konzert recht konventionell, überwiegend tonal gebunden und spätromantischen Modellen verpflichtet. Reizvoll aber ist die Verbindung des elektronischen, auf Tonband gespielten Schalles und seiner Metamorphosen vom Rauschen über Klanggemische bis zum fast reinen Ton, mit einem handfest symphonisierten Orchester, das sich durchaus nicht mit dem homunculischen Partner vermählen will.

New York verfügt heute über die ältesten und die modernsten Apparaturen zur Herstellung elektronisch-synthetischer Musik. Der berühmte Synthesizer in der Columbia-Universität ist eine bestürzende Anordnung von Schaltern, Hebeln, Kabeln und Röhren, ein ganzes Zimmer voll Technik, die zu beherrschen ein Vollstudium voraussetzt. Und diese Wundermaschine, mit der man alle Träume einer hemmungslosen Klangphantasie realisieren kann, soll noch übertroffen sein durch geheimnisvolle Maschinen der Bell Telephone Company, an denen Edgard Varèse seine neuen Kompositionspläne ausführen will.

Daß Bernstein solche Experimentalmusik den Hörern der philharmonischen Konzerte (und über das Fernsehen auch breiten Schichten) zuführt, ist sein unbestreitbares Verdienst. Bei dem öffentlichen Konzert gab es noch Stücke von Henry Brant und die Mallarmé-Lieder von Pierre Boulez. Im Fernsehen bekam das Programm einen Zirkusschnörkel durch eine Komposition für Kazoo, das ein hübsches Mädchen mit Orchesterbegleitung spielte. Kazoo ist ein Membranophon vom Mirliton-Typus: man singt hinein, und es summt ähnlich wie auf dem Kamm geblasen. Kein Zweifel, diese ganze Fernsehnummer für Kinder hat eine Aura von Schaustellertum, von wedekindischem Hereinspaziert. Aber sie kann Musiksinn wecken und entwickeln, wo er vorhanden ist.

Bernstein hat den Konzerten der New York Philharmonic eine Anziehungskraft gegeben wie Rudolf Bing den Aufführungen der Metropolitan Opera. Wie Midas verwandelt er in Gold, was er anrührt. Nur fragt man sich, ob die Edelmetallschicht sehr dick ist und was unter ihr liegt.

1961

Orient und Okzident
Bericht vom Ost-West-Musikfest in Tokio

Dreihundert rosa glühende Laternen, wie Gurken an Drähte gehängt, säumten die Auffahrtrampe zum Ueno-Park. Ein Schriftband wies den Weg zur Tokyo Metropolitan Festival Hall, die anläßlich des Ost-West-Musikfestes eröffnet wurde. Die Kirschblüte war im Welken, und zum Wochenende hatte es kalt geregnet. Aber jäh war ein warmer Wind aufgekommen, feuchtschwüle Luft hing über der Zehnmillionenstadt. Wir standen im Vestibül des Riesenbaus, dessen Sternendecke dicke Säulen tragen; eine Rampe führt zur Erfrischungsbar und den Nebenräumen, ein System von Treppen abwärts ins Parkett, aufwärts in die drei Ränge des modernsten Konzertsaals, den Japan zur Zeit aufzuweisen hat. Podium mit versenkbarem Orchester, moderne Beleuchtung und Bühnentechnik, eine Klimaanlage, die an Eiseskühle des Guten oft zuviel leistet, zeugen von dem hohen Stand japanischer Baukunst und Technik. Der Architekt Kunio Maekawa hat optimale Sitz- und Guckplätze erzaubert; die Reihen laufen in kühnen Schrägen, und jeder der 2500 stoffbezogenen Klappsessel ist durch raffiniert angelegte Türen schnell zu erreichen. Das optische Bild ist kühn, neuartig und funktionell bunt. Die Farben helfen beim Auffinden der Plätze. Sie sind von dem Innenarchitekten Ryokichi Mukai entworfen, ebenso die mächtigen, wie einem Traum von Joan Miró entsteigenden Naturholzreliefs, die rechts und links die Wände schmücken und die Akustik fördern. Auch außen, durch Gartenflächen und Mauern zum Park und zum Ueno-Bahnhof abgegrenzt, hält der Betonbau den gefährlichen Vergleich aus, den seine Lage ihm aufzwingt: hundert Meter entfernt steht das kleine Museum, das Le Corbusier für eine Sammlung französischer Malerei und Plastik gebaut hat.

Vorhang auf. Wir sehen das Royal Ballet mit Margot Fonteyn. Man tanzt »Giselle«; man wird »Les Sylphides« geben, Strawinskys »Danses concertantes«, »Checkmate« von Arthur Bliss. Ein Stück europäischer Hochkultur findet enthusiastischen Beifall der japanischen Ballettomanen, die kennerisch über die Choreographenkünste Frederik Ashtons, Michael Fokins, Kenneth MacMillans und Ninette de Valois' streiten. Aber nicht nur die Mehrheit des Publikums ist japanisch. Unter dem englischen Dirigenten Emanuel Young spielt die kaiserliche Philharmonie, eines der fünf Symphonieorchester Tokios.

Am Vormittag hatte ein ganz anderer Klang unsere Sinne beunruhigt. Im kleinen Vortragssaal desselben Ueno-Baus fand die feierliche Eröffnung des achttägigen Kongresses statt, der zum erstenmal Fachleute der orientalischen und der okzidentalen Kunst zu methodischem Gespräch und Meinungsaustausch an einen Tisch brachte und dem sich vierzehn Tage lang die Fortsetzung des gleichzeitig begonnenen Theater- und Musikfestes anschloß. Und eben diese Eröffnung mit den Gruß- und Glückwunschreden des Initiators Nicolas Nabokov, des Außenministers Kosaka, des Kultusministers Araki und anderer Würdenträger – sie war umrahmt von dem eigenwilligsten Beitrag, den Japan zur Weltmusik geliefert hat: von drei Kangenstücken der kaiserlichen Hofmusik Gagaku. Auf dem diagonal in den Saalwinkel gebauten Podium saßen in farbenfrohen Brokaten die Spieler der seltsamen Instrumente, der drei Trommeln, der Ryuteki-Flöte, der Hichiriki-Schalmei, der Biwa-Lauten und Koto-Zithern und, mit ihren Akkorden alle überragend, der 17stimmigen Sho-Mundorgel. Man hörte unter anderem das berühmte »Etenraku«, die »himmlische Musik«. Und hinter dem magischen Bann, den die langsamen Rhythmen, die unscharfen Doppelkonturen, die aufrauschenden Akkorde ausüben, steht die ungeheure Distanz zwischen dieser und unserer Ästhetik. Wir wissen, daß die Gagaku-Spieler auch in unserer Musik, auf westlichen Instrumenten geschult und imstande sind, eine Beethoven-Symphonie zu spielen. Das Begreifen zweier Kulturtraditionen ist diesen Asiaten geläufig. Sind wir Abendländer ihnen darin gewachsen? Können wir die Kluft überbrücken, die unsere Musik von den vielen, auch untereinander sehr ungleichen asiatischen Tonkünsten trennt? Eben das ist die Frage, die durch dieses »East West Encounter» gestellt wird und beantwortet werden soll.

Ost und West; man soll mit den Begriffen vorsichtig umgehen. Für die Amerikaner aus Kalifornien liegt Japan genau wie China, Formosa und die Philippinen gen Sonnenuntergang, und vom Ueno-Park gesehen ist Amerika der Osten. In der Tat ging es bei diesem Encounter, bei dieser Begegnung der Geister, um den Gegensatz von abendländischen Formen, wie sie die Welt um das Mittelmeer entwickelt hat, und von asiatischen der verschiedensten Kulturen. Amerika mit seiner Musik, so selbständig und vielfach dominierend es quantitativ wie qualitativ auch wirkt, ist in diesem Zusammenhang ein Mitglied der europäischen Familie, Teil dessen, was als »Western Civilisation« angesprochen wird. Es gab, leider, noch andere Mißverständnisse. Kaum hatte das große Projekt dieses Tokioter Kongreßfestes Form und Termine gefunden, begann in Japan ein Pressefeldzug gegen seine Urheber. Der Kongreß für die kulturelle Freiheit, sein Generalsekretär Nicolas Nabokov, das Komitee von Musikern und Wissenschaftlern (darunter Henri Barraud, Leonard Bernstein, Alain Daniélou, Lord Harewood, Mario Labroca, Rolf Liebermann, Claude Rostand, Heinrich Strobel und Virgil Thomson) wurden der Hetze zum kalten Kulturkrieg verdächtigt. Der Kritiker Yamané, der den Kampf leitete, hatte wohl die Begriffe Ost und West nicht ganz so verstanden, wie wir sie verstehen. Hinzu kam die alte Rivalität zwischen Tokio und Osaka, die in der Gleichzeitigkeit ihrer beiden internationalen Musikfeste im Frühjahr 1961 drastischen Ausdruck fand.

Der Beitrag des Westens war beträchtlich, obwohl von den kommunistischen Staaten nur Jugoslawien der Einladung gefolgt war. Aus den Vereinigten Staaten kam das New York Philharmonic Orchestra mit Leonard Bernstein und dessem jungen japanischen Assistenten Seji Ozawa, kamen das Juilliard-Quartett und das Modern Jazz Quartett, kam der Geiger Isaac Stern. Europa war mit einer kosmopolitischen Gruppe (»Ensemble Européen de Musique de Chambre«) unter Leitung Bruno Madernas vertreten, mit dem Gruppo Polifonico Vocale des römischen Rundfunks, mit Sängern wie Helga Pilarczyk und Hermann Prey, dem Flötisten Severino Gazzelloni, dem Klavierduo Kontarsky, dem Schlagzeuger Christoph Caskel und dem anfangs genannten Londoner Ballett.

Dem standen auf asiatischer Seite als Hauptbeitrag das japanische Theater, No wie Kabuki, klassischer Tanz, Volks- und Hofmusik des Gastlandes, eine Theatergruppe nebst Musikern aus Südindien und eine aus Thailand gegenüber. Die indonesischen Kulturen, Pakistan und andere indische Landschaften waren durch Tonbänder ihrer Musik vertreten, China durch einen in Taiwan ansässigen Musikwissenschaftler.

Von den 150 Fachleuten (Komponisten, Musikwissenschaftlern, Kritikern usw.) aus 22 Ländern nahm etwa ein Drittel an den Referaten und Gesprächen teil, die fünf Vormittage und vier Nachmittage des Kongresses ausfüllten. Jede der drei- bis vierstündigen Sitzungen behandelte einen Teilaspekt des großen Themas; so der erste Tag die Unterschiede in den Musikauffassungen des Orients und des Okzidents; der zweite die musikalischen Wechselwirkungen zwischen Ost und West; der dritte vormittags die Musik und ihre Hörer (namentlich Oper, Rundfunk, Fernsehen), nachmittags die Bedeutung des Musikunterrichts in der allgemeinen Erziehung; der vierte vormittags die Erneuerung der Tonsprache (serielle, elektronische, »Zufalls«-Musik usw.), nachmittags die Formen der Subventionierung von Musik in Orient und Okzident (historisch und soziologisch); der fünfte Probleme der Musikkritik.

Es war ein Glück, daß die Gesprächspartner sehr verschiedenen Zellen des großen Organismus angehörten, der den Musikbetrieb verkörpert. So standen Wissenschaftler (wie Alain Daniélou, der amerikanische Gagaku-Spezialist Robert Garfias, der deutsche Systematiker Hans H. Draeger, der Engländer William Glock, der Jugoslawe Dragotin Cvetko, der Indonesier Tran Van Khe, die Inderin Kapila Vatsyayan, der Japaner Hidekazu Yoshida, der Basler Historiker Leo Schrade) Männern der Musikkritik (K.-H. Ruppel, Willi Schuh, Keisei Sakka, Enzo Valenti-Ferro, Virgil Thomson) und der praktischen Organisation (Earl of Harewood, Dr. Y. Spira von Radio Israel, Egon Seefehlner) sowie Komponisten (Henry Cowell, Elliot Carter, Boris Blacher, Luciano Berio, Makoto Moroi, Yannis Xenakis, Milko Kelemen, Roman Vlad) gegenüber. Dadurch wurde akademische Trockenheit ebenso vermieden wie Einseitigkeit des Blickpunkts. Wieder einmal bewährte sich die Gabe des Angelsachsen, knifflige Probleme durch Humor zu würzen (so in den schneidigen Attacken William Glocks gegen das Anonymitätsprinzip der »Times«-Kritik und in Thomsons Florettstichen gegen die »Hi-Fi-Nuts«).

Ich konnte nicht alle Vorlesungen hören, nicht an allen Diskussionen teilnehmen; es ging über Menschenkraft, wenn man selbst noch Referate auszuarbeiten und Protokolle zu führen hatte. Aber von denen, die ich hörte, waren einige der wichtigsten die von Daniélou, Garfias und Colin McPhee, das heißt von okzidentalen Kennern über indische, japanische und indonesische Musik. Und umgekehrt fielen neue und erhellende Lichter auf unsere abendländische Musik in den Referaten des Indonesiers Tran Van Khe, des Inders R. L. Roy, der Japaner Yoshida und Yoshihiko Arisaka.

Darf man diesen Fachleuten des kulturellen Brückenschlags glauben, so bietet sich das Grundproblem der Annäherung als eine Art Schere. In dem Maße nämlich, wie die Möglichkeit gegenseitiger Imprägnierung von Kulturen zunimmt, verlieren diejenigen an Ausbreitung und zeugender Kraft, die durch ihre Statik, ihren grandiosen Mangel an Entwicklung durch Jahrhunderte oder Jahrtausende immun waren gegen Assimilationen. Genauer gesagt: alle außer der abendländischen. Und es scheint bei diesem Gesetz der Schere ein Nachgeben der höheren Qualität gegenüber der vitalen niederen Qualität einbezogen zu sein. Der Tatbestand, von Daniélou so lebhaft beklagt wie von Tran Van Khe, zeigt das Aussterben von alten, kulturgesättigten Formen, begleitet von der epidemischen Zeugungskraft der europäischen und amerikanischen Massenware. Van Khe, ein Vietnamese, der in Paris lehrt, gibt die Formel: »In den meisten östlichen und fernöstlichen Ländern, wenn nicht in allen, verlieren junge Menschen ständig an Interesse für die überlieferten Musikformen und wenden sich zunehmend westlichem Jazz, westlicher Tanzmusik und allgemein leichter Musik zu.« Die Ursachen sind psychologischer, politischer und gesellschaftlicher Art. Ich möchte sie unter dem Dachbegriff der Entmythologisierung zusammenbringen. Der Mythosglaube, der in manchen ostasiatischen Kulturen Orchester von 900 Spielern für Musiken verschiedener höfischer und religiöser Zweckbestimmung vereinte (zum Beispiel, um Sonne und Mond bei Finsternissen zu helfen), weicht der westlichen Aufklärung und Demokratisierung.

»Ich frage mich«, summiert Alain Daniélou, Frankreichs bester Kenner der persischen und indischen Musik, »ob nicht die fundamentale Rolle der Musik ihr magischer Aspekt ist, der unsere Seelen verändern, unseren Geist anrühren kann, selbst wenn wir kaum zuhören, der den Weg öffnet für ein Verstehen unserer inneren Natur, für feine Wahrnehmung der Wirklichkeit um uns, der Beziehung von Form und Gedanke, Materie und Geist.«

Solche Theorien stehen nicht so sehr entgegengesetzt als vielmehr außerhalb unserer pragmatischen, auf ein soziales Verhältnis von Nachfrage und Angebot gerichteten Kunstanschauung. Die modernen demokratischen Probleme, etwa einer »Musik für jedermann«, wirken merkwürdig linkisch angesichts von Kulturen, in denen es Orchester mit Hunderten von Mitwirkenden gibt, die zugleich Hörer sind, oder – wie Garfias von Alt-China berichtet – Aufführungen auf der Ch'in-Zither, die in abgeschiedener Stille für nur einen gründlichen Kenner stattfinden.

Die radikal andere Beziehung zwischen Spieler und Hörer (oder, was nichts anderes bedeutet: zwischen Komponist und Hörer) ist aber nur eine der Schranken, die überwunden sein will, wenn Orient und Okzident einander verstehen wollen. Eine weitere ist die Rolle der Zeit im musikalischen Kunstwerk. Bei den Indern und Persern ist Rhythmus ein rein quantitativer Wert und ganz frei von unseren »Akzenten«. Aber auch das Intervallbewußtsein – und darin bilden indische, arabische, nordafrikanische mit der altgriechischen Musik eine Einheit – ist bei den »modalen« Typen der Musik von unserem verschieden. Die indischen »Modi« oder Melodietypen heißen Raga; sie sind nicht auf Tonleitern bezüglich, wenn auch auf einen Grundton, und schreiben gewisse melodische Formeln, Intervalle, Fortschreitungen vor. Sprachlich heißt Raga so viel wie Farbe oder Stimmung. Hört man indische Musiker ihre sehr ausgedehnten Improvisationen spielen, so ahnt man zunächst nur das sehr komplizierte System von kleinen Varianten, das die scheinbar endlosen Wiederholungen zum geistigen Abenteuer und zum Kunstwerk erhebt.

Als rhythmischer Hauptbegriff tritt in der Hindu-Musik die Tala auf: eine metrische Formel von streng gehüteter Einheit, asymmetrisch im

Sinne unserer Taktauffassung, unablässig wiederholt, wobei Trommeln und Vina-Lauten sich polymetrisch überkreuzen.

Bei einem »Oriental Abend« (das deutsche Wort hat die Reise nach Fernost vor Generationen überstanden) erlebte man solche jeweils auf Raga und Tala beruhende Musik, wenngleich vorwiegend als Begleitung dramatischer Szenen. Am aufregendsten, auch in der gesungenen, von Gong, Trommeln und Zimbeln getragenen Musik, eine aus dem Kathakali, dem südindischen Maskenspiel, das zwischen Sonnenuntergang und Morgendämmerung vor dem Tempel aufgeführt wird. Der gottlose König Hiranyakasipu wird für den Versuch, seinen Sohn Prahalad den Göttern abtrünnig zu machen, grausam bestraft. Halb Mann, halb Löwe, zerfleischt ihn der rächende Vishnu, schmückt sich mit den blutenden Eingeweiden und segnet den frommen Prinzen. Das ist eine Pantomime von naturalistischer Furchtbarkeit, vorgetragen mit den erlesensten Künsten der Gebärdenstilisierung. Nicht anders als in der italienischen Oper steigern sich hier Tempo und Dynamik der Musik bis zur Raserei.

Siams Künste sind sanfter und eleganter, namentlich in der Süße der klassischen Tänze mit zarten Mädchen in funkelnden Brokaten und Spitzhelmen. Hauptinstrument der Musik ist das Ranad, ein Xylophon, dessen Hölzer auf die sieben gleichen Abstände in der Oktave gestimmt sind, die zwischen unseren Ganz- und Halbtönen liegen. Ein Spieler von unwahrscheinlicher Virtuosität und Eleganz, aus dem Phakavali-Institut in Bangkok hervorgegangen, tritt als Solist und Begleiter mit phantastischen Tonsprüngen und Glissandi hervor. Auch Thailand hat ein altüberliefertes Maskendrama, das Khon. Der Kampf des Affenkönigs Hanuman mit dem Dämonenkönig spannt den tänzerischen Radius weit zwischen grotesker Komik und tödlicher Wut.

Mythos und Drama haben bei fast allen asiatischen Völkern viele Gemeinsamkeiten. Doch nichts verbindet Thailands Musik mit der Indiens. Auch China, Korea, Japan und Indonesien pflegen musikalische Traditionen völlig außerhalb der indischen. Fast jede dieser Kulturen redet ihre eigene, in Theorie und Praxis höchst verfeinerte Tonsprache. Das Gamelan-Orchester Javas und Balis mit den zwei Tonsystemen Slendro (dem weitstufigen) und Pelog (dem engstufigen), die mollartige Fünfstufigkeit Japans und die durartige Chinas (die Japan auch kennt), der kehlig hochgepreßte Sington des No- und Kabuki-Theaters – all das verlangt von uns gründliche Revision unserer Hörgewohnheiten. Kommen wir von ihnen los? Gewiß, wenn wir wollen und Zeit haben. Unsere Sinnesorgane sind elastisch, unser auf Tradition und Konvention geschulter Geist etwas schwerfälliger. Der weiße Mann trägt in sich einen ererbten Höherwertigkeitskomplex, den es zu überwinden gilt. Wer mit offenem Herzen und Kopf die asiatischen und afrikanischen Kulturen erlebt, wird bald den letzten Rest davon abgeworfen haben. Es darf gegenüber diesen vielen Völkern und Rassen keine andere Haltung geben als die der Gleichberechtigung. Und in vielen Fällen haben wir uns vor ihrer kulturellen Überlegenheit zu verneigen.

Hätte das Fest in Tokio keinen anderen Zweck gehabt, als uns Weiße das erkennen und die Farbigen diese unsere Erkenntnis spüren zu lassen, so wäre es schon von größter historischer Wichtigkeit. Es war mehr als das: ein großartiger Beitrag zur Humanität. Mit allen seinen Schwächen, Mißgeschicken und Improvisationen stand es doch im verklärenden Licht einer Brüderlichkeit, die keine leere Geste war. Leistungen, die uns aus europäischen Theatern und amerikanischen Konzertsälen vertraut waren, sind in diesem Licht über sich selbst hinausgewachsen. Dem Geiger Isaac Stern gelang eine Aufführung der ersten Violin-Klavier-Sonate von Béla Bartók, die, sekundiert von Alexander Zakin, mit dem Prädikat »geistig und technisch nicht zu übertreffen« in eine Sammlung von Dokumenten musikalischer Wiedergaben aufgenommen werden müßte. New Yorks Philharmoniker hatten unter Bernstein mit Hindemiths Konzertmusik op. 50 und Alban Bergs Drei Orchesterstücken eine Sternstunde. Ihr Erfolg war superlativisch, als Bernstein in wohlstudierter japanischer Rede seinem Assistenten Ozawa den Taktstock für das furiose »Bacchanale« von Toshiro Mayuzumi überließ. Das Juilliard-Quartett spielte sich mit einem Programm von Mozart (»Dissonanzen«), Webern (op. 5), Elliot Carter (2. Quartett) und Bartók (Nr. 4) an die Spitze aller heutigen Ensembles. Die interessantesten Programme machte Maderna mit seinem paneuropäischen Mitarbeiterstab, aus dem die Brüder Kontarsky mit Debussy und Strawinsky, Gazzelloni mit Soloflötenstücken Varèses und Messiaens, die Pilarczyk mit Weberns Liedern op. 13 hervorragten. Der Rundfunkchor aus Rom verblüffte durch eine musische Disziplin, eine Reinheit der Intonation ohnegleichen und eine geistige Spannkraft, die von gregorianischem Allelujah und primitivem Organum über ein gotisches Kyrie Guillaume de Machauts, eine Renaissance-Messe Josquin Desprez' bis zu Satiren Dallapiccolas, Folklorismen Roman Vlads und den Nonsenseliedern Petrassis reichte. Dazwischen stand die tragische Atombombenvision einer Kantate von Hikaru Hayashi. In den Schubert-Zugaben eines schweren Programms von Herman Prey (Bach, Mahler, Fortner, Henze) war man gefesselt vom Einklang seines Baritons mit der genialischen Einfühlung des Japaners Mitio Kobayashi am Flügel.

So sind wir abermals bei den Japanern. Sie haben die Synthese gefunden. Ein erstaunliches Volk, künstlerisch so ohne Grenzen begabt wie technisch, in der Einfühlung ohne Rivalen und dennoch – entgegen dem Vorurteil europäischer und amerikanischer Intellektueller – nicht nur

Genies der Nachahmung. Die Gagaku-Musik ist eine so eigentümliche und hohe Kulturleistung wie das japanische Haus und wie das ästhetische Ethos des Teekultes. Mag heute das Kabuki-Theater hollywoodisiert und verdorben sein: bei einigen seiner Darsteller lebt der hohe ästhetische Adel, den das No-Spiel als älteste ununterbrochene Theatertradition der Welt seit dem 15. Jahrhundert bewahrt. Als Kontrast zum Royal Ballet und zu den südindischen Pantomimen wirkte »Hagormo«, die Geschichte von dem Engel, der seine verlorenen Flügel wiederbekommt und gen Himmel schwebt, vollendet wie eine Shakespeare-Szene oder ein Finale von Monteverdi. Flöte, Trommeln und Männerchor stützen dies Theater in hieratischer Unwandelbarkeit.

So uralten Traditionen, in denen Koreanisches und Chinesisches zu bodenständiger Synthese verschmilzt, steht das moderne Japan, das Volk der fast hundertjährigen West-Orientierung, des »Meiji«, scharf entgegen. Heroische nationale Selbstüberwindung liegt im Kampf gegen die hohen Erbwerte. Ein Orchester wie das der Toho-Studenten hat im Abendland keine Rivalen. Unter Hideo Saito spielte es Vivaldis Sommer-Konzert, unter der 24jährigen Satoko Takemae Schönbergs »Verklärte Nacht« in Vollendung. Eine ebenso vorzügliche Aufführung erfuhren Dallapiccolas »Canti di Prigionia« mit der Japan-Philharmonie und dem Tokioter gemischten Chor unter Akeo Watanabe. Da hörte man auch neue japanische Musik: zwei »Saibara«-Sätze von Yoritsune Matsudaira, dem fünfzigjährigen Meister, der Brücken schlägt vom Gagaku zur Zwölftonmusik; eine allzu lange, in französischen Stilbildungen hohe koloristische Begabung verratende Folge symphonischer Sätze von dem jungen Akira Miyoshi; und ein flaches Programmstück von Koyama. Experimentelles von Mayuzumi, Takemitsu und anderen Jungen gab es im schönen, hypermodernen, von einem Bild Mathieus geschmückten Kammersaal der Kunstgärtnerei Sogetsu. Eine persönlich gefärbte, seriell gearbeitete Sonate für Altflöte und Klavier von Kazuo Fukushima in einem der Hauskonzerte bei den Mäzenen Frank und Marian Korn. Elektronische und »concrète« Musik bei einem Empfang des Deutschen Kulturinstituts. All das ist ernst und mit den lautersten Kunstmitteln gearbeitet; vieles hat unter der westlichen Hülle den schwermütigen und eleganten Ton gewahrt, der Japans Note ist.

Das Fazit der drei Wochen? Man hat sich, oft flüchtig, bisweilen tief, in die Werkstatt und die fremde Seele gesehen. Blitze der Verständigung sind aufgeleuchtet. Das Trennende ist unwichtig geworden neben dem Verbindenden. Kein Zweifel, etwas Großes, die Menschheit Verbindendes hat begonnen. Was die Pioniere der vergleichenden Musikwissenschaft geträumt, was Curt Sachs und Erich Moritz von Hornbostel in Berlin gegen den Spott ihrer Zunft kämpfend eingeführt haben, ist auf breiter Basis fortgesetzt. Ein Internationales Institut für vergleichende Musikstudien ist am letzten Kongreßtag gegründet worden. Ihm gehören unter Yehudi Menuhins Vorsitz Saburo Moroi, Kapila Vatsyayan, Tran Van Khe, Dragotin Cvetko, Peter Crossley Holland, Robert Garfias, Alain Daniélou und der Schreiber dieser Zeilen an. Nicolas Nabokov wird als Generalsekretär auch in diesem Gremium als treibende Kraft wirken.

Gottes ist der Orient, Gottes ist der Okzident. Der Mensch ist unteilbar, trotz aller Vorurteile zwischen den Rassen, den Kulturen, den Religionen. Wo er spielt, in den Künsten des Tons und der Gebärde, des Wortes und der Farbe, gibt es Augenblicke des großen, umfassenden Weltgefühls. Wir haben sie in Tokio ein paarmal erlebt.

Die Ordnung der Freiheit

»Ja, Herr Schmitt, alles können Sie nicht haben«, sagen die Clowns in Bertolt Brechts und Paul Hindemiths Baden-Badener Lehrstück, nachdem sie Herrn Schmitt mehrere Gliedmaßen und den Kopf abgenommen haben. Der tragische Witz ist von den Gegnern der neuen Musik weidlich gegen sie ausgenutzt worden, obwohl sie ihr gegenüber seit eh und je die Haltung der beiden Clowns eingenommen haben und heute noch einnehmen. Ästhetik ist eine Machtfrage; aber eben darum gehen und kommen ihre Lizenzen und Verbote mit den Trägern der Macht. Wir wollen nicht von Ästhetik sprechen, sondern von etwas dauerhafteren Angelegenheiten. Was ist schon häßlich oder schön? Bestenfalls der Schock oder der Reiz eines Augenblicks. Und selbst von diesem wissen wir, daß er sich an unsere ziemlich trägen Sinne wendet und mindestens eine Zwanzigstelsekunde auf sie einwirken muß, um unterschieden werden zu können. Jean Cocteau hat den Relativismus von Schönheit und Häßlichkeit recht artig formuliert, als er feststellte: die Mode schafft schöne Dinge, die nach einigen Jahren häßlich werden. Die Kunst schafft häßliche Dinge, die nach einigen Jahren schön werden. Leider verschweigt Cocteau, was den Tatbestand kompliziert. Daß nämlich aus den schön gewordenen Dingen Rezepte abgeleitet werden. Daß die Nachwelt, bisweilen schon die Mitwelt, aus dem einstmals schön Gewesenen Kunstregeln entwickelt. Daß solche Kunstregeln, wenn sie sich für mehr als eine Generation bewähren, die Aura von ewigen Gesetzen annehmen und daß fortan ihre Ignorierung als schweres ästhetisches Vergehen bestraft wird.

Kunst, wenn Sie mir eine allgemeinere Definition erlauben, ist eine Sache für die Götter und gegen die Dämonen, sie versöhnt die Mächtigen, schützt vor den Bösen. Und damit sie versöhne und schütze, nimmt sie die Stimme der Überirdischen an. Aber was, wenn die Götter gestorben, die Bösen gezähmt sind? Was, wenn es keine Dämonen mehr gibt und die Musik noch immer ihre Sprache redet? Alles können Sie nicht haben, Herr Schmitt – aber vielleicht doch dies eine, daß die Häßlichkeit von gestern die Schönheit von morgen sei, womöglich die von heute, denn wir haben es eilig. Dann aber verkehren sich die Vorzeichen, aus Böse mag Gut werden, aus Verpöntem Erwünschtes, aus der Dämonensprache die Engelszungen. Leider hat man mittlerweile Herrn Schmitt das linke Ohr herausgeschraubt und dann der Sicherheit halber den ganzen Kopf. Er kann die Engelszungen nicht mehr hören.

Die moderne Kunst ist aus einem Geisteszustand des Überdrusses entstanden. Dieses Unbehagen, für das Sigmund Freud eine psychoanalytische Deutung so wenig fand wie die Nachfolge von Karl Marx eine soziologische, stammt aus der Aufklärung und hat seit der Romantik immer kritischere Formen angenommen. Ich sehe die Ursache darin, daß man versucht hat, den höchst wünschenswerten sozialen und technischen Fortschritt mit den Wandlungen der Künste zu koppeln, und dabei erleben mußte, daß diese ganz anderen Bedürfnissen gehorchen. Der Versuch, zum Beispiel den Klang des Orchesters oder den Reichtum der harmonischen Sprache auf dem Wege der Addition unablässig zu vergrößern und zu verbessern, war zum Scheitern verurteilt wie jede Übertragung quantitativer Methoden auf Bereiche der Qualität. Kunst fügt sich nicht den Errungenschaften, die zur Erhöhung des Komforts und der Lebenssicherheit installiert werden. Der Kulturpessimismus der Jahrhundertwende, der noch in Oswald Spenglers »Untergang des Abendlandes« nachhallt, nimmt Symptome für Ursachen.

Dennoch besteht das Unbehagen. Es findet seinen ersten artikulierten Ausdruck in einem kleinen, aber großartigen Buch, in Ferruccio Busonis 1906 in Berlin skizziertem »Entwurf einer neuen Ästhetik der Tonkunst«. Das Leitmotiv dieser Schrift, die sich eigentlich gegen alle herkömmliche Ästhetik wendet, ist ein Dithyrambus auf die Freiheit. Frei müsse die Musik sein, denn so sei sie geboren, sagt Busoni. Kaum ist sein Freiheitsruf erklungen, da stehen auch die ersten Dokumente der Befreiung zur Diskussion bereit.

Befreiung. Aber wovon? Dem Geist des neuen Jahrhunderts schien alles verbraucht, abgenutzt, hundertmal gesagt, was vergangene und besonders jüngst vergangene Epochen vergötzt hatten. Man war erfüllt vom Pathos des Aufruhrs. Die Kultur selbst war fragwürdig geworden. Bilderstürmerei wurde zur Parole der Futuristen, deren Führer Marinetti zur Zerstörung der Museen aufrief. »Der Sturm« hieß Europas modernste Galerie für neue Kunst, die Herwarth Walden im Berliner Westen leitete und deren gleichnamige Zeitschrift wahrhaft die überkommenen Leitbilder von Dichtung und Malerei stürmte. »Les Fauves«, die wilden Tiere, nannte sich nicht ohne Eitelkeit eine Pariser Malergruppe. In Rußland war die moderne Kunst voll von Katastrophenahnung, von Weltuntergangsstimmung, die sich bei Männern wie dem Dichter Konstantin Balmont und dem Komponisten Alexander Skrjabin mit symbolistischen, sozialistischen und theosophischen Gedanken etwas bunt vermischte.

Busoni behauptet, die Entwicklung der Musik scheitere an den Instrumenten. Er rührt mit diesem Gedanken an die Wurzel aller Wandlung in der Musik: an das Tonsystem, dem ja die traditionellen Instrumente zum großen Teil verpflichtet sind. Die radikale Antwort auf seinen Ruf kam aus Italien, wo eine erste Phalanx von Künstlern aller Fakultäten sich unter Marinettis futuristischen Plakaten zusammenfand. Fort mit den Klavieren, Geigen, Klarinetten und Hörnern, mit dem ganzen Orchesterplunder aus vergangenen Jahrhunderten, meinten die futuristischen Musiker. Das moderne Leben ist voll von interessantem Schall, die Motoren der Flugzeuge und Automobile, die Maschinen einer Fabrik produzieren eine Art Musik, die dem Menschen der Zukunft besser zu Gesicht steht als die geheiligten Partituren von Anno Tobak. Am 11. März 1913 veröffentlichte Luigi Russolo sein futuristisches Manifest, das als Grundlage einer neuen Geräuschmusik diente und in dem er sechs Familien von Lärm unterschied und katalogisierte. Mit Hilfe seines Bruders Antonio konstruierte er ein Instrument, das er Rumorharmonium nannte, versuchte er aus den damaligen primitiven Mitteln Schall zu musikalischen Zwecken herzustellen. Die Russolos waren keine großen Komponisten, aber sie gehörten zu den sympathischen Fanatikern, die für eine neue Idee leben und kämpfen, gleichgültig, ob sie Bestätigung findet oder nicht. In der frühen bruitistischen Musik herrscht derselbe Geist von Maschinenromantik, von Faszination durch die technisch gebändigten Kräfte der Natur, der in den gleißenden Leinwänden Severinis und Carlo Carràs und in den Manifesten und Lärmorgien Russolos sein freies, gegen alles bürgerliche Behagen gerichtetes Spiel treibt. Wer die große Ausstellung futuristischer Dokumente 1959 in Winterthur gesehen hat, der weiß, daß der eigentümliche Elan vital dieser italienischen Rebellenbewegung, die leider den Krieg liebte und im Nationalismus und Faschismus verrottete, zu den großen Wandlungsimpulsen der abendländischen Kunst vor 1914 gehört, ohne selbst große Kunstwerke hervorgebracht zu haben.

Die Äußerungen wirkten durch Schock und Abschreckung auf den abendländischen Bildungsphilister und hinterließen Spuren in Rußland, der Schweiz und Frankreich. Igor Strawinsky hat mit den russischen Futuristen keine Verbindung gehabt, aber den Gastspielen beigewohnt, die vor und nach dem ersten Krieg von Marinetti und Russolo veranstaltet wurden. Er kannte wahrscheinlich Russolos Manifest, als er 1918 den berühmten Schluß der »Histoire du Soldat« schrieb, wo der Teufel seinen Triumphmarsch nach einer Geräuschmusik von Trommeln tanzt, wobei der Einfluß der Jazzplatten unverkennbar ist, die Ansermet aus Amerika gebracht hatte.

Die Bilderstürmerei der Futuristen, aber ohne ihre imperialistische Ideologie, verkörperte in den zwanziger Jahren der französische Sozialist und Ingenieur Edgard Varèse, der in Berlin zum Kreis Busonis gehört und mit seinem Chor überwiegend alte, vorbachische Musik gepflegt hatte. Varèse geht von einer Revision der Schallsubstanz aus, ergänzt die veralteten Instrumente des Orchesters durch große Schlagzeuggruppen und hat als erster bedeutende Kompositionen für Geräuschinstrumente geschaffen, die weit über die bruitistischen Kataloge hinausgehen und zum erstenmal das verkörpern, was er selbst organisierten Lärm nennt. Mit »Hyperprism« für Schlagzeug und Bläser beginnt 1923 die Reihe seiner rhythmisch strukturierten Arbeiten, in denen Ton, Geräusch und Sirenenglissando eine neue Einheit bilden. Varèse blieb nun jahrelang der einzige Musiker der Welt, dem diese Schallwelten des Geräusches Hauptgegenstand kompositorischer Gestaltung waren. Er sah mit Recht in ihnen auch eine Durchbrechung des abendländischen Tonsystems, das ja im Glissando der Sirene durch eine gleitende, eine stufenlose Folge von Frequenzen ersetzt war. Rampe anstelle der herkömmlichen Leiter, Urgeheul, wie es Thomas Mann Jahre später im »Doktor Faustus« definieren sollte. Wenn man von der rhythmisch organisierten, geräuschfrohen und schlagzeugreichen Jazzmusik absieht, dauerte es 25 Jahre, bis Varèses Pionierweg in die Territorien des Schalls mit unbestimmter Tonhöhe wieder betreten wurde.

1949 begann in Paris die Arbeit der Gruppe von Musikern und Literaten im Club d'Essai, experimentell vorbereitet durch ihren geistigen Führer Pierre Schaeffer. Hier wurde das Geräusch als Substanz für musikalische Formen nicht einfach produziert und zusammengefügt, sondern auf zunächst mechanischem Wege bearbeitet. Man arbeitete mit Schallaufnahmen von Alltagslärm, die durch Rücklauf, Tempoveränderung und einige andere Verfahren variiert wurden. Bald ersetzte man die wenig ergiebige Schallplatte durch das weiche, schneidbare Tonband, das die beliebige Zerteilung einer Aufnahme in kleine Elemente ebenso gestattete wie die veränderte Zusammenfügung dieser Elemente durch Klebeverfahren, den Collagen ähnlich, die seit 1909 in der Malerei üblich waren. Die Technik und Ästhetik dieser neuen Kunst, die von Schaeffer »Musique concrète« genannt wurde, beruht auf den zwei widerstreitenden Möglichkeiten, ein Geräusch oder einen Ton entweder bis zur Unkenntlichkeit zu verfremden oder erkennbar und quasi realistisch einzusetzen. Ihre Kombinationen findet man in einem Standardwerk der Gruppe, in der »Symphonie pour un Homme seul« von Schaeffer und seinem wichtigsten Mitarbeiter Pierre Henri. Einen Versuch, musikalisch-rhythmische Ordnungen in diesen Stil der Freiheit zu bringen, unternahm 1951 Olivier Messiaen mit seinen Timbres-Durées, wo die Geräusche von Wassertropfen, kehrenden Besen, Holzblöcken und metallenen Schlagwerken und Membranophonen bestimmten Folgen von Lautstärkegraden und Schalldauern unterworfen sind – seltsames und hermetisches Dokument einer Verbindung von »Musique concrète« und den seriellen Prozeduren, von denen später noch gesprochen werden soll.

In diese Bemühungen um eine »Musique concrète« mündete auch eine Bewegung, die schon früh mit geräuschartigen Komplexen auf dem Klavier umging. 1912 hatte der Amerikaner Henry Cowell seine »toneclusters« vorgeführt, Tontrauben, die mit Faust und Unterarm produziert werden und panchromatische oder pandiatonische Klänge von perkussivem Charakter bilden. Cowell hat später auch Klaviersaiten zupfen und mit Gegenständen verschiedenen Materials intonieren lassen. Als Béla Bartók diese Cowellschen Experimente kennenlernte, adoptierte er sie teilweise in seinem zweiten Klavierkonzert. Später kamen in der Jazzmusik Verfremdungen des Klaviertons, zum Beispiel durch Nagelung der Klavierhämmer oder durch Auflegen von Papierbögen auf die Saiten, in Gebrauch. An Cowells Versuche und diese Praktiken der Jazzpianisten knüpfte dann John Cage mit seinem »prepared piano« an. Er setzt auf bestimmte Saiten des Flügels an genau festgelegten Stellen Gegenstände aus Gummi, Metall, Holz, Filz und anderem Material, die den Klang, mitunter auch die Tonhöhe verändern. Für solche »prepared pianos« hat er 1946 bis 1948 eine Folge von sechzehn Sonaten und vier Zwischenspielen komponiert, die 1949 beim Musikfest der New Yorker Columbia-Universität aufgeführt wurden. Cage hat auch die sogenannte Zufallsmusik in die Bauhütten der neuen Musik getragen und damit eine Spielerei erneuert, der im 18. Jahrhundert Leute wie Kirnberger sehr zugetan waren; als Ersatz für musikalische Erfindung ist das Erwürfeln tönender Gestalten, als Ersatz für schlüssige Formung die Ad-libitum-

Kombination von Teilstücken, womöglich durch den ausführenden Spieler, gewiß brauchbar.

Als wir 1923 am Weimarer Bauhaus Schallplatten rückwärts oder beschleunigt oder verlangsamt spielten, als wir mit Rasierklingen in die Lautschrift schnitten und mit Nadeln in ihr stocherten, ahnten wir nicht, daß dreißig Jahre später aus Generatoren und Magnetophonbändern eine synthetische, maschinengeborene Musik existieren werde. Wir waren nur überzeugt, die moderne Technik müsse die Tonkunst genauso verändern, wie sie die moderne Architektur und Bildkunst verändert hatte. In den Salons der Bourgeoisie von 1910 standen die neuen Musikmaschinen, die wir bestaunten, Welte-Mignon, Hupfeld-Phonola oder Pleyela, standen die riesigen Schalltrichter der Phonographen und Grammophone. Manche Lokale, vor allem in der Schweiz, leisteten sich den Luxus von Orchestrions, aus denen nach Einwurf einer Münze rhythmisch schneidiger Janitscharenlärm drang. Das alles beunruhigte unsere Phantasie. Es scheint, daß Igor Strawinsky an solchen Musikmaschinen ebenso viel Gefallen fand wie an den heimatlichen Drehorgeln, die er im »Petrouchka«-Orchester porträtiert hatte. Denn 1917 schrieb er eine Studie für mechanisches Klavier, und 1921 instrumentierte er die »Noces« nach dem Klangmodell spanischer Orchestrions. In Deutschland wußte man davon zu jener Zeit sehr wenig, denn der Kontakt mit dem Ausland ließ zu wünschen übrig. Aber die Idee einer Mechanisierung der Musik lag wieder einmal in der Luft, und 1925 gab mein so betitelter Aufsatz in der Wiener Zeitschrift »Pult und Taktstock« den Auftakt zu einer Reihe von Versuchen mit mechanischen Instrumenten, deren kompositorische Ergebnisse von Paul Hindemith, Ernst Toch und anderen 1926 in Donaueschingen vorgelegt wurden. Von den geistigen Ursachen und Motiven dieser Musik gibt Ernst Toch ein klares und knappes Bild: man erstrebt »einen Grad der Exaktheit, der durch menschliches Spiel niemals erreicht werden kann. Die vollkommene Versachlichung, die vollkommene Entpersönlichung des Spiels. Nichts unterläuft, was nicht durch Tonhöhe, Metrum, Rhythmus, Tempo, Dynamik in den Noten fixiert ist; jede Spur einer Spontaneität, eines Sentiments, eines Impulses ist hinausgedrängt«. So weit das Toch-Zitat.

Ich nannte vorhin den Überdruß als wichtiges Motiv für die Veränderungen in der Kunst der jüngeren Vergangenheit. Die antiromantische Stimmung, die uns alle, Musiker, Maler, Dichter des expressionistischen Zeitalters, beherrschte, war gegen den überwuchernden Individualismus der Musik von vorgestern gerichtet, gegen Rubato, Träumerei, Pathos, geniale Ungenauigkeit, Molluskenstil und Subjektivität. Ein Lieblingswort der damaligen Musikterminologie hieß »motorisch«. Zunächst wollte man den Ablauf der Musik der Maschine anvertrauen; die elektrischen

Klaviere garantierten Zuverlässigkeit und völligen Mangel an Gefühl. Die Perforierung der Papierrollen, denen ihre Tastaturen gehorchten, erwies sich als eine Art von Notenschrift. Hindemith erlernte sie und schrieb Stücke (z. B. eine Toccata) direkt auf die Papierrollen. Der Schock, den diese frühe Maschinenmusik auslöste, war nicht geringer, aber auch nicht größer als der von Werken, die eigentlich mehr die Idee des Maschinellen verkörpern, ohne sich aber noch selbst ganz der Maschine zu verschreiben. Hierher gehört auch, was um die selbe Zeit der pariserischste aller Amerikaner vor Virgil Thomson, was der »Bad Boy of Music«, George Antheil, in seinem »Ballet Mécanique« für acht Klaviere und allerlei Lärminstrumente geschrieben hat.

Alle diese Versuche aber benutzten noch als Tonerzeuger traditionelle Instrumente und nur in extremen Fällen Lärmgeneratoren aus dem futuristischen Arsenal wie Antheils Flugzeugmotor. Dabei hatte schon Busoni in seinem »Entwurf« von einem Instrument berichtet, das er in Nordamerika hörte und sah, das wie ein Maschinenraum wirkte und sich rühmte, auf elektrischem Wege wissenschaftlich vollkommene Musik zu produzieren. Der Erfinder war ein Dr. Thaddäus Cahill, der sein Instrument Dynamophone nannte. Es war eine Maschinenorgel, ein früher Vorläufer der Hammondorgel, und erzeugte Sinustöne auf elektrischem Wege, die zu allen möglichen Klängen zusammengefaßt werden konnten. Der Klang dürfte sich von dem einer Hammondorgel nicht unterschieden haben. Es war ein erster Versuch, mit synthetischem Ton zu musizieren.

Um 1920 kamen die ersten Instrumente auf elektronischer Grundlage an die Öffentlichkeit. Leon Theremins und Maurice Martenots, später Jörg Magers und Friedrich Trautweins Erfindungen dienten ausschließlich dem Wunsch, die Tonerzeugung zu technisieren, nicht aber das Spiel mit den so erzeugten Tönen. Neue Klangfarben stellten sich sozusagen als Nebenprodukte ein, im Schatten der mit naivem Stolz präsentierten synthetischen Nachahmung von Trompete, Klarinette, Geige oder Klavier. Auch von den Möglichkeiten der Bichromatik und der stufenlosen Oktave, die für Jörg Mager doch der eigentliche Anstoß zur Konstruktion seines Sphärophons war, machte man nur geringen Gebrauch. Was an Kompositionen für die neuen Instrumente entstand, wenigstens in Deutschland, blieb auf Solokonzerttypen und Virtuosenmusik beschränkt, wie sie auch heute noch Oscar Sala, der unentwegte Pionier des inzwischen zum Mixturtrautonium avancierten Geräts von 1930, praktiziert. Die überirdischen, sozusagen dämonischen Assoziationen des neuen und in seinem Reiz unverbrauchten Schallmaterials hat Arthur Honegger 1938 in der »Jeanne d'Arc au Bûcher« erprobt, als er das Heulen des Hundes den Ondes Martenot anvertraute.

Hitlers Kulturschergen erstickten auch diese musikalischen Versuche der Orientierung in einem neuen Schalluniversum. Erst um 1950 wurden Arbeiten mit elektronischen Generatoren wieder mit neuen künstlerischen Zielen weitergetrieben. Kurz nachdem im Pariser Club d'Essai die Möglichkeiten des Arbeitens mit Magnetophonband für Zwecke der »Musique concrète« entdeckt waren, begann in Köln am Nordwestdeutschen Rundfunk die methodische Arbeit am Material des Elektronenschalls. 1951 lernten wir in Darmstadt die Resultate kennen, Arbeiten von Herbert Eimert und Karlheinz Stockhausen. Die frühen Arbeiten, trotz ihren planmäßigen Strukturen unverkennbar experimentellen Wesens, sind aus dem geradezu polemischen Streben nach einer gleichsam chemisch reinen Musica Nova entstanden, gänzlich distanziert von der »Musique concrète«, aber auch von jeder abweichenden Anschauung, die vorzuschlagen wagte, man solle den neuen Schall mit Traditionellem, etwa mit alten Instrumenten oder menschlichen Stimmen, verbinden. Trotz der anfänglichen Abneigung gegen solche surrealistischen Verfahren legten die Kölner Propheten nach einigen Jahren Synthesen aus Elektronenschall und Menschenstimme vor, die sich als fruchtbarer für die Erzeugung intelligibler Formen erwiesen. Experimentell blieb auch der Charakter dieser Arbeiten, und eben darin liegt ihre Bedeutung. Ein Stück wie Ernst Kreneks »Spiritus intelligentiae sanctus«, in dem gesungenes und gesprochenes Wort, Sinuston, farbiges Rauschen und Impulse sich zu einer erstaunlichen Klanglandschaft vereinigen, wirkt wie ein Test auf die Assoziationskraft des neuen Materials in der Verschmelzung mit traditionellem. – Mittlerweile ist der Raum, in dem sich elektronisch gebundene Musik bewegt, immer erweitert worden. Das Schulstadium des Purismus wird mit den ausklingenden fünfziger Jahren überwunden, die strengen Ordnungen lockern sich, neben der menschlichen Stimme treten Instrumente an die Seite des Generatorentons, und mit der Vermählung dieser Klangbereiche wird explosiv eine neue Freiheit erreicht. Das ist die geistige Situation eines Werkes wie Pierre Boulez' »Poésie pour pouvoir«: Wort und Ton, neuer Schall und traditioneller Ton in einer merkwürdigen Symbiose.

Was ist Freiheit? Der abgeschraubte Kopf des Brechtschen Clowns oder die Belehrung, er könne von allem nicht haben, oder die Entscheidung, wann aus Häßlich Schön, aus Schön Häßlich werde? Es gibt wohl eine Freiheit des Materials selbst, die erreicht wird, wo immer der schöpferische Mensch seinem Traum vertraut. Gottfried Benn hat scharfsinniger als irgendein anderer Analytiker der Zeit die Lage des schaffenden Geistes in diesem Jahrhundert erkannt. Er formuliert: »Meine Generation! Hämmert das Absolute in abstrakte, harte Formen: Bild, Vers,

Flötenlied. Arm und rein, nie am bürgerlichen Erfolg beteiligt, am Ruhm, am Fett des schlürfenden Gesindes ... Es war eine belastete Generation: verlacht, verhöhnt, politisch als entartet ausgestoßen – eine Generation, jäh, blitzend, stürzend, von Unfällen und Krieg betroffen, auf kurzes Leben angelegt.«

Die Formel paßt auf die großen Befreier der neuen Musik zwischen 1900 und 1914, auf Skrjabin, Schönberg, Hauer, Bartók, Berg und Webern. »Arm und rein« – wie fern ist das, wie unaktuell heute, da der Ruhm der sogenannten Avantgarde aus allen Gazetten tönt! Es lohnt, die Documenta der Entfesselung vorbeidefilieren zu lassen. Da ist der Prometheusakkord Skrjabins (c-fis-b-e-a-d), erste Keimzelle eines harmonisch-melodischen Reihendenkens, aus dem große Formen destilliert werden; und da sind Béla Bartóks »Skizzen für Klavier« op. 9, in deren zweiter scharf und reliefartig zwei Tonarten – e-Moll und As-Dur – bitonal verkoppelt sind und in deren siebenter zwei Ganztonskalen gleichzeitig zu zehntönigen Akkordtrauben aufrauschen. Da ist ferner Schönbergs erste tonartfreie Komposition, das 13. George-Lied »Du lehnest wider eine Silberweide«, datiert vom 27. September 1908, ganz erfüllt von der Höhenluft, in der alle Fesseln sich lösen, in der es keine Tonart, keinen festen Grundton, keine Kadenzen, keine überlieferte Harmonik gibt. Und da schreibt der Amerikaner Charles Ives Orchesterstücke wie »In the Night«, wo die Instrumente in sechs unabhängigen Melodielinien und Tonarten linear musizieren. Alban Berg setzt in den Liedern nach Postkarten von Peter Altenberg einen Akkord aus zwölf verschiedenen Tönen. Schönberg erhebt im dritten seiner Orchesterstücke (op. 16) die Klangfarbe zur selbständig formenden Kraft, erstes Beispiel einer Klangfarbenmelodie, wie sie in der Musik der vierziger und fünfziger Jahre sich ausbreiten wird. Anton Webern nimmt in den »Bagatellen für Streichquartett« und in den »Fünf Orchesterstücken« op. 10 die Schönbergsche Idee äußerst zusammengedrängter Formen auf. Igor Strawinsky entbindet in der Kantate »Le Roi des Etoiles« abstrakt-dissonanten Klang, der alle Kühnheiten des »Sacre du Printemps« vorausnimmt. Und nur wenige Jahre später, im Ersten Weltkrieg, dringt der Russo-Amerikaner Leo Ornstein mit seiner Klaviermusik in Bereiche der Atonalität und der geräuschnahen Tontrauben.

Die Botschaft der Freiheit von allen tonalen Bindungen bleibt also nicht auf den Wiener Kreis und auf die russische Nachfolge Skrjabins beschränkt. Sie erfaßt und durchdringt eine ganze Generation allerdings vorwiegend deutscher Musiker, von denen Krenek und Paul Hindemith die markantesten und für einige Jahre nach dem Ersten Weltkrieg die repräsentativen sind. Damals entstehen die frühen Arbeiten, die Hindemith selbst als atonal bezeichnet. So frisch das Erlebnis der Freiheit hier noch wirkt, so neu das Pathos der Antipathetik, das Espressivo der Ausdrucksfeindschaft – in dem Klima lebte sich's schwer. Das spürten die Pioniere früher als ihre Nachhut. Josef Matthias Hauer in Wien, der sich an den Urbegriff der Atonalität, an die totale Temperierung stärker gebunden fühlte als irgendein Angehöriger seiner Mitwelt und Nachwelt, trat mit Stücken hervor, die ganz bewußt und einseitig auf die Spannungen der Tonhöhe konzentriert sind, verzichtend auf jeden Wechsel von Klangfarbe, Akzent und Lautstärke. Urbilder eines reinen, ausgewogenen Melos. Er ist dem Typus, der für ihn eine Spiegelung des Kosmos bedeutet, bis an sein Ende treu geblieben.

Schönberg, der mit seinem Jüngerkreis am frühesten und radikalsten in das neue omnitonale, wenn auch mit Oktavzwölfteln begrenzte Klangreich eingedrungen war, suchte seit dem »Pierrot Lunaire« nach Möglichkeiten der Ordnung, nach dem, was er selbst den Zusammenhang nannte. Rasch ließ er hinter sich, was für Berg und Webern noch etwas länger verbindlich blieb: Mikroformen, Blitzlichtpsychogramme, Freiheit der Strukturen in der Horizontale wie in der Vertikale. – Der »Pierrot« nimmt traditionelle Formen auf, namentlich die strengen kanonischen der Niederländer, die später bei Webern dominieren sollten: Fuge, Krebskanon, Vergrößerung, Verkleinerung usw. In der »Jakobsleiter«, dem gewaltigen, Fragment gebliebenen Oratorium, treten melodische Reihen auf, sechstönige Folgen, die durch Permutation abgewandelt, durch melodische Fortspinnung zu zwölftönigen Gestalten erweitert werden. So öffnet schon 1917 der Anfang des Werkes die Tore zur Komposition mit zwölf nur aufeinander bezogenen Tönen. Das Gesetz, noch nicht erkannt und formuliert, wird bereits angewandt. Cis–d–f–e–gis–g + c–es–h–b–fis–a: die zwölftönige Reihe ist komplett; ihre erste Hälfte bleibt als Materialkonstante für die Dauer des dreiundvierzig Minuten langen Werkes verbindlich. Aus der extremen Freiheit ist Schönbergs Arbeits- und Denkprozeß in neue, strenge Bindungen übergegangen.

Als erster folgt Alban Berg ihm auf dem Weg zu neuen Ordnungen. Die Partitur des »Wozzeck«, im »Jakobsleiter«-Jahr 1917 mit der zweiten Szene des zweiten Aktes, also der Tripelfuge Hauptmann-Doktor-Wozzeck, begonnen, gießt die amorphe neue Tonsprache in feste, teils überlieferte, teils neue Formen. Dabei treten nicht allein zwölftönige Gestalten wie das Thema der Doktor-Passacaglia und der Todesakkord auf, sondern auch serielle Formen wie der Sechsklang, auf dem lückenlos die Szene von Wozzecks Tod aufgebaut ist, und der Polka-Rhythmus, der in allen seinen Spiegelungen und mechanischen Varianten die Schenkenszene verklammert. Berg hat das Verfahren, also die Anwendung einer Reihe auf die Tondauer, in der großen Monoritmica des ersten »Lulu«-Aktes noch verdichtet; beide gehen weit über die isorhythmischen Prozeduren der mittelalterlichen Notre-Dame-Schule hinaus. Gegenüber der metrischen Entfesselung, die Bartók in den Arbeiten seiner frühen und mittleren Lebenszeit, Strawinsky im »Sacre du Printemps« durchgeführt hatten, sind das Wege zu einer strengen Ordnung des Rhythmus, wie sie in der nächsten Generation vor allem Olivier Messiaen kultiviert. Seine rhythmischen Pedale, vom 1940 entstandenen »Quatuor pour la fin du temps« an, sind erste Schritte zu einer rhythmischen Methodik, die an Berg anknüpfen konnte. Einen anderen Weg, dessen Schritte beim Hören leichter nachvollzogen werden können, geht Boris Blacher seit 1950 mit seinen variablen Metren, die durch das Schwellen- und Schrumpfenlassen metrischer Gestalten unmittelbar formschöpferisch funktionieren, etwa nach dem arithmetischen Reihenrhythmus 2-3-4-5-6-7-8-9 und zurück im ersten seiner Klavierornamente.

Zu Messiaens wichtigen Erkenntnissen gehörte auch die einer Annäherung des modernen abendländischen Rhythmus an außereuropäische Tondauermethodik wie die indischen Tala. Es sollte in diesem Zusammenhang, der auf den Beginn einer neuen Epoche der Weltmusik hinweist, nicht übersehen werden, daß harmonische Neuerungen in der Musik seit etwa 1920 völlig verschwinden oder, genauer gesagt, hinter melodischen und metrischen Ordnungen zurücktreten. Auch damit berührt die Musik des Abendlandes nunmehr die Sphären anderer Kulturen.

Seit den späten vierziger und den frühen fünfziger Jahren hat sich der neuen Musik ein Rausch der Unfreiheit bemächtigt. Darmstadt und Köln kultivierten ein Schaffensklima, in dem die Phantasie sich wahren Flagellantenkuren unterwarf. Die Generation nach 1945 erkannte, daß Vermassung des Kunstkonsums zum Verfall der künstlerischen Werte führt. Und so wie in den zwanziger Jahren die Kunst vom Subjektiven wegstrebte, so wendet sich nun die Produktion auch ab vom Kollektiv. Das Material selbst ist wichtig geworden; was Schönberg 1911 als Handwerkslehre bezeichnete und an die Stelle von Ästhetik setzen wollte, das spitzt sich zu einer Autonomie des Stoffes zu. Die Entstehung von Musik wird außermenschlichen Ordnungen überantwortet. Die errechnete Struktur, die Zahl übt Faszination aus, wird zum Fetisch – und paradoxerweise gleichzeitig zum Tabu – der Komposition, ja sie ist selbst schon Vehikel der neuen Schönheit.

In diese Situation dringen zwei verschiedene geistige Botschaften. Die eine kommt aus Amerika von dem Russen Joseph Schillinger, dessen technologische Kunstlehre den Ton mit den Maßstäben der Physik analysiert. Er führt den Begriff der Parameter in die Musikterminologie ein und unterscheidet außer Tonhöhe und Tondauer noch Klangfarbe und Lautstärke. Den nächsten Schritt geht wieder Messiaen, der das Schönbergsche Reihenprinzip auf Dynamik und Anschlagsformen des Klaviers, also ein Sondergebiet der Klangfarbe, überträgt. 1949 legt er in Darmstadt seine »Modes de valeurs et d'intensités« vor, ein Klavierstück von schlechthin hermetischem Wesen, in der Wirkung so frei und dem Ohr unfaßbar wie streng und vorberechnet in der Ordnung seiner Parameter. Drei zwölftönige Gestalten, dazu Serien der Tondauer, der Lautstärke und des Anschlags erscheinen übereinanderkopiert.

An dieses Modell bindet sich eine ganze Phalanx von Komponisten oder solchen, die es werden möchten. Im Zeitalter der zerbrechenden Traditionen und sterbenden Ordnungen von einst verfällt die Musik den strengsten, zum Teil außermusikalischen Bindungen. Das ist ein Zug von historischer Paradoxie und ungemein bezeichnend für vieles, was im kompositionellen Bereich versucht worden ist. Aus der Anarchie des Traums ist die Musik unter das Regiment von Tabellen und Logarithmen versetzt. Sie tritt an den Platz zurück, wo sie im mittelalterlichen Quadrivium gestanden hatte: neben Geometrie, Arithmetik und Astronomie. Nur bei wenigen starken Begabungen schlägt durch das vielfache Netz serieller Fesselung die Phantasie durch. So etwa in den »Structures«, die Pierre Boulez 1952 für zwei Klaviere schreibt.

Daß strengste Ordnung unter der Maske der Willkür auftritt, geheimer Zahlenzauber im Kostüm der Anarchie, vielfache Bindung mit der Gebärde der fortwährenden Überraschung – all das könnte ein Reflex unserer seelischen und gesellschaftlichen Situation sein. Aber ich vertraue nicht sehr auf die Weisheit unserer Psychologen und Soziologen; wo immer sie sich mit Kunst befassen, schlägt ihr eigenes Wunschdenken ihnen ein Schnippchen, und sie nehmen für bewiesen, was nicht beweisbar ist. Ich glaube vielmehr, daß diese paradoxe Lage einer Kunst mit sinnlich nicht wahrnehmbaren Strukturen nur als eine Art religiöser Fixierung zu erklären ist. Sie bedarf, wie eine Geheimlehre, der Einweihung von Geistern, die sich ihr nähern wollen.

Sie enthält aber noch eine weitere Ambivalenz, die in dem Auseinanderklaffen der hochkomplizierten Endergebnisse und der ungemein vereinfachten Kompositionstechnik begründet ist. Durch die Anwendung mathematischer Prozeduren wird der Zusammenhang der Musik potentiell geopfert und außermusikalischen Kräften anvertraut. Es ist ein Vorgang, der sich mit der Neigung der Programmusiker im 19. Jahrhundert deckt, Form als etwas Sekundäres, nämlich als Resultante von Phänomenen außerhalb des Akustischen, zu verstehen und zu behandeln. Die Mathematik nimmt dem Komponisten nicht nur die Entscheidung und die Wahl aus zahllosen Möglichkeiten ab, sondern damit auch die Produktion von Gestalt. Alles können Sie nicht haben, Herr Schmitt – aber vielleicht doch einiges, was sich voraussehen läßt. Schillinger hat Bachs zweistimmige Invention in F-Dur den drei Spiegelungen unterworfen und dazu gemeint, hier sähe man, was Bach hätte leisten können, wenn er die Methode der geometrischen Inversionen angewandt hätte. Die Möglichkeit der Wahl hat Schillinger dabei außer Betracht gelassen. Gerade sie wird bei den unübersehbaren Kombinationsmengen der mehrschichtigen Reihenmusik zu einem Problem. So schlägt an einem bestimmten Punkt der Entwicklung die kalte Strenge total prädeterminierter Ordnung eines abstrakten, von allem Erlebnis gelösten Materials um in ihr Gegenteil: eine Kunst der eingeplanten Willkür oder, wie formuliert worden ist, des dirigierten Zufalls. Wie auch die Ergebnisse beschaffen sein mögen, sie legitimieren etwas, das illegitim sein Wesen in der sinnfälligen Erscheinungsform der vorberechneten Klangordnungen längst getrieben hatte. Sie sind die erste Etappe einer sozusagen mathematischen Flucht aus der Reihendiktatur in eine neue Freiheit. Sie stellen an einem Kreuzweg der Unmöglichkeiten dem Interpreten die letzte Formung des nur angedeuteten Werkes anheim. Die Komposition, analytisch vorbereitet in allen Parametern der Frequenz, Dauer, Farbe und Lautstärke, wird als Neuma, als bloßer Wink an den Spieler, mitunter an den Leser ihres graphischen Sinnbildes, undefiniert gelassen. All das ist nur eines von mehreren Symptomen einer zweiten Befreiung. Freiheit wovon? war die Frage, die 1908 mit einem einzigen Wort erwidert werden konnte: Tradition. Freiheit wofür? ist die Frage ein halbes Jahrhundert später. Wir stehen mitten in einer weltweiten Bewegung, die sich anschickt, auf sie zu antworten.

Wenn es die Aufgabe der Epoche von 1920 bis 1960 war, das von Schönberg erschlossene Universum der temperierten Oktavzwölftel zu erhellen und zu ordnen, sozusagen mit allerlei mechanisch angelegten Maßen und Formeln zu messen, so kann sie als abgeschlossen gelten. Kein Winkelchen der in allen Ausdehnungen und Modifikationen untersuchten Materie ist unerhellt geblieben. Wir wissen nun Bescheid über das, was die Substanz des Schalls vom weißen Rauschen bis zum Sinuston der Musik zur Verfügung stellt. Wir haben mit der Kühle von Wissenschaftern – und mit der Hilfe von Wissenschaftern wie dem verewigten Meyer-Eppler – die Fülle der Möglichkeiten durchexperimentiert gesehen. Spezialisierte Musiker konnten sich mit einiger Muße diesen Messungen widmen, der Rundfunk hat sie finanziert, sie litten keine Not und waren, ganz anders als die Gottfried-Benn-Generation, keinem die Existenz gefährdenden Risiko ausgesetzt, wenn sie taten, was nur sie verstanden. Wenn von den Ergebnissen nur verschwindend weniges Kunstwert und Dauergültigkeit hat, so braucht uns das nicht weiter aufzuregen. Du lieber Gott, was ist schon von der musikalischen Ernte der Jahrzehnte 1851 bis 1860 oder 1901 bis 1910 geblieben? Eine Handvoll Musiken, und bei den wenigstens hätte man's damals vermutet. Der Webern-Kult von heute blüht am buntesten dort, wo die Webern-Verachtung von 1930 kompensiert werden muß. Die Schönberg-Verachtung von heute wird sehr bald durch den Schönberg-Kult kompensiert werden, der voraussichtlich genau so am Gegenstand vorbeisehen wird wie jene. Das ist der Lauf der Welt, »alles können Sie nicht haben, Herr Schmitt«, und daran erkennt höhere Einsicht, wie die Zeit vergeht.

Was aber folgt auf die Epoche des Zählens, Ordnens und Messens? Ich fasse die neue Aufgabe in einem Wort zusammen: erleben. Das gezählte, geordnete und gemessene Material liegt da, säuberlich in Bündeln und Kategorien aufbewahrt, trocken, leblos, chemisch rein und emotionell indifferent. Kaum, daß noch der zuständige Sinn, das Ohr, von ihm angerührt wird. Und nun melden unversehens archaische, zeitlose Wirkungen ihren Anspruch an. Die Intervalle werden aus abstrakten Abständen zwischen zwei Schwingungszahlen zu etwas, das lebt und pulsiert, sie gewinnen einen neuen Sinn, der ihr alter Sinn war, nur anders eingebettet, in höherer, reicherer Umgebung, mit größeren Ausblicken in unbekanntes Land, in neue, kühne Architekturen. Die Rhythmen, die Klänge, die Geräusche, die Tongemische, sie alle werden Teile eines mächtigen Organismus, in dem es nicht nur Strukturen gibt, sondern ganze Systeme von Anziehung und Abstoßung, deren Gesetz nur das geschulte und immer wieder neu auf die Probe gestellte Formgefühl zu befolgen, beileibe nicht eindeutig zu definieren vermag.

La libertà? fragt zweifelnd der Prigioniero in Luigi Dallapiccolas Meisterwerk. Es ist seine letzte Frage vor dem Tod. Es ist auch die letzte Frage der Musik, bevor sie zu neuem Leben entschlossen ist. Musik aus solcherart verjüngtem Erlebnis gibt es in vielerlei Gestalten von erfreulicher Mannigfaltigkeit. Sie gehört sehr ungleichen Bezirken an und hat ihren gelassensten Gestus in den späteren Werken Hans Werner Henzes, etwa in der »Kammermusik 1958« und ein paar Stellen der »Elegy for Young Lovers«, gefunden. Sie führt eine seltsam asketische und radikal ausgesparte Existenz in Boris Blachers dramatischen Szenen; sie pulsiert in den Arbeiten Roman Haubenstock-Ramatis, wo die äußerste Ratio umschlägt in eine merkwürdig ursprüngliche Art des Musikdenkens. Dieses neue Erlebnis der erforschten Schallmaterie wirkt aber auch dort, wo jede Bindung an die seriellen Verfahren der fünfziger Jahre so radikal aufgegeben wird wie etwa in der großen, 1960 in Donaueschingen vorgeführten Schallsynthese aus geräuschnahen Klängen, Vierteltönen,

Glissandi, Flageoletts, Tontrauben, die von dem jungen Polen Krzysztof Penderecki zu einer »Anaklasis« verbunden wurden.

Das Erlebnis von Klang hat – wie auch andere Werke der Jüngsten zeigen – die rationalistischen Neigungen der fünfziger Jahre abzulösen vermocht.

Vor zwei Jahren sprach Luigi Nono in Darmstadt mutige und klare Worte über Freiheit und Zufall, Improvisation und Disziplin, Geist und Technik. Mag auch er unter Freiheit etwas anderes verstehen als die jungen Menschen, die sich, wie Penderecki und seine Landsleute, von einem System der geistigen Intoleranz freigekämpft haben, so bleibt doch seine Haltung ein Symptom und ein Vorbild. Denn er hat erkannt und wieder zu bedenken gegeben, daß der schaffende Mensch eine Verantwortung gegenüber seiner Zeit trägt. Wir wissen, daß es im ästhetischen Bereich keine Spitze der Entwicklung gibt, daß der Prozeß von Wandlungen in der Kunst nicht fortschrittlich sein kann wie eine Versuchsreihe der Kernphysik oder die stufenweise Verwirklichung eines sozialen Programms. Der großartige, aber zu tragischem Scheitern verurteilte Versuch, die Verantwortung des Künstlers auf das von ihm zu formende Material abzuwälzen, hat gleichermaßen Impulse und Todeskeime hervorgebracht. Nur wer Ordnung kennt, weiß, was Freiheit ist. Nur wer Freiheit erlebt hat, ist zur Ordnung gewappnet.

Alles können Sie nicht haben, Herr Schmitt, aber die Freiheit, gesetzt, sie sei durch keine Obrigkeit geschmälert, die Freiheit auf eigenes Risiko des Menschen, der den Mut zum Erlebnis wieder aufbringt: sie ist nicht antastbar durch Clowns, die einem anderen Arm, Bein und Kopf abschrauben. Ich sehe eine Musik kommen, in der Jahrtausende mitklingen, eine Musik, in der die Freiheit ein Kind der Ordnung ist. Alle Kulturen der Menschheit schmelzen zusammen in dem Augenblick, der beim Künstler von heute die Schleusen der spontanen Eingebung öffnet. Ursprung aller Spiele mit Tönen ist ein Ausdruckswille. Wo er sein Recht wieder fordert und erhält, beginnt ein Zeitalter der Fruchtbarkeit.

1962

Musik am östlichen Mittelmeer Jeunesses Musicales, Kehlgesang, Vierteltöne und Beethoven

Daß es in arabischen Ländern Jeunesses Musicales gibt, erfuhr man durch einen Brief aus Beirut. Sie planten eine »petite semaine de la musique«, Haydn, Mozart und Beethoven gewidmet. Das deutsche Goethe-Institut, das Cultural Presentations Program der amerikanischen Regierung, der Beiruter Musik-Klub halfen. Aus der »petite semaine« wurden zwei. Das Münchner Stross-Quartett und das amerikanische Aspenquartett, der Pianist Detlef Kraus und die libanesische Pianistin Diana Taky Deen, das Duo Redel-Lorenz gaben Konzerte. Eine kleine Ausstellung zeigte Dokumente über die drei Wiener Klassiker. Ich hielt Vorträge und diskutierte im Fernsehen.

»Was wollt ihr, was macht ihr für Musik?« fragte ich die jungen Männer und Mädchen mit den biblischen Gesichtern und dem Pariser Akzent ihres makellosen Französisch. »Wir wollen unserem Publikum den Geschmack an der schlechten Unterhaltungsmusik nehmen«, war die Antwort. »Wir haben im Libanon kein Symphonie-Orchester, keine Kammermusik. Man spielt die internationalen Schlager, in den Nachtklubs hört man amerikanischen Jazz. Aber die klassische Musik Europas ist fast unbekannt.« – »Was musiziert ihr denn selbst?« frage ich. Sie sind verlegen. Fast keiner von ihnen spielt ein Instrument. Sie wissen großartig Bescheid, haben alle Schallplatten der Welt, lesen französische und englische Bücher über Musik, kennen den Aufbau jedes Mozart-Quartetts. Aber selbst spielen? Nein, leider nicht. »Wie ist es mit euren alten bodenständigen Instrumenten, der Ud-Laute, der Rebab-Geige, der Darabuka-Tontrommel?« Nein, die wollen sie nicht mehr. Sie wollen überhaupt europäische Musik. Die beiden Intelligentesten sind sich darin einig, sonst aber kontrovers. Bercoff, ein hochkultivierter 24jähriger Student, ist ganz der klassischen Musiksprache verfallen. Moderne – nein, er wird nicht fertig damit. Aber sein Kontrahent, der syrische Philosophiestudent Poche, kennt jedes »Melos«-Heft, weiß genau, was 1958 oder 1961 in Donaueschingen gespielt und in Darmstadt gestritten worden ist, fragt mich, was ich von John Cage und der »aleatorischen« Technik halte. Er arbeitet über Husserl und Heidegger, sammelt Platten mit ultramoderner Musik.

All das ist sehr sympathisch, sehr idealistisch und jung. Aber ich versuche klarzumachen, daß unsere Jeunesses Musicales recht erfolgreich den anderen Weg gehen: erst ein Instrument beherrschen, dann Kammermusik machen und Orchester bilden und so zu Ensembles und damit zu musikalischer Kultur kommen. Man hört respektvoll zu, aber ich bin nicht sicher, ob man einverstanden ist.

Dabei gibt es ein paar Männer, die praktisch und theoretisch helfen können. Die Zeitung »L'Orient« hat in Marc-Henri Mainguy einen Musikkritiker von hoher Bildung, Franzose, Freund Roland-Manuels und Claude Rostands. An der großen, in einem herrlichen Park mit Blick über die Libanonküste gelegenen amerikanischen Universität sind zwei kenntnisreiche Musikwissenschaftler, der Araber Arnita und der Bulgare Etinhoff. Das Konservatorium, von dem Russen Dale geführt, hat ein Orchester unter einem englischen Dirigenten deutscher Schulung. Aber alles drängt zur Europäisierung. »Wo ist die arabische Tradition?« frage ich. Dr. Klaus Schulz, der Leiter des Goethe-Instituts, und der Arzt Nour Barrage, der gut deutsch spricht, nehmen mich nachmittags mit zur Familie Rahbani. Es sind zwei Brüder, Assi und Mansour Rahbani, beide Musiker von orientalischer und europäischer Schulung. Assi ist mit der Altistin Fairuz verheiratet, einer zierlichen, ernsten und bescheidenen Person.

Wir hören die Stimme, die seit ein paar Jahren die Sensation der Baalbek-Festspiele gewesen ist. Das ist ganz außerordentlich, ein Gesang aus dem Instinkt uralter religiöser Überlieferung, die Stimme tief sitzend, mit den für Europäer unnachahmlichen Kehllauten, phantastischen Koloraturen, Intervallen von Viertel- und Dreivierteltönen. Zu den echten, teils aus dem Volkslied, teils aus dem Ritus stammenden Melodien hat Assi Rahbani eine europäisch-harmonische und mehrstimmige Begleitung komponiert, die im Stil etwa zwischen Rimski-Korssakow und Ravel schwankt, mitunter »Wozzeck«-Akkorde zufügt und von Bartók gelernt hat. Sehr theatralisch, gefährlich oft im Geist hollywoodscher Filmmusik. So will man sich okzidentalisieren. Ich weise vorsichtig darauf hin, daß die arabische Musik dabei den kürzeren ziehen wird. »Warum geht ihr nicht mit euren Tonbandgeräten auf die Dörfer? Es ist vielleicht die letzte Chance, den alten Volksgesang festzuhalten, wie ihn Bartók 1906 in Ungarn und Rumänien festhielt!« Antwort: »Der Volksgesang lebt in Fairuz' Stimme!«

Dabei ist das Land, kaum hat man die hypermoderne Großstadt Beirut mit den Hotelpalästen an der Grande Corniche verlassen, unverbildet und echt. Auf der fruchtbaren Hochebene zwischen den Schneegipfeln von Libanon und Antilibanon stehen noch die Lehmhäuser der arabischen Bauern, schleppen zarte Esel gewaltige Lasten, tragen ältere Frauen den Schleier. Man spürt den Hauch der Jahrtausende in den drei Schichten der Tempelruinen von Baalbek. Doch der echte Orient, schon fern von Mittelmeerkultur, lebt im Nachbarland Syrien, in den Suks, den goldquellenden Basaren von Damaskus, in der feierlichen Omayademoschee mit dem Mausoleum Johannes des Täufers.

Musikalisch ist hier das Abendland noch kaum eingedrungen, obwohl Lautsprecher die gleiche internationale Tonkulisse mit orientalischem Aroma von sich geben wie in Beirut oder Kairo. Dr. Kassab-Hassan, der Leiter der Kunstabteilung im Erziehungsministerium, will mich zu einem Folklorefest mitnehmen. Aber die Zeit ist knapp. – Das Konservatorium ist neu gegründet. Sein Direktor El Wadi hat am Londoner Royal College studiert und ist mit einer englischen Pianistin verheiratet. Ein Mann, der sich auch in modernen Musikproblemen vollkommen auskennt. Aber wenn es schon in Beirut an Hörnern und Hornisten fehlte, so gibt es in Damaskus nur zwei brauchbare Flügel, und einer gehört dem deutschen Goethe-Institut. Wie überall in diesen Ländern arbeitet die deutsche Diplomatie in fruchtbarer Rivalität mit der französischen und teilweise auch der amerikanischen am Aufbau eines modernen Kultur- und Musiklebens.

In Istanbul dagegen eine völlig andere Situation. Die mächtige Stadt am Bosporus mit den polyhistorischen Überlieferungen bis zurück ins alte Byzanz hat ein Opernhaus, ein philharmonisches Orchester, ein modernes Konservatorium. Von Ankara her, wo Paul Hindemith und Carl Ebert vor 25 Jahren Pionierarbeit leisteten, sind Impulse gekommen. Hier leben viele Musiker, die in Deutschland studiert, junge Komponisten, die bei den Darmstädter Ferienkursen für Neue Musik mitgemacht haben. Einer spricht mich an, will wissen, ob Josef Rufer neue Bücher veröffentlicht, ob John Cage viele Anhänger hat. Die Türken sind an der Erhaltung ihrer Volksmusik stärker interessiert als die Libanesen und Syrer. In Istanbul hat man Archive mit Schallplattenaufnahmen, teilweise noch von Bartók, eingerichtet. Man merkt die Freude, wenn man selbst Interesse und ein wenig Kenntnis in diesen Dingen bekundet. Die Europäisierung ist wohl unaufhaltsam, einfach, weil abendländische Musik den größeren Expansionsdrang hat und weil Schallplatte, Rundfunk und Fernsehen den Geschmack ebenso umbilden wie im optischen Bereich der Film. Aber man spürt in Istanbul die Grenzsituation zwischen Europa und Asien. Die Frage, die auch hier von den modernen Musikern als kritisch empfunden wird, lautet: Kann man unserer im Wesen einstimmigen Musik die abendländische Mehrstimmigkeit und Harmonik einverleiben? Und genau wie in Beirut erschrecken sie, wenn ich antworte, was meine Überzeugung ist: Nein, man kann es nur, wenn man entschlossen ist, den Geist der alten, bodenständigen Kultur zu opfern, zu liquidieren.

Griechenland ist zwar europäisches Kulturland, Athen moderne Großstadt und Station am Wege der Tourneen internationaler Sänger und Spieler. Aber mit seiner alten Volksmusik steht es den exotischen Nachbarkulturen nah, der türkischen wie der bulgarischen. Die Musikethnologie ist gerade im Begriff, Zusammenhänge von indischer und griechischer Musiktheorie und -praxis zu erforschen. Da ist jede folkloristische Quelle wichtig, die vielleicht in wenigen Jahren versiegt sein wird.

In Athen arbeitet das Goethe-Institut unter Hochdruck. Fast 4000 Griechen lernen Deutsch. Vorträge und Konzerte sind überfüllt. Wir sehen eine Aufführung des Faust-Puppenspiels mit expressionistischen Marionetten von Dimo Sofianos im Geist Emil Noldes und James Ensors. Beim Empfang nach meinem Vortrag kommen Kritiker, Komponisten, Musikwissenschaftler, Organisatoren. Gespräche mit dem Zwölftöner Sisilianos, mit dem Architekten Papaioannou, der den Nachlaß des Schönberg-Schülers Nikos Skalkottas verwaltet, mit Bourloumis, dem Direktor der Athener Festspiele, wo dieses Jahr in dem Amphitheater des Dionysos, gleich unter dem Parthenon, die Berliner Philharmoniker mit Karajan musizieren werden. Ein junger Komponist aus Wolfgang Fortners Schule, Günther Becker, ist von der Königin nach Athen geholt worden und zeigt uns an einem sonnenheißen Tag die Kostbarkeiten von Dafni, Eleusis und Mykene. In Saloniki treffen wir zwei junge deutsche Musikwissenschaftler, die den Goethe-Instituten Mazedoniens verpflichtet sind.

Ein griechischer Lehrer, der mir von Schallplatten-Aufnahmen aus Kreta erzählt, fragt mich, wie es um die Volksmusikpflege in Deutschland stehe. Er ist enttäuscht, weil ich ihm antworte, es gebe bei uns keine überlieferte Volksmusik mehr in dem Sinne, wie sein Land sie noch besitzt. Damit aber ist die Kernfrage berührt, an der sich die Kulturen und folglich die Geister scheiden. Musik-Ethnologie blüht häufig da auf, wo es zu spät ist. Wo noch Gelegenheit wäre, ihr reiches Material zu gewinnen, in den arabischen Mittelmeerländern, ist man fieberhaft bemüht, dieses Material mit importierter Nordwestkultur zu amalgamieren. Griechenland ist etwa in der historischen Lage wie vor sechzig Jahren Ungarn. Das scheint man erkannt zu haben.

Vielleicht wird der Alarmruf zur Rettung der alten asiatischen und afrikanischen Musikkulturen, der 1961 beim East-West-Encounter in Tokio laut wurde, auch in der Levante verstanden werden.

Die Abschaffung der Harmonik

In dem geschichtlichen Augenblick, da Musiker vieler außereuropäischer Kulturen die abendländische Harmonik zu adoptieren suchen, verliert diese in der europäischen Musik ihre biogenetische Kraft. Der Zustand ist so paradox wie betrachtenswert und hüben wie drüben von extrem kritischer Bedeutung. Nur wenige Stimmen erheben sich im Orient gegen das, was man als fortschrittliche Entwicklung der japanischen, indischen oder arabischen Musik bewundert und erstrebt, und auch diese argumentieren falsch. Die Behauptung, das menschliche Ohr sei gar nicht imstande, mehr als einen Ton gleichzeitig zu unterscheiden, gilt noch heute als Hauptargument gelehrter arabischer Theoretiker gegen die Europäisierung. Wir dürfen sie als praktisch widerlegt übergehen.

Unsere eigene Situation ist geschichtlich abzuleiten. Klang, zum Beispiel zerlegter Dreiklang, hat auch in der mehrstimmigen europäischen Musik erst seit dem späten Mittelalter konstruktive Macht. Als Phänomen wird er etwa bei Dufay anschaulich, wenn in einem Messensatz der Durdreiklang zuerst in ostinatem Wechsel von Tonika und Dominante, dann in voller Zerlegung mit der großen Terz auftritt. Akkorde gar in bestimmten, regeltreu abwechselnden Folgen begründen erst im späten Madrigal des 16. Jahrhunderts die Verklammerungen von Spannungs- und Entspannungszuständen, die wir als Kadenz hören und bezeichnen. Dabei weist der Sprachgebrauch (vom lateinischen cadere hergeleitet) deutlich auf das »Gefälle«, das flüssig Strömende, hin. Seither ist tonale Harmonik, ist vertikal legalisierter Satz das Hauptmerkmal abendländischer Komposition und abendländischen Hörens.

Guido Adlers Epocheneinteilung bezeichnet die Musik von 1600 bis zur Neuzeit als monodische, als geordnet nach Hauptstimme und begleitendem Rest. Diese Terminologie wird zunehmend ungenau, seit Harmonik und Klang sich als Element der Komposition und des Hörens selbständig machen. Der Zeitpunkt ist wissenschaftlich noch nicht präzis erfaßt worden. Vorbereitende Erscheinungen wie die pseudomelodischen Albertibässe und andere in Bewegung aufgelöste Akkorde treten im 18. Jahrhundert auf. Bei Mozart gibt es Beispiele wie die Introduktion zum »Dissonanzen-Quartett«, wo der harmonische Zustand die stimmig-melodische Bedeutung auffallend überwiegt. Allmählich entsteht eine neue Sensibilität vor klanglichen Reizen, die das »monodische« Prinzip und schließlich sogar das melodische aus seiner Hegemonie verstößt.

Das frühe 19. Jahrhundert zeigt musikalische Situationen, in denen der Akkord, nach Möglichkeit vieltönig, die melodischen Vorgänge uninteressant macht. In manchen Liedern Schuberts, am auffälligsten in der »Stadt« nach Heine, ist der kritische Punkt überschritten. Wie ein Fanal steht bei Beethoven im Finale der neunten Symphonie ein siebentöniger Akkord, der alle Stufen der d-Moll-Skala »pandiatonisch« bindet. Aber noch ist hier kinetische Energie am Werk: der Siebenton explodiert gleichsam in seine Auflösung, den zerlegten Molldreiklang. Anders bei Schubert, wo der verminderte Septakkord statisch auftritt, als Pseudokonsonanz, die nicht mehr aufgelöst wird, ähnlich wie in Webers Wolfsschlucht und gelegentlich bei Chopin.

Es sind die »vagierenden«, die tonal mehrdeutigen Akkorde, die solche Statik fördern und damit zur Schwächung des Tonartgefühls merklich beitragen. Wagner verwendet in diesem Sinne den übermäßigen Dreiklang in der Zerlegung der Walkürenrufe. Wie beim Albertibaß ist hier das Melodische nur Scheinbewegung. Aber der Akkord wird zum Anker, auch für die Erinnerung des Hörers, der ihn registriert, wie er bislang Melodien registriert hat. Einen Gipfel dieser Entwicklung zum »absoluten Akkord« bedeutet die »Tristan«-Partitur. Ihr berühmter erster Vierklang, nicht allein von Ernst Kurth als Phänomen untersucht, steht schon quasi außerhalb der Tonalität; er läßt sich, als »diskrete Größe« betrachtet, eher nach es-Moll als nach dem kompositionell zuständigen a-Moll auflösen. (Voraussetzung dieser ganzen Enharmonik, das bedarf wohl kaum der Erwähnung, ist die gleichschwebend temperierte Stimmung.)

Nach Wagner wird harmonische Erfindung, womöglich eine, die das Epitheton »kühn« herbeiruft, zum Hauptziel modernistischer Komposition. Strauss, Reger, der junge Pfitzner, in Rußland Skrjabin und anfangs Rachmaninow, in der tschechischen Musik Vítězslav Novák und Otakar Ostrčil, in Frankreich Fauré, Chabrier und Debussy erleben die Erweiterung der funktionellen, kadenzierenden Harmonik noch als Stimulans. Es gibt Akkorderfahrungen, darunter so naive wie die Alban Bergs vor dem Anfang der Schönbergschen »Gurrelieder«, wo der Es-Dur-Dreiklang permanent mit seiner Sexte c gekoppelt erscheint. »Ein neuer Akkord«, schwärmt Berg. Für französische Musiker war die »sixte ajoutée«, die schon Liszt als schlußfähig (als konsonant) empfunden hatte, ein vertrauter Klang.

Akkorde werden nun zu Leitbildern, zu »Ideen« einer Komposition, was ja der »Tristan«-Tradition entsprach. So Pfitzners thematischer Vierklang im »Armen Heinrich«, dessen mehrdeutiges und alteriertes fis–d–as–c die Situation des Siechtums ganz suggestiv versinnbildlicht: So etwas später Schönbergs sechsstimmiger Quartenakkord am Beginn der Kammersymphonie op. 9 (den Busoni, ebenfalls tonal eingerahmt, als Schluß seines »Nocturne Symphonique« adoptiert); so der alterierte Quartenakkord, den Skrjabin zur Keimzelle seines »Prométhée« erwählt und der, aufgerollt, eine sechstönige Reihe ergibt: c–fis–b–e–a–d. Ja, die Liquidation der Tonart in Schönbergs Stefan-George-Liedern präsentiert sich akkordisch (nicht mehr harmonisch!) als mindestens dreistimmiger Quartenakkord, meist mit einer übermäßigen Quarte. (Das Symbol des Sichabstoßens vom Grundton läßt sich tonal ablesen: die Tonika als Mitte, die Quarte darüber als Substitut der Unterdominante, die darunter als Substitut der Dominante; beide Bewegungen heben sich auf: die Kadenz, vertikalisiert, löst von der Tonart.)

Ein fünfstimmiges Akkordphänomen beunruhigt mehrfach die Phantasie der Komponisten. Beim frühen, tonalen Schönberg erscheint es vorübergehend in dem Lied »Erwartung« (nicht dem gleichnamigen, späteren Monodram): es–a–d–ges–h. Eine Umkehrung des Akkords tritt bei Alban Berg in den Mombert-Liedern op. 2 und im Streichquartett auf, wo Schönberg es findet und als typisch in der »Harmonielehre« zitiert. Auch Weberns Opera 3 und 4 kennen den Akkord. Was aber seinen Analytikern, René Leibowitz (in »Schoenberg et son École«) und Hans F. Redlich (in »Alban Berg«), nicht auffiel, ist die Wiederkehr bei Richard Strauss. In »Elektra« erscheint der Akkord, abermals umgekehrt, als eine Art Leitklang, diesmal im deutlichen Zeichen der Bitonalität, e–h–cis–eis–gis, d. h. E-Dur und Cis-Dur verkoppelnd, während die Bergsche Umkehrung h–fis–dis–a–d ganz auf Schrumpfung, Gefälle, Einschmelzen in tonale, genauer gesagt dominantische Zustände aus ist.

In Debussys Musik wird seit der Jahrhundertwende die statische Qualität von Klängen immer deutlicher. Die funktionalen Triebe der Harmonik fallen als Ballast Stück für Stück aus. Es bleibt die reine Parallelführung von Akkorden ohne gemeinsamen Grundton. Bezeichnenderweise ist neben dem immer stärker bevorzugten Nonenakkord der Tristan-Vierklang herrschend.

Die zunehmende Tönezahl von Akkorden wird Kennzeichen der Musik um 1910: bei Skrjabin und in Schönbergs Monodram »Erwartung«, wo ein elftöniger Komplex dem dramatischen Höhepunkt nahetritt. Als Grenzfälle der Harmonik überhaupt erscheinen zwölftönige Akkorde 1912 bei Berg, 1915 bei Casella; etwa gleichzeitig bei Henry Cowell die »toneclusters«, Trauben von zahlreichen dicht nebeneinanderliegenden Tönen, wie sie auf dem Klavier mit Handfläche und Unterarm produziert werden können. Beide Typen enthalten das chromatische Total, die Summe der temperierten Zwölftonleiter. Damit fällt ihr funktionellharmonisches Potential auf Null. Die Harmonik kann darüber hinaus nicht entwickelt werden. So ist ein Zielpunkt der tonartfreien Musik erreicht. Ohne tonale Schwerpunkte gibt es keine Kadenz, also auch keine Harmonik mehr, sondern nur Akkordik. Deren Gesetze sind unerforscht. Oft läßt sich eine Art von Halbton-Osmose, eine Triebkraft zum chromatischen Nachbarn erkennen.

In der Zwölftontechnik, also seit etwa 1920, ist Harmonik prinzipiell aufgehoben. Schönberg nennt sie hier »eine Frage zweiten Ranges«. Als rein melodisches Ordnungsprinzip kann aber die Reihe vertikal aufgerichtet werden, wobei sie zu Gruppen unterteilt wird wie in Schönbergs »Ode an Napoleon« oder den Bildnis-Akkorden von Bergs »Lulu«. Aber auch dort ist nicht Harmonik, sondern Akkordik am Werk. Im Geiste dieser Sonderzustände sind Erscheinungen wie die »Prigioniero«-Akkorde in Dallapiccolas Oper und die Manipulationen eines Akkords in Weberns zweiter Kantate zu verstehen.

Unbezweifelbar aber ist die Tendenz zur Akkordflucht in der frühen seriellen Musik der fünfziger Jahre. Bei Boulez und Stockhausen werden häufig gleichzeitige Toneinsätze vermieden, so daß akkordähnliche Komplexe sich nur sukzessiv aufbauen können und dann kaum noch als solche gehört werden. Diese Aufhebung des harmonischen Bewußtseins ist stilgeschichtlich als Reaktion gegen das fast ausschließlich harmonische Hören der Wagner- und Nachwagner-Epochen zu erkennen. Sucht man Parallelen in anderen Gebieten, so bietet sich die Liquidierung der Perspektive in der nachkandinskyschen ungegenständlichen Malerei an.

Wie weit wird harmonisches Hören durch andere Formen der gehörsinnlichen Wahrnehmung kompensiert? Diese Frage steht offen, solange das Ohr in der modernen Komposition grundsätzlich überfordert ist, solange also der produzierende Musiker mit Verfahrensweisen arbeitet, die der hörende Mensch ihm nicht sinnlich abzunehmen vermag. Ist das Abendland im Begriff, eine Errungenschaft preiszugeben, die seine Musik von der fast aller anderen Kulturen bisher unterschied: das gleichzeitige, verschmelzende Hören mehrerer Töne, die Vertikalisierung dessen, was die altgriechische Terminologie unkorrekt »symphonia« genannt hat?

Glissandos, Tontrauben, Elektronenschall
Das Warschauer Fest für neue Musik

Kalter Ostwind treibt den Regen durch Warschaus Straßen; pfeift durch die Ruinen der polnischen Metropole, die Hitler ausradieren wollte; rüttelt an den Fassaden der Altstadt, die 1957 in ihrer stolzen gotischen und barocken Schönheit wiedererstand. Hier am Ring führt eine Treppe über eine Buchhandlung in Klubräume, wo für neun dissonanzenreiche Tage die Gäste des »Warschauer Herbstes« sich treffen. Bei einem Glas Kaffee wird diskutiert. Denn in Polen stoßen Rückstände des »sozialistischen Realismus« unversöhnt mit den kühnsten Experimenten und radikalen Neuordnungen der Musik zusammen.

Seit 1957 lädt alljährlich die Vereinigung der polnischen Komponisten zu einem Musikfest, das an ästhetischem Wagemut jeden westlichen Vergleich aushält. Diesmal sind mehr als achtzig Werke gespielt worden. Schon die Mengenverteilung der gewaltigen Schallparade ist buchenswert: sieben Werke von Strawinsky, einundzwanzig von verstorbenen Meistern (Bartók, Berg, Debussy, Janáček, Malawski, Martinů, Pijper, Prokofieff, Schönberg, Szymanowski, Webern), zwanzig von Polen, sieben von Italienern, sechs von Westdeutschen (Hindemith eingeschlossen), fünf von Sowjetrussen, vier von Amerikanern, drei von Engländern, zwei von Tschechen, je eines aus Argentinien, Belgien, Bulgarien, Griechenland, Holland, Japan, Rumänien, Schweden und der Schweiz. Dreizehn waren Uraufführungen, davon zehn polnische. Die große Mehrheit gehört dem tonartfreien Bereich an. Technisch überwiegt schönbergische und webernsche Zwölftonmusik sowie serielle Konstruktion oder ihr Abbau durch Zufall und Improvisation.

Zum erstenmal tritt auch die antiserielle Ultramoderne als breite Phalanx auf. Die sprachlichen Mittel, die durch Reihentechnik verfügbar wurden, sind nun von Regelbildung frei. Sie verschränken sich mit Varèses »Organisation des Geräusches« und werden Ausdrucksträger. Solcher Art sind Dieter Schönbachs »Lyrische Gesänge II«, eine Liederfolge auf bildhaft-phantastische Texte von Elisabeth Borchers. Eine Mezzostimme (von Carla Henius mit Verständnis und Geschmack intoniert) legt ihre Oszillogramme über den Klang zweier Klaviere, denen Zupftöne und allerlei Geräuschverfremdung zugeteilt werden. Durch Wiederkehr von Gestalten und Textstellen verdichtet sich die Stimmung zu einer Art atmosphärischer Form. Ein reizvolles Stück, von Boulez stilistisch angeregt, doch nicht ohne Eigenart. Dagegen herrscht in Cornelius Cardews »Third Orchestral Piece« Gestaltflucht; instrumentale Soli und Klänge erscheinen ohne strukturalen Zusammenhang. Momentanem Reiz folgen öde Strecken; man denkt an Wolpes »Papierkorb«.

Tontrauben oder »Clusters«, Häufungen von Halbtönen auf engem Raum, gehören neben orchestralen Glissandos zu den bevorzugten Mitteln der neupolnischen Musik. Virtuosen Gebrauch macht von ihnen Wojciech Kilar (1932) in einem »Riff 62« genannten Stück für Soloklavier und Orchestergruppen. Flageolette, Tremoli, Bläserakzente wie ein aufgeregter Alarm verbinden sich zu einer Gestalt von mehr Farbe als Kontur. Mit großartigem Schlagzeugcrescendo steigert sich die Wirkung der vielleicht allzu effektfrohen Partitur. Der Beifall erzwang Wiederholung. Auch Henryk Gorecki (1933) bewegt seine »Chants Instrumentaux« für 15 Spieler an den Grenzen von Ton und Geräusch. Glissandos von merkwürdig saugender Wirkung, Gitarrenklimpern, Klavier-Clusters, Holzblock, Trompeten-Fortissimo sind die stärksten Farben in diesem Tonbild, das sich von akzentlosem Anfang zu lebhaften Konturen aufrollt. Unversöhnter Widerspruch herrscht in den »Antiphones« von Romuald Twardowski (1930), wo mystisch aufgeweichte Spaltklänge, phantastische Wechselchöre von Blech und Schlagzeug unversehens von Posaunenchoral und Dur-Dreiklang aufgefangen werden. Mit etwas überorchestriertem Satz belastet Grazyna Bacewicz (1913) ihr »Concerto pour Orchestre«, wo Akkordtrauben von Posaunen und Tuba mit Xylophonsoli die schärfsten Würzen bilden, wo im Largo aus Harfe, Klavier und Streichern nostalgische Steppenstimmung sich löst, Gamelanklang antwortet. Mit zwanzig Minuten Dauer ist die Substanz überfordert. Nicht so günstig wie 1958 in seinen vier Essays stellt sich Tadeusz Baird (1928) mit seinen »Variations sans theme« vor. Die serielle Ordnung ist solid, die langsame Variation mit großer Streicherkantilene neuromantisch, das Ganze ein wenig molluskenhaft. Boleslaw Szabelski scheint mir kennzeichnend für die Folgen der Schule Karol Szymanowskis. Der 1896 geborene Komponist schreibt in seinen »Aphorismes 9« einen farbenstarken Pointillismus für zehn Spieler. Knapp in der Form, hat das Fünfminutenstück Phantasie, Zusammenhang der Gestalten, Unabhängigkeit der Ästhetik. Es setzt fort, was der große, noch immer unterschätzte Szymanowski den polnischen Musikern als Vermächtnis hinterlassen hat. Dessen erstaunliche dritte Symphonie (Chant de la nuit), im Eröffnungskonzert aufgeführt (das Sopransolo köstlich gesungen von Stefania Woytowicz), steht halbwegs zwischen Debussy/Skrjabin und Bergs »Wozzeck«. Szymanowski ist dem letzten Raffinement des Klangs auf der Spur. Musiker der Halluzination, glaubt er doch an die Notwendigkeit der »Intellektualisierung der Künste als Selbstverteidigung gegen die unabwendbare Mechanisation des zeitgenössischen Lebens«. Dieses Postulat von 1926 ist dem Festprogramm in Warschau als Motto vorgedruckt. Die Nachfolger haben es beherzigt.

Boguslaw Schaeffer (1929), Autor wichtiger Bücher über neue Musik, hat mit seiner »Musica ipsa« für tiefe Orchesterinstrumente nicht mehr als ein paar Intervall- und Farbenstudien gegeben. Das Heulen der Glissandos unterbrechen bisweilen Aufschreie, die den emotionellen Willen bezeugen. Dieser ist bisher stärker als die Kraft, ihn umzusetzen. Auch Jan Krenz (1926) zeigt in einem »Capriccio« Ausbrüche des Pathos neben feinsten Clusters und geisterhaft huschenden Schatten. Als Dirigent war Krenz – tags zuvor knapp einem Autounfall lebend entronnen – die große Entdeckung des Festes.

Wie er mit seinem in Kattowitz beheimateten Großen Symphonieorchester des polnischen Rundfunks Debussys »Jeux« und Weberns Variationen aufführte, das war von superlativischer Güte und Richtigkeit. Nicht weniger erfolgreich warb er für seine Musik und die seiner Landsleute, namentlich den »Canon« von Krzysztof Penderecki. Das war die erregendste der Uraufführungen. Ein Stück für 52 Streichinstrumente, das – ähnlich wie Haubenstock-Ramatis »Interpolationen« – zweimal seinen eigenen Tonbandaufnahmen begegnet und sie kanonisch, auch im Rücklauf, sich einverleibt. Die Instrumente meiden konventionellen Ton, werden geklopft, gerieben, am Holz gestrichen, fast ausschließlich zur Produktion von Geräusch sehr ungleicher Färbung benutzt. Diesen Weg, der von Varèse und Yannis Xenakis angebahnt worden ist, geht Penderecki mit eiserner Konsequenz und verblüffendem Sinn für Kontraste, Formen und Zusammenhänge neuer Art weiter. Wohin er führt, ist ungewiß. Die Resultate, auch diesmal mit Wechselstürmen von Beifall und Ablehnung quittiert, geben ihm recht.

Schwächer wirkte der Benjamin unter den Uraufgeführten, Stanislaw Kotyczka (1935), mit den dürren Weberniaden seiner vier Permutationen für Klavier. Von den übrigen polnischen Arbeiten hält Zigmunt Mycielskis 2. Symphonie im Zwölftonsatz hohes Niveau, sind Kotońskis »Canto« und Serockis »Segmenti« gute Beispiele von Glissando-Technik und Mikro-Melodie, ist nur Sikorskis »Concerto« uninteressant.

Wichtige Beiträge des Westens waren Gunter Schullers 1. Quartett (von den LaSalle-Leuten so virtuos gespielt wie Weberns »Bagatellen«, die wiederholt werden mußten), Xenakis' umstrittene »Pithopracta«; Niccolò Castiglionis »Aprèslude«, ein Stück der Farbenkontraste und Timbre-Melodien, der wilden Gegensatz-Kurven; das aufgeregte Mosaik der Soli, das Franco Donatoni »Improvisazione for Grilly« nennt; Elliot Carters »Phantasy«; Bo Nilssons »20 Groupes« mit ihren irrationalen, huschenden Gestalten.

Daß man Schostakowitschs gigantischer Achter seine »Lady Macbeth«-Suite entgegenstellte, wirkte wie nachträgliche Rehabilitierung eines ehemals verpönten Werks. Symptomatischer für die Veränderungen in der Kunstanschauung des kommunistischen Blocks waren einige Arbeiten der mittleren Generation. Da hörte man eine tief depressive, mit Septimen und Sekunden beginnende, Klopftöne auf dem Resonanzboden verwendende Violin-Klavier-Sonate der Schostakowitsch-Schülerin Halina Oustvolska (1919), eine zwölftönige, in alten Formen unkonventionelle Klaviersonate des Rumänen August Stroe (1932), eine freie, tonartferne Flöten-Klavier-Sonate des Bulgaren Lazar Nicolov (1922) und des Pragers Jindřich Feld (1925) Konzert für Flöte und Orchester, dessen Kommentar auf Strawinskys spätere serielle Arbeiten verweist. Alle diese Dinge sind keine Meisterwerke, stehen aber im Gegensatz zu der früheren sozialistischen Ästhetik, die sie gewiß noch vor fünf Jahren als formalistisch angeprangert hätte. Diese war in Warschau nur mit einem Tanzdrama des Aserbeidschaners Arif Mielikov vertreten. Es hieß »Liebeslegende« und wurde vom Leningrader Ballett (Choreographie Juri Grigorowitsch) weit über seinem musikalischen Niveau getanzt. Schade, daß keine Möglichkeit bestand, Werke der jungen Gruppen aus verschiedenen Städten der Sowjetunion zu hören, die sich seit ein paar Jahren mit Reihenkomposition befassen.

Außer den offiziell delegierten 19 sowjetischen Komponisten, Kritikern und Musikologen waren 70 Musiker aus der Union auf eigene Faust gekommen. Die Offiziellen zeigten sich den polnischen Experimenten nicht geneigt. Das wurde auch bei den täglichen Pressekonferenzen im Klub deutlich. Doch kam man sich auf neutralem Boden etwas näher. Der polnische Musikkritikerverband hatte den Referenten zu einem Vortrag über unser Metier gebeten, in dem über diktierte Ästhetik und Mehrheitsbeschlüsse gesprochen wurde, bei denen die »Lustige Witwe« die »Kunst der Fuge« ausstechen muß. Ein sowjetischer Kritiker, Leonid Entelis aus Leningrad, nahm die vorgetragene These, daß Kultur mehrschichtig sei und Bach sowohl Emotionalist als auch Formalist, unwidersprochen hin.

Daß solche Gespräche möglich sind, gehört zu den großen Erlebnissen der Warschauer Tage. Die Leistungen der polnischen Orchester und Solisten, die glänzende Organisation des Riesenfestes müssen sich mit einem Pauschallob begnügen. Daß des Guten zuviel war, daß der neurealistische Radikalismus mitunter konform wirkt, soll unseren Dank nicht schmälern. Ein letztes Wort der Anerkennung gebührt dem Publikum von überwiegend jungen, leidenschaftlich Stellung nehmenden Menschen. Die beiden Säle der Philharmonie waren fast immer beängstigend überfüllt.

1963

Oper im Originaltext bevorzugt?

Soll man Opern in der Originalsprache geben oder in Übersetzungen? Die alte Streitfrage, die schon Meyerbeer und Spontini beunruhigt hat, ist wieder einmal akut. In Amerika wird sie zur Zeit heftig diskutiert. Den Anlaß gab, wie schon früher öfters, das Repertoire der New Yorker Metropolitan Opera Company, und zwar das zukünftige.

Seit ein paar Jahren wächst auf der Insel Manhattan, also im Herzen der Riesenstadt, eine Art von überdimensionaler Musikburg, ein Komplex von Gebäuden, der später einmal alle wichtigen Zentren des weltstädtischen Musik- und Theaterlebens zusammenfassen soll. Von diesem Lincoln Center steht jetzt schon fertig der Konzertsaal, die Philharmonic Hall. Sie macht seit ihrer Eröffnung im vorigen September durch ihre Akustik den Dirigenten fast ebenso viele Sorgen wie den Architekten und Akustikern, die sich schuldig fühlen müssen.

Für 1964 plant man die Eröffnung des neuen Opernhauses, das einen Teil desselben Komplexes bilden und die Funktion der in vieler Hinsicht überalterten »Met« in der 40. Straße übernehmen wird. Rudolf Bing, der seit 1949 die Oper leitet, sieht offenbar dieser neuen Situation mit etwas gemischten Gefühlen entgegen. Er hat sich zwar schließlich bewegen lassen, seinen Vertrag um weitere zwei Jahre zu verlängern, aber die Gelegenheit benutzt, die ganze New Yorker Opernsituation gründlich revidieren und mit einer Reihe von Fachleuten auf ihre Reformbedürftigkeit untersuchen zu lassen. In diesem Zusammenhang fanden in New York Gespräche mit dem Schweizer Rolf Liebermann statt, der seit 1959 mit so außerordentlich glücklicher Hand die Hamburgische Staatsoper geleitet hat. Liebermann hat bei den New Yorker Gesprächen einige Reformen vorgeschlagen, darunter die, man müsse das gesamte Repertoire in englischen Übersetzungen spielen. In einem vielbeachteten Rundfunkinterview, das auch von einer der kommerziellen Musikzeitschriften abgedruckt wurde, entwickelte Liebermann seine Anschauung. Sie weckte heftigen Widerspruch bei dem größeren Teil der amerikanischen Öffentlichkeit.

Warum ist man in New York so unnachgiebig? Die Metropolitan

Opera hatte in den letzten zehn Jahren mehrfach Übersetzungen von italienischen und deutschen Libretti herausgebracht, darunter den »Rosenkavalier« von Richard Strauss und eine Reihe anderer von John Gutman. Auch das russische und tschechische Repertoire sowie das eine oder andere spanische Werk pflegte englisch gesungen zu werden. Auf all das konnte sich Liebermann berufen.

Die Kontrahenten aber weisen auf die Geschichte und die eigentümliche Struktur der Met hin. Sie konnten argumentieren, daß ja die ganze Form der Oper für Amerika Importware ist. Daß ein Repertoire in englischer Originalsprache nicht existiert. Daß New Yorks Opernkultur lange Zeit von deutschen Ensembles unter Leitung der Dirigenten Leopold und Walter Damrosch getragen wurde. Daß dann italienische Truppen die Führung übernahmen und schließlich das Personal sich in zwei Teile spaltete, einen deutschen und einen italienischen, die fast unabhängig nebeneinander produzierten. Zeitweise stand noch ein französisches Ensemble daneben. So wurde 1902 zum Besuch des preußischen Prinzen Heinrich, des Bruders von Kaiser Wilhelm II., eine Galavorstellung geboten, bei der das deutsche Ensemble je einen Akt aus »Lohengrin« und »Tannhäuser«, das italienische je einen Akt aus »Traviata« und »Aida«, das französische je einen Akt aus »Carmen« und Massenets »Le Cid« aufführte. Und das alles an einem Abend. Englisch wurde kein Wort gesungen, nicht einmal von dem bedauernswerten Chor, der sich noch heute mit allen drei Sprachen abquälen muß, obwohl er schon damals überwiegend aus Amerikanern bestand.

Das Publikum der Met ist durch lange Tradition an diesen Zustand gewöhnt. Es fördert ihn vielleicht auch mit einer gewissen snobistischen Selbstgefälligkeit, vorgebend, es verstehe Deutsch, Französisch und Italienisch ebenso gut wie Englisch. Tatsächlich gibt es in New York sehr beträchtliche Minderheiten, die eine dieser Sprachen als Umgangssprache pflegen. Die deutsche Kolonie von Yorkville zählt einige hunderttausend Menschen. Sie stellt einen beträchtlichen Teil der Besucher, wenn die in New York so beliebten Wagnerschen Werke, vor allem »Parsifal« und »Der Ring des Nibelungen«, gespielt werden. Die Italiener sind womöglich noch zahlreicher vertreten, wenn einer ihrer Lieblinge singt, etwa die Callas, die Tebaldi oder Mario del Monaco. Diese italienischen Stars haben in der Metropolitan Opera ihre feste, unerschütterliche Stellung. Ihre Mitwirkung und Verpflichtung spielt bei den alljährlichen Verhandlungen mit den Geldgebern, von deren Zuschußfreudigkeit das Schicksal des Theaters abhängt, eine Rolle.

Nun muß man italienische Starsänger kennen, um zu ermessen, wie sie reagieren würden, mutete man ihnen zu, in New York nicht mehr italienisch, sondern englisch zu singen. So erfolgreich sich italienische

Filmschauspieler um die Beherrschung fremder Sprachen bemühen, wenn es sich um hochbezahlte Engagements in Hollywood oder Paris handelt, so unerbittlich sind darin Operntenöre und Primadonnen. Das hat zwei Gründe. Erstens ist die Technik des italienischen Belcanto weitgehend im Klang der Sprache begründet. Es hat Fälle gegeben, in denen ein Sänger stimmliche Schwierigkeiten bekam, wenn er deutsch oder englisch arbeitete. Zweitens werden für italienische Starsänger heute auch in Europa manchmal höhere Summen gezahlt, als selbst die Met zu zahlen imstande ist. Eine kalifornische Filmgage liegt weit über einer New Yorker Operngage, die infolgedessen dem linguistischen Ehrgeiz der Sänger keinen sehr wirksamen Anreiz bieten kann. Entschlösse sich die Metropolitan Opera, ihr ganzes Repertoire auf englische Übersetzungen zu stellen, so müßte sie vermutlich auf italienische Sänger von Weltruf verzichten. Das käme einer Strukturveränderung des Theaters gleich und würde bei dem großen und einflußreichen italienischen Publikum New Yorks auf Widerstand stoßen.

Liebermann hat insofern recht, als es absurd ist, in der größten Stadt eines Landes mit englischer Nationalsprache ein Theater zu führen, das den wichtigsten Teil seines Repertoires deutsch und italienisch singen läßt. Zweifellos ließen sich verwaltungstechnische und künstlerische Energien, die zeitweise durch die Rivalität zwischen deutscher und italienischer Vorherrschaft in der Met verschwendet wurden, fruchtbarer für die Bildung eines einheitlichen amerikanischen Ensembles ausnutzen.

Der heutige Weltzustand im Opernbetrieb ist so paradox, daß amerikanische Sänger hohen Ranges einen wichtigen Bestandteil der europäischen Opernensembles bilden und wegen ihrer Intelligenz und Anpassungsfähigkeit in jeder Sprache und dramatischen Tradition brauchbar sind, während das führende amerikanische Opernhaus noch immer mit einer Majorität von Ausländern, zumindest in der Spitzenklasse, arbeitet, die sich in der Landessprache nicht recht wohl fühlen.

Aber der natürliche Austausch, der eines Tages kommen muß, läßt sich nicht leicht und rasch durchführen. Vielleicht wird die Metropolitan Opera erst von dem veralteten System privater Finanzierung loskommen und Nationaltheater werden müssen, um einen Zustand zu liquidieren, der auf alten, teils schon überwundenen gesellschaftlichen Verhältnissen beruht.

Allerdings ist das Problem der Sprache, in der gesungen wird, nicht nur ein nationales und soziales, sondern auch ein übersetzungstechnisches und künstlerisches. Wie schwer es in unserem eigenen deutschen Sprachbereich zu lösen ist, wissen wir aus den unbefriedigenden Übertragungen von Texten der italienischen Mozart-Opern, nicht zu reden von »Carmen«, »Traviata« und »Aida«. Überdies verändern sich auch Sprachmoden, so daß eine Übersetzung, die 1880 brauchbar war, heute veraltet sein kann. Die Bemühungen um neue deutsche Libretti für »Carmen«, »Die verkaufte Braut«, »Pelleas und Melisande«, »Otello« und andere Werke sind nicht sehr erfolgreich gewesen, obwohl Männer von Geist und Einfluß wie Walter Felsenstein und Heinrich Strobel daran beteiligt waren.

Es gibt Glücksfälle, in denen Dichter mit musikalischen Kenntnissen und dramatischem Geist sich mit der schwierigen Aufgabe befassen. Das umstrittene, aber leuchtende Vorbild Franz Werfels, dessen Textbearbeitung Verdis »Macht des Schicksals« für die deutsche Opernbühne wahrhaft entdeckt hat, ist nicht leicht nachzuahmen. Eine ähnlich glückliche Lösung hat W. H. Auden mit seiner englischen Version der »Zauberflöte« gefunden. Aber wo sind die Dichter, deren schöpferische Kraft und Autorität ausreicht, ein ganzes Repertoire linguistisch neu zu gestalten? Solange wir sie nicht haben, sind die Originaltexte, denen ja die Musik bis in die Nuancen der Vokal- und Konsonanten-Anordnung sich anpaßt, aus rein künstlerischen Gründen vorzuziehen.

1964

Darmstadt am Scheideweg

Töne, Klänge und Rhythmen durch Schriftzeichen auszudrücken ist ein Problem, seit es Musik gibt. Die Neumen (mittelalterliche Notenzeichen) der einstimmigen Musik, die Choralnoten der Jahrtausendwende und die Mensuralschrift des Mittelalters sind nicht Stufen einer Entwicklung, sondern ad hoc entstandene Mittel, der jeweiligen Praxis zu dienen. Guido von Arezzo oder Franco von Köln, vier Notenlinien oder acht Längenzeichen, Pausen und Taktstriche, Baßziffern oder Akkordschrift um 1600: lauter Versuche der Annäherung und Einkreisung. Wirklich fixieren kann nur die mechanische Schrift, auf Edisons Wachswalzen, Schallplatte und Tonband. Sie aber ist nicht zu lesen, sondern zu spielen. Der Interpret ist durch sie überflüssig.

Selbst für die klassische Musik ist unsere Notenschrift nicht zulänglich. Beschleunigungen des Zeitmaßes entziehen sich der Fixierung durch Mälzels Metronom. Schwellungen und Schrumpfung der Dynamik, durch »crescendo« und »diminuendo« angedeutet, bleiben der Willkür des Spielers überlassen. Groteske Erschwerungen wie die Notation transponierender Instrumente (die A-Klarinette klingt eine kleine Terz, das Englischhorn eine Quinte tiefer) sind zählebig, weil die Mehrheit der Musiker am Berufsgeheimnis hängt. Einheitliche C-Dur-Schrift im Violinschlüssel hat sich nicht durchführen lassen, obwohl Männer wie Max von Schillings und Arnold Schönberg seit 1900 dafür eintraten.

Und nun kommt die neue Musik dazu, mit Glissandos und Tontrauben (»clusters« sagt der Jargon), neuen Skalen, Klängen der elektronischen Generatoren, Metamorphosen eines Schalls durch Manipulationen der Musique concrète. Man versucht es mit Diagrammschriften, wie sie Joseph Schillinger 1940 vorgeschlagen, Karlheinz Stockhausen in der »Studie II« ausgeführt hat. Um 1960 gibt es ein Dutzend verschiedener Schriften, die jeweils studiert sein wollen, ehe das betreffende Stück entziffert werden kann. Oft wird ein Schriftbild um seiner bizarren Form willen geschaffen; die Musik tritt hinter dem graphischen Eindruck an Wichtigkeit zurück. Schließlich ist ein Stadium der Schriftverwirrung erreicht, dessen Leid die Ausführenden tragen, Spieler, Sänger und Dirigenten.

Es gehört zu den konstruktiven Gedanken der Darmstädter Ferienkurse 1964, daß einige Komponisten (Earle Brown, Roman Haubenstock-Ramati, Mauricio Kagel, György Ligeti, Henri Pousseur), Spieler (Christoph Caskel, Aloys Kontarsky, Siegfried Palm) und ein Historiker (Carl Dahlhaus) über Notation neuer Musik sprechen. Ein Kongreß freilich, wie das Programm verhieß, wurde es nicht, da jeder an einem anderen Tage seine Ideen vortrug. Die Notwendigkeit der Übereinkunft, der Einigung auf allgemeingültige Zeichen, wird meistens eingesehen. Dennoch stellt Ligeti (und darin scheint Haubenstock-Ramati ihm zu sekundieren) jedem Komponisten frei, eine eigene Schrift zu entwickeln. Am Beispiel eines Orgelstücks »Volumina« zeigt er eine Notation, die angeblich nur für dieses Werk und seine Cluster-Crescendos gilt, in Wirklichkeit aber mit Symbolen auskommt, die schon bekannt waren und durch ausführliche Gebrauchsanweisungen ergänzt sind.

Mauricio Kagel geht methodisch vor, unterscheidet 1. akustische Vorstellung, 2. Aufzeichnung, 3. akustischen Vorgang. Die Reihenfolge der drei kann vertauscht werden wie in der Musique concrète, wo der akustische Vorgang am Beginn steht und die Komposition erst nach der Aufzeichnung stattfindet. Sein Vortrag wurde durch den Cellisten Palm illustriert. Es galt, drei Bogenprozeduren und drei Griffarten zu vereinigen. Palm löste die akrobatische Aufgabe, soweit sie lösbar war; denn es gibt kein allmähliches Übergehen vom Tremolo in stetigen Strich, vom fest gedrückten Ton ins Flageolett. Auch ist fraglich, ob die aufgewendete Arbeit des Spielers noch in einem plausiblen Verhältnis zu ihrem klingenden Ergebnis steht.

Unbedingt tritt ein Praktiker wie Caskel für einheitliche Schriftzeichen ein. Dieser Kölner Schlagzeuger, für den schon eine ganze Literatur existiert, gehört zu den Stars der Ferienkurse; sein Bild inmitten kurioser Fellklinger und Idiophone schmückt das Wochenprogramm »lebendiges darmstadt« des Städtischen Verkehrsamtes.

Wie auch die Gewichte der Vortragsreihe schließlich verteilt sein werden: der Zustand, daß man für jedes Werk eine Privatschrift erlernen muß, ist absurd. Er steht der Verbreitung neuer Musik noch mehr im Weg als deren spieltechnische Schwierigkeiten selbst. Ein systematisch denkender Wissenschaftler wie Dahlhaus könnte an der Ausarbeitung einer universal gültigen Schrift helfend mitwirken. Dabei sollten auch gewisse Exzentritäten wie die Bilder Cages oder Bussottis als musikalisch irrelevant ausgeschieden werden.

Flucht ins Irrationale und nicht Kontrollierbare ist im theoretischen Denken unter Deutschen sehr beliebt. Sie nimmt in der Ästhetik der neuen Musik oft bizarre Formen an. Darmstadt hat dabei in vergangenen Jahren eine bedenkliche Rolle gespielt. Vom Unkontrollierten zur Scharlatanerie ist nur ein Schritt. Die Terminologie von Musikern wie Pierre Boulez und mehr noch von Stockhausen verwendet gern Formulierungen, die den exakten Wissenschaften entlehnt, aber nicht exakt angewandt werden. Wenn Vorträge umschlagen in das, was Christian Morgenstern »das große Lalula« nennt, wird Unterweisung zum Unfug. Männer wie Backus und Fokker, neuerdings Ernst Krenek, haben das rechtens kritisiert. So unentbehrlich die irrational und frei schweifende Phantasie für Schöpfung und Kommunikation von Kunst bleibt, so schädlich ist sie in Ästhetik und Theorie. Romantische Versuche, Zusammenhänge zwischen Harmonik und Metrik herzustellen (wie die Moritz Hauptmanns), beruhen auf mangelnder Einsicht in Musik schlechthin.

Wichtiger als derlei Gebastel ist die Untersuchung von Zusammenhängen der Töne und Intervalle, die 1964 zum erstenmal Milton Babbitt (Princeton) vornimmt. Da wird an der »Struktur musikalischer Systeme« eine mathematische Analyse gezeigt, die in ihrer Reinheit und Präzision alle frühere Darmstädter Theorie weit übertrifft. Babbitt ist ein rapid in Zahlen und Tonhöhen denkender Musiker, der bei seinen Hörern viel voraussetzt. Seine Analysen von Intervallbeziehungen in Reihen und deren Spiegelformen (Umkehrung, Krebs, Krebsumkehrung) von Schönberg, Webern, Strawinsky enthüllen erstaunliche Zusammenhänge. Dabei werden äußerst vorsichtig auch rhythmische Axiome herausgearbeitet, wie sie bei der Manipulation von Reihen zutage treten. Ausgehend von den Intervallen der C-Dur-Leiter schreitet diese großartige, wenn auch sehr abstrakte Theorie zu den Problemen der All-Intervall-Reihen und anderer Spezialitäten fort. Sie ist eine hohe Schule des Denkens in Ton-Zusammenhängen, eine Grundlagenforschung reinigender Art. Babbitt zeigt auch, daß die Kompositionstechnik erst am Beginn der Erfahrungen mit tonartfreiem Material steht. Wie sich solche Erkenntnis in Schöpfung umsetzen läßt, muß man abwarten. Als Disziplin ist sie nur der Analytik Heinrich Schenkers zu vergleichen.

Hans G. Helms' Ideen über »Komposition in Sprache« reflektieren Adornos Vorbild nebst den Vorbildern Adornos. Musikalisch stehen sie, etwa in der verspäteten Aufwertung Charles Ives', zur falschen Zeit am rechten Ort, und Heideggers Deutsch ist von Günter Grass kompetenter bloßgestellt worden.

Bleiben die Konzerte in der stets gut besuchten, nie gefüllten Stadthalle. Vor der dritten Boulez-Sonate, der Else Stock in rasendem Krafteinsatz Ausschnitte von achtzehn Minuten Dauer abrang, gab es Kammermusik. Von Heinz Holliger kennt man Ausgeglicheneres als die Mobiles und Sequenzen für Oboe und Harfe. Der zarte Soloharfensatz dämpft den für ihn kennzeichnenden Zustand des Über-Espressivo. Lothar Jencks Streichquartett ist eine klare Studie in Gegensätzen, lyrisch bis eruptiv, in den Maßen beherrscht. Von einem Ton chromatisch den Fächer öffnend, baut Günther Becker, Jahrgang 1924, sein Quartett auf. Polyphone Flageoletts, vierstimmige Glissandos dienen einem ekstatischen Ausdruck, der von Bartók zu eigener Sprache vordringt. In der Wiedergabe durch das Parrenin-Quartett hinterließ das kurze Stück die stärkste Wirkung. Oboist Lothar Faber, Harfner Francis Pierre waren die anderen Virtuosen.

Ein ganzer Abend gehörte Severino Gazzelloni, der neben seiner Goldflöte noch zwei größere Silberschwestern mitbrachte. Debussys »Syrinx« hatte leicht siegen in einem Programm belangloser Novitäten, teils mit, teils ohne Klavier oder Schlagwerk. Alarm ohne Not klang aus Martellatos und Trillern von Andras Szöllösy, getarnte Banalität aus den Sequenzen von Boris Porenas »Neumi«, dadaistische Clownerie aus Domenico Guacceros »Negativ«, das Gazzelloni, durchs Parkett spazierend, die Baßflöte stolz vorzeigend, erst richtig spielte, als eine junge Dame auf dem Podium den schmalen Notenpapierstreifen von einer Rolle abzog. Gags ohne Form und Inhalt auch bei Hans Ulrich Lehmann (»Régions pour un flûtiste«), Bernd Alois Zimmermann (»Tempus loquendi«) und Jorge Peixinho. Man bewundert und bedauert den Solisten, der seine Kunst an Unkunst vergeudet.

In den Studiokonzerten wird dem Nachwuchs eine Chance gegeben, die eigenen Produkte zu hören. Nachwuchs, so heißen diesmal die Jahrgänge 1930 bis 1936. Igor Stuhec, Helmut Lachenmann und Peter M. Braun sind sich einig im Konformismus der Non-Konformisten, im Zerreißen von Zusammenhängen, in einer geflissentlichen Anti-Syntax, die bald durch triste Harmoniumklänge, bald durch Signalmotive oder Ansätze zu Mikromelodik unterbrochen ist. Der Engländer Rands ruft die Pianisten Alfons und Aloys Kontarsky zu Rasereien der Ellbogen und Fäuste, zu Getrommel auf Klavierdeckeln auf. Mit Zirkusspäßen einer »Glossolalie« für Sprecher und Instrumentalisten beendet der Theologe Dieter Schnebel in negativer Apokalyptik das Programm. Fulminant vorgetragen, ist das Stück eine Beatliade auf avantgardistisch, erfüllt vom Anti-Geist der Cage-Nachfolge, die in Deutschland und Skandinavien ihre letzten Anhänger hat. Durch Bruno Maderna und das Internationale Kammerensemble Darmstadt vermutlich werktreu dargeboten, hinterließ dies Fünfgestirn von Ur-Dernièren keinen guten Nachgeschmack. Das Minimum an geistiger Arbeit, das sich hinter einer Ästhetik des Gag pour Gag verbirgt, ist beschämend. Besser keine Konzerte als solche Konzerte.

Darmstadt steht nochmals am Scheideweg. Die Konsolidierung kann nur aus einer Stärkung der wirklich geistigen Kräfte kommen. Dann wird sich erweisen, wie billig das scheinbar Komplizierte, wie schwer das vermeintlich Einfache ist.

Sinn und Unsinn des Melodrams

Ein Rationalist wurde vor eine Partitur gestellt, und als er ihren Klang gehört hatte, fragte er: »Was beweist das?« Es ist die Frage, die jeder stellen muß, der einem Kunstwerk begegnet, ohne es zu verstehen. Sie rührt zwar nicht an den Kern und nicht einmal an die Existenz des Kunstwerks, aber sie hängt doch als Damoklesschwert über allem, was der Welt des nutzlos Schönen angehört. Natürlich gibt es Kunstwerke, gibt es ganze Kunstformen, die etwas beweisen können; aber diese Fähigkeit hat mit ihrem Wert überhaupt nichts zu tun. Denn es ist wohl ausgemacht, daß sich mit Musik nichts beweisen läßt, und zwar einfach, weil Musik ihre eigene Sprache redet, die mit unseren Umgangssprachen oder gar mit wissenschaftlicher Sprache gar nichts gemeinsam hat. Ganz anders die Literatur; sie bedient sich einer konkreten, verständlichen und beweisenden Sprache; in ihren Kunstwerken gibt es Logik, Kausalität, Sinn und Erkenntnis.

Merkwürdigerweise sind die beiden so ungleichen Künste, sind Musik und Dichtung in ihren Ursprüngen gekoppelt. Im Lied, im gesungenen Gebet, im Choral, später im musikgestützten Drama, noch später in der Oper treten sie in enger Umarmung und Verschränkung auf. Die eine hebt, stützt und fördert die andere, und Musik selbst kann da sogar zur Bekräftigung eines beweisenden Satzes werden. Diese Gemeinschaft der ungleichen Schwestern hat ihre Krisen und neuralgischen Punkte. Und dem echten Rationalisten ist denn auch die Oper immer ein Ärgernis – so sehr, daß Voltaire sich zu dem bissigen Wort entschloß, man singe nur, was zum Sagen zu dumm sei: Ce qui est trop sot pour être dit, on le chante.

Immerhin hat die Menschheit sich mit der Inkonsequenz der Oper abgefunden, ja, man kann wohl sagen befreundet. Sie hat offenbar eingesehen, daß man an künstlerische Dinge keine rein logischen Maßstäbe legen darf. Vielleicht ist es sogar der Sinn der Kunst, ein bißchen unsinnig zu sein. Damit wäre bewiesen, daß es einen Sinn oberhalb oder doch außerhalb der Alltagslogik gibt.

Nun existiert aber noch eine andere Ehe zwischen Wort und Musik, in der beide Partner viel selbständiger nebeneinander leben. Ihre Legitimität ist mit ähnlichen Gründen bezweifelt worden wie die der Oper, und eigentlich kann niemand erklären, weshalb diese die Welt erobert hat, wogegen die andere noch immer ein etwas sektenhaftes Leben am Randes des Musikbetriebs führt. Ich meine das Melodram, d. h. die Kombination von gesprochenem Wort und begleitender Musik. Die Gattung ist in Europa spät entwickelt worden, etwa hundert Jahre später als die Oper. Sicher hat es im alten griechischen Drama schon ähnliche Verbindungen von Dichtung und Musik gegeben, aber erst im 18. Jahrhundert begann man plötzlich, vor allem in Deutschland und Frankreich, sich für das Melodram zu erwärmen. Einer seiner Fürsprecher wurde der musikbegeisterte Naturphilosoph Jean Jacques Rousseau, der selbst mit einem »Pygmalion« 1762 das Pariser Publikum entzückte. Fast gleichzeitig brachte in Salzburg Johann Ernst Eberlin, ein Freund der Mozart-Familie, ein oratorienartiges Schuldrama, »Sigismundis«, heraus, in dem wichtige melodramatische Teile vorkommen. Zum Klassiker der Gattung aber wurde Georg Benda in Berlin, dessen Melodramen »Ariadne auf Naxos« und »Medea« es noch im 19. Jahrhundert zu Serienerfolgen brachten.

Alle diese Namen sagen uns heute nur wenig, und auch Berühmtheiten des späten 18. Jahrhunderts wie Johann Friedrich Reichardt und Zumsteeg sowie Beethovens Lehrer Neefe sind heute als Komponisten vergessen und verstaubt. Sie alle waren an Melodrammusik brennend interessiert, und Zumsteeg war der erste, der das Melodram vom Theater trennte und mit der Klopstockschen »Frühlingsfeier« die Gattung selbständig machte.

Wolfgang Amadeus Mozart hat in seiner Türkenoper »Zaide« zwei Monologe musikalisch eingerahmt und unterbrochen. Es handelt sich da also eigentlich nicht um Melodramen, sondern um gesprochene Seccorezitative. Und genau so arbeitet Beethoven in der Bühnenmusik zu Goethes »Egmont«, wo ebenfalls Sprache und Musik sich ablösen, bis dann die Musik in Akkorden das Wort unterstützt und untermalt.

Die erste berühmte Melodramstelle der klassischen Oper steht in Beethovens »Fidelio«, und zwar auf dem dramatischen Höhepunkt, wenn die als Jüngling verkleidete Leonore dem Kerkermeister Rocco in die Dunkelheit des Kellerverlieses folgt, wo ihr Mann Florestan gefangen liegt und sterben soll. Vorher soll Leonore dem Rocco beim Ausschaufeln eines Grabes helfen. Dieser erschütternde Moment ist durch Beethoven auf eine sehr unkonventionelle Weise gestaltet worden. Während sonst im »Fidelio« Arien, Ensembles, Rezitative und gesprochene Dialoge einander abwechseln, verbindet sich hier das in höchster

Erregung gesprochene Wort mit einer alle Grade des Entsetzens und der atemlosen Furcht spiegelnden Musik. Gleich nachdem Florestan seine ekstatische und ahnungsvolle Arie gesungen hat, folgt dieses halblaute Gespräch zwischen dem Alten und der jungen, zur Rettung des Gatten entschlossenen Frau.

Hier ist die irreale und eigentlich unsinnige Form des melodramatischen Sprechens durch die ungewöhnliche Situation gerechtfertigt; von guten Sprechern vorgetragen wirkt die Szene, vielleicht auch durch ihre Kürze, immer überzeugend.

Für die romantische Ästhetik war das Suchen nach ungewöhnlichen Formen ein Lebenselement. Und so beginnt bei den Komponisten des romantischen 19. Jahrhunderts ein neues Interesse für das Melodram, ein Interesse, das durch die Beethovenschen Vorbilder im »Fidelio«, aber auch in den »Ruinen von Athen« vorbereitet war. Carl Maria von Weber hatte schon als junger Komponist 1809 auf ein Rochlitzsches Gedicht eine Art melodramatischer Kantate für Deklamation, Orchester und Chor geschrieben. 1820 entstand seine Bühnenmusik zu Wolffs »Preziosa« mit großen melodramatischen Strecken und die berühmteste seiner Opern, »Der Freischütz«, wo eine ganze Szene das zur Musik gesprochene Wort verwendet. Und was für eine Szene! Die ist der Inbegriff der Opernromantik überhaupt, ein Aktschluß, in dem die Geister der Hölle herumspuken, der Wind heult, der Donner kracht, während Caspar die Freikugeln gießt, von denen sechs treffen und die siebente dem Teufel gehört. Es ist die berühmte Wolfsschluchtszene, ein Zauberpanorama, in dem wir als Kinder das Gruseln gelernt haben, mit der Erscheinung des wilden Jägers Samiel beim Schlag der zwölften Stunde.

Hier tritt das Melodram in großartigen, künstlerisch genial erfundenen Gegensatz zum gesungenen Text. Wenn der Chor unsichtbarer Geister schweigt, beschwört Caspar zu den unheimlichen Schlägen von Pauken und Kontrabässen die Geistererscheinung, und Samiel antwortet im hohlen, melodramatischen Tonfall der Gespenster, die Bitte sei gewährt. Max tritt zu Caspar, Rezitativ und gesprochener Dialog wechseln ab, bis zum Kugelsegen, der als Melodram über einem chromatisch steigenden Baß gesprochen wird. Mit jeder gegossenen Kugel steigert sich das unheimliche Treiben, bis nach der Zahl Sechs das Presto des Gewittersturms anhebt, eine Musik des Pandämoniums und der Vernichtung, in die Max noch einmal den Namen Samiel schreit, der Geist ihm antwortet: »Hier bin ich.«

Die Szene ist auch in den oft großartigen romantischen Opern der folgenden Zeit nicht übertroffen worden. Am nächsten kommt ihr noch der mit ähnlichen Mitteln arbeitende Monolog der Gertrud in Heinrich Marschners »Hans Heiling«.

Auch Felix Mendelssohn und Robert Schumann haben immer wieder melodramatische Mittel angewandt. Mendelssohn vor allem in der Bühnenmusik zu Shakespeares »Sommernachtstraum«. Schumann sowohl in kleineren selbständigen Stücken wie »Schön Hedwig« und »Die Flüchtlinge« als auch vor allem in der Musik zu Lord Byrons »Manfred«. Auch hier ist es wieder die Geisterromantik, die den ungewöhnlichen Zusammenklang von gesprochenem Wort und begleitender Musik nahelegt; die große Szene, in der Manfred die von ihm geliebte Göttin Astarte zum letzenmal sieht, ist in ihrem verklärenden Pathos sehr wirkungsvoll.

Der Schluß des Werks aber bringt eine höchst eigenartige Verbindung von einem Chor, der hinter der Szene das »Requiem aeternam« singt, und den melodramatischen Stimmen des Abtes und des sterbenden Manfred.

Der balladeske Zug, den schon die frühromantischen Melodramen im Gegensatz zu denen des 18. Jahrhunderts aufweisen, steigert sich in denen Franz Liszts zur Gruselstimmung. Sein »Trauriger Mönch« nach dem Gedicht von Nikolaus Lenau ist in der Klavierbegleitung ein frühes Beispiel konsequenter Verwendung der Ganztonleiter. – Daß Richard Wagner als Neunzehnjähriger 1832 das Gebet Gretchens aus Goethes »Faust« als Melodram vertont hat, sei nur am Rande vermerkt, weil das Stück noch keine Anzeichen des Wagnerschen Stils zeigt.

In der Wagner-Nachfolge aber gewinnt das Prinzip melodramatischen Sprechens zur Musik neue Bedeutung. Tatsächlich entspricht ja das im realistischen Tonfall deklamierte Gedicht oder Prosastück dem Wunsch nach Lebensnähe, der seit Wagner die Vokalmusik beherrscht. So bildet das Melodram eigentlich das entgegengesetzte Extrem zum verkünstelten italienischen Ziergesang, zur Koloratur, die Wagner abschaffen und mit seinem Sprechgesang ersetzen wollte.

Es gibt allerdings auch ästhetisch empfindlichere Geister, die fanden, gerade das realistische Sprechen lasse sich nicht überzeugend mit etwas so unrealistischem wie Musik verbinden, und die damit die ganze Problematik des Melodrams neu aufrollen. Kurzum, der Streit um die Gattung will nicht zur Ruhe kommen. Ist sie sinnvoll? Kann sie unter gewissen Umständen sinnvoll werden? Oder ist sie an und für sich mit dem Fluch der Unmöglichkeit und Sinnwidrigkeit beladen, so daß alle Versuche, sie zu legitimen Formen zu bringen, von vornherein zum Scheitern verurteilt sind? Das 18. Jahrhundert, in dem das Melodram als klassizistische und stark formalistische Kunstgattung entdeckt wurde, hat die endgültige Antwort ebensowenig geben können wie das 19., in dem es zum romantischen Ausdruck des Unirdischen, Erhabenen, Phantastischen wurde. Sinn oder Unsinn? Wo soll man beide suchen? Kann man überhaupt mit einer derartigen Alternative an Kunstwerke herangehen? Dann stellt man sich ohnedies in Gegensatz zur romantischen Ästhetik, die ja ihre Sinnerfüllung gerade im logisch nicht ganz Faßbaren, im Irrationalen, also eigentlich im sublimierten Unsinn findet. Ein Kunstwerk wie der Webersche »Freischütz« oder Schumanns »Manfred« läßt sich mit rein logischen Begriffen nicht verstehen; dabei spielt aber die melodramatische Form des Ganzen oder einzelner Teile gar keine Rolle. Die Wolfsschluchtszene würde nicht weniger phantastisch, sie würde nicht realer wirken, wenn an die Stelle des Melodrams das herkömmliche Rezitativ gesetzt wäre. Aber sie würde vielleicht an überzeugender Kraft, an atembeklemmender Unheimlichkeit einbüßen. Sie würde uns wahrscheinlich zu konventionell vorkommen. Hier ergibt also der logische Unsinn einen künstlerischen Sinn. Tatsächlich greift das romantische Melodram in einigen seiner Wirkungen der modernen Ästhetik des Surrealismus vor, in der ja ebenfalls die naturalistische Logik dem sogenannten psychischen Automatismus weicht und der Unsinn des Traums sich über den Sinn des wachen Bewußtseins erhebt.

Um das Jahr 1800 bekam in Deutschland der Typus des Rezitators großen Zulauf. Die Sprechkunst oder Deklamation, wie man sie damals nannte, beschäftigte sich mit dem sprachlich korrekten und sinnvollen Vortrag von lyrischen und epischen Dichtungen, und viele Schauspieler spezialisierten sich in dieser Kunst zu echten Virtuosen. Im ganzen 19. Jahrhundert wurde dieses Virtuosentum geschätzt und weiter kultiviert. Während es aber ursprünglich im Dienst der großen überlieferten Literatur gestanden hatte, wuchs jetzt das Bedürfnis nach einer eigens für diese Rezitatoren geschaffenen Kunst. Damit trat das Interesse für melodramatische Formen in ein neues Stadium. Es waren vor allem die Komponisten der Avantgarde gegen Ende der neunziger Jahre, die sich solchen Möglichkeiten zuwandten. Männer wie Richard Strauss und Max Schillings, Anhänger der sogenannten neudeutschen Ästhetik, den Querverbindungen von Musik, Literatur, Theater, Philosophie und Malerei mit Leidenschaft zugetan, sahen hier eine neue Kunstform entstehen, die ihnen nahelag. Dem jungen Richard Strauss wurde in den neunziger Jahren die Rezitationskunst des berühmten Schauspielers Ernst von Possart zu einem wichtigen theatralischen Erlebnis. Für ihn schrieb er zwei Melodramen mit Orchesterbegleitung, 1897 den »Enoch Arden« nach Tennysons Gedicht, zwei Jahre später »Das Schloß am Meer« nach Ludwig Uhland.

Wie sehr die melodramatische Ästhetik damals in der Luft lag, das beweisen auch die Opern von Engelbert Humperdinck, nicht nur das berühmte »Hänsel und Gretel«, sondern vor allem die »Königskinder«, die zuerst als Melodram komponiert waren, und zwar im selben Jahr wie Strauss' »Enoch Arden«. In den »Königskindern« verwendet Humperdinck wohl zum erstenmal das melodramatische Sprechen auch im Ensemble und im Chor, und er notiert es mit einer Art von schwebenden Notenwerten, die nicht nur den Rhythmus, sondern auch die Sprechtonhöhen-Schwankungen des Wortes annähernd festlegen.

Der letzte in der Reihe der großen Vortragskünstler, die sich völlig auf die Laufbahn des Rezitators spezialisierten, war Ludwig Wüllner. Als Musiker, Dirigent und Sänger erzogen, später auch auf der Schauspielbühne erfolgreich, strebte er eine Kunst des gehobenen und vergeistigten Singens oder des musikalischen Sprechens an, die bei ihm oft großartige Ergebnisse zustande brachte. Er war als Sprecher der Inbegriff des intellektualisierten romantischen Pathos, sein herbes Organ hatte eine dynamische Ausdruckskraft, eine expressive Farbenskala, die keiner nach ihm wieder erreicht hat. Für ihn schrieb Max von Schillings 1902 sein berühmtes »Hexenlied« nach dem Gedicht von Ernst von Wildenbruch. Und mit dem »Hexenlied« hat Wüllner die Generation bis zum Ersten Weltkrieg immer wieder hingerissen.

Dieser hochromantische Typus des Konzertmelodrams wird in der expressionistischen Ästhetik revidiert, von allem Ballast des übersteigerten Ausdrucks befreit, sozusagen skelettiert. Arnold Schönberg, der Befreier der Musik von den Fesseln der Tonart, hatte schon 1900 in den »Gurreliedern« wichtige Teile einem Sprecher anvertraut. Die Begegnung mit der Schauspielerin Albertine Zehme regte ihn zur Komposition eines Zyklus kleiner Melodramen nach den phantastischen Gedichten Albert Girauds an, der unter dem Titel »Pierrot Lunaire« berühmt wurde. Hier, wie auch in der Oper »Die glückliche Hand«, führt Schönberg die Humperdincksche Form der Sprechstimmen-Notation weiter, so daß nun jede gesprochene Silbe rhythmisch und in den Hebungen und Senkungen des Sprechtonfalls fixiert wird. Der »Pierrot Lunaire«, von einem kleinen Kammerensemble begleitet, spielt in einer phantastisch-blasierten Atmosphäre unter dem Licht eines Mondes, der die Figuren der alten Commedia dell'arte bestrahlt. Er enthält lyrische Episoden wie die des »kranken Mondes«, wo die Stimme nur von einer Flöte begleitet ist. Dann wieder finden sich im »Pierrot Lunaire« witzige Stücke wie der mit vielerlei Kanonkünsten ausgestattete »Mondfleck«.

Etwa zur gleichen Zeit fanden sich in Paris zwei ungleiche Geister zu einer gemeinsamen Arbeit: der italienische Dichter Gabriele d'Annunzio und der französische Komponist Claude Debussy. Die Partitur ihres Oratoriums »Das Martyrium des hl. Sebastian« enthält melodramatisches Sprechen als Wesenselement; das Werk, Fragment geblieben, ist voll von musikalischen Schönheiten, namentlich im dritten Bild, dem Konzil der falschen Götter, aber auch im paradiesischen Schluß.

Igor Strawinsky stand kurz vor Beginn des Ersten Weltkrieges unter dem starken, wenn auch nicht ganz positiven Eindruck des »Pierrot Lunaire«, dessen Berliner Wiedergabe unter Schönbergs Leitung er gehört hatte. Auch mit Debussy verbanden ihn gemeinsame ästhetische Interessen. Beide Einflüsse haben da auf sein Schaffen eingewirkt, wo er sich melodramatischer Mittel bedient. Das geschah zuerst 1918 in der »Geschichte vom Soldaten«, einem gesprochenen, gelesenen und getanzten Märchenspiel für eine kleine Wandertruppe von Darstellern und Musikern. Der Tonfall, mit dem Strawinsky die Worte des Dichters Ramuz zu einem Miniaturorchester von sieben Mann deklamieren läßt, ist unverkennbar. In ihm wirken Märchenstimmung und Ironie auf einzigartige Weise zusammen.

Ganz anders ist der Tonfall in der »Perséphone«, die Strawinsky zusammen mit André Gide 1933 als Mischform von Ballett, Oper und Melodram geschrieben hat. Hier wird das stilisierte Pathos des klassischen französischen Dramas, die gestelzte Deklamation der Comédie Française, bewußt als künstlerisches Mittel eingesetzt. Die ganze Rolle der Perséphone muß mit musikalischer Begleitung gesprochen werden, umrahmt von Chören, Orchesterzwischenspielen und der großen Tenorpartie des Eumolp. Später hat Strawinsky vor allem in »The Flood« melodramatisch gearbeitet.

Die neuere französische Musik, namentlich die aus dem Kreise der Six um Jean Cocteau, hat für das Melodram wenig Interesse gezeigt. Es war für sie gewiß eine ästhetisch fragwürdige Form, die sie mit der verabscheuten Romantik identifizierten. Allerdings hat Darius Milhaud schon 1915 in den »Choëphores« Paul Claudels Übersetzung der Äschyleischen Orestie für Sprechchöre mit instrumentaler Begleitung komponiert, und auch in seinem fünfzehn Jahre später entstandenen »Christoph Columbus« stehen melodramatische Stücke. Aber beide Male geschieht der Einsatz der Sprechstimmen eher im Geist einer archaisierenden Annäherung an frühe Formen des Dramas als aus einem neuen künstlerischen Wollen. Anders ist die Situation bei dem Schweizer Arthur Honegger. Er vertraut schon 1921 in seinem Oratorium »König David« wichtige Teile einer Sprechstimme an, und die »Johanna auf dem Scheiterhaufen«, die er 1935 nach einem Claudelschen Text schreibt, ist in ihren Hauptrollen für zwei Sprecher komponiert.

Auf ähnlich fromme Art hat Alban Berg in seinem »Wozzeck« das Prinzip des Schönbergschen Sprechgesanges übernommen, das Schönberg selbst in seiner Oper »Moses und Aron« und in der »Ode an Napoleon« weiterführen sollte. Die Szene in Mariens Stube, die den dritten »Wozzeck«-Akt einleitet, ist als Variationenfolge mit Fuge komponiert, und Marie ist als eine Art sprechender Instrumentalstimme an der musikalischen Entwicklung beteiligt.

Hier wird aus dem Unsinn der Vermischung zweier ästhetischer Möglichkeiten ein künstlerischer Sinn. Aber wie schon in den Melodramen der Romantiker steht auch da das absonderliche Verfahren stets im Dienst des Außergewöhnlichen: bei Honegger einer Hexenverbrennung, die in Wahrheit die Vernichtung einer Heiligen ist; bei Alban Berg einer Szene, in der die arme, gequälte Kreatur Marie ihre Zuflucht im religiösen Glauben sucht. Sinn und Unsinn, gewiß, sie liegen im Melodram dicht beisammen. Aber die Form wird überzeugend, sobald ein Meister sie in den richtigen Zusammenhang stellt.

1965

Daneben der Andere lebt Gemeinsamkeiten bei Alban Berg und Debussy

Alban Bergs »Wozzeck« und in einigem Abstand seine »Lulu« haben als einzige Opern der Generation nach Richard Strauss und Puccini einen festen Platz im internationalen Repertoire gefunden. Durch sie allein hat die Idee der neuen Musik in die Tiefe und Breite zugleich gewirkt. Schwer, sich den ewig jünglingshaften Mann heute als Greis vorzustellen. Lebte er noch, dann hätte jetzt die Welt dem Achtzigjährigen gehuldigt. Der bewunderte Lehrer Arnold Schönberg hat ihn um 16 Jahre überlebt. Zwischen ihnen bestand bis in die letzten Jahre des Briefwechsels ein unverkennbares Vater-Sohn-Verhältnis, in der Anlage der Person begründet bei diesem wie bei jenem. Berg hatte bei aller weltmännischen Haltung einen Zug jugendlicher Naivität. Er neigte dazu, sich leidenschaftlich für eine Idee, ein Kunstwerk, einen Menschen zu erwärmen, war zu schwärmerischen Affekten fähig wie seine Musik in ihren hinreißendsten Momenten. Die Jugendbilder, aber auch spätere Photos, die Willi Reich in seiner neuen Biographie (Atlantis-Verlag) mitteilt, geben davon ebenso Kunde wie die Briefe und Aufsätze.

Aus dem Schönberg-Kreis hebt sich Berg von Anbeginn durch eine Kunstanschauung heraus, die weniger zum Trennenden als zur Vermittlung neigte. Auch für ihn waren die deutsch-österreichischen Traditionen, namentlich Wagners, Brahms' und Richard Strauss', stilbildend. In der Vatergestalt Schönbergs sah er sie vereinigt; Reich teilt einen Briefentwurf zum 60. Geburtstag des im amerikanischen Exil lebenden Freundes mit, wo es heißt »... in dem Bezirk deutschester Musik, der für ewige Zeiten Deinen Namen tragen wird.« Jedoch zeigen Bergs Kompositionen schon früh auch eine Vertrautheit mit moderner französischer Musik, und Schönberg bezeugt, Berg habe sich mit Claude Debussy beschäftigt, als er selbst dessen Musik noch nicht kannte. Schönberg hat sich ja als Lehrer kaum mit seinen Zeitgenossen befaßt. Sein Unterricht setzte im wesentlichen die Kenntnis der großen überlieferten Musik von Bach bis Brahms (unter Vernachlässigung Händels, Glucks, Webers sowie der französischen und slawischen Meister) voraus. Diese konservative Einseitigkeit wurde dann durch den Wiener »Verein für musikalische Privataufführungen« ausgeglichen, eine Gründung Schönbergs – deren Statuten aber Berg verfaßt hat. Hier wurde 1918–1921 nach dem Zeugnis Paul A. Pisks »nicht viel weniger Debussy als Reger« gespielt (von Reger 42 Werke). Man kann annehmen, daß Berg an dieser Debussy-Pflege nicht unbeteiligt war; die Wichtigkeit der französischen »impressionistischen« Musik, vor allem Debussys, in der Liquidierung der tonalfunktionellen, d. h. traditionellen Harmonik, konnte auch damals längst nicht mehr übersehen werden.

Woher aber Berg Debussys Werke kannte, wissen wir nicht. Möglich, daß seine Schwester Smaragda, eine begabte Pianistin, dafür sorgte. In seiner Musik wird Debussys Einfluß spätestens mit dem Carl-Hauptmann-Lied »Nacht« (1908) aus den »Sieben frühen Liedern« offenkundig. Französische Kultur bedeutete für Berg mehr als für die Mehrheit der anderen aus dem Schönberg-Kreis, ausgenommen Egon Wellesz, der bald eigene Wege ging, und Eduard Steuermann, der ein Spieler höchsten Ranges der Klaviermusik von Debussy und Ravel war. Kein Franzose aber stand Berg künstlerisch näher als Debussy, für den er im privaten Gespräch Bewunderung äußerte. Ernest Ansermet, Freund und Interpret Bergs, bezeugt, daß dieser ihm »Pelléas und Melisande« als Vorbild für den Wechsel von Szenen und Zwischenspielen im »Wozzeck« bezeichnet hat.

Ihren deutlichsten Ausdruck fand Bergs Liebe zu französischem Geist 1929 in der »Wein«-Arie auf drei Gedichte Charles Baudelaires aus den »Fleurs du mal«. Von ihr öffnet sich der Weg in die asoziale Welt der Süchtigen, Dirnen, erotisch Hörigen und Abnormen, die er in Wedekinds »Lulu« betritt. Lulu selbst aber entstammt einem französischen Modell: der Nana von Emile Zola. Den zweiten Akt der »Büchse der Pandora« hat Wedekind zuerst französisch geschrieben. Baudelaires Welt hat den jungen Debussy ebenso betört und musikalisch angeregt wie die François Villons. Schönbergs Puritanismus schloß Gegenstände dieser Art als Anlässe zur Komposition aus. Darin war Berg ihm ganz fremd, wie ja auch die Wahl des Büchnerschen »Woyzeck« von Schönberg mit den Worten erwidert wurde, Musik befasse sich besser mit Engeln als mit Offiziersburschen.

Debussys evidente frühe Einflüsse auf Berg liegen im dunkeln. Noch rätselhafter aber ist ein Fall von völliger Übereinstimmung zweier Stellen in ihren Werken. Sie ist sogar so vollständig, daß die Ähnlichkeit zwischen Themen von Mozart (Finale der g-Moll-Symphonie) und Beethoven (Scherzo der Fünften) daneben nichtig wirkt. Fünf halbtönig hinabgleitende Akkorde über einem sequenzierenden Baß stehen notengleich in Debussys vierhändigem »Pour la danseuse aux crotales« aus den »Six épigraphes antiques« und im letzten der Lieder op. 2 von Berg.

Es sind Quartenakkorde der Art, die man bei Debussy häufig findet, z. B. in den »Feuilles mortes« aus dem zweiten Préludes-Band, wo sie noch zur Fünfstimmigkeit erweitert werden. Auch Berg verwendet die fünfstimmige Form als Abschluß des genannten Liedes: H-Fis-es-a-d. Die Literatur hat diesen Akkord untersucht. René Leibowitz etwa weist ihn, dort allerdings mit permutierten Tönen, in Schönbergs Dehmel-Lied »Erwartung« (aus dem Opus 2 von 1899) nach. Bekanntlich verändern Akkorde völlig ihren Charakter, wenn man sie permutiert, also in ihren Umkehrungen verwendet. Berg zieht Akkorde in unveränderter Lage vor. Für ihn hat ein Klang den Wert einer bestimmten Spannung und Atmosphäre nur in einer bestimmten Position. Zeugnis dafür ist im »Wozzeck« (III. Akt, 4. Szene) die »Invention über einen Sechsklang«, die Wozzecks Tod begleitet. Zwischen diesem Sechsklang und dem Akkord aus dem Mombert-Lied besteht atmosphärische Verwandtschaft. Berg selbst hat anläßlich der Todesszene in »Wozzeck« von dem »stark impressionistischen Einschlag« einer nur auf Akkord-Zusammenklang gestellten Musik und ihrer Eignung für Illustrierung reinen Naturgeschehens gesprochen. Momberts Gedicht schließt: »Stirb! Der Eine stirbt, daneben der Andere lebt: Das macht die Welt so tiefschön.« Berg illustriert hier den Eintritt des Todes in eine sonst nur von Naturgeschehen erfüllte Szenerie (»... Gras auf sonnigen Wiesen ... es flötet die Nachtigall ... hoch im düstern Bergforst ... glitzert kalter Schnee ...«) ganz wie später im »Wozzeck« durch eine Folge gleicher Akkorde.

Auch Strauss' berühmter »Elektra«-Akkord, der 1909 die Hörer der Dresdner Uraufführung so erschreckte, ist, in permutierter und transponierter Form, mit dem Debussy/Bergschen Fünfklang identisch. Man kann ihn herkömmlich als Doppeltonart, als Synthese von E-Dur und Cis-Dur, deuten. Die Debussysche Form ist ebenfalls traditionsfromm (als Alterierung oder als Vorhalt des Nonenakkordes) erklärt worden. Bei Berg verfängt das nicht, da der Klang grundsätzlich unaufgelöst bleibt – wie übrigens alle Quartenakkorde bei Schönberg seit 1908 in den ersten atonalen Werken. Als vor kurzem im Kasseler Staatstheater »Der ferne Klang« von Franz Schreker wiederaufgeführt wurde, hörte man eine Tonsprache, in der um 1910 die konstruktiven Möglichkeiten dieses Akkordes wirksam wurden. Den Klavierauszug gerade dieser Schrekerschen Oper hat 1911 Alban Berg für die Universal Edition angefertigt. Wie sehr solche harmonischen Gebilde damals in der Luft lagen, zeigt schließlich Alexander Skrjabins 6. Klaviersonate; auch da ist der Akkord integraler Bestandteil des harmonischen Satzes. Und noch 1944 hat Olivier Messiaen als einen seiner »modes à transpositions limitées« eine achttönige Leiter benannt, die vierfach den so bedeutungsvollen Akkord enthält. Alle seine möglichen Deutungen verlassen das

Reich der konventionellen Harmonielehre. Sie sind weder haarspalterisch noch unverständlich; sie verstoßen lediglich gegen Tabus, wie die Akkorde selbst gegen Tabus verstoßen haben. Darum sind sie auch von der nazistischen wie von der stalinistischen Kulturpolitik diffamiert worden. Dabei liegen ihre Wurzeln in der romantischen Musik bei Franz Liszt, Richard Wagner und Georges Bizet.

Wie aber ist die Übereinstimmung der Akkordfolge in völlig gleicher Lage bei Debussy und Berg zu erklären? Bergs Lied, 1908 komponiert, ist 1910 bei Lienau (Berlin) erschienen. Es wurde Anfang 1912 im »Blauen Reiter« abgedruckt. Debussy hat die »Six épigraphes antiques« 1914 geschrieben. Damit wäre Bergs Priorität nachgewiesen. Aber der Fall ist komplizierter. Debussy hat seine vierhändige Suite unter Verwendung eines alten Werks komponiert. 1900 bat ihn sein Freund Pierre Louys um Musik für eine pantomimische Rezitation seiner »Chansons de Bilitis«. Sie wurde im Februar 1901 in Paris aufgeführt. Bis 1932 galt diese Gelegenheits-Komposition als verschollen. Dann gab Lilly Debussy-Texier dem Biographen Léon Vallas eine Abschrift der Partitur. Sie ist für 2 Flöten, 2 Harfen und Celesta gesetzt und unabhängig von Debussys späteren Liedern gleichen Namens. Als sie Pierre Boulez 1954 im Théâtre Marigny wiederaufführte, zeigten sich hingegen viele mit den »Six épigraphes antiques« gemeinsame Strecken. Doch die auffallende Stelle aus der »Danseuse aux crotales« fehlte. Debussy muß sie erst 1914 hinzugefügt haben.

Die in Akkorden und Bässen notengetreue Übereinstimmung schließt die Erklärung aus, solche Dinge lägen eben manchmal in der Luft. Berg kann, da seine Komposition älter ist, die Debussy-Stelle nicht übernommen haben. So bleiben nur zwei mögliche Lösungen des Rätsels: Debussy hat entweder ein Exemplar der Berg-Lieder gesehen oder den »Blauen Reiter« gekannt. Die für ihn sicher sehr interessanten Akkordfolgen haben sich in seinem Unterbewußtsein eingenistet und sind 1914 wieder zutage getreten.

Dafür gibt es Präzedenzfälle in Debussys Werk. Der berühmteste ist ein auffallender Akkord aus Ravels »Habanera« von 1895, der buchstäblich 1903 in »Soirée dans Grenade« wiederkehrt. Debussy war selbstverständlich auf Anleihen nicht angewiesen. Aber sein impressionabler Geist bewahrte auffallende Klangeindrücke mit solcher Treue, daß sie dann in seiner eigenen Musik unverändert notiert wurden. Solche für das Verständnis eines Komponisten keineswegs belanglosen Identitäten bleiben oft erstaunlich lange verborgen. 1962 beim Colloque Debussy in Paris hat der Verfasser dieser Zeilen über die Akkordfolge bei Berg referiert, ohne daß er selbst oder einer der übrigen Anwesenden damals noch die buchstäbliche Wiederkehr bei Debussy bemerkte. Erst 1963 wurde der Zusammenhang klar. Entdeckungsgeschichten solcher Art gleichen of wahrhaft detektivischen Untersuchungen.

Kannte Berg den Zusammenhang? Hatte er selbst dem bewunderten französischen Meister ein Heft seiner Lieder geschickt? Wir wissen es nicht, werden es vielleicht nie wissen. Aber sicher ist, daß ihn die Entdeckung dieses musikalischen Zitats erfreut und seine Verehrung für Debussy nicht geschmälert hätte. So wie es auch uns freut, die Bezirke »deutschester« und französischster Musik durch ein solches Beispiel unbewußter Übereinstimmung miteinander verbunden zu wissen.

Musik kann auch dem Gegner dienen
Probleme der engagierten Musik

Musik kann nicht bekennen, aber sie kann ein Bekenntnis eindringlicher machen. Von diesem Axiom muß ausgehen, wer über ihre Mitarbeit an Texten spricht, deren Autoren die Welt ändern wollen. Die Welt oder den Menschen zu ändern, am besten alle beide, ist das Vorhaben der Religionsstifter und ihrer modernen Nachfolger, der Sozialpolitiker. Seit es sie gibt, wissen sie sich der Musik so wirkungsvoll zu bedienen wie des Wortes.

Aber das Wort ist in seiner Bedeutung klar; die Musik hat keine Bedeutung, die sich mit der des Wortes vergleichen läßt. Wo sie semantisch wirkt, geschieht es gemäß bestimmten Konventionen, die ihre Formeln und Formen mit Sinn aufladen. Wenn Plato im Dialog zwischen Sokrates und Glaukon die Tonarten säuberlich einteilt in klagende (vor denen man Weiber und Männer bewahren soll), berauschende (denen die Hüter des Staates mißtrauen müssen) und solche, die den Männern kriegerische Tugend geben, so meint er die mixolydischen, lydischen sowie die dorischen und phrygischen Leitern, wie sie für begrenzte Zeit in Athen verwendet und mit Bedeutung erfüllt wurden. Wenn die Kirche im 12. Jahrhundert das Ionische, unser späteres C-Dur, als Modus Lascivus ablehnte, so meint sie die Gesamtheit der erotischen Lieder, die sich damals des ionischen Kirchentons bedienten und zu seiner Vulgarisierung führten. Alban Berg hat im »Wozzeck« den C-Dur-Dreiklang als Symbol der Nüchternheit beim Geldaufzählen verwendet. Musik kennt also keine Semantik, keine Allgemeingültigkeit, wenn man von emotionellen Wirkungen ihrer Archetypen, der »natürlichen« Intervalle (Oktave, Quinte, Quarte) oder des Marschrhythmus, absieht. Das rechtfertigt Thomas Manns Settembrini im »Zauberberg« mit seiner »politischen Abneigung« gegen die Musik.

Keine Religion hat sich der Musik vollkommener bedient als das Christentum. Jahrhundertelang waren geistliche Inhalte die einzigen, die man als ihrer würdig und ihr gemäß empfand. Zahlreiche Formen von den Wechselgesängen aus der jüdischen Psalmodie bis zum Kanon als Sinnbild der Nachfolge sind aus dieser Bindung erfunden oder nachträglich kommentiert worden. Die Kirche hat selbst einige der wichtigsten Kapitel der Musikgeschichte geschrieben.

Läßt sich, was im Gefolge der Aufklärung als politische Bekenntnismusik entstanden ist, mit Rang und Formenreichtum der kirchlichen vergleichen? Die Frage wurde zum erstenmal gestellt, als Beethoven mit dem Finale der neunten Symphonie humanistisch-aufklärerische Gedanken Schillers dem symphonischen Zyklus aufpfropfte. Sein Vorbild zog nicht viele schöpferische Folgen nach sich, wirkte aber indirekt auf Wagners Musikdramatik, direkt auf Gustav Mahlers Vokalsymphonien, an die wiederum Dimitrij Schostakowitsch anknüpfte.

Nach dem Ersten Weltkrieg setzte in Mitteleuropa eine aktivistische Bewegung ein, die alle Künste in den Dienst politischer Ideen stellen wollte. Der linke Flügel des Arbeitersängerbundes gewann eine Anzahl von Komponisten für seine Ideen, darunter Heinz Tiessen und Stefan Wolpe. Fortschrittliche Theaterleute wie Erwin Piscator, Dichter wie Bertolt Brecht arbeiteten mit Musikern wie Kurt Weill und Hanns Eisler zusammen. Auch Paul Hindemith begleitete die Aktivisten ein Stück Weges. Es gehört zu den auffallendsten Fakten dieser Epoche, daß die bürgerliche Mitte mit solchen Bestrebungen ebensowenig Schritt hielt wie die extreme Rechte. Das Herz der politisch oder weltanschaulich engagierten Künstler schlug links. Polyhymnia und Thalia trugen das rote Banner.

Den radikal vereinfachten, melodisch und rhythmisch aggressiven Ton für die links engagierte Musik der Weimarer Republik fand Kurt Weill. Er war 1927 Bertolt Brecht begegnet und seither sein engster Mitarbeiter. Die »Mahagonny«-Lieder, die »Dreigroschenoper« und das »Berliner Requiem«, in der lehrhaften Form auch »Lindberghflug« und »Jasager«, bedeuteten innerhalb der rein kompositorischen Entwicklung von damals eine »Regression« zu Tonalität und zu simplen Tanz- und Marsch-Metren. Schönbergs ironisches Wort: »Weill hat uns den Dreivierteltakt wiedergegeben«, kennzeichnet die Verschiedenheit der Wege.

Immerhin waren Brecht/Weills engagierte Werke noch Bestandteile des bürgerlichen Musikbetriebs, »Dreigroschenoper« und »Aufstieg und

Fall der Stadt Mahagonny« (als abendfüllende Version des früheren Songspiels) figurierten auf den Spielplänen. Die Klärung der Fronten geschah 1930, als die künstlerische Leitung der »Neuen Musik Berlin 1930« mit Autoren geplanter Stücke uneins wurde. Die Leitung bestand aus den Herren Heinrich Burkhard, Paul Hindemith und Georg Schünemann. Sie hatten mit Brecht und Hanns Eisler ein Lehrstück verabredet. Angesichts des politischen Risikos forderten sie vor der endgültigen Programmierung Einblick in den Text. Die Autoren verweigerten das in einem Offenen Brief, in dem sie die drei Herren zum Rücktritt von der künstlerischen Leitung aufforderten, da ihr »Protest gegen alle Zensurversuche der neuen Musik mehr nützen würde, als wenn Sie im Sommer 1930 noch einmal ein Musikfest feiern«. Das Musikfest fand statt. Es brachte elektronische Musik, Originalstücke für Schallplatten, Lehrstücke und Kinderopern mit Musik von Ernst Toch, Hermann Reutter, Dessau, Paul Höffer und Hindemith. Das verabredete Lehrstück von Brecht und Eisler fehlte, ebenso Weills »Jasager«, der aber in anderem Rahmen aufgeführt wurde.

Erst im Dezember 1930 lernte Berlin den Stein des Anstoßes kennen: die »Maßnahme« von Brecht, dem Filmregisseur Slatan Dudow und dem Komponisten Hanns Eisler kam zuerst im Großen Schauspielhaus, dann zu später Abendstunde in der Philharmonie zur Aufführung. Der Schönberg-Schüler und Krolloperndirigent Karl Rankl hatte die musikalische Leitung. Ein Arbeiterchor, der Opernsänger Erik Wirl und die Schauspieler Helene Weigel, Ernst Busch und Alexander Granach wirkten mit. Zuvor hatte am selben Abend in der Singakademie ein Konzert nationalsozialistischer Musiker stattgefunden, bei dem Joseph Goebbels in der ersten Reihe des schütter besetzten Parketts saß. Die Philharmonie war ausverkauft; Theater, Musik und Literatur waren prominent vertreten.

Als erste Großform politisch engagierter Musik hat Eislers Partitur Bedeutung. Sie ist für gemischten, meist zweistimmigen Chor und ein Orchester von Blechbläsern und Schlagwerk gesetzt, zu dem Klavier als Kennzeichnung der bürgerlichen Welt gefügt wird. Die Sprache dieser Musik erfüllt den pädagogischen Zweck, dem sie dienen soll, vorbildlich, etwa, wenn ein Lenin-Wort (»Klug ist nicht, der keine Fehler macht, sondern der sie schnell zu verbessern sucht«) als Chorkanon a cappella vorgetragen wird. Eisler ist seither der anerkannte Meister kommunistisch engagierter Musik geblieben, in der Prager und kalifornischen Emigration wie nach 1949 in Wien, nach 1950 in Ost-Berlin.

Die deutsche Avantgarde der dreißiger Jahre war nicht durchweg kommunistisch engagiert. Hindemith, die Gefahr der kulturellen Faschisierung erkennend, versuchte, eine Position der Mitte zu beziehen. Er stellte mit dem Oratorium »Das Unaufhörliche«, zu dem Gottfried Benn den Text geschrieben hatte, den Komponisten politisch agitatorischer Musik, also namentlich Eisler und Weill, das einzige bedeutende Werk von konservativerer Haltung entgegen. Benns Weltbild von der Vergänglichkeit und ewigen Wandelbarkeit aller menschlichen Leistungen verhält sich zu Brechts Aktivismus so wie Hindemiths differenzierte Polyphonie zu den Formen der Politmusik.

Die Versuche, eine nationalsozialistisch engagierte Musik zu schaffen, haben während der zwölf Hitler-Jahre keine irgend nennenswerten Resultate gezeitigt. Auch die paar nonkonformistischen Komponisten der Hitlerjugend vermochten keinen Stil zu prägen, und Herbert Müntzels Baldur-v.-Schirach-Chöre und die Hitler-Kantaten wie Gottfried Müllers »Führerworte« fanden keine Resonanz. In der Emigration aber lebte die mitteleuropäische »Weltänderungsmusik« fort.

Ihre Stützpunkte wurden England und Nordamerika, in geringerem Maße die Tschechoslowakei und Sowjetrußland. Kurz vor Hitlers Überfall auf Polen und wenige Tage vor dem Warschauer Musikfest der in Deutschland verbotenen Internationalen Gesellschaft für Neue Musik fand in London eine dreitägige Veranstaltung besonderer und engagierter Art statt. Sie nannte sich »Festival of Music for the People« und wurde am 1. April 1939 mit einem Aufmarsch eröffnet, an dem 500 Sänger, 100 Tänzer und ein Blasorchester teilnahmen. »Frieden, Freiheit und Arbeit« war die Devise. Komponisten wie Alan Bush, Norman Demuth, Elizabeth Lutyens, Alan Rawsthorne und Ralph Vaughan Williams hatten Beiträge geliefert. Auf den Programmen der beiden folgenden Tage standen Eislersche Kantaten, Schönbergs »Friede auf Erden« sowie die »Ballad of Heroes« des 25jährigen Benjamin Britten. Nach einem politischen Text von Wystan Hugh Auden und Randall Swingler besingt er die britischen Angehörigen der Internationalen Brigade, die im spanischen Bürgerkrieg fielen. Während Britten sich später anderen künstlerischen Aufgaben zuwandte, allerdings stets mit freiheitlich-humanistischem Engagement, wurde Alan Bush zum konsequentesten Vertreter linker Politmusik in England. Seine beiden Opern »Wat Tyler«, Volksepos aus den englischen Bauernkriegen, und »Men of Blackmoor« wurden 1953 in Leipzig und 1956 in Weimar uraufgeführt.

Im November 1938 war in Paris ein Angehöriger der deutschen Botschaft durch einen jüdischen Emigranten im jugendlichen Alter erschossen worden. Michael Tippett, damals nur mit Kammermusik und einem Doppelkonzert hervorgetreten, gestaltete den aktuellen und politischen Stoff in einem Oratorium »A Child of Our Time«, das 1944 bei der Londoner Uraufführung Aufsehen erregte. Es wirkt auch heute noch als humanes, antifaschistisches Bekenntnis von hohem künstlerischen Rang.

Amerikas Literatur machte nach dem Ersten Weltkrieg dieselbe Wendung zur politischen Aktualität durch wie die deutsche. Was Theodore Dreiser, Upton Sinclair und, in milderer Form, Sinclair Lewis mit ihrer Prosa zur Besserung der Gesellschaft forderten, wurde in der folgenden Generation durch Musiker wie Marc Blitzstein in der sozialistischen Oper demonstriert. In diesem Sinne haben seine Hauptwerke »The Cradle will Rock« 1937 und »No for an Answer« 1941 das moderne Musical beeinflußt, namentlich Leonard Bernsteins »Westside Story«. Auch Kurt Weill konnte nach seiner Immigration auf der amerikanischen Bühne fortwirken, freilich ohne die Mitarbeit Brechts. Während des Zweiten Weltkrieges zeigte die amerikanische Intelligenz ein wachsendes Interesse für die sowjetischen Verbündeten. Das führte auch bei einigen Komponisten eine Wendung zur engagierten Kunst herbei und fand seinen äußeren Ausdruck in den Werken, die Aaron Copland, George Antheil und andere der Roten Armee widmeten, was ihnen peinliche Befragungen durch MacCarthys Hexenjäger eintrug.

Antifaschistische Kompositionen gab es natürlich in der Sowjetunion vor und nach der ästhetischen Korrektur der frühen dreißiger Jahre in Mengen. Die meisten sind außerhalb Rußlands oder doch in der westlichen Welt unbekannt geblieben. So Boris Makrusows Antifa-Symphonie von 1937, Prokofieffs »Suite 1941« und »Toast auf Stalin«.

Arnold Schönberg, der gern sagte, er mische sich nicht in politische Angelegenheiten, sondern überlasse die Politik den Politikern, so wie die Herstellung von Schuhen den Schuhmachern, war bis 1933 ein Gegner von Tendenzkunst. Er glaubte auch später nicht an »Künstler, die wahrhaftig Besseres zu sagen haben sollten« und sich »mit Weltverbesserungstheorien einlassen, obwohl man ja aus der Geschichte wissen kann, wie all das ausgeht« (Brief an Josef Rufer, 18. Dezember 1947). Aber er reagierte schöpferisch auf die Weltbedrohung durch Hitler, indem er Lord Byrons »Ode to Napoleon Bonaparte« vertonte, ohne daß damals, 1944, der geringste Zweifel möglich war, gegen wen sich dieser geniale Haßgesang richtete. Noch stärker, doch ebenfalls künstlerisch sublimiert, spiegelt 1948 sein »A Survivor from Warsaw« das Grauen vor einer Unmenschlichkeit, die Menschen zu Millionen in die Gaskammern schickte.

Wie aber bewältigten die europäischen Musiker der Länder, in denen das Grauen zu Hause gewesen war, ihre Vergangenheit?

Sie ließen der Literatur den Vortritt. Sie machten sich an die Revision der kompositorischen Mittel. Sie warfen die Zwangsjacke ab, die ihnen die nazistische Kulturpolitik angelegt hatte, indem sie jede Regung außerhalb der Konventionsgrenzen verbot. Nach zwölf Jahren staatlich vorgeschriebener Tonartfrömmigkeit betraten sie tonartfreies Gebiet, erweiterten sie das von Schönberg entwickelte Denken in Tonreihen zu einer total seriellen Sprache. Auch linke Intellektuelle unter den Komponisten, z. B. Pierre Boulez, hielten sich fern von politisch engagierter Kunst. Von den Franzosen der älteren Generation war Louis Durey, einst von Jean Cocteau zur Gruppe der »Six« rekrutiert, später zum Kommunismus bekehrt worden. Sein »Grève de la Faim« gehört neben Arbeiten des viel jüngeren Serge Nigg wie »Le Fusillé Inconnu« (1949) und »Chant des Mineurs« (1952) zu den engagierten Kompositionen Frankreichs.

In der sowjetisch ausgerichteten »DDR« ist die Kunst, sind namentlich Theater und Musik politisch engagiert. Die starke Persönlichkeit Brechts fand hier in Eisler und Dessau zwei aus der Emigration heimgekehrte Musiker, die seinen Ideen zustimmten. Die Zusammenarbeit mit Dessau zeitigte nicht nur die Bühnenmusiken und Gesänge zu »Mutter Courage«, »Der gute Mensch von Sezuan« und dem »Kaukasischen Kreidekreis«, sondern auch die Oper »Die Verurteilung des Lukullus«. In dem Melodram »Lilo Herrmann« nach einem Text von Friedrich Wolf hat Dessau das Schicksal einer von den Nazis ermordeten sozialistischen Chemiestudentin geschildert. Eisler, dessen in der Emigration komponierte »Deutsche Symphonie« man 1952 in Ost-Berlin aufführte, hat in den »Neuen deutschen Volksliedern« Texte Johannes R. Bechers mit kommunistischer Tendenz vertont.

Wo die Kunst zum Sprachrohr des Parteistaates wird, sind den Schaffenden alle Möglichkeiten engagierter Produktion gesichert. Aber das Bekenntnis steht nicht als isolierte Individualleistung in einer feindlichen Umwelt. Im Gegenteil, es ist konformistisch und ohne Risiko, ja, es gehört zur Pflicht des Künstlers.

Anders steht es um die kommunistisch engagierte Haltung in bürgerlich-kapitalistischen Staaten. Hier genießt der Schaffende zwar die Vorteile freier Meinungsäußerung, aber er stellt sich auch in Gegensatz zur offiziellen Meinung und Politik. Er nimmt das Risiko auf sich, das jede Opposition bedroht: gesellschaftliche Isolierung, privaten Boykott usw. Nachdem England in den dreißiger Jahren die Führung in der Produktion linksradikaler Vokalmusik hatte, ist nach 1945 Italien darin immer bedeutsamer hervorgetreten. Ein Komponist wie Luigi Dallapiccola hat den überwiegenden Teil seines Werks in den Dienst des Freiheitsgedankens gestellt. Die »Canti di prigionia«, der »Prigioniero« sind Bekenntnisse gegen Diktatur und Inhumanität. Der Protest verbindet sich da mit dem inneren Pathos der zu bewältigenden Vergangenheit: nazistische Besetzung und Faschismus eigener Volkszugehörigkeit werden emotionell bekämpft. Dabei erweitert sich die Anklage potentiell gegen alle Formen totalitärer Unterdrückung; das Engagement ist nicht parteipolitischer Art, sondern nimmt die Partei des Menschen gegen die Macht. Ähnlich verallgemeinert sich auch das Bekenntnis in den recht zahlreichen Hiroshima-Kompositionen, die den entsetzlichen Tatbestand des Massenmordes anprangern.

Hingegen ist Luigi Nono in seinen Vokalwerken immer eindeutiger zum Sprachrohr sozialistischer Tendenzen geworden. Das gilt für »La victoire de Guernica« (1954) nach Texten Paul Eluards wie für »Il canto sospeso« (1956) nach Abschiedsbriefen von Widerstandskämpfern und für die Oper »Intolleranza« (1960), die auch in Köln gespielt worden ist. Nono steht aber insofern zwischen den Fronten, als die politischen Inhalte seiner Musik zwar Bekenntnisse zum Kommunismus sind, aber in Formen, die von der kommunistischen Kulturpolitik aufs schärfste abgelehnt werden.

Dieses Zwischen-zwei-Stühlen-Sitzen ist der neueren Kulturgeschichte ein vertrautes Phänomen. Für das Bekenntnis zu seriell geordneter Komposition, zu elektronischer und punktueller Deformierung von Texten riskierte ein Schaffender in der kommunistischen Welt bis 1962 seine materielle Existenz; noch heute bedeutet es den Verzicht auf staatliche Förderung, Publikation und Aufführung in der Öffentlichkeit.

Nonos Musik zur »Ermittlung« von Peter Weiss beruht auf »Kompositionsmöglichkeiten, die nur in einem elektronischen Studio zur Verfügung stehen«. Sie arbeitet mit Kinderchor, Sopransolo, Chor, Instrumenten und elektronisch erzeugtem Schall. Damit distanziert sich Nono auch von dem Typus vereinfachter Massen- und Agitationsmusik, wie ihn Weill und Eisler geprägt haben.

Dieses synkretistische Verfahren, das auch die jüngsten, zum Teil experimentellen Methoden der Komposition einbezieht, ist kennzeichnend für die neue engagierte Musik. So hat Giacomo Manzoni in seiner antifaschistischen Oper »Atomtod« Jazz und Barockklänge mit modernsten Mitteln kombiniert.

Heinrich Heine gießt in seinem Gedicht »Die Tendenz« die Säure der Ironie über das politische Genre der Lyrik, zu dem doch auch er so gewichtig beitrug. »Blase, schmettre, donnre täglich, bis der letzte Dränger flieht – singe nur in dieser Richtung, aber halte deine Dichtung nur so allgemein als möglich.« Musik hat darin keine Wahl, denn sie kann nur bekräftigen, was das ihr zugeordnete Wort bekennt. Heine nennt aber auch die Hymne, die von allen musikalischen Derivaten der Französischen Revolution, von all den Werken der Gossec, Méhul, Cherubini und wie sie alle heißen, allein Bestand hatte: die »Marseillaise« von Rouget de Lisle. Ihr revolutionärer Elan wirkt noch heute, so dauerhaft ist der semantische Sinn, mit dem die Geschichte diese Melodie aufgeladen hat. Aber von ihr kann ein Typus der engagierten Komposition ebensowenig abgeleitet werden wie von Weills Song, Eislers Massenlied oder Nonos Synthesen.

Es gibt keine politische Musik, die nicht auf dem Parodiewege auch der feindlichen Partei dienen könnte. Aber es gibt politisch engagierte Musiker. Über den Wert ihrer Arbeit entscheiden nicht politische Kriterien, sondern ästhetische.

1966

Interpret eines musikalischen Weltbildes
Zum Tode Hermann Scherchens
am 12. Juni 1966

Wenn man sich den Gegentypus eines weltfremden Ästheten vorstellen müßte, dann würde er die Gestalt Hermann Scherchens annehmen. So sehr er Musik als sein Lebenselement, seine Aufgabe, sein Mittel empfand, sich auszudrücken, bedeutete sie ihm doch nur etwas, wofern sie dem Menschen diente, genau gesagt, dem zukünftigen Menschen. Scherchen war ein ganz und gar unhistorischer Mann und insofern ein typischer Deutscher, als er hinter jedem Kunstwerk, jeder künstlerischen Äußerung und Leistung die Idee suchte, den höheren Gedanken, den Zusammenhang mit der sozialen Welt. Dieser geborene Berliner aus dem Norden der Stadt, aus dem sogenannten Proletariat, hat sein Leben lang Geister geformt, an seiner eigenen Bildung und Weiterbildung gearbeitet, um die Resultate solcher Arbeit auf andere zu übertragen. Seine geistige Existenz war die eines Pädagogen, der nur zufällig die Geige und Bratsche, später den Taktstock als Hilfsmittel der Lehre benutzte. Es gab immer wieder Zeiten, in denen er irgend etwas entdeckte, eine künstlerische Wirkungsform, eine Wissenschaft, eine Möglichkeit der Menschenführung. Dann konnte er mit dem ihm eigentümlichen Radikalismus sagen: Musik ist für mich ganz unwichtig geworden, ich mache jetzt etwas anderes, Wesentlicheres. So entdeckte er eines Tages die Hirnchirurgie, die ihn so faszinierte, daß er ernstlich vorhatte, sich ganz ihrem Studium hinzugeben und den Taktstock an den Nagel zu hängen. In den Zeiten, als das Theater ihn anzog, während der Ehe mit Gerda Müller, der Freundschaft mit Carola Neher, wollte er Regie führen, Opern und besonders Schauspiele inszenieren, vor allem Beethovens »Fidelio« und die von ihm schrankenlos bewunderten und auswendig beherrschten Stücke von Shakespeare.

Gottlob fand er dann doch immer zur Musik zurück, und die Abenteuer auf geistigen Nebenwegen und Abwegen kamen zum Schluß *ihr* zugute, seiner eigentlichen Kunst, die für ihn auch eine Wissenschaft war, die er gleichermaßen mit Verstand und Gefühl zu ergründen suchte.

Scherchen war Autodidakt. Mit einem Minimum an Schulbildung hat er sich durch eigene Arbeit zu einem der vielseitig gebildetsten Männer seiner Epoche erzogen. Er hat Geige und Bratsche studiert, so daß er in den führenden Berliner Orchestern, dem Blüthnerorchester und dem Philharmonischen von 1907 bis 1910, tätig war. Schönberg holte ihn als Assistenten zur Vorbereitung des »Pierrot Lunaire« 1912, neben den Pianisten Eduard Steuermann, den Geiger Jakob Maliniak, den Cellisten Hans Kindler, den Flötisten de Vries, den Klarinettisten Karl Eßberger. Nach der Berliner Uraufführung, bei der folgenden Europatournee vertrat Scherchen ihn oft am Dirigentenpult.

Als Rigaer Kapellmeister 1914 von den Russen interniert, nutzte er die Zeit der Gefangenschaft zu umfassenden Musikstudien; nebenher lernte er Latein, Russisch und Mathematik. 1918 nach Berlin heimgekehrt, gründete er 1919 die Neue Musikgesellschaft und 1920 die Monatsschrift »Melos«, die beide für seine musikalischen Ideen warben und kämpften. Damals bildete sich um ihn ein Freundeskreis, zu dem neben vielen anderen Heinz Tiessen, Eduard Erdmann, Stefan Wolpe und Hans Jürgen von der Wense gehörten.

Seine damaligen Programme, deren Wesenszüge wiederkehrten, als er in den zwanziger Jahren in Leipzig das Grotrian-Steinweg-Orchester, in Frankfurt am Main die Museumskonzerte, in Winterthur das Musikkollegium, in Königsberg das Rundfunkorchester leitete, konzentrierten sich um Schönberg, Gustav Mahler und Beethoven. Scherchen führte das Publikum vorsichtig an Schönberg heran, indem er von den tonalen Frühwerken ausging und über die 1. Kammersymphonie zu den späteren Arbeiten vordrang. Auf die Bedeutung von Werken wie »Verklärte Nacht« und die symphonische Dichtung »Pelleas und Melisande« hat Scherchen immer neu hingewiesen. Der dramatische Inhalt von »Pelleas und Melisande« kam in seiner Deutung ungemein anschaulich heraus.

1929 promovierte die Universität Königsberg Scherchen zum Ehrendoktor der Philosophie. Die Ehrung wies namentlich auf das Lehrbuch des Dirigierens hin, mit dem Scherchen seine Erfahrungen als Orchesterleiter in eine didaktische Form gebracht hatte. Das geniale Buch beginnt mit den Worten: »Die Kunst des Dirigierens ist dadurch bestimmt, daß das Instrument des Künstlers ein lebendiges ist: eine Vielheit von ausübenden Menschen spielt eine Vielheit von Instrumenten! Diesen Kunstkomplex der Musik dienstbar zu machen, ist die Aufgabe des Dirigenten.« Und es schließt mit Scherchens Forderung nach eindeutigem Dirigieren, d. h. nach einer Zeichengebung, die keine Mißverständnisse zuläßt. Wie in seinem späteren, musikphilosophisch-analytischen Buch »Vom Wesen der Musik« stützt sich Scherchen in allen entscheidenden Fragen auf das Werk Beethovens, namentlich auf dessen Symphonien. An der »Eroica« hat Scherchen musikalische Baumethoden nachgewiesen, die aus den vier Sätzen eine thematische Einheit machen. Als Zusammenfassung sieht er richtig den Finalsatz mit den Variationen über ein Baßthema, das Beethoven schon früher in einem Contretanz und in dem Ballett »Die Geschöpfe des Prometheus« verwendet hatte.

Scherchen gehört seiner Ausbildung und seinem musikalischen Denken nach durchaus der deutschen Musik, spezieller der deutschen klassischen Symphonik, an. Aber sein Blick war von Anbeginn auch auf andere europäische Kulturen gerichtet. Er hat das Werk Busonis und Alfredo Casellas gefördert und wenige Tage vor seinem Tode in Florenz die »Orfeide« seines alten Freundes Gian Francesco Malipiero aufgeführt. Auf Igor Strawinsky hat Scherchen seit den zwanziger Jahren immer wieder hingewiesen, vor allem mit Aufführungen der »Geschichte vom Soldaten«, wie 1923 in Weimar, als Carl Ebert den Vorleser sprach. Er hatte auch den Sinn für Strawinskys lapidaren neoklassischen Stil, etwa für das »Symphonische Allegro« der »Psalmensymphonie«, das im Schluß, dem »Laudate Dominum«, aus dem Geist des Vulgata-Textes gewonnen ist.

Noch weiter entfernte sich Scherchen von der deutsch-österreichischen Tradition, als er für die revolutionären Werke Edgard Varèses eintrat. In einem Dokumentarfilm über Varèse, der kürzlich in Paris herausgekommen ist, spricht Scherchen über seine Pariser Aufführung von »Deserts«, wo neben zahlreichen Geräuschfarben auch elektronischer Schall verwendet wird. Eine Vorstufe zu dieser Musik bildet die schon 1931 komponierte »Ionisation« für 41 Schlaginstrumente und 2 Sirenen. Scherchen hat sie mit großartiger Einfühlung in diese neue Klangwelt aufgeführt.

Da Musik für ihn ein Mittel war, dem Menschen zu dienen, ging Scherchen den Weg des weltanschaulich und politisch engagierten Künstlers. Er stand schon durch seine Herkunft aus Arbeiterkreisen den demokratischen Grundideen im Geiste der Französischen Revolution nahe. Scherchen dachte und fühlte sozialistisch. Er hat nach 1918 in Berlin Arbeiterchöre dirigiert und für sie komponiert. Als 1933 die Nationalsozialisten an die Macht kamen, wandte er sich von Deutschland ab und ging ins Ausland. In Brüssel, in Wien, in Straßburg und schließlich in der Schweiz fand er neue Wirkungsfelder, gründete er Zeitschriften wie die »Musica Viva«, einen Verlag wie die Ars Viva.

Aus seinen Kursen gingen nicht nur Dirigenten hervor wie Igor Markevitch, Nino Sanzogno und später Francis Travis, sondern auch Komponisten wie Bruno Maderna, Rolf Liebermann und Luigi Nono. Wie uneigennützig Scherchen der Sache diente und nicht nur dem eigenen Erfolg, das bezeugen zwei gleichartige Vorgänge. 1936 bereitete er in Brüssel die Uraufführung eines Oratoriums »Le paradis perdu« seines ehemaligen Schülers Markevitch vor, der die Einstudierung des Chorparts übernommen hatte. Kurz vor dem Konzert übertrug er die Leitung des Abends dem Komponisten und ebnete ihm damit den Weg zu seiner glänzenden Dirigentenlaufbahn. 1957 überließ Scherchen auf ähnlich selbstlose Weise in Köln Pierre Boulez die Uraufführung eines Werkes, die er vorbereitet hatte.

Nach dem Zusammenbruch von 1945 war Scherchen einer der ersten Musiker, die wieder den Weg nach Deutschland fanden. In Berlin dirigierte er Konzerte der Philharmoniker, leitete er in der östlichen Staatsoper die berühmte Generalprobe vor der abgesagten Uraufführung von Bertolt Brechts und Paul Dessaus Oper »Das Verhör des Lukullus«, die dann in revidierter Form »Die Verurteilung des Lukullus« hieß. Vor allem aber gehörte er seit 1947 zu den Mitarbeitern der Internationalen Ferienkurse für Neue Musik in Kranichstein bei Darmstadt. Unter seiner Leitung hörte man dort die ersten Werke für Orchester von Hans Werner Henze, Luigi Nono, später auch von Karlheinz Stockhausen und Pierre Boulez. Nonos Variationen über eine Zwölftonreihe von Schönberg waren eines der richtungweisenden Stücke für die Entwicklung einer ganzen Generation. Die letzten Konsequenzen aus der Methode der seriellen Festlegung eines kompositorischen Prozesses zog Nono später in den »Varianti« für Violine und Orchester, die Scherchen nach der Donaueschinger Uraufführung mit Rudolf Kolisch dirigiert hat.

Seit 1954 lebte Scherchen mit seiner jungen rumänischen Frau Pia, die ihm fünf Kinder schenkte, in Gravesano nahe bei Lugano. Schon in seiner Königsberger und Züricher Rundfunkarbeit hatte er sich mit raumakustischen Fragen und Problemen der mechanischen Wiedergabe von Musik auseinandergesetzt. Nun richtete er in einem alten Tessiner Bauernhaus, das er erworben hatte, ein elektronisches Studio ein. Die von ihm geleiteten »Gravesaner Blätter« behandelten Theorie und Ästhetik der neuen Wiedergabemittel, und zahlreiche Kongresse sowie eigene Schallplattenproduktionen nahmen praktisch und theoretisch zu alledem Stellung. Gleichzeitig aber nahm Scherchens Dirigentenruhm an Breite zu. Er wurde regelmäßiger Gast in den Konzertsälen Englands, Frankreichs, Italiens, seit 1964 mit triumphalem Erfolg auch Nordamerikas. Mit der berühmten Aufführung von Schönbergs »Moses und Aron« sowie regelmäßigen Gastspielen an der Mailänder Scala und anderen italienischen Bühnen hatte er sich auch als Theatermusiker durchgesetzt. Daneben aber widmete er seine scheinbar unerschöpfliche Arbeitskraft weiterhin der neuen Musik. Bei den Berliner Festwochen leitete er 1964 ein höchst interessantes Konzert des Radio-Symphonie-Orchesters mit der »Metastasis« des von ihm entdeckten griechischen

Komponisten Yannis Xenakis, den »5 Orchesterstücken« von Schönberg, der »Schlagzeugtoccata« von Carlos Chávez, dem »Boeuf sur le toit« von Darius Milhaud, der Kammermusik Nr. 1 von Hindemith und Dave Brubecks »Elementals« mit dem berühmten Jazzpianisten am Klavier.

In London hatte eine Schallplattenfirma ihn für Aufnahmen klassischer Werke gewonnen. Bei dieser Arbeit versenkte sich Scherchen noch einmal in den späten symphonischen Stil Joseph Haydns. Kein Dirigent hat die Es-Dur-Symphonie Nr. 103, die mit dem Paukenwirbel, mit größerer Durchsichtigkeit und Beseelung aufgeführt als Scherchen.

Mit Berlin, seiner Heimat und der Stadt seiner ersten großen Erfolge vor der Öffentlichkeit, hat sich Scherchen immer innig verbunden gefühlt. Sie hat diese Sohnesliebe nicht jederzeit erwidert, hat es ihm nicht leichtgemacht. Als 1956 an der Städtischen Oper in der Kantstraße Hans Werner Henzes »König Hirsch« unter Scherchen uraufgeführt wurde, gab es heftige Demonstrationen. Sie wiederholten sich, als 1959 Schönbergs »Moses und Aron« herauskam. Scherchen hat beide Male durch seine Sicherheit und Unbeirrbarkeit die Demonstrationen besiegt. Aber es gab auch hellere Stunden. So bei der Aufführung von Boris Blachers 2. Klavierkonzert, das Scherchen mit Gerty Herzog auf seine präzise und durchdringende Weise musiziert hat.

Bewunderte man hier die Mühelosigkeit, mit der in Blachers Schlußrondo die permanenten Taktwechsel und variablen Metren serviert wurden, so fesselte Scherchen in der Kantate »Das Augenlicht« von Anton Webern durch eine Differenziertheit der Farben und Schattierungen, die den konstruktiven Plan dieser Kantate deutlich werden ließ.

Für die Festwochen im nächsten September wollte Scherchen eine eigene neue Version von Johann Sebastian Bachs »Musikalischem Opfer« aufführen. Er hatte noch viele Pläne. Sein 75. Geburtstag stand am 21. Juni bevor. Im August sollte in Gravesano eine Tagung über Computer-Technik und Kunst stattfinden, wo Musik, Malerei und dreidimensionaler Film behandelt werden sollten. Scherchen hatte zur Mitarbeit Professor Pierce aus New Jersey gewonnen, den Erbauer des ersten Telstar-Satelliten. Im September sollte er in der Deutschen Oper Berlin zwei Aufführungen von »Moses und Aron« leiten, im Januar 1967 zum drittenmal eine Tournee durch die Vereinigten Staaten machen.

Der Tod in Florenz hat dieses starke Herz gebrochen, diese machtvolle Stimme im Kampf für die höchsten Werte der Musik und der menschlichen Kultur überhaupt zum Schweigen gebracht. Aber in seinen schönsten Aufnahmen alter und neuer Musik lebt Hermann Scherchen weiter, wird er auch künftigen Generationen ein Vorbild sein.

1967

Musik keine Weltsprache?
Streifzüge
durch lateinamerikanische Musikzentren

In spanisch knappem Schwarz stehen sie abends am Flughafen von Mexico City und schmettern dem müden Gast ein Willkommen zu. Helle Trompeten, synkopierende Trommeln, scharfe Rhythmen. Manchmal geht ein Ton daneben, daß es klingt wie von Milhaud. Über schnurgerade, endlose Avenuen fährt man durch die nächtliche Riesenstadt. Palmen flankieren die Boulevards, die ihre Namen aus dem Vokabular des sozialen Fortschritts geliehen haben: Reforma, Insurgentes, oder aus der Geschichte des Landes: Chapultepec, Juarez.

Mexico City hat ein beneidenswertes Klima. Bis Mittag scheint unweigerlich die Sonne, nachmittags gibt es Regen oder Gewitter. Man ist in Gotthardhöhe, es atmet sich leicht. Rasches Gehen und Treppensteigen vermeidet man.

Wir haben von dem neuen Anthropologischen Museum gehört. Der erste Vormittag wird da verbracht. Das Staunen will nicht enden. Was diese Kulturen in Jahrtausenden geleistet haben, ist nicht weniger eindrucksvoll als der Rahmen, den moderne Architekten ihren Dokumenten schufen. Ein Museum, so gewaltig, so übersichtlich, so phänomenal geordnet wie vielleicht nirgends sonst auf der Welt.

Ein paar Tage später klettert man, noch tiefer berührt, zwischen den Pyramiden von Teotihuacan herum, ungeheuren Denkmälern für Sonne, Mond und Wassergott, mit phantastischen Steinköpfen und Ornamenten, den Symbolen der gefiederten Schlange und anderer mythologischer Figuren. Jünger als die ägyptischen Pyramiden, stehen sie ihnen an architektonischer Vollendung nicht nach, und rätselhafterweise kehrt in Teotihuacan der Grundriß der Cheops-Pyramide bis auf wenige Zentimeter Differenz wieder.

Was auffällt, ist das Fehlen von Musikinstrumenten auf den Bilddarstellungen der alten mexikanischen Kulturen. Offenbar spielte Musik eine ganz untergeordnete Rolle. Man hat auch keine überlieferte Folklore der vorspanischen Zeit. Selbst die ältesten Lieder und Tänze in abgelegenen Landschaften zeigen Prägung durch die weißen Eroberer. Ein paar indianische Melodien und Trommelrhythmen sind konserviert.

Aber auch der beste europäische Kenner mexikanischer Musik, Dr. Otto Mayer-Serra, der seit 1939 hier lebt, muß bekennen: Wir wissen wenig von der eingeborenen Musik, da bis jetzt keine wissenschaftliche Untersuchung vorliegt.

Eine Hochkultur wie die der Maya kann nicht ganz musikfremd gewesen sein. Der Wunsch, Mexiko in die Reihe der Völker einzuführen, die zu einer modernen Musikkultur beitragen, ist seit dem 19. Jahrhundert lebendig gewesen. Wie alle amerikanischen Länder, ist auch dieses durch die weltumspannenden Konzertorganisationen an den internationalen Markt angeschlossen worden. Die großen Städte, allen voran die Stadt Mexiko – heute sechs Millionen Einwohner –, wurden Stationen auf dem Wege der großen Pianisten, Geiger und Sänger, bald auch der Opern-Stagionen.

1904 bekam Mexico City eine Art von Kunst-Zentrum: den Palacio de Bellas Artes. Ein Italiener hat ihn in prunkvollem Tortenstil gebaut, die vier Fassaden aus carrarischem Marmor, Parkett und drei Ränge mit rotem Plüsch, die Logen aus einem blutfarbenen Holz, das altmexikanische Motive anklingen läßt. Bei der New Yorker Firma Tiffany wurde ein kostbarer Zwischenakts-Vorhang bestellt.

Hier findet Musikkultur statt. Sie beruht wesentlich auf dem Nationalen Symphonie-Orchester, an dessen Schöpfung und Ausbau der Grand Old Man der mexikanischen Musik unermüdlich gearbeitet hat: Carlos Chávez. Sein Name kam in den zwanziger Jahren zu uns nach Europa. Wir lernten Kammer- und Orchestermusik dieses fruchtbaren, vielseitigen und interessanten Weltmannes kennen. Er hat vor wenigen Jahren in Berlin ein Konzert mit den Philharmonikern geleitet, das gute Eindrücke hinterließ. Neben dem früh verstorbenen Silvestre Revueltas ist Chávez der Mann, der den Weltruf der modernen mexikanischen Musik begründet hat. Noch heute ist der weltgereiste Siebziger an allem interessiert, was in der Kulturwelt vorgeht. Unter den Einwanderern nach dem spanischen Bürgerkrieg hat sich vor allem Rodolfo Halffter, Bruder von Ernesto und Onkel von Cristobal Halffter, als Komponist, Lehrer und Leiter des nationalen Musikverlags durchgesetzt.

Aber mittlerweile ist eine neue Phalanx ans Ruder gekommen. Sie ist an bedeutenden folkloristischen Leistungen der Chávez-Halffter-Generation weniger interessiert als an den neuen Techniken und musikalischen Strukturen der europäischen Moderne. Ihre Kräfte stehen teils im Dienst der kulturell autonomen, sehr modernen Universität, teils in dem des Staates, dessen Kulturbehörden, im Instituto Nacional de Bellas Artes konzentriert, als Veranstalter fungieren.

Ich höre die beiden ersten Konzerte eines »Festival de Musica Contemporanea«. Als fünftes seiner Art bringt es acht Programme mit

Orchester- und Kammermusik aus Europa und Amerika. Mitwirkende sind das Orquesta Sinfonica Nacional, Chöre und Kammergruppen der Stadt, mexikanische Solisten und Dirigenten, als deutsche Gäste der Dirigent Hilmar Schatz und die Klavierduettisten Aloys und Alfons Kontarsky. Die Liste der Komponisten reicht von Schönberg, Strawinsky, Casella, Chávez, Petrassi, Webern und Dallapiccola bis zu Boulez, Nono, Serocki, Lutoslawski, B. A. Zimmermann und Luis de Pablo. Die Programme sind mit Umsicht zusammengestellt. Sie vermitteln ein Bild der Musik, namentlich der europäischen, seit 1911.

Ein Gewitter tobte über dem Stadtteil, wo der Kunstpalast steht: kein Strom, die Türen gesperrt, vor dem Haus murrende Besucher, die sich anschicken, umzukehren. Plötzlich strahlen Fassaden und Eingänge auf. Man sieht die Wartenden. Es sind wenig genug, ein paar bärtige Studenten mit ihren Mädchen, ein paar fachlich Beteiligte, ein paar Touristen. Erste Programmnummer ist Hans Werner Henzes »Antifone«, die Karajan in Berlin 1965 herausbrachte. Danach das lyrische Intermezzo »And the fallen petals« von dem Varèse-Schüler Chou Wen-Chung, als Schluß des ersten Teils die »Atmosphères« von György Ligeti.

Zwiespältige Eindrücke. Auf dem Podium lauter glänzende Musiker. Man hört fabelhafte Trompeten, Holzbläser und Solostreicher. Der Konzertmeister Hermilo Novelo ist ein Virtuose mit glänzendem Ton. Technisch gibt es kaum Schwierigkeiten. Und doch ist das Ganze keine recht integrierte Mannschaft. Man spürt nicht die einigende Hand, nicht den Ensemblegeist, der die großen europäischen und amerikanischen Orchester beseelt. Dirigent ist der ständige Chef: Luis Herrera de la Fuente. Seine Stabtechnik ist sauber. Aber er versteht den Geist der Werke nicht zu übermitteln. Henzes Stück ist verschleppt, dem chinesischen Werkchen fehlt der Zauber der Übergänge. Erst bei Ligeti kommt ein geschlossener Klang zustande, vielleicht, weil hier mehr Farbe als Form im Spiel ist.

Auch die »Vier Essays« von Tadeusz Baird kommen nicht zu ihrem expressiven und polyphonen Recht. Schade. Mit diesen Musikern könnte man für moderne Stücke Pionierarbeit leisten. Schade auch, daß man diese Feste nicht für breitere Hörerkreise öffnet. In der fortschrittlichen akademischen Jugend der Riesenstadt müßte sich eine Besucherschaft finden lassen, wenn man sie unentgeltlich hineinläßt.

Mit einem folkloristischen Reißer, dem »Perpetuum mobile« von Armando Lavalle, schloß das Konzert. Gut gemachte, aber ganz an der Oberfläche haftende Tanz-Folklore ohne höhere Kunst, ihr Komponist übrigens ein Bratscher des Orchesters, der stolz den Beifall entgegennimmt.

Mayer-Serra bringt mich mit ein paar Männern der neuen Phalanx zusammen. Der älteste ist Manuel Enriquez, Geiger, Komponist, Stipendiat der New Yorker Juilliard School, Schüler Stefan Wolpes, Jahrgang 1927.

Francisco Savin, 37jährig, Absolvent des Prager Konservatoriums und heimischer Musikschulen, hat ein paar Jahre das Staatsorchester in Veracruz geleitet. Nun hat man ihm die Führung des hauptstädtischen Konservatoriums anvertraut. Er will das in alten Geleisen offenbar etwas verfahrene Institut erneuern. Der Staat gibt ihm Vollmachten, aber zunächst wenig Geld. Aus Europa sollen Lehrkräfte engagiert werden. Savin schwebt eine universelle Ausbildung der jungen Musiker vor, nicht der sinnlose Drill zum Spezialistentum. Er plant auch gewagte Dinge, wie einen Komponistenkurs von Karlheinz Stockhausen.

Jüngster des Kreises ist José Antonio Alcaraz. Komponist, Dirigent und neuerdings Opernregisseur, hat er in Paris bei Daniel Lesur, in London, bei den Sommerkursen in Darmstadt studiert. In einer von ihm gegründeten »Micropera« bringt er Raritäten von Monteverdi bis Kagel. Nun bereitet er Debussys »Enfant Prodigue« und Strawinskys »Rossignol« vor. Dadurch bekommt das schüttere Opernleben der Stadt, das zur Zeit bei »Bohème« angelangt ist und vor einigen Jahren Bergs »Wozzeck« ein einziges Mal zur Darstellung brachte, etwas Anregung.

Von Manuel Enriquez gibt es ein neues Werk im zweiten Konzert des Musikfestes. Er nennt das Stück, das für Volker von Wangenheims Bonner Orchester geschrieben ist, »Trayectorias«. Es verbindet klare Orchesterschrift mit einer gelassenen Beherrschung serieller und aleatorischer Methoden. Man merkt das Formgefühl eines Musikers, der die Irrationalismen des strengen wie des freien Stils abtastet. Neben diesem Schluß fielen zwei Uraufführungen des Abends ab. Teresa Prietos Thema mit Variationen und Fuge ist eine brave, vettermichelnde Zwölftonarbeit, die im Durdreiklang endet; Richard Swifts »Extravaganza« ein dreisätziger Wildwuchs in moderner Allerweltssprache.

Dazwischen stand Anton von Weberns »Augenlicht«. Hier wurden die Mängel, die schon die Wiedergabe der anderen Werke zeigte, zum Ärgernis. Dem Zusammenhang von Linien und Schichten, der das zarte Meisterwerk kennzeichnet, waren weder die Madrigalisten (Leiter: Jesus Macias) noch die wenigen Instrumentalsolisten musikalisch aufgeschlossen. Der Zusammenhang scheinbar isolierter Töne trat nicht hervor, die Töne selbst, soweit gesungen, waren oft falsch. Nur eine Andeutung der Webernschen Musik schimmerte gelegentlich durch. Unmöglich, daß einer der Hörer, für die das Werk Erstaufführung war, eine Ahnung davon übermittelt bekam. Wie stark die Suggestion eines Namens wirkt, bewies der starke Beifall, mit dem die unmögliche Wiedergabe quittiert wurde.

Die Schuld liegt bei dem Dirigenten, dem man die Leitung des – an sich höchst begrüßenswerten – modernen Musikfestes anvertraut hat: Luis Herrera de la Fuente. Er mag seine Meriten im klassisch-romantischen Bereich haben. Neue Musik sollte er nicht so unzulänglich vorbereiten, das schadet der Sache mehr, als es nützt.

Vielleicht wird die Konkurrenz der musikalischen Kräfte in der berühmten Universität da Remedur schaffen. Auch die greift mit Rundfunkprogrammen und Konzerten in die Geschmacksbildung des mexikanischen Publikums ein. Zu den lenkenden Geistern gehört der junge, deutschsprachig erzogene, teilweise bei Olivier Messiaen in Paris ausgebildete Komponist Joaquin Gutierrez Heras, der auch den wichtigen modernen Malergruppen der Stadt nahesteht.

Was schon voriges Jahr bei dem Kongreß und Musikfest klar wurde, bestätigt sich in Mexico City auf Schritt und Tritt. Es fehlt nicht an großen Begabungen, nicht an Musikhunger. Aber die Organisation hat Mängel, die Ausbildung ist lückenhaft, die Kleinarbeit schwach. Wo man noch die Hand des organisatorisch hochbegabten Carlos Chávez spürt, funktioniert alles. Aber er lebt heute mehr seiner kompositorischen Arbeit als den praktischen Dingen, die ihn ein Leben lang beschäftigt haben.

Bei der jüngeren Generation findet man, in den Werken wie im Gespräch, einen umfassenden, aber ziellosen Eklektizismus. Die Bemühung, up to date zu bleiben und alle europäischen Richtungen und Experimente mitzumachen, ist rührend. Es fehlt die kritische Bremse. Traditionen fallen aus, seit man den folkloristischen Weg, den Chávez oft begeht, für aussichtslos hält.

Merkwürdig ist in vielen lateinamerikanischen Ländern, daß die Musikpflege sich fast völlig auf Symphonik, etwas Kammermusik und Chorgesang beschränkt. Das Musiktheater, das den romanischen Völkern so nahesteht, führt hier überall ein dürftiges Saison-Dasein. Vielleicht wird einmal ein psychologisch begabter Musikorganisator ein Mittel finden, den Publikumsgeschmack vom Stierkampf auf den Wettkampf schöner Stimmen abzulenken. An ihnen ist kein Mangel.

Ein paar Flugstunden weiter über den Panamakanal weg im tropischen Kolumbien scheint die Lage nicht anders, eher noch schlechter. Die Hauptstadt Bogotá, großartig auf der 2300 Meter hohen Savanne zwischen Andengipfeln gelegen, hat seit 1933 viele gute deutsche Musiker angezogen. Der Berliner Geiger und Dirigent Rothstein hat für die Orquesta Sinfonica de Colombia Pionierarbeit geleistet, zu deren Solisten die Zelebritäten der Welt gehören. Nun ist der Este Olav Roots ständiger Dirigent. Ich hörte ein Sonntagskonzert im ausverkauften Riesenkino Colombo. Eine blutjunge Tochter der Stadt, Inés Leyva, spielt mit geläufiger Technik und hübschem Triller Beethovens c-Moll-Konzert noch etwas schülerhaft. Das Orchester klingt gut, ist spürbar geschult und bei Roots in guten Händen. Einen schweren Schmiß im Largo fängt Roots bewundernswert auf, und seine Spieler reagieren blitzrasch.

Moderne Musik ist hier noch wenig bekannt. Immerhin hat man Werke wie Fortners »Impromptus«, Karl Amadeus Hartmanns 6. Symphonie und Hans Werner Henzes »Quattro Poemi« zu hören bekommen. Der führende Kritiker, Otto de Greef, ist ein polyglotter, durch Europareisen glänzend informierter Mann, dessen Urteil auf der Orientierung an internationalen Maßstäben beruht.

Im Flugzeug nach Medellin sitzen Musiker: Das Pariser Kammerorchester mit dem deutschen Trompeter Scherbaum durchkreuzt gerade den Kontinent. Medellin, Kolumbiens zweitgrößte Stadt, ist mehr Industrie- als Kulturzentrum. Aber Kammermusik und Solisten sind willkommen, auch wenn sich die Programme einmal bis zu einem Bartók-Quartett versteigen. Eine Sehenswürdigkeit der unterirdische Kammermusiksaal, den eine Bank gebaut hat: Schneckenhausform, herrliche Holzfächerung, makellose Akustik.

Es fällt auf, wie wenig Musik hier, in diesen tropischen Gebirgsstädten, auf der Straße gesungen wird, wie selten man musizieren hört, wie sogar Radioklänge zu Raritäten werden. Auch die Indianerstämme, sagt man mir, sind musikfremder als die Eingeborenen anderer Erdteile. Musik eine Weltsprache? Ich glaube nicht.

Das Vorurteil, mit dem man als Europäer am gründlichsten aufräumen muß, ist die Annahme, Lateinamerika sei eine Einheit. So verschieden die Länder, ihre klimatischen und gesellschaftlichen Bedingungen, so ungleich ihre kulturellen Zustände und Leistungen. Fand man in Mexiko ein gründlich organisiertes, nach europäischem Vorbild vielseitiges Musikleben, so erschien das Bild in den kolumbianischen Städten Bogotá und Medellin zufälliger. Die nächste Etappe war Caracas; ein Wiedersehen nach dem zwölftägigen Aufenthalt beim Kongreß und Musikfest im Mai 1966. Die Stadt ist in Vorbereitungen für sommerliche Feiern zu ihrem 400jährigen Bestehen. In dem alten Opernhaus sind Maler, Polsterer und Zimmerleute am Werk, damit es im Juli sein neues Gesicht zeigen kann. Sogar eine Opernuraufführung wird geboten. Die Komponistin Caroline Lloyd, Nordamerikanerin, aber seit langem in Venezuela ansässig, hat nach einem Roman von Don Rómulo Gallegas ihre »Doña Barbara« komponiert. Die musikalische Leitung hat Herbert Grossman vom Opernhaus in San Franzisko; die Titelpartie singt Morela Muñoz, in Wien ausgebildete farbige Altistin.

Auch sonst gibt es große Pläne in der Stadt. Das Stahlgestänge eines werdenden neuen Theaters modernster Art weckt Erwartungen. Hier wird in einer Supershow die 400jährige Geschichte der heutigen Millionenstadt Revue passieren. Modernste Mittel der Inszenierung sollen sich mit historischen Kostümen und den Künsten einheimischer Tänzer und Sänger verbinden. Die Musik stammt teilweise von dem chilenischen Avantgardisten José Vicente Asuar. Gerade hat ihm das Instituto de Bellas Artes den Aufbau eines elektronischen Studios ermöglicht. Er ist in der Concha Acústica, dem berühmten, von Wilhelm Furtwängler eröffneten Freilichtkonzertsaal, untergebracht. Ich höre ein Stück der Komposition: phantasievolle, mit glänzenden technischen Mitteln gemachte Musik von utopischem Klang.

Es gibt in manchen dieser Länder Generationsprobleme unter den Künstlern. Die alten Herren, die noch den Geist des 19. Jahrhunderts verkörpern, sind nicht alle so zurückgezogen wie der 85jährige Guillermo Uribe Holguin in Bogotá, der noch bei Vincent d'Indy studiert hat. Erst voriges Jahr hatte Vicente Emilio Sojo beim Musikfest in Caracas empörten Protest gegen »neutönerischen Unsinn« erhoben, der anderen gar nicht so unsinnig vorkam. Derselbe Sojo leitete, als wir jetzt die berühmte hypermoderne Universität besichtigten, eine Probe des Madrigalchors und verblüffte durch die Sicherheit seines Ohres, die Deutlichkeit seiner Stabführung. Aus der Schule dieses 80jährigen sind die meisten venezolanischen Komponisten hervorgegangen. Nicht alle blieben dem folkloristischen Ideal treu, das der Grand Old Man so kämpferisch verteidigt.

Polydor hat eine informative Platte »Clásicos venezolanos contemporáneos« herausgebracht. Da hört man Klaviermusik von der berühmtesten Tochter des Landes, Teresa Carreño, die einst als Frau Eugen d'Alberts in Berlin gelebt hat. Neben ihrer Salonmusik gibt es Moderneres von Antonio Estévez, Juan Bautista Plaza, Juan Vicente Lecuna und von dem sehr begabten Rhazes Hernández, Jahrgang 1918, der auch als Musikwissenschaftler und Kritiker eine Schlüsselstellung in Venezuela einnimmt. Die ganze Platte ist gespielt von der in Caracas lebenden französischen Pianistin Monique Duphil, die ihre Ausbildung bei Marguerite Long in Paris und Wladimir Horbowski in Stuttgart gefunden hat. Gute Programme sendet der staatliche Rundfunk unter der Leitung des deutsch erzogenen Alfredo Gerbes.

Aus dem Tropenparadies Caracas mit seinen Villen und Gärten, wo Orchideen, Flamboyant und Bougainvillea verschwenderisch blühen, geht es in einem Riesenflug südwärts über die Anden. Man hat Aufenthalte in Hochgebirgsstädten wie Quito, wo einem geschäftstüchtige Indianer mit malerischem Aufputz Stoffe verkaufen wollen. Von den

Wundern Perus sehen wir nur den Flughafen der Hauptstadt Lima. Die letzten Flugstunden führen zwischen der pazifischen Küste und den Schneegipfeln der Kordilleren bis nach Santiago, wo die Abendsonne eine großartige Landschaft rotgolden bestrahlt.

Santiago wirkt wie eine größere Schwester von Madrid. Alte Freunde empfangen uns, Repräsentanten des hochentwickelten chilenischen Musiklebens, von denen die nächsten Tage uns wichtige Proben zeigen werden.

Die stärkste organisatorische und geistige Kraft ist Domingo Santa Cruz, den zahlreiche Reisen nach Europa und Nordamerika geführt haben. Santiago hat eine lange musikalische Tradition. Anfang des 19. Jahrhunderts entstand hier eine Opernkultur im Zeichen italienischer Stagiones mit überwiegend Rossinischem Repertoire. 1849 wird das Konservatorium gegründet, dessen erster Direktor, Adolphe Desjardins, Schüler Cherubinis war. Das erste Opernhaus entsteht 1857; nach seinem Brand wird es 1870 im französischen Stil als Rang- und Logentheater wiederaufgebaut. Hier finden die offiziellen Konzerte und Aufführungen von Oper und Ballett statt. Ende des 19. Jahrhunderts wird das Konservatorium dem Kultusministerium und dann der Universität unterstellt.

In diesen Tagen feiert die Bach-Gesellschaft ihr 50jähriges Bestehen. Ihr Gründer war 1917 unser Domingo Santa Cruz. Die öffentliche Tätigkeit bringt Ereignisse wie das Bachfest 1924, die Erstaufführung des »Weihnachtsoratoriums« 1925 und zahllose Konzerte mit polyphoner Musik. Durch die Bach-Gesellschaft wird eine Art geistige Front gegen die früher hier herrschende italienische Operntradition geschaffen.

1927 übernimmt der Staat die Verantwortung für das gesamte Musikleben der Stadt. Zwei Jahre später wird die Fakultät der schönen Künste in die Universität von Chile eingebaut. Seither gehören Musik, Malerei und Bildhauerei zu den Disziplinen der hauptstädtischen Akademie. Auch hier wirkt Santa Cruz entscheidend.

1929 beginnen die regelmäßigen symphonischen Konzerte der nationalen Vereinigung unter dem Dirigenten Armando Carvajal. Kurz vorher hatte eine vollständige Neuorganisation des Musikunterrichts auch das Konservatorium in seiner Struktur erweitert. Eine Anzahl von Zeitschriften, wie 1927 der »Marsyas« der Bach-Gesellschaft, 1932 »Aulos«, 1934 bis 1940 die »Revista de Arte«, bereiteten den Boden für die 1945 gegründete »Revista Musical Chilena«. Sie hat in diesen Tagen ihre hundertste Nummer veröffentlicht und kann es an Seriosität und Sorgfalt des Drucks mit dem New Yorker »Musical Quarterly« aufnehmen. Herausgeber ist Samuel Claro, Chefredakteurin die in England erzogene Magdalena Vicuña.

Eine Hochblüte erlebte das Musikleben in den Jahren 1941 bis 1953. Damals waren Dirigenten wie Erich Kleiber, Fritz Busch, Herbert von Karajan, Eugene Ormandy, Sergiu Celibidache, Hermann Scherchen, Malcolm Sargent, Paul Paray, Jean Martinon, Hans Schmidt-Isserstedt regelmäßige Gäste. Kleiber dachte ernstlich daran, sich in Santiago niederzulassen und das in der Anlage vorzügliche Philharmonische Orchester ständig zu dirigieren.

Eine Errungenschaft von großer Bedeutung war 1940 das vom Parlament beschlossene Gesetz, welches das Instituto de Extensión Musical zu einem Zentrum des Kulturlebens machte. Dieses umfassende Institut, das heute nicht nur das Konservatorium kontrolliert, sondern auch ein Orchester, einen Chor, eine Ballettschule, Kammermusikgruppen und eine Radiostation hohen Ranges, steht unter der Direktion des Komponisten Carlos Riesco; als Dekan der Fakultät, der es angehört, fungiert wiederum Domingo Santa Cruz. Durch eine Filmsteuer von zweieinhalb Prozent wird das umfangreiche staatliche Musikleben mühelos finanziert.

An Komponisten ist in Chile kein Mangel. Die älteste Generation stammt aus den achtziger Jahren und hat, teils unter Wagnerschem, teils unter Debussyschem Einfluß, so interessante Figuren wie Acario Cotapos, Humberto Allende und Alfonso Leng hervorgebracht. Auf Schallplatten höre ich Cotapos' sehr farbige, hochdissonante »Imaginations de mon pays« für Orchester, aparte Volksliedvariationen und ein von Debussy bewundertes Cellokonzert virtuos-impressionistischer Art von Allende, trocken-transparente Klavierstücke von Leng, die Hindemiths und Prokofieffs Einfluß zeigen. Domingo Santa Cruz war uns in Europa als Komponist vertraut; die klingende Polyphonie, die rhythmische und polytonale Erfindung seines 1. Streichquartetts (1929) berührt so stark wie seine späte Produktion, darunter die 3. Symphonie (1965), deren zweiter Satz ein Altlied nach einem Text Gabriela Mistrals ist.

Diese größte chilenische Dichterin, in Europa viel bewundert, hat die Komponisten vielfach angeregt. Alfonso Letelier (1912) hat Sonette von ihr in einer impressionistischen Keilschrift für Sopran und Orchester gesetzt. Von Juan Orrego Salas (1919) fesselt eine Sonate für Flöte, Oboe, Cembalo und Kontrabaß durch kühne und harte Akzente. Über die vielseitige und fruchtbare Begabung Gustavo Becerras (1925) habe ich voriges Jahr aus Caracas berichtet. Er gehört neben Leon Schidlowsky zu den modernsten, an der europäischen Avantgarde orientierten Musikern des Landes. Sein junger Schüler Enrique Rivera, nebenher Musikkritiker der kommunistischen Zeitung in Santiago, hat ein interessantes Melodrama, »Die Abwesenheit«, mit Kammerorchester, geschrieben, atonal, punktuell, mit eingestreuten Dreiklängen. Auch eine literarische Darstellung der chilenischen Komponistenschule gibt es, seitdem

Vicente Salas Viú 1952 sein umfangreiches Buch »La creación musical en Chile« veröffentlichte. Zwischen den Komponisten, die seit 1936 eine gut organisierte Vereinigung bilden, herrscht eine für europäische Begriffe erstaunliche Kollegialität und gegenseitige Toleranz. Das Generationenproblem scheint hier weniger akut zu sein als in anderen lateinamerikanischen Ländern.

Am ersten Tag in Santiago gab es ein Konzert der »Orquesta Filarmonica« im Teatro Municipal. Dirigent war der Essener Generalmusikdirektor Gustav König. Nach der »Oberon«-Ouvertüre musizierte er entspannt und mit klaren Zeitmaßen Haydns G-Dur-Symphonie Nr. 88. Tschaikowskys Vierte beschloß das Programm. Der Eindruck des Orchesters war unbefriedigend, trotz guter Einzelleistungen namentlich der Streicher und des ersten Fagotts. König führte die ungleiche Mannschaft unerschrocken über mancherlei Klippen. Es war ein starker persönlicher Erfolg für den deutschen Dirigenten, der die Huldigung des ausverkauften Hauses entgegennahm.

Das »Orquesta Sinfónica de Chile« gehört zu dem Komplex des Instituto de Extensión Musical, also indirekt zur Universität. Die Veranstaltungen finden in einem akustisch sehr guten Großkino, dem Teatro Astor, Freitag abends und Sonntag vormittags statt. Die Eintrittspreise liegen sehr niedrig, die Programme bestehen zum weit überwiegenden Teil aus zeitgenössischer Musik. Wir hören einen Abend, der mit György Ligetis »Atmosphères« beginnt; das Stück scheint eine Art Schlager der avantgardistischen Orchestermusik geworden zu sein; wir hatten es gerade vor ein paar Tagen in Mexico City gehört. Im Mittelpunkt des Programms stand Mozarts Sinfonia concertante in Es-Dur KV 364. Das Violin- und das Bratschensolo spielten zwei Mitglieder des gerade hier anwesenden Gewandhaus-Quartetts, Günter Glass und Dietmar Hallmann, mit Musikalität und schönem Ton. Abschluß des Programms war Béla Bartóks Konzert für zwei Klaviere, Schlagzeug und Orchester. Zwei brillante Solisten: Ena Bronstein und Philip Lorenz. Am Pult der argentinische Komponist und Pianist Antonio Tauriello, ein Schüler Walter Giesekings, der in Caracas brillant in eigener Sache plädiert hatte. Seine Stabführung ist nicht sehr präzis; man spürt den musikalischen Geist, der aber technisch gehandikapt ist. Vorzügliches wird von dem jungen Chinesen Chao Hoey berichtet, der als Gast dieses Orchesters Wunderdinge geleistet haben muß. An Disziplin und Klang sind die Symphoniker den Philharmonikern von Santiago weit überlegen. Ich rechne sie zu den besten Orchestern, die ich in Lateinamerika gehört habe.

Der Rundfunk der Universität überträgt diese Konzerte mit ihren oft sehr gewagten Programmen regelmäßig. Seine musikalischen Sendungen zeigen ein erstaunlich hohes Niveau und bringen auch zu normalen Zeiten so exponierte Musik wie die »Lukaspassion« von Penderecki und die »Cantata negra« von Schidlowsky.

Zu einem kurzen Abstecher geht die Fahrt durch herrliche Kordillerenlandschaften an die westlich gelegene Küste. Ein Ausflug führt durch ein chilenisches Dorf mit verträumten einstöckigen Häusern kolonialen Stils und einer großen Plaza, wo Eselchen und Lastwagen im Schleppen von Lasten rivalisieren. Wir kommen in das rivieraähnlich gelegene Valparaiso, fahren an englisch und spanisch wirkenden Häusern vorbei in die anmutige Nachbarstadt Vina del Mar. Auch hier gibt es ein, wenn auch bescheideneres, Musikleben, das in der Gesellschaft Pro Arte organisiert ist und von den Tourneen profitiert, die viele europäische und nordamerikanische Solisten und Kammergruppen nach Chile führen. Sowohl in Santiago als auch in Valparaiso sind die deutschen Goethe-Institute an der Befruchtung und Programmbildung dieses Musiklebens aktiv beteiligt. Deutsche Künstler, wie die Klavierduettisten Kontarsky und das Collegium Musicum der Berliner Philharmoniker, gehören zu den Gästen, die durch diese Institute ein großes und begeistertes chilenisches Publikum gefunden haben.

Der Gesamteindruck der chilenischen Musik ist vielfältig und reich. Was hier besonders gut entwickelt scheint, ist die musikalische Erziehung, die offenbar auch auf fruchtbaren Boden fällt. Claudio Arrau ist bei weitem nicht der einzige, wenn auch der prominenteste chilenische Klavierspieler von Rang. Im argen liegt offenbar die Oper, die weder ein eigenes Ensemble hat noch in den aufgeführten Werken über die landläufige Konvention hinausgekommen ist. Hier wäre noch manches zu leisten. Man hat das Gefühl, daß es nur an ein paar Persönlichkeiten fehlt, um diese Lücke im Kulturleben Santiagos zu füllen.

Daß es südlich von den Tropen in unseren Sommermonaten winterlich kalt wird, ist eine Erfahrung, die man machen muß, um gewisse kulturelle Unterschiede zu begreifen. Schon Santiago de Chile wirkte in seiner straffen musikalischen Organisation europäischer als die äquatornahen nördlicheren Länder. In Buenos Aires fühlt man sich beinahe zu Hause. Die Teilnahme von Publikum und Presse, nicht nur an musikalischen Veranstaltungen, sondern auch an Vorträgen europäischer Gäste, ist verblüffend und überraschte uns von dem Augenblick an, als wir das Flugzeug verließen. Übrigens druckt die Stadt mit der »Prensa« und dem »Argentinischen Tageblatt« zwei führende Zeitungen Lateinamerikas. Buenos Aires ist nicht weniger riesenhaft als die übrigen Metropolen des Erdteils. Mit seinen breiten Avenuen, großen Parks und eleganten Kaufstraßen erinnert es an Madrid und Paris zugleich. Buenos Aires gehörte einst zu den reichsten Städten der Neuen Welt, hat sich aber von der radikalen Auspowerung durch das Perón-Regime noch immer nicht erholt. Die Preise liegen erheblich niedriger als in anderen lateinamerikanischen Ländern und kommen denen in Europa nahe.

Ein Cocktailempfang des Goethe-Instituts und des Cinzano-Clubs im 20. Stockwerk eines Hochhauses machte uns mit den Notablen des argentinischen Musiklebens bekannt. Da traf man die beiden Millionärsfrauen, die in schöner Rivalität das Konzertleben der Hauptstadt vergolden: die fließend deutsch sprechende Leonor Hirsch de Caraballo und die französisch erzogene Jeannette Arata de Erize. Ihr argentinisches Mozarteum hofft, 1969 die Berliner Philharmoniker mit Karajan für ein Gastspiel zu gewinnen. Von der Kritik sind unter anderem Jacopo Romano, Johannes Franze und Dr. Knepler anwesend.

Drei Schwerpunkte fielen mir auf: das altberühmte Teatro Colón, das ultramoderne Instituto Di Tella und das Collegium Musicum. Im Colón werden europäische Operntraditionen fortgesetzt, namentlich italienische und deutsche, und zwar mit höchstem qualitativen Anspruch. Es ist das Repräsentationshaus der Oberschicht, 1908 in einem noblen Pseudo-Renaissancestil gebaut, 2000 Plätze und eine weltberühmte Akustik. Am Pult standen Zelebritäten wie Arturo Toscanini, Erich Kleiber und Fritz Busch; auf der Bühne hört man von Mai bis Oktober die Elite des internationalen Opernbetriebs. Seit kurzer Zeit ist Generaldirektor und künstlerischer Leiter Enzo Valenti-Ferro, Begründer der Wochenschrift »Buenos Aires Musical«. Valenti Ferro stellt uns eine Loge für die zweite Aufführung von Donizettis »La Favorita« zur Verfügung. Für mich war das 1840 in Paris zum erstenmal gegebene, in Deutschland vergessene Stück eine Uraufführung.

Die Musik ist teilweise von sorgfältigerer Machart als sonst bei Donizetti; Ouvertüre, ein Terzett, ein großes Finale und mehrere Arien sind Glanzstücke einer theatergebundenen Affektsprache, in der Beethovens Einfluß spürbar ist. Freilich muß man Virtuosen des italienischen Belcanto in den schwierigen Hauptpartien einsetzen. Leonora und Fernando waren einst Welterfolge für Adelina Patti und Giacomo Lauri Volpi. Am Teatro Colón zeigt man eine, gelinde gesagt, wunderliche Inszenierung des Engländers Anthony Besch in Bühnenbildern von John Stoddart. Da dreht sich eine Einheitsdekoration mit sinnlosen Treppchen und seltsamen Höhlen in farbig wechselndem Licht, aus dem bei solistischen Anlässen die Sänger durch Scheinwerfer hervorgehoben werden.

Aber was für Sänger! Fiorenza Cossotto singt die Leonora mit einer farbig strahlenden Sopranstimme, die sich beim Brustregister in einen warmen Alt verwandelt. Für den König hat Sesto Bruscantini einen phänomenal geläufigen und ebenmäßigen Bariton einzusetzen. Neben diesen beiden, die ihre Abschiedsvorstellung gaben, war der spanische Tenor Alfredo Kraus Liebling des Abends. An ihm erlebte ich zum erstenmal das Phänomen des südamerikanischen Beifalls. Nach dem hohen Des der Fernando-Arie im ersten Bild brach er hervor wie ein Tropenregen. In Europa scheint das Publikum nach einer virtuosen Leistung erst einmal für den Bruchteil einer Sekunde hypnotisiert. Dann wird es sich des gerade erlebten Phänomens bewußt und läßt in raschem Crescendo das Rühren der Händetrommeln vernehmen, bis der oft beschriebene Sturm des Beifalls durch den Raum dröhnt.

Im Teatro Colón war der Ton noch nicht verklungen, da schoß der Beifall gleichzeitig in höchster Lautstärke wie aus tausend Pistolenläufen hervor: synchron, blitzrasch und ohne Möglichkeit der Steigerung. Es war wie ein Knall, der einen überfiel, nur von Schreien der Begeisterung unterbrochen, minutenlang durchgehalten, plötzlich abbrechend, um dann noch einmal und immer wieder Schallwolken unmäßiger Bewunderung auszubreiten. Das gleiche wiederholte sich im Laufe des Abends nach den großen Szenen der Leonora und am Schluß.

Auch Valenti-Ferro hat große Gastspielpläne. Er hofft auf einen Besuch der gesamten Deutschen Oper Berlin nach dem Vorbild Tokios, und die Deutsche Botschaft in Argentinien unterstützt seinen ehrgeizigen Wunsch. Bei einem Rundgang durch die fürstlichen Foyers und die Bühnen- und Garderobenräume zeigt er mir eine Bronzetafel mit einem Ausspruch Erich Kleibers während seines letzten argentinischen Gastspiels 1955: »Routine und Improvisation sind die Todfeinde der Kunst.« Für die »Favorita« stand zwar kein Kleiber zur Verfügung, doch der römische Maestro Bruno Bartoletti, der die Kunst der Sängerbegleitung so souverän beherrscht wie die der Führung von Orchester und Chor. Aufführungen dieses Stils, die völlig von der Herrschaft virtuoser Sänger getragen sind, findet man heute wohl nur noch in der New Yorker Met, der Mailänder Scala und dem Teatro Colón. Man soll, bei aller Anerkennung der modernen Regieleistungen auf deutschen Bühnen, die künstlerische Kraft dieser Theatermuseen nicht unterschätzen! Belcantostücke wie Donizettis »Favorita« und die (vorigen September an der New Yorker Met gezeigte) »Gioconda« von Ponchielli haben durch das absurde Theater Becketts und Ionescos eine paradoxe Bestätigung erfahren, die ein Teil der avantgardistischen Jugend erkennt und begrüßt. Eine ähnliche Rehabilitierung des 19. Jahrhunderts war schon der Surrealismus Max Ernsts und Salvador Dalis.

Im Gegensatz zu diesem wichtigsten Opernhaus Lateinamerikas ist die gesamte Aktivität des Tella-Instituts zeitgenössischer Musik gewidmet. Seit August 1962 wird alljährlich ein Festival moderner Musik veranstaltet, das mit einer Huldigung des Institutsdirektors Alberto Ginastera an den damals achtzigjährigen Strawinsky begann und dann bis in die Bereiche Boulez', Stockhausens, Haubenstock-Ramatis und der französischen Experimentalmusik (Schaeffer, Ferrari, Xenakis) führte. Mit modernsten Apparaturen ausgestattet, gibt das Institut in der Art einer Akademie jungen Musikern Gelegenheit, bei Meistern der internationalen Moderne zu studieren und ihre Studien in Klang umzusetzen. Als der eigentliche Pionier moderner Musik wird in Argentinien Juan Carlos Paz verehrt, der in seiner Produktion alle Stadien moderner Entwicklung durchlaufen und selbständig behandelt hat.

Ganz andere Ziele hat sich das »Collegium Musicum« gesetzt. Es wurde 1946 durch den in Wien geborenen, in den dreißiger Jahren bei Ernst Lothar von Knorr und Harald Genzmer in Berlin, bei Paul Amadeus Pisk in Wien ausgebildeten Guillermo Graetzer gegründet und übt musikalische Erziehung und folkloristische Forschung aus. Carl Orffs Kleinkind-Pädagogik spielt dabei eine große Rolle. Doch auch Konzerte, namentlich mit alter Musik, werden organisiert.

Zum Gesamtbild der argentinischen Musik gehört auch die Misa Criolla. Hier lebt spanisch-südamerikanische Tanzmusik in freudigen, von erlesenen Stimmen vorgetragenen Sätzen einer kreolischen Messe, die Ariel Ramirez aus dem Volksgeist realisiert hat. Die Schallplatte, von Philips herausgebracht, ist schnell populär geworden.

Von Buenos Aires fliegt man über die riesige Mündung des Rio de la Plata in Uruguays Hauptstadt Montevideo. Im Lande herrscht Finanzchaos; die Banken geschlossen, die Wechselstuben ohne Geld. Man kann nur in Dollarnoten oder Reiseschecks bezahlen. Das Innere der Stadt zeigt schmucke Paläste der Kolonialzeit im Zustand erschreckenden Verfalls. Doch am Sonnenstrand bis nach Punta del Este, dem weltberühmten Bad, wo kürzlich Amerikas Präsidenten zusammentrafen, sind traumhaft schöne moderne Wohnviertel entstanden. Wie ein Relikt aus schöneren Zeiten steht in der Altstadt das Theater mit Innenraum im Stil des 18. Jahrhunderts und einem Spielplan bis zu Brecht und Sartre. Montevideo profitiert musikalisch von seiner Lage zwischen Buenos Aires und Rio de Janeiro. Das städtische Symphonie-Orchester, als dessen häufiger Dirigent ein deutscher Einwanderer, Eric Simon, Pionierarbeit leistet, hat ein reiches Repertoire deutscher, italienischer und französischer Herkunft. Wir hören einen Abend in dem ausverkauften Konzertsaal der Sodre, kompetent geleitet von dem Argentinier Juan Emilio Martini, einstigem Direktor des Teatro Colón in Buenos Aires. Als Gast spielt Hans Richter-Haaser Beethovens G-Dur-Konzert. Ich habe ihn niemals so musizieren hören wie an diesem kühlen Abend in Montevideo. Technisch vollkommen, musikalisch und geistig überlegen, hob er auch das etwas ungleich besetzte Orchester über dessen sonstige Leistung hinaus. Und dann wiederholte sich das Phänomen des Beifalls aus dem Teatro Colón.

In dem schönen, trotz der Jahreszeit behaglich warmen Goethe-Haus gab es eine öffentliche Diskussion mit führenden Kritikern und Komponisten. Theodor W. Adornos Musiksoziologie hat hier (wie bei einigen chilenischen Musikern) starke Wirkungen, aber auch Wirrungen hervorgerufen. Die Informiertheit der jungen Generation ist so erstaunlich wie das Interesse der älteren rührend.

Neuer Flug, neues Land. Wir kommen nach Brasilien, wo man portugiesisch spricht, das Leben bunter und bewegter ist als im südlicheren Teil des Kontinents. Porto Allegre ist die erste Station. Die alte Hafenstadt zählt viel deutsche Bevölkerung und hat sich mehr nach den Gesichtspunkten der Nutzbarkeit als der Schönheit entwickelt. Es gibt Kuriosa im Stadtbild, wie das auf einem Viadukt gebaute Viertel, unter dem die Hauptstraße durchläuft. Neben der berühmten größten Hebebrücke der Welt, unter der Kriegsschiffe passieren können, träumt eine alte koloniale Brücke von ferner Vergangenheit. Am Volkspark wacht als Monument des technischen Zeitalters die kleine erste Lokomotive, während drüben ein riesiger Freiluftsaal für alle denkbaren Zwecke gebaut ist. Auch hier grüßen und verwöhnen uns freundliche Emigranten aus dem alten Berlin oder München. Das Musikleben zehrt von einer italienischen Stagione und Orchesterprogrammen, die sich in konventionellen Bahnen halten. Im deutschen Institut, dem ein kleines Musikseminar angegliedert ist, erfreute ein Abend echter Kammermusik, an dem Georg Schmid und Hugo Steurer selten Gehörtes für Bratsche und Klavier technisch und geistig makellos spielten: Schumanns Märchenbilder, Hindemiths Opus 11, Nr. 4, Brahms' letztes Instrumentalstück und – besondere Rarität – die Es-Dur-Sonate von Joh. Nep. Hummel.

In São Paulo, der größten Industriestadt des Kontinents, wo Oskar Niemeyer seine genialen Kurvenhochhäuser in ein Gewirr von Wolkenkratzern gestellt hat, ist moderne Musik durch eine recht aktive Gruppe vertreten. Julio Medaglia, in Freiburg ausgebildeter Komponist und Dirigent, hat Webern, Xenakis und Happening-Musik im Fernsehen gezeigt, Boulez ist mehrfach zu Gastspielen gekommen. Als Besonderheit erscheint die Beziehung zu einer bodenständigen Volksmusik, die als Bossa Nova die Aufmerksamkeit europäischer Spezialisten wie Joachim Ernst Behrendt gefunden hat.

Der wichtigste Dirigent des Landes, Eleazar de Carvalho, hat mit der Pianistin Jocy Oliveira modernste Programme gemacht. Seinen Spuren begegnen wir in Rio de Janeiro, wo gerade ein konzertanter »Fidelio« (mit Arturo Sergi als Florestan) geprobt wird. Die traumhafte Stadt mit den in die atlantische Brandung hineinwachsenden Kegelbergen, den

Urwäldern von Tijuca, den sandigen Buchten unter tropisch-milder Wintersonne, ist selbst Musik für das Auge. Aber in der alten Oper, dem neueren Konzertsaal wird vieles geboten, das etwa dem Traditionsbild unseres Betriebs entspricht. Auch hier konnte das Brasilianisch-Deutsche Kulturinstitut, oft in dem schönen Auditorium der ganz modernen deutschen Botschaft, Pionierarbeit leisten, indem es kaum bekannte Meisterwerke des 20. Jahrhunderts, wie Schönbergs »Pierrot Lunaire« und Strawinskys »Geschichte vom Soldaten«, zur Diskussion stellte. An schaffenden Musikern hat es im Lande nie gefehlt; nach dem chaotisch-genialen Heitor Villa-Lobos haben Camargo Guarnieri, Claudio Santoro und Jüngere auch in Europa Anerkennung gefunden.

1969

Nachruhm als Mißverständnis: Richard Wagner

Wenn es eine Erscheinung der deutschen Kultur gibt, die im Sinne Gottfried Benns als ambivalent zu bezeichnen wäre, so ist es das Werk Richard Wagners. Und zwar nicht nur seine Musik und ihre besondere Funktion in der Kunstform, die er gern Musikdrama nannte, sondern beinahe mehr noch seine literarischen Äußerungen, namentlich die theoretischen Schriften. Überblickt man diese Schriften als zusammenhängendes Werk, so ist man immer wieder überrascht von der Menge ungleicher und einander widersprechender Einflüsse, die darin reflektiert sind, und von der Vehemenz, mit der sich Wagner diesen Einflüssen hingegeben hat. Genau wie er in der Arbeit zu einer Konzentration ohnegleichen fähig war, völlig isoliert von den oft störenden, ja furchtbaren Umständen, die sein Leben auf wahre Zerreißproben stellten, so konzentrierte er sich auf das Wesen der Denksysteme, von denen er jeweils abhängig geworden war. Es ist ein Zug von imponierendem, freilich auch erschreckendem Radikalismus in Wagners Geist. Und es gab Zeiten, zu denen er wahrhaft hin- und hergerissen schien von widerspruchsvollen Eindrücken, so daß Briefe, die er am selben Tage schrieb, zwei total verschiedene Bilder von seinem status animae liefern.

Darin liegt nun allerdings auch ein sehr moderner Zug, den man seit Nietzsche zunehmend in der neueren Philosophie, seit Richard Strauss und Igor Strawinsky in der modernen Musik, seit Picasso in der Malerei, seit August Strindberg in der Literatur wiederfindet: die Bereitschaft zum drastischen Selbstwiderspruch, zur Verbrennung dessen, was man angebetet, zur Anbetung dessen, was man verbrannt hat.

Daß ein derart von Extremen bestimmtes Phänomen im Urteil der Nachwelt Mißverständnis über Mißverständnis hervorrufen mußte, liegt auf der Hand. So ist denn Wagners Nachruhm von falschen Deutungen negativer und positiver Art mehr bestimmt als der irgend eines anderen vergleichbaren Geistes seiner Epoche. Die Mißdeutung entsprach dabei der außerordentlichen Quantität des Ruhms, die einen Komponisten und Schriftsteller tatsächlich zeitweise zum prominentesten Vertreter Europas in der zweiten Hälfte des 19. Jahrhunderts stempelte. Es entspricht der Ambivalenz dieser Erscheinung, daß sie der stärksten Ablehnung bei einem Manne begegnete, der ihr vorher jahrelang eine nahezu hörige Gefolgschaft geleistet hatte. Ich meine Friedrich Nietzsche. »Die Geburt der Tragödie aus dem Geiste der Musik« war 1872 das Fanal, mit dem sich der achtundzwanzigjährige Baseler Professor als geniales Ärgernis in der deutschen Geisteslandschaft vernehmlich machte. Der letzte gedankliche Inhalt dieser Schrift ist die Teilung der ästhetischen Welt in eine dionysische und eine apollinische Hälfte, ihr Ziel, die deutsche Musik als eine Vorstufe zu Wagners Musikdrama zu deuten, das seinerseits die kongeniale und folgerichtige Fortsetzung der attischen Tragödie sei. Nietzsche ist hier in seiner Kunstanschauung durchaus Arthur Schopenhauer verpflichtet, indem er die Musik als die Sprache des Willens versteht. Das eigentlich Revolutionäre aber in diesem ersten Buch definiert Nietzsche selbst später als das Wagnis, »die Wissenschaft unter der Optik des Künstlers zu sehen, die Kunst aber unter der des Lebens ... «

Das war vier Jahre vor der Eröffnung der Bayreuther Festspiele. Nietzsche gehörte zu ihren Besuchern und konnte nun eindeutiger formulieren, was in der Jugendschrift noch die Form des Gleichnisses hatte annehmen müssen. Das vierte Stück seiner »Unzeitgemäßen Betrachtungen« heißt »Richard Wagner in Bayreuth« und ist ein hemmungsloses Bekenntnis zu dem Meister, den er als Theatergenie ebenso bewundert wie als Musiker und Schriftsteller. Deshalb berief sich die offizielle Wagner-Literatur auf keinen anderen lieber und mit mehr Stolz als auf diesen jungen Nietzsche, dessen Bekenntnisse den Nachruhm vorwegzunehmen scheinen. Sie alle sind zu Wagners Lebzeiten geschrieben, in unmittelbarem freundschaftlichen Kontakt mit ihm, von der ersten Leipziger Begegnung 1868 bei dem Orientalisten Hermann Brockhaus über Tribschener Besuche zu Pfingsten 1869 und Weihnachten 1870 bis zu den Bayreuther Zusammenkünften im Sommer 1876 und dem Ende der Freundschaft mit der berühmten Klingenkreuzung zweier Postsendungen 1878, von denen die eine Wagners Parsifal-Text, die andere Nietzsches »Menschliches Allzumenschliches« enthielt. Erst nach Wagners Tod 1883 hört der Bann völlig auf, dem Nietzsche trotz allem noch unterlag. Endlich entsteht 1888 »Der Fall Wagner« und im Anschluß daran die »Götzendämmerung« und »Nietzsche contra Wagner«.

Was für den jungen Nietzsche zu den schöpferischen und positiven Eigenschaften Wagners gehörte, die enge Bindung seiner Kunst an das Theater, wurde nun zum schärfsten Argument gegen ihn: Wagner als die »Heraufkunft des Schauspielers in der Musik«. Damit tritt für ihn die Kunst ins Zeichen des Massenerfolgs, den er historisch als Symptom der Niedergangskulturen sieht. An den Schluß des Pamphlets stellt Nietzsche drei Forderungen:

Daß das Theater nicht Herr über die Künste wird.
Daß der Schauspieler nicht zum Verführer der Echten wird.
Daß die Musik nicht zu einer Kunst zu lügen wird.

Später, in dem ebenfalls 1888 in Turin geschriebenen »Nietzsche contra Wagner« mit dem Untertitel »Aktenstücke eines Psychologen«, datiert Nietzsche sein Loskommen von Wagner um zwölf Jahre vor. Schon 1876, während der Bayreuther Festspiele, habe er Abschied genommen. Vielleicht hatte wirklich sein Gefühl erkannt, wie nah Wagners Erscheinung mit dem verwandt war, was er im tiefsten Grunde seiner Seele verabscheute, mit dem siegreichen, auf der Niederlage Frankreichs gegründeten Deutschen Reich.

Nietzsches Mißverständnis beginnt für uns schon mit der »Geburt der Tragödie«. Hundert Jahre nach »Tristan« und »Meistersinger« erkennen wir in Wagner nicht so sehr den Vollender einer besonderen Form des Theaterspiels als vielmehr einen Musiker, dessen erstaunliche Erfindungen nicht allein die Ausdruckskraft der Tonkunst erweitert haben, sondern den gesamten Bereich ihrer Formung aus den Elementen heraus. Klang, Harmonik, Melodik, Polyphonie, Instrumentation, Periodik und Form sind durch ihn revidiert und bereichernd verändert worden. Selbst das, was nicht nur Nietzsche als Ruin der Stimmen denunziert hat, ist in eine neue Form des Singens integriert worden. Dennoch hat Nietzsches nachsichtslose, ungerechte und dabei geniale Kritik aufs stärkste nachgewirkt. Mit besonderer Heftigkeit sein Aufruhr gegen Pathos und unwahre Gefühle, gegen Germanentum und wolkige Vieldeutigkeit, gegen die Kunst der Gebärde und gegen Wagners Überall und Nirgendwo. Es ist kennzeichnend, daß der erste schöpferische Impuls gegen das Pathos von einem reuigen Wagnerianer kam, von Claude Debussy, der in »Pelleas und Melisande« eine Art von introvertiertem Antipathos erfand. Kennzeichnend auch, daß in Deutschland die kollektive Gegenbewegung erst nach dem Ersten Weltkrieg und dem Zusammenbruch der kaiserlichen Reichsidee Form fand, namentlich bei Musikern wie Paul Hindemith und musikbedürftigen Dramatikern wie Bertolt Brecht.

War es bei Nietzsche der Renegatenhaß, der zur Mißdeutung Wagners führte und führen mußte, so ist es bei Houston Stewart Chamberlain der umgekehrte Fall: die Vergötterung des Genies geht Hand in Hand mit einer Weltanschauung, die sich an Einzelgedanken des späten Wagner klammert und in ihm den Träger der Regenerationslehre sieht. Chamberlains große Wagner-Biographie von 1895, durch die Revisionen der zweiten Auflage 1901 nicht wesentlich verändert, enthält darüber einen ganzen Abschnitt von vierzig Seiten. Nietzsche war in der nationalpsychologischen Deutung Wagners inkonsequent gewesen. Er sah einerseits in ihm die Verkörperung aller germanischen Untugenden, andererseits eine Haltung, die er mit dem Spottgedicht »Ist das noch deutsch« anläßlich des Parsifal-Textes geißelte, kurz nachdem er den engen Zusammenhang Wagners mit der französischen Romantik festgestellt hatte. Chamberlain sucht kunstvoll aus Wagners Schriften heraus, was das Deutschtum glorifiziert, bemüht sich aber gleichzeitig, ihn als christlichen Künstler zu verherrlichen. Anknüpfend an Wagners 1880 niedergeschriebene Betrachtung »Was nützt diese Erkenntnis?« unterscheidet Chamberlain drei Regenerationslehren: eine praktische, eine philosophische und eine religiöse. Das Wagner-Zitat lautet: »Wir erkennen den Grund des Verfalles der historischen Menschheit, sowie die Notwendigkeit einer Regeneration derselben, wir glauben an die Möglichkeit dieser Regeneration und widmen uns ihrer Durchführung in jedem Sinne.«

Chamberlain weist dann mit einer Fülle von Gedanken aus allen Schaffenszeiten Wagners Zivilisationsfeindlichkeit nach und leitet daraus eine grundsätzliche Negierung des Fortschrittsglaubens ab. Er arbeitet sehr anschaulich die sozialistische, dem Besitz abschwörende Haltung Wagners heraus, schirmt ihn aber gegen verwandte Strömungen in der französischen Geisteswelt ab. Und dann folgt der verhängnisvolle Gedankensprung zu dem, was Chamberlain die ursächlichen Faktoren des Verfalles nennt. »Wagner griff tiefer«, schreibt er. »Er suchte nach physischen Gründen des Verfalles und glaubte sie in einem Verderb des Blutes aufzufinden. Er fragte sich dann weiter, wie es wohl zu erklären sei, daß die Völker Europas... mehr und mehr aus der eigenen Art schlagen... Die Erklärung, die sich ihm darbot, war der moralische Einfluß des Judentums.« Nun springen Chamberlains Gedanken wieder hin und her, und plötzlich ist er bei dem Problem der Nahrung. Da zitiert er nun wieder einen Wagner-Brief an dessen Freund Theodor Uhlig von 1850, wo es heißt: »Mangel an gesunder Nahrung auf der einen Seite, Übermaß üppigen Genusses auf der anderen Seite, vor allem aber eine gänzlich naturwidrige Lebensweise... haben uns in einen Zustand der Entartung gebracht, der nur durch eine gänzliche Erneuerung unseres entstellten Organismus behoben werden kann.«

Chamberlain scheut sich nicht, den ihm sonst sehr verdächtigen Ludwig Feuerbach mit dem Aphorismus »der Mensch ist, was er ißt« zu zitieren. Dann folgt eine Schilderung der Wagnerschen Argumente für vegetabilische Nahrung und seiner Erklärung der Vorgänge, die den Menschen aus einem Pflanzenfresser zum fleischfressenden Tiermörder machten, die bizarre Verschränkung von Wagners Gedanken zu der vom Grafen Gobineau übernommenen Rassentheorie mit dem Vegetarismus wird von Chamberlain ohne Kritik übernommen. Wagners Brief gegen die Vivisektion gehört tatsächlich zu den rührendsten und menschlich bewegendsten seiner literarischen und weltanschaulichen Äußerungen. Der Gedanke, daß ein Mann von so starkem Mitgefühl für andere Kreaturen die Massenmorde am jüdischen Volk, deren Urheber sich gern auf ihn beriefen, hätte gutheißen können, ist völlig absurd. In seiner Judenfeindschaft ging Wagner praktisch noch nicht einmal annähernd so weit wie sein französischer Bewunderer und jüngerer Zeitgenosse Charles Baudelaire, sonst hätte er nicht die Uraufführung seines »Parsifal« 1882 in Bayreuth dem jüdischen Dirigenten Heinrich Levi anvertraut. Ganz anders als Chamberlains germanisch-alldeutsche und rassentheoretische Deutung Wagners ist die eines Schriftstellers und Dichters, der als erster in der angelsächsischen Welt leidenschaftlich für den deutschen Musikdramatiker eingetreten ist: George Bernard Shaw. 1898 erschien in London »The perfect Wagnerite«, ein Buch, das sich in bewußten Gegensatz zur Wagner-Literatur stellte. 1907 erschien es in Siegfried Trebitschs Übersetzung, vermehrt um eine Widmung an Richard Strauss, als »Ein Wagner-Brevier« bei S. Fischer in Berlin. Das Bändchen von 219 Seiten ist eine Verteidigung des jungen Wagner gegen den alten, des Revolutionärs von 1848 gegen den Schopenhauerianer der zweiten Lebenshälfte. Seine Interpretation der Ring-Dichtung ist ein Meisterstück sozialistischer Exegese, ein vernichtender Schlag gegen die weihräuchernde Heroisierung, die sich zum Ärger aller fortschrittlichen Wagnerianer in Deutschland und nicht nur in Deutschland ausgebreitet hatte.

Die genormte Wagner-Deutung, der Shaw sich entgegenstellt, pflegte fast alle Schriften Wagners aus der Zeit vor 1849 als Jugendsünden und unreife Ergebnisse fehlender Lebenserfahrung zu bemänteln. Daß der Revolutionär und Barrikadenkämpfer von 1849 ein Mann von 36 Jahren war und als königlich-sächsischer Hofkapellmeister eine führende, verantwortliche Stellung im deutschen Kulturleben einnahm, übersahen diese Apologeten ebenso geflissentlich wie die Tatsache, daß damals »Rienzi«, »Holländer«, »Tannhäuser«, »Lohengrin« und die wesentlichen Ideen für fast alle späteren Werke schon vorlagen. Shaws Büchlein läßt keinen Zweifel daran, daß er Wagners Bedeutung, abgesehen von dem musikalischen und dramatischen Œuvre, vor allem in dem Vorbild sah, das er den deutschen Sozialisten zumindest in seinen Jugendjahren gegeben hat. Wagner selbst hat in der seiner Frau Cosima 1870 diktierten Autobiographie »Mein Leben« seine revolutionäre Vergangenheit nicht ungeschickt bemäntelt. Doch widmete er dem von ihm bewunderten Bakunin sieben ganze Seiten, in denen die, wie er schreibt, fremdartige, durchaus imposante Persönlichkeit mit viel Liebe geschildert wird. Er spricht zwar von der zerstörenden Kraft, den furchtbaren Lehren Bakunins, sieht aber doch in ihm eine Art Bundesgenossen.

Chamberlain, den eine innige Freundschaft mit Cosima Wagner verband, heiratete 1908 Richard Wagners Tochter Eva und ging auf Lebenszeit nach Bayreuth. Hier wurde er ein fanatischer Anhänger zuerst der alldeutschen und später der nationalsozialistischen Ideologie. Er begegnete Hitler und wurde dessen begeisterter Vorkämpfer bis zu seinem Tode 1927. Stärksten Einfluß übte die fragwürdige Lehre seines Hauptwerkes »Die Grundlagen des 19. Jahrhunderts« auf Hitlers späteren Chefideologen Alfred Rosenberg, der in seinem Buche »Der Mythus des XX. Jahrhunderts« auch den Chamberlainschen Titel variiert hat. Wagner muß dabei nicht nur als Wortführer der Rassen-Ideologie herhalten. Er wird auch als Kronzeuge zitiert für alle möglichen Theorien unter dem Schlagwort »Der ästhetische Wille«. Rosenberg geht aus von einer Stelle in einem der Briefe an Mathilde Wesendonk: »Nur Eines ist uns bestimmt, die Not der Entladung unseres eigenen Inneren.« Und der Ideologe folgert daraus: »Im Innewerden der Gehaltwahl und in der Sehnsucht der willenhaften Entladung zeigt sich der nordisch-abendländische Schönheitsbegriff gleichsam von innen als das ihm eigentliche Wesen, das durch Biologie allein nicht mehr faßbar, sondern nur andeutbar ist.« Rosenberg entwickelt dann seinen bekannten Gegensatz von Mittelmeerkultur und nordischer Kultur, weist mit Abscheu die sexualbetonte etruskische Geisteswelt als Mutter- und Sumpfkult von sich und endet bei einer Erklärung der abendländischen Kunst als ewiger Bemühung, »dem Einsamkeits- und Unendlichkeitsgefühl Ausdruck zu verleihen«. Als Kronzeugen für den Unendlichkeitssinn läßt er die Gotik, die Musik, die Gartenarchitekturen André Lenôtres, das Helldunkel Rembrandts und die Infinitesimalrechnung auftreten – eine wie Kraut und Rüben durcheinandergeschüttelte Gesellschaft, an die er Wagner leicht anfügen kann. »Man sehe sich«, doziert Rosenberg, »im Theater den Hinweis darauf im Tristan des 3. Aktes an – dann schließe man die Augen und versetze sich in der Phantasie in die Lage des Einsamen. Hoch oben auf einer Felsenklippe, über sich eine blaue Unendlichkeit, vor sich eine räumliche Ewigkeit; der Leib wund, das Innere voller Qual, der Zeitlosigkeit nahe. Tristans Seele sehnt sich nach etwas unendlich Fernem, einer Idee, die hier auf Erden für ihn Isolde heißt. Inmitten dieser Verlassenheit ertönt von irgendwo ein Ton, einige Töne einer Hirtenflöte in einem eigenwillig weltabgeschiedenen Rhythmus, gerade das ausdrückend, was in keine aus der Vernunft geborenen Worte zu kleiden ist.«

Ich kann diese Rosenbergschen Molluskenformulierungen nicht lesen, ohne an Nietzsches Spott zu denken: »Wagner erfand sich einen Stil, der Unendliches bedeutet, er wurde der Erbe Hegels, Musik als Idee ...« Die nationalsozialistische Entschlossenheit, alle Wahrheiten auf den Kopf zu stellen, führt bei dem baltischen Chefideologen zu wirklichen

Akrobatenstücken des geflissentlichen Mißverständnisses. So, wenn er von der germanischen Ehre spricht und dabei ausgerechnet Wagners »Tristan« nennt: »Ein süßliche Ästhetik hat auch dieses große Drama mißverstanden und es lediglich vom Standpunkt der verzückten Isolde betrachtet. Dabei ist dieses vielleicht größte Werk Wagners kein Drama der Liebe, sondern ein Drama der Ehre. Weil Tristan seine ... Liebe zur Braut seines Königs und Freundes als ehrlos empfindet, ... will er dann den Todestrank trinken, als er die Unmöglichkeit erkennt, seiner Liebe Herr zu werden. Wie nun der Treueste der Treuen diesen Ehrbegriff von sich wirft und sich seiner Leidenschaft ergibt, das ist das unerklärlich-ungelöste Rätsel, welches durch den Minnetrank symbolisiert wird ... Tristan stirbt an einem Ehrenkonflikt, Isolde an Liebesgram. Das ist germanisches Schicksal und germanische Lebensüberwindung durch die Kunst. Das alles zu gestalten, bedeutet die höchste Höhe der Persönlichkeitskunst.«

Rosenbergs musikalische Ahnungslosigkeit konnte sich nicht gründlicher kompromittieren als mit dieser »Tristan«-Deutung, die durch jeden Takt der Partitur Lügen gestraft wird. Daß er dabei die überlieferte Ästhetik eines Mißverständnisses zeiht, ist charakteristisch für die Kunst der teils gutgläubigen, teils geflissentlichen Verdrehung, auf der seine ganze arische Kulturlehre beruht. Schließlich nennt er Wagner den Leben-Erzeuger und formuliert zusammenfassend: »Das Wesentliche aller Kunst des Abendlandes ist aber in Richard Wagner offenbar geworden: daß die nordische Seele nicht kontemplativ ist, daß sie sich auch nicht in individuelle Psychologie verliert, sondern kosmisch-seelische Gesetze willenhaft erlebt und geistig-architektonisch gestaltet.«

Genug von diesen Blüten des Ungeistes; die NS-Literatur hat ihresgleichen jahrelang und in den groteskesten Formen produziert. Wir wollen nicht bestreiten, daß Wagners Werk ihr dazu manchen Anlaß lieferte. Es gibt in seinen Texten wie in seiner Musik ein Element von germanischer Großsprecherei, von nationalem Idiotismus, das primitive Geister begeistern muß. Die Nationalsozialisten haben sich dessen geschickt bedient und dabei gleichzeitig Nahrung für ihre Irrlehren gefunden. Auch das narkotische Element in Wagners Musik war für ihre demagogischen Zwecke höchst brauchbar, und Hitler wußte, warum er allsommerlich die Organisation Kraft durch Freude dazu benutzte, Tausende von SA-, SS- und HJ-Angehörigen nach Bayreuth zu schicken. Sie erlagen allzu gern dem erotischen Fluidum der Festspiele, dessen Rausch schon vor 1900 der französische Romancier Sar Peladan erlebt und enthusiastisch beschrieben hatte. In diesem Sinne hat Wagner fünfzig Jahre nach seinem Tod tatsächlich die verbrecherische Politik der Nazis gefördert. Er war nolens volens ein Instrument Hitlers geworden und bedurfte mitsamt seinem Werk und seiner Familie der Entnazifizierung, zu der die Wiedereröffnung der Festspiele 1951 und die Persönlichkeit seines Enkels Wieland Wagner gleichermaßen beitrugen.

Wagner der Schauspieler, Wagner der Kommunist, Wagner der Nationalsozialist: das sind die folgenschwersten Formen seines Nachruhms bis 1945 gewesen. Nach dem deutschen Zusammenbruch und dem Ende der Naziherrschaft ist sein Werk neuerlich zum Gegenstand ideologischer Deutungen geworden. Merkwürdigerweise nimmt dabei die psychoanalytische Auslegung seines Werks, zu der Thomas Mann so früh und bedeutsam beigetragen hat, eine untergeordnete Stellung ein. Immerhin hat der französische Psychologe André Michel 1951 in seiner »Psychanalyse de la Musique« sich gründlich mit dem beschäftigt, was er Wagners Ödipuskomplex nennt. Das Kapitel »Les guerres péniques chez Wagner« sammelt ein imposantes Material zur Psychoanalyse der »Ring«-Dichtung und der Musik. Aber die Frage bleibt offen, ob man das Schöpferische psychoanalysieren kann. Sigmund Freud hat sie in seiner Dostojewski-Studie verneint.

Ungleich mehr Stoff zum exegetischen Mißverständnis hat die Soziologie bei Wagner gefunden. Konnte sie doch unmittelbar an Wagners eigene Theorien anknüpfen, durch die er sich scheinbar als Repräsentant der zeitgenössischen Gesellschaft legitimierte. Sein Renegatentum, seinen mehrfachen Haltungswechsel brauchte man nur durch das eigentümliche Fluktuieren zwischen den verschiedenen Schichten einer pluralistischen Gesellschaft zu erklären. Das motivierte den Weg vom »Rienzi« über »Tristan« zur »Götterdämmerung« als Reflex des Weges vom Dresdner Freund August Röckel über Otto Wesendonk zu König Ludwig dem Zweiten von Bayern.

In der umfangreichen musiksoziologischen Literatur nimmt Theodor W. Adornos 1937/38 in der Londoner und New Yorker Emigration geschriebener »Versuch über Wagner« einen besonderen Platz ein. Vor allem, weil es keine rein soziologische Arbeit ist, sondern eine sorgfältige Verwebung ästhetischer, musikanalytischer, psychologischer und philosophischer Verfahrensweisen. Adornos oft genial zutreffende Beobachtungen werden von einem Hang zur Assoziation unterbrochen, deren Ergebnisse er mit einer lässigen und in ihrer Lässigkeit verführerischen Apodiktizität vorträgt. So ist der im Geiste von Karl Marx angewandte Begriff der Ware nicht eigentlich der Wagner-Musik kommensurabel, der sie Adorno oft gleichsetzt. Im sechsten, »Phantasmagorie« betitelten Kapitel heißt es zum Beispiel über deren unromantische Seite: »In ihr wird der ästhetische Schein vom Charakter der Ware ergriffen. Als Ware ist sie illusionär; die absolute Wirklichkeit des Unwirklichen ist keine andere als die des Phänomens, das nicht bloß seine eigene Genesis in Arbeit beschwörend fortzubannen trachtet, sondern in eins damit, vom Tauschwert beherrscht, geflissentlich seinen Gebrauchswert als echte Realität, als ›keine Imitation‹ pointieren muß, nur um den Tauschwert durchzusetzen. Wie die ausgestellten Konsumgüter von Wagners Epoche den Käufermassen einzig noch ihre phänomenale Seite verlockend zukehren und damit ihren bloß phänomenalen Charakter, nämlich ihre Unerreichbarkeit, vergessen machen, so tendieren die Wagnerschen Opern in der Phantasmagorie zur Ware. Ihre tableaux nehmen Ausstellungscharakter an: indem das romantische Flämmchen Hans Heilings zum totalen Feuerzauber sich auswächst, schlägt es um in den Prototyp zukünftiger Lichtreklamen. Wotans Parole: ›Wer meines Speeres Spitze fürchtet, durchschreite das Feuer nie‹ wäre leicht zu ergänzen durch die Anpreisung eines Apparats, der dem vorsichtigen, doch entschlossenen Käufer dennoch gestattet, das Feuer zu durchschreiten.« Das ist sehr geistvoll, aber ganz subjektiv und nicht beweisbar. Adorno koordiniert aber auch ganz primitiv gesellschaftliche und wirtschaftliche Zustände mit künstlerischen. So schreibt er über die musikalische Atomisierung des Materials, die Zerlegung in kleine Motive, und vergleicht sie mit der »Quantifizierung des industriellen Arbeitsprozesses, seine Zerlegung in kleinste Einheiten«. Ja, er spricht ganz offen von der Einheit der Produktivkräfte.

Bei Adorno ist diese beständige Koordinierung von zeitbedingten gesellschaftlichen und wirtschaftlichen Erscheinungen interessant, weil hinter ihr eine Summe von Bildung und Wissen steckt. Bei der Herde der heute schreibenden Vulgär-Soziologen führt sie zu einer Entstellung der Kulturbetrachtung überhaupt. Denn sie geht von einer Verkehrung der Rangleiter aus, bei der allen Ernstes die Gesellschaft den Erzeugnissen der Kunst übergeordnet wird statt umgekehrt. Das ist so, als schätze man die Gartenerde höher als die Frucht, die sie als Endprodukt reifen läßt.

Wagners Musikdramen haben in Wahrheit ihren Ursprung so wenig in den gesellschaftlichen Umständen, aus denen sie zufällig entstanden sind, wie irgendein anderes künstlerisches Œuvre. Man kann sie auch nicht ohne Gewaltsamkeit als Ausdruck eines antiken Kunst- und Weltgefühls oder als Fortsetzung der griechischen Tragödie erklären. Als erster hat das 1913 Gerhart Hauptmann versucht, vierzig Jahre später mit nicht weniger Geist und Phantasie Wolfgang Schadewaldt. Sie alle kommen dadurch dem Werk nicht viel näher als die getreuen Wagnerianer alten Stils, die sich an ihre Leitmotive halten und den Meister als eine Art Vollender abendländischer Kultur, sein Gesamtkunstwerk treulich als die letzte und schönste Blüte der seither erschöpften kunstproduzierenden Kräfte im Menschen ansehen.

Vielleicht ist gerade die große Anzahl der Mißverständnisse ein besonders deutlicher Beweis für die allen großen Kunstwerken eigentümliche Vielschichtigkeit. Bei einem Kunstwerk wie dem Musikdrama Wagners, das eo ipso schon zahlreiche Schichten ästhetischer und intellektueller Äußerungen umfaßt, mußte die Versuchung einer tendenziösen Festlegung größer sein als bei vielen anderen Geistesphänomenen. Genug, daß sowohl das Werk als auch das Persönlichkeitsbild keiner seiner Mißdeutungen wirklich zum Opfer gefallen ist und daß auch jahrelange Aufführungsverbote, wie sie aus begreiflichen politischen Ressentiments, zum Beispiel in Israel, verhängt wurden, diesem Werk an Möglichkeiten der künstlerischen Wirkung nichts genommen haben.

1970

Die Musik, der Mensch und die Menschen

Der Mensch, so weiß man von den Sophisten, ist das Maß aller Dinge. Doch seit geraumer Zeit ist der Mensch in der Defensive gegen die Menschen. Es gilt, das Individuum, die Persönlichkeit, den Einzelfall zu verteidigen gegen die Gruppe, die Ansammlung, den Massenfall. Denn auf die paradoxeste Art wird in einem Teil der modernen Weltbetrachtung das Individuum auch dort dem Dividuum untergeordnet, wo es schlechterdings allein und einzig Werte schafft und Maße setzt. Das Maß aller Dinge zu sein ist aber ohne Ausnahme die Funktion des Einzelwesens, nicht die einer wie immer gearteten Mehrzahl von Einzelwesen. Zwar wirkt auch in der menschlichen Gesellschaft das Gesetz des magischen Plus, nach welchem eine ineinandergeschmolzene Einheit mehr sein kann als die Summe ihrer Einzelteile. Doch gilt es nicht für die großen geistigen Leistungen, weder für die der Wissenschaft noch für die der Künste.

Es gibt Elemente der Musik, die in der Natur begründet sind. Naturlaute wie – um gleich ein hochentwickeltes Beispiel zu nennen – der Vogelgesang, Naturerscheinungen wie das Echo haben ihre Funktion für die Tonkunst als Anregung oder Initialzündung. Doch nicht mehr als das. Eine Menschengruppe, die aus der Wahrnehmung von Vogelgesang oder Echo musikalische Kunstwerke entstehen läßt, hat sich in keiner Phase der Musikgeschichte, in keiner europäischen oder außereuropäischen Kultur nachweisen lassen. Die Behauptung, Volkslieder seien aus dem Volk entstanden, seien also kollektive Erzeugnisse, hat bisher auch nicht den Schatten eines Beweises gefunden.

Kein Problem hat die nachdenklichen und fortschrittlichen Geister bei der modernen Kulturanalyse mehr beunruhigt als das der modernen künstlerischen Formen in einer modernen sozialistischen Gesellschaft. Scheinbar gab es ja gar keine andere Möglichkeit, mit der geschichtlichen Entwicklung Schritt zu halten, als die Anwendung des Fortschrittsbegriffes gleichzeitig auf das geistig-künstlerische Schaffen und auf die Gesellschaft. Doch erwies sich bald, daß die Koordinierung zu ausweglosen

Situationen führte. In dieser Auseinandersetzung, die seit etwa fünfzig Jahren zu einer beständigen Krise in der modernen Kultur wurde, spielt eine Art Kastenbegriff eine wichtige Rolle. Es ist der des Bürgers. Was unter Bürgertum eigentlich zu verstehen sei, ist bis heute namentlich im deutschen Sprachbereich um so undurchsichtiger geworden, als die Bewohner der Sowjetunion, also des ersten Staates, der aus dem Kampf gegen die Bourgeoisie hervorgegangen ist, bei uns Sowjetbürger heißen.

Aus dem Bürgertum, wie immer man es auch politisch qualifizieren will, sind seit Jahrhunderten die Schöpfer kultureller Werte in so erdrückender Mehrheit hervorgegangen, daß daneben die aus dem Adel und dem Arbeiterstand stammenden kaum zählen. Die Gleichsetzung von Bürgertum mit Besitz und Bildung trägt darum ein neues Problem in das Gesichtsfeld der modernen Kulturspezialisten. Es gehörte zu den Befreiungstaten der russischen Revolution, daß sie die künstlerische Avantgarde (die ja bis 1917 in Opposition zur Kultur der herrschenden Schicht stand) emanzipierte und daß moderne Malerei, Musik, Literatur, Architektur und Theaterkunst offiziell wurden. Damit war im Bereich der Kultur der gleichen fortschrittlichen Entwicklung stattgegeben worden wie im Bereich der Gesellschaft. Es war eine tragische Enttäuschung für alle Wortführer und Repräsentanten dieser Avantgarde, daß schon nach einem knappen Jahrzehnt die offizielle Kultur sich gegen sie stellte. Diese Reaktion von oben her war dadurch legitimiert, daß sie sich auf eben die neue Massengesellschaft berufen konnte, der die Kulturmodernisten so begeistert und gutgläubig zu dienen meinten. Das Vakuum, das durch die Unterdrückung der avantgardistischen Kunstwerke entstand, konnte durch die andere, die akademische zeitgenössische Produktion nicht ausgefüllt werden. Infolgedessen griff man auf die bewährten Werte derjenigen Kultur zurück, die anfangs nicht nur von den Modernisten, sondern auch von den Politikern als bürgerlich bekämpft worden war. Bald unterschieden sich Kunstausstellungen, Konzertprogramme und Theaterrepertoires nicht im geringsten mehr von solchen aus der Epoche vor 1917. Offenbar entsprach der Massengeschmack von Arbeitern und Bauern vollständig dem der gestürzten und ausgeschalteten Bourgeoisie. Mit dieser neuen Situation konnte ein Teil der russischen Intelligenz sich nicht abfinden. Aber als Schostakowitsch nach langjähriger erfolgreicher Arbeit als Führer der sowjetischen Moderne mit seinen Opern »Die Nase« und »Lady Macbeth von Mzensk« den Unwillen der Partei und ihrer Kulturfunktionäre erregte, folgte er den Weisungen des gegen ihn gerichteten »Prawda«-Leitartikels vom 28. Januar 1936 und schrieb fortan in einem gemäßigt modernen, auf alle avantgardistischen Wagnisse verzichtenden Stil. Der Mensch hatte sich den Menschen gefügt, das Individuum beugte sich dem Willen der Gesellschaft.

Vor einigen Jahren habe ich versucht, dem vielfachen Streben nach einer »Musik für jedermann« polemisch sein Gegenbild entgegenzustellen. Dabei habe ich, nicht ohne Ironie, die Hypothese einer »Musik gegen jedermann« aufgestellt, die nicht mehr anziehen, sondern abstoßen wollte. So durchsichtig die provokatorische Absicht des Aufsatzes war, hat er doch in gewissen Kreisen sozialistischer Musiker helle Empörung geweckt. Ich hatte obendrein noch an den in England lebenden Komponisten Kaikhosru Sorabji erinnert, der seit vielen Jahren die öffentliche Aufführung seiner zahlreichen interessanten Werke grundsätzlich verboten hat. Hinter dieser radikalen Selbstisolierung steht der Gedanke einer ungeheuren Überbewertung der schaffenden Persönlichkeit. Sie führt insofern zum Nihilismus, als der Sinn aller Kunst, Kommunikation und Botschaft vom Schöpfer zu einem anderen Menschen zu sein, durch sie beseitigt wird. Da aber künstlerische Produktion ohne das Individuum, ohne den schöpferischen Einzelmenschen nicht denkbar und eben diese Erkenntnis bei einem Teil der modernen Menschheit gefährdet ist, erweist sich Sorabjis Haltung als möglicherweise heilsam. Man könnte sie im Gegensatz zur »Musik gegen jedermann« auf die Formel »Musik ohne Partner« bringen.

In neuerer Zeit ist eine Reihe von bedeutenden Versuchen gemacht worden, Musik und auch die anderen Künste mit Hilfe mathematischer Berechnungen und technischer Prozeduren hervorzubringen. Sie sind deshalb von so außerordentlicher Wichtigkeit, weil der Schöpfungsvorgang durch sie an wissenschaftliche Gesetze geknüpft würde, deren Allgemeingültigkeit kaum bezweifelt werden kann, da sie ja eben Gesetze sind, Naturgesetze obendrein. Die Erzeugnisse solcher mathematisch-technologischen Kunstschöpfung müßten notwendigerweise die Gesamtheit der Menschen ebenso ansprechen, wie diese den zugrunde gelegten mathematischen und technischen Gesetzen unterworfen sind. Der Grundgedanke solcher angewandten Mathematik ist keineswegs neu; er spricht aus den Versuchen mittelalterlicher Maler, einer Bildkonstruktion den Goldenen Schnitt zu unterlegen, ebenso wie aus den Bindungen der Satztechnik, des Kontrapunkts, der Harmonielehre an rechnerische Gegebenheiten. Eine universalistische Zusammenfassung aller derartigen Tendenzen versuchte in größtem Stil der aus Rußland nach Amerika eingewanderte Komponist und Theoretiker Joseph Schillinger. Sein nachgelassenes Hauptwerk »The Mathematical Basis of the Arts« ist ein imponierender Schritt auf dem Wege zur Verwissenschaftlichung des künstlerischen Schöpfungsprozesses und gleichzeitig eine Analyse der mathematischen Kräfte, die in allen Künsten jemals wirksam gewesen sind. Schillinger hat als Lehrer einer Reihe begabter

Komponisten seine Theorie praktisch angewandt und tatsächlich durch die Aufdeckung gewisser schöpferischer Prozeduren eine Art Hebammenrolle bei der Entstehung von Musik gespielt.

Als der prominenteste dieser Schüler hat George Gershwin mit seinem Hauptwerk, der Volksoper »Porgy and Bess«, die Anwendbarkeit der Schillingerschen Lehre bewiesen. Allerdings konnte auch diese Lehrmethode nicht auf das Entscheidende verzichten, ohne das keine Produktion von Kunstwerken möglich ist: auf die begabte Persönlichkeit. Wenn seit den fünfziger Jahren unseres Jahrhunderts mit Hilfe der Informations- und Computertechnik musikalische Formen hergestellt werden können, so beruht diese Praxis auf Schillingers Vorarbeit. Ihre Ergebnisse sind bisher aber auf die Formen primitiver Massenkunst beschränkt geblieben, deren sich die Unterhaltungsindustrie als sogenannter Schlagermelodie bedient. Ich sehe dabei von stilistisch völlig anonymen Erzeugnissen wie dem Streichquartett des (durch Hillel und Isaacson informierten) Illiac-Computers ab. Damit wäre vielleicht bewiesen, daß einfache künstlerische Konsumware aufgrund statistischer Untersuchungen und ihrer Anwendung auf die Information von Komponierautomaten hergestellt werden kann. Mögen auch die Ergebnisse nicht allgemeingültig im Sinne einer »Musik für jedermann« sein, so erreichen sie doch die Kommunikation mit einer sehr großen Anzahl von Konsumenten. Hier wäre also das Maß der Dinge durch die Menschen gegeben, das heißt durch eine statistisch erfaßbare Norm, zu deren Errechnung die moderne Soziologie die Methoden liefert. Mit dem Homo-mensura-Prinzip hat gerade das aber nichts zu schaffen.

Es hat schon im 19. Jahrhundert nicht an Unternehmungen gefehlt, den schöpferischen Prozeß von Kunstwerdung strenger wissenschaftlicher Analyse zu unterwerfen. Sie folgen dem positivistischen Wunsch, Erfahrung und Erkenntnis gleichermaßen zur Grundlage der Weltdeutung auf allen Gebieten zu erheben. Die geometrischen und physikalischen Berechnungen einiger impressionistischer und pointillistischer Maler, Paul Cézannes Reduktion aller Formen auf Zylinder, Kugel und Kegel (Brief an Bernard 1904), entsprechen auf optischem Gebiet den Bestrebungen von Musikern wie Claude Debussy, die Obertonreihe zur Grundlage von Erweiterungen der Harmonik und des diatonischen Materials zu machen. Und doch hat diese zunehmende Rationalisierung von Prozeduren künstlerischer Formung die Funktion und das Selbstbewußtsein der schöpferischen Individuen eher verstärkt als eingeschränkt. Es gibt keinen Zweifel darüber, daß Gustav Mahler zu den aufgeklärtesten Musikern seiner Zeit, das heißt der Epoche zwischen 1880 und 1911, gehörte. Er hatte Schopenhauer und Nietzsche gelesen, er beherrschte die moderne nachwagnerische Satztechnik ebenso virtuos wie die Wissenschaft der Orchestrierung. Er war, wie wir aus Briefen und Dokumenten entnehmen, ein raffinierter Taktiker seiner eigenen Laufbahn und ein Mann, der als Dirigent die Massen zu überzeugen verstand wie nur wenige neben ihm. Solcher Kontaktfähigkeit mit den Menschen und dem Betriebsapparat im praktischen Theater- und Konzertleben stand als schärfster Gegensatz Mahlers Isolierung als schaffender Künstler zur Seite. Wenn er im Sommer während der Ferien seine Partituren schrieb, brauchte er dafür eine so völlige Abschließung von der Außenwelt, daß er sich eigene Komponierhütten bauen ließ und von seiner Umgebung verlangte, daß jedes störende Geräusch verhindert werde. Von Mahler stammt die Beteuerung, er sei während des Schaffensaktes nur ausführendes Instrument geheimnisvoller Kräfte, die ihm seine Werke diktierten. Das bedeutet zweierlei: Erstens ist dadurch die alte mystisch-theologische Begründung des Schaffensaktes wiederaufgenommen. Zweitens ist nun wahrhaft der produktive Mensch das Maß der Dinge, ein Maß, das mit allen Mitteln jeder Beeinflussung durch die anderen Menschen entzogen wird. Menschen, die Gustav Mahler nahestanden, haben in ihm eine Art Heiligenfigur gesehen, einen Mann, der den kleinlichen Bindungen an den Alltag so völlig entrückt war, daß sie ihn auch dann nicht beirren konnten, wenn sein äußeres Wohl oder Wehe davon abhing.

Ein so kritischer und skeptischer Geist wie Arnold Schönberg hat dieses Wort vom »Heiligen« Mahler ausgesprochen. Ähnlich wie dieser zeigt auch Schönberg eine Art von Persönlichkeitsspaltung. Als Theoretiker und Lehrer, das beweist neben vielen Äußerungen seiner Schüler die 1911 erschienene Harmonielehre, glaubte er an die rationale Erfaßbarkeit und Mitteilbarkeit des Kompositionshandwerks, durch das er eine schlechte Ästhetik ersetzen wollte. Im Gespräch äußerte Schönberg einmal, er mache sich anheischig, seiner Köchin das Komponieren beizubringen. Wo aber die Gedankengänge der Harmonielehre sich unerforschten und unbekannten Klängen nähern, beruft sich dieser klar denkende Rationalist auf sein Gefühl, sein Formgefühl. Und Schönberg hat sich auch in einer späteren Phase seines schöpferischen Lebens unzweideutig dahin geäußert, er sei nur Sprachrohr einer höheren Macht. Die Dämonen, von denen sich Mahler zum Schaffen genötigt fühlte, kehren in der Gedankenwelt Schönbergs wieder, wenn er sagt, er hätte lieber in dem eingängigeren Stil seiner Frühwerke weiter komponiert, sei aber durch höhere Mächte auf den harten Weg gewiesen worden.

»Der Deutsche«, meint Friedrich Nietzsche in der »Götzen-Dämmerung«, »denkt sich selbst Gott liedersingend.« Doch der Satz, der vorausging, heißt: »Ohne Musik wäre das Leben ein Irrtum.« Es hat Zeiten gegeben, namentlich zwischen 1918 und 1933, da sprach man in Deutschland gern und viel von der Musik als gesellschaftsbildender Macht. Man wußte von ihr nicht nur in Zentraleuropa manches Lied zu singen, das es gefährlich erscheinen ließ, sich hier niederzulassen. Der Chorgesang ist eine Übung mit geselligen Voraussetzungen: doch ebenso wie er aus der Gruppe hervorgeht, ja anders nicht denkbar ist, so wirkt er im Geist einer immer engeren Bindung, oft auch Erweiterung der Gruppe. Eben da liegen seine suggestiven Kräfte, die den Inhalt des gesungenen Wortes unterstreichen und seine Wirkung stützen. Ob die gesungenen Lieder »göttlichen« Ursprungs sind, wird man bejahen oder verneinen, je nachdem, was man glaubt oder nicht glaubt. Sogar unter Theologen ist die Frage strittig, ob Musik als solche sakral sei, wie die katholischen Kirchenmusiker vom Gregorianischen Gesang annehmen. Oskar Söhngen hat sich in seiner »Theologie der Musik« als Protestant mit dieser Frage beschäftigt und den Gedanken einer in sich als sakral angenommenen Tonkunst abgelehnt.

Doch wird wohl Einigkeit darüber herrschen müssen, daß für Kompositionen, die der Liturgie dienen, daß Maß bei Gott liege. Welcher Art dieser Gott sei, ob ein guter, böser oder indifferenter, bleibt im Hinblick auf die Musik gleichgültig. Denn Musik kennt, anders als »der« Mensch, keine definierte Moral. Sie ist so polymorph wie charakterlos, und zwar in dem Sinne, daß sie über den Charakteren und folglich über den Moralen steht. Darin gleicht sie mit ihrem Wesen »den« Menschen, die ja in ihrer Pluralität alles Gute und Böse umfassen und darum weder gut sind noch böse.

Aus dieser übergeordneten Kategorie, der die Musik angehört und die sie gottähnlich macht, leitet sich ihre Fähigkeit her, die Menschen, die ihr anhängen, zu Gruppen sehr ungleicher Art und Qualität zu binden. Die Soldaten, die mit klingendem Spiel in die Bataille zogen, fanden ihre schwankende Tapferkeit durch stramme Rhythmen und schmetternde Signale gefestigt. Die fromme Gemeinde, die im Choralgesang edle Gedanken repetierte, sah sich musikalisch in der Unterwerfung sündiger Triebe bestärkt.

Die Musik selbst blieb im übrigen von dem Inhalt, den die gesungenen Wörter formulierten, durchaus unberührt. Ihre reale, begriffliche Bindung an menschliche Angelegenheiten war im Grunde gleichgültig; darin eben unterscheidet sich ihr Wesen von dem der Literatur und der (gegenständlichen) Malerei. Was Bertolt Brecht »Umfunktionieren« von Melodien nannte, hat es als Parodieverfahren in der Musik mindestens seit dem 17. Jahrhundert viel gegeben. Johann Sebastian Bach hat zahlreiche Tonsätze je nach der Gelegenheit mit neuen Texten versehen; sein Osteroratorium und sein Weihnachtsoratorium beruhen teilweise auf

Stücken aus weltlichen Kantaten, auch solchen der Gattung, die er »dramma per musica« nannte. Im 19. Jahrhundert legten die Salutisten ihrer musikalischen Praxis grundsätzlich Vulgärmelodien unter; die Beliebtheit der Schlager wurde als einfaches Mittel zum Seelenfang benutzt, während gleichzeitig die missionarischen Texte dem Zweck der Heilsarmee unmittelbar dienten. Dieses Verfahren hat sich bis in die Gegenwart erhalten und bewährt.

Wir sehen, daß Wirkungen bestehen, daß die Musik, der Mensch und die Menschen sich formen, ja innerhalb gewisser Grenzen bedingen und daß diese formenden und bedingenden Kräfte in beiden Richtungen wirken, in manchen Fällen auch wechselweise. Die gesellschaftsbildende Macht der Musik existiert ebenso wie die musikbildende Macht der Gesellschaft, was immer man unter diesem Kautschukbegriff verstehen mag. Aber beide Mächte halten sich an die Bereiche unterhalb der Schöpfung von Kunstwerken dauerhafter Qualität. Sie entziehen sich obendrein völlig der moralischen Zielsetzung und infolgedessen auch entsprechender Wertung.

Romain Rolland, Humanist und Kenner der Kulturgeschichte, dazu ein Dichter hohen Ranges, hat darauf hingewiesen, daß der Gregorianische Gesang in seinen Meisterstücken vermutlich zwischen 540 und 600 entstanden ist, zwischen den Einfällen der Goten und der Langobarden, in einer Epoche von Krieg, Metzelei, Verwüstung, Pest und Hungersnot. Nichts in diesen Gesängen, aus denen wir Frieden, Poesie und Lieblichkeit heraushören, deutet auf die Barbarei, aus der sie hervorgingen.

Auf solche Fakten stützt sich die Beobachtung Arthur Schopenhauers, der in der »Welt als Wille und Vorstellung« formuliert: »Dieses rein intellektuelle Leben der Menschheit besteht in ihrer fortschreitenden Erkenntnis mittelst der Wissenschaften und in der Vervollkommnung der Künste, welche beide, Menschenalter und Jahrhunderte hindurch, sich langsam fortsetzen und zu denen, ihren Beitrag liefernd, die einzelnen Geschlechter vorübereilen. Dieses intellektuelle Leben schwebt wie eine ästhetische Zugabe, ein sich aus der Gärung entwickelnder wohlriechender Duft über dem weltlichen Treiben, dem eigentlich realen, vom Willen geführten Leben der Völker, und neben der Weltgeschichte geht schuldlos und nicht blutbefleckt die Geschichte der Philosophie, der Wissenschaft und der Künste.« Es gehört zu den rühmlichen Taten des ambivalenten Charakters Hans Pfitzners, daß er dieses Schopenhauer-Zitat 1916, mitten im Ersten Weltkrieg, seinem »Palestrina«-Text voranstellte.

Heute fällt es schwer, sich eine derart autonome, wie eine »ätherische Zugabe« über dem realen Leben schwebende Kultur vorzustellen. Und doch wird der Sinn der Kultur selbst in Frage gestellt, wenn man sie in der üblich gewordenen Weise auf »die Menschen« beziehen will. Wo immer ein abstraktes, gleichsam im luftleeren Raum wirkendes soziologisches Denken Prognosen für die Künste und insbesondere für die Musik zu stellen unternahm, geriet und gerät es in die wunderlichsten Kettenreaktionen von Irrtümern und Fehlurteilen. Begriffe wie »Klassikertod« und »Operntod«, geläufig seit mindestens 1920 in einer Literatur, die durch Apodiktizität ersetzt, was ihr an Beweiskraft fehlt, haben sich in einem halben Jahrhundert als fast so zählebig erwiesen wie die Institutionen, deren unmittelbar bevorstehenden Untergang sie prophezeien.

Doch wäre noch zu fragen, wie denn in der neueren Geschichte die Musik sich »über dem weltlichen Treiben« entwickelt hat. Gibt es da eine gemeinsame Vervollkommnung? Oder bestehen vielleicht doch Bindungen an das »vom Willen geführte Leben der Völker«? Und wie steht es gar um kollektive Erlebnisse »der Menschen«, Erlebnisse aus Angst oder Hoffnung, aus böser oder guter Ahnung, wie spiegeln sie sich im Kunstwerk?

Ein unbezweifelbar großer Komponist wie Jacques Offenbach versuchte sein Leben lang, den Geist einer Epoche und ihrer Gesellschaft in den Singspielen seiner Bouffes Parisiens festzuhalten. Was davon die Generationen überdauert hat, geniale Einfälle wie der Galopp aus »Orphée aux enfers«, trägt nicht den Stempel der Umwelt, sondern allein den seiner schöpferischen Individualität. Auch das Phänomen Offenbach ist ein Triumph des Menschen über die Menschen, wenn nicht vielleicht der Musik über den Menschen!

Neben Offenbachs Singspielen haben die Unternehmungen Emilie Zolas, die großartige zyklische Zusammenfassung aller gesellschaftlichen Zeitprobleme in zwanzig Romanen der Rougon-Macquart-Reihe, einen Zug von ungewollter Tragik. Denn die Unvergänglichkeit von Werken wie »Germinal«, »Nana«, »La Bête Humaine« oder »La Débâcle« liegt ja eben nicht in ihrer Thematik, in der Bezogenheit auf »die Menschen« begründet, sondern in ihrer Form, in der Meisterschaft, mit der Zola das ungeheure Material zu ästhetisch gültigen Gestalten bindet.

Auch der Aktivist Bertolt Brecht, der anfangs keine Kunst ohne Bindung an »die Menschen« gelten lassen wollte, hat als alter Mann »auf das Ästhetische großen Wert gelegt«, wie sein langjähriger Vertrauter und Freund Hanns Eisler in einem Gespräch mit Hans Bunge formuliert. Eisler selbst bekannte, er lese Brecht nicht, weil dieser Marxist, sondern weil er schön ist. Und er spricht von dem »poetischen Glanz«, der die jungen Leute anziehe. Ästhetisches, poetischer Glanz,

Schönheit, das sind alles Synonyme für Schopenhauers »ätherische Zugabe«, für den »sich aus der Gärung entwickelnden wohlriechenden Duft«. Musik allein verkörpert ihn frei von allen gegenständlichen Bindungen. Mehr als Bildkunst und Literatur ist sie den Gemeinsamkeiten entrückt, die aus Einzelmenschen und potentiellen Schöpfern das machen, was man Gruppe oder Gesellschaft nennen kann, ohne daß es doch durch solche Benennung definiert wäre!

Eisler ist der Inbegriff dessen geworden, was man als engagierten Künstler bezeichnet. Er hat, obwohl unter der strengsten Schönbergschen Observanz ausgebildet, seit spätestens 1927 sein Schaffen überwiegend und zeitweise ausschließlich in den Dienst »der Menschen«, präziser: der Arbeiterklasse gestellt. Dabei mußte er notgedrungen eine große Anzahl der mühsam errungenen ästhetischen Positionen abbauen. Seine Musik, um zu »den Menschen« verständlich sprechen zu können, hatte auf alle Komplikationen zu verzichten. Sie mußte melodisch leicht faßbar, harmonisch mehr konsonant als dissonant, rhythmisch elementar werden, wie das in der »Maßnahme« 1930, in den vielen Massenliedern der dreißiger und vierziger Jahre, schließlich in den »Neuen deutschen Volksliedern« nach gleichermaßen vereinfachten Texten Johannes R. Bechers erreicht wurde. Der Mensch Eisler trat in diesen Kompositionen hinter die Forderungen der Gruppe, der Menschen, der Arbeiterklasse zurück. Er opferte dabei den Großteil der »ätherischen Zugabe«. Im Bild der so entstandenen Kompositionen ist der Eislersche Personalstil oft nicht mehr wahrnehmbar. Ist er aber zu erkennen, dann als Abweichung, als »Kühnheit« einer melodischen Wendung, eines Klangs, eines asymmetrischen Rhythmus. Er schlägt da also dem Willen der Gesellschaft, für die er bestimmt ist, ein Schnippchen, er begehrt (zweifellos unwillkürlich und gegen den vorgefaßten Plan) auf gegen das Kollektiv, gegen »die Menschen«.

Eisler hat in den Jahren der amerikanischen Emigration auf drei Ebenen produziert: für den Broterwerb Filmmusiken, die dem amerikanischen Geschmack auch der sozialistischen oder bürgerlich-liberalen Auftraggeber angepaßt werden mußten; für die »Gesellschaft« (das heißt die erwünschte eines sozialistischen Staates) Tendenzlieder und Chöre (zum Teil auf Gedichte von Brecht); für die eigene ästhetische Befriedigung Kammermusik und sinfonische Stücke wie die beiden Septette, das Streichquartett, die Arnold Schönberg zum 70. Geburtstag gewidmeten zwölftönigen »Vierzehn Arten, den Regen zu beschreiben«. Mit dem Text zu einer geplanten, nicht fertig komponierten Oper »Johann Faustus« weckte er 1952 in Ost-Berlin den empörten Protest der Partei und des von ihm erwählten ostdeutschen sozialistischen Staates, dem er so vielfach als Aushängeschild diente. So endete das

Leben des Musikers, der seine Person und sein Werk in den Dienst »der Menschen« gestellt hatte, in Widerspruch und halber Opposition.

Was aber isolierte »den Menschen«, Hanns Eisler, gegen »die Menschen«, seine Gesinnungs- und Parteifreunde? Bedenkt man, welchen Lebenskampf es ihn gekostet hatte, für ihre gemeinsamen Ideen einzutreten, so muß die Macht, die sich so störend in die Bresche legte, außerordentliche Kräfte bergen. Wie ist sie beschaffen? Was an ihr ist so stark, daß die schöpferischen Menschen gegen alle Vernunftgründe ihre Existenz aufs Spiel setzen, nur um ihr zu gehorchen? Wir kennen kaum den Namen dieser Kraft; Eisler spricht, Brecht betreffend, vom »Ästhetischen«, von der Schönheit, der Anziehungskraft des »poetischen Glanzes«. Aber all das genügt nicht, um den unglaublichen Starrsinn zu definieren, mit dem Dichter, Maler und auffallenderweise besonders Komponisten in allen Staatsformen, die den ganzen Menschen wollen, auf einer unpopulären, mindestens unerwünschten, oft aber schlechthin verbotenen Sprache bestehen. Das erklärt sich nicht allein aus dem Selbsterhaltungstrieb des Individuums gegen die Gruppe, nicht aus dem höchsten Glück der Erdenkinder, wie Goethe die Persönlichkeit nennt. Offenbar besteht etwas Undefinierbares, Überpersönliches, eine Art autonomer Energie, die sich des Spieltriebes in einem »schöpferischen« Individuum bemächtigt, auf daß die beziehungslose, realitätsferne Schöpfung zur Welt komme.

Man muß kein Mystiker, kein Theologe, kein vom Opium der Religion Betäubter sein, um das Bestehen solcher Energien zu vermuten, ja an sie zu glauben. Überpersönliche Impulse werden auch bei der schöpferischen Beschäftigung mit einigen Wissenschaften beobachtet, namentlich mit denen, die man die exakten nennt. Große Mathematiker haben bezeugt, daß ihre Erkenntnisse ihnen zugefallen sind wie Inspirationen, wie von irrationalen Mächten diktiert. In neuester Zeit haben Denker wie Carl Friedrich von Weizsäcker und Werner Heisenberg auf die objektive Geistigkeit der Natur und die sinngebende Kraft mathematischer Strukturen aufmerksam gemacht. Heisenberg zitiert in seinem Essay »Das Naturbild der heutigen Physik« die Sätze, mit denen Johannes Kepler seine »Kosmische Harmonie« beschließt: »Dir sage ich Dank, Herrgott unser Schöpfer, daß du mich die Schönheit schauen läßt in deinem Schöpfungswerk, und mit den Werken deiner Hände frohlocke ich. Siehe, hier habe ich das Werk vollendet, zu dem ich mich berufen fühlte; ich habe mit dem Talent gewuchert, das du mir gegeben hast; ich habe die Herrlichkeit deiner Werke den Menschen verkündet, welche diese Beweisgänge lesen werden, soviel ich in der Beschränktheit meines Geistes davon fassen konnte.«

Eine nicht ganz unwichtige Reihe schaffender Künstler in unseren

Tagen hat die Ordnungsgesetze der Mathematik als verbindlich für Formen der bildenden Kunst und vor allem der Musik erkannt. Damit werden Naturgesetze in der Welt der Formen wirksam, die mit Sozialgesetzen nichts zu tun haben. Wenn dennoch der Mensch, der schaffende Mensch nämlich, Maß aller künstlerischen Dinge ist, so fällt ihm dabei lediglich die Rolle des Sprachrohrs oder des Werkzeugs außermenschlicher Kräfte zu. Ob er auf die Erkenntnis dieser Mittlerrolle mit Demut oder mit Größenwahn reagiert, ist eine Frage zweiten Ranges. Beide Reaktionen heben ihn jedoch – ich möchte sagen endgültig – aus der Gruppe, aus der Gemeinschaft, aus dem Plural heraus.

1971

Wandelstern im Reich der Musik
Zum Tod von Igor Strawinsky

Wie ein Symbol der modernen Vielschichtigkeit steht Strawinskys Œuvre in der Kulturlandschaft seines Jahrhunderts. Ein Symbol auch sein Leben, das unterwegs war zwischen Nationen, Landschaften und Existenzformen, »la vie d'un émigré permanent«, wie es einer der französischen Freunde genannt hat. Er gibt kaum einen Mann zwischen 1900 und 1970, der so viele ungleiche und wechselnde Sphären des Geistes berührt und befruchtet, der von ihnen seinerseits Anregung und Wandlung empfangen hat wie der Schöpfer von »Petrouchka«, »Oedipus Rex«, des »Ebony Concerto« und des »Canticum Sacrum«. Doch bei allem Wechsel des Milieus blieb eines unverändert und unveränderlich: Strawinsky gehörte einer großbürgerlichen Gesellschaft an, die in die höfische Oberschicht hineinreichte und strebte. Am 17. Juni 1882 kam er in Oranienbaum bei St. Petersburg als Sohn eines prominenten Hofopernsängers zur Welt. Samt und Seide schimmern auf den Kinderfotos.

Bildung, Geld und christlicher Glaube sind die Pfeiler einer Erziehung, die ihn zunächst vor den Abenteuern des Künstlerlebens bewahrt. Man lehrt den Knaben Klavierspielen, nimmt ihn zu Ballett und Oper mit, nicht nur, wenn Vater Feodor den König Heinrich in »Lohengrin« oder den Eroschka in Borodins »Fürst Igor« singt. Aber studiert wird Jurisprudenz, und nur nebenher läuft die immer intensivere Beschäftigung mit Musik, bis 1902 in Heidelberg der alte Rimski-Korssakow die kompositorische Begabung des Zwanzigjährigen bestätigt. Von 1903 bis 1906 ist Igor Feodorowitsch sein Schüler: Die Gesellenstücke entstehen, darunter das kleine »Feuerwerk« für Orchester, das Sergej Djaghilew 1909 in Petersburg hört und bewundert. Er wies ihm den Weg, der von Folklore, Mystizismus und Sozialkritik fort zu französischen und mediterranen Geisteswelten führt.

In Paris begann 1910 sein Ruhm als Ballettkomponist mit der Uraufführung des »Feuervogels«. Hier trug »Petrouchka« 1911 russischen Jahrmarktsklang in die moderne Musik, wurde 1913 der »Sacre du Printemps« niedergepfiffen, führte 1920 »Pulcinella« in Dekors von Picasso eine Woge neoklassizistischer Stilkopien herbei. Hatte Rimski den Schüler vor Debussy gewarnt, später Debussy selbst über der Bewunderung der »Sacre«-Musik nicht deren Barbarismus (»Les Tambours de Nègres«) vergessen, so fand sich Strawinsky im Pariser Fauvismus bestätigt. Matisse, Picasso und der junge Cocteau waren seine Freunde; Ravel und Satie, dann Milhaud, Poulenc und Auric standen ihm näher als die deutschen Nachromantiker.

1912 hatte er in Berlin Schönbergs »Pierrot Lunaire« gehört. Seither war zwischen den beiden ein merkwürdiges Verhältnis neugieriger Abstoßung. Tatsächlich ist fast alles, was zwischen 1910 und 1950 in der Weltmusik geschah, aus der Wechselwirkung der zwei Antipoden zu verstehen. Freiheitsdrang und Ordnungswillen der Epoche hat Strawinsky auf völlig andere Weise erlebt; sein Verbundensein mit Traditionen war von dem Schönbergschen grundverschieden. Vielleicht ist das Gesetz seiner Proteusnatur ein Überdruß am Zuendegedachten, am beschlossenen Werk und Werkkreis. Das erklärt seine Entwicklung in Sprüngen und das, was ich 1932 »Vereinigung des Unvereinbaren« genannt habe.

Seine Schaffensperioden sind vielen Modellen nachgebildet. Er hat seine russisch-akademische und folkloristische Zeit gehabt, im »Sacre« Wagners Riesenorchester und gleich danach in der »Histoire du Soldat« eine Art Kammer-Combo verwendet; hat Tierfabel und Bauernhochzeit so überzeugend singen lassen wie den »Oedipus«-Mythos, in dessen Text Sophokles, Cocteau und der Latinist Jean Daniélou zusammenwirkten, oder die Bibel in der »Psalmensymphonie«.

Der streng wählende und ausschließende Geschmack, der über Strawinskys Werk dominiert, hat ihm Mitarbeiter wie Konstantin Balmont, C. F. Ramuz und André Gide, im anglo-amerikanischen Bereich, das 1940 seine letzte Heimat wurde, W. H. Auden, Chester Kallmann und Dylan Thomas zugeführt. Neben klassisch-humanistischem Geist gewann seit den zwanziger Jahren christlich-katholischer in seinem Schaffen und Leben Raum.

Vielfach und früh tritt ein moralistischer Zug bei ihm zutage. Der Begriff Ordnung hat dabei seine strenge, bis zu philosophischer Pedanterie getriebene Funktion. Auch als Denker war Strawinsky zeitlebens bereit, frühere Standpunkte bis zur Verleugnung zu revidieren. Eben das war sein Geheimnis, jung zu bleiben. Was 1935 die »Chroniques de ma vie« priesen, konnte in den Harvard-Vorlesungen über »Poétique musicale« 1939 bis 1940 kritisiert, in den Gesprächen mit Robert Craft seit 1957 abgelehnt oder neu gerühmt werden.

Die Freundschaft mit Craft, dem 36 Jahre jüngeren Amerikaner, begann 1948, in ihrem Zeichen stand als phantastischer Schlußstein der neoklassizistischen Wege die Oper »The Rake's Progress«. Dann folgt die rätselhafte Wandlung, Schock für viele seiner Anhänger und Nachahmer. Strawinsky schreibt »serielle« und zwölftönige Musik, verbindet sie mit Spiegelformen, die schon 1948 eine archaisierende Messe anwandte, betritt das Territorium der Wiener Schönberg-Schule. Aus dem Arbeiten nach Stilmodellen wird das nach melodischen und rhythmischen Reihen. 1956 hallt von den Mosaiken der venezianischen Markuskirche die asketische Zwölftonsprache des »Canticum Sacrum« wider. »Agon« verbindet alte französische Tänze mit dodekaphonischen und rhythmischen Konstruktionen. In den »Threni« wird die Zwölftontechnik ausgebaut, in den »Movements« für Klavier und Orchester die Tonart liquidiert. Schönberg und Webern, Antipoden von einst, sind nun Nachbarn im Geiste, ohne daß die seit 1949 von Strawinsky gewünschte persönliche Annäherung an Schönberg zustande kam.

Das letzte Bühnenstück entstand 1962 durch Auftrag eines amerikanischen Fersehsenders: »The Flood«, ein Mirakelspiel, das in primitiver Form Schöpfung, Sündenfall, Flut und Arche Noah behandelt. Nach der entstellten New Yorker Ursendung ließ die Hamburger szenische Aufführung Eigenart und Bedeutung des Stücks erkennen. Es schließt, wie unvollendet, mit einem »Tede« des Chors, der die Silbe »um« ausläßt: ein geflissentliches Fragment, symbolisierend, daß Gottes Lob nie aufhört, auch wenn es abbricht. So ist der Sohn des russischen Opernsängers als 80jähriger zum Theater zurückgekehrt, das ihm frühe künstlerische Eindrücke vermittelt hatte. Zugleich erfindet er einen archaischen Legendenstil, der in seiner Verbindung mit strukturellem Raffinement nach 45 Jahren die Synthesen der »Histoire du Soldat« wiederholt.

Ruhe war dem körperlich zarten Mann, der seit Jugendzeiten hypochondrisch seine Gesundheit pflegte, nie gegönnt. Er schlug Wurzeln in Frankreich, lebte während des Ersten Weltkriegs in der Schweiz, nach dem Zweiten in Kalifornien, wo er amerikanischer Bürger wurde. Seit 1952 reiste er regelmäßig als Dirigent eigener Werke nach Europa, Südamerika, Japan, Israel und immer wieder nach Deutschland. Wie ein König wurde er 1962 anläßlich des 80. Geburtstages in Hamburg gefeiert, wo Balanchine drei seiner Ballette aufführte, der »Apollon Musagète« vom Meister dirigiert.

Trotz seiner nie verhohlenen antisozialistischen Überzeugungen und äußerst kritischen Haltung gegenüber sowjetischer Musik lud man ihn im Herbst desselben Jahres nach Moskau und Leningrad ein. Der weltberühmte Emigrant fand begeisterte Aufnahme und wurde von Chruschtschow empfangen.

Eine der letzten Tourneen führte nach Zagreb, wo er 1965 die Hamburger Aufführung der »Flood« wiedersah, Bergs »Wozzeck« und »Lulu« anhörte und seine eigene »Symphonie in drei Sätzen« leitete.

Zum letztenmal sah er Europa im Herbst 1968, wohnte ein paar Wochen im Züricher Hotel Dolder, sah Freunde in Paris. Sein Geist war damals noch beweglich wie einst. Er blickte zurück in Vergangenheiten, Boulez und Stockhausen, für die er seit 1956 enthusiastisch eintrat, interessierten ihn nicht mehr. Auch die Begeisterung für Webern ließ nach, wich immer größerer Bewunderung für Schönberg. Er wurde nicht müde, Beethovens späte Quartette zu hören, entdeckte ihm unbekannte Werke von Händel, ertappte sich bei Bezauberungen durch Wagner, orchestrierte Lieder von Hugo Wolf. Die letzten musikalischen Arbeiten waren Instrumentationen von Präludien und Fugen aus Bachs »Wohltemperiertem Klavier«.

Wie vielseitig sich sein Geist orientierte, zeigen die Interviews, die seit 1967 jedes Jahr in der New Yorker »Review of Books« erschienen: funkelnde, boshafte, gesellschaftskritische Äußerungen über Krankenhäuser, Kriminalität, Rauschgift, Hotels in Honolulu, Musikkritik, Architektur, Musik und hundert andere Themen.

Seit dem Schlaganfall von 1969 verlor er immer mehr den Kontakt mit der Außenwelt. Nun ist dieses große russische, europäische, weltbürgerliche Leben erloschen. Mit Strawinsky ist ein Mann heimgegangen, der sein Jahrhundert repräsentierte, der sechs Jahrzehnte lang in immerwährender Verwandlung Gedanken, Stile, Kunstmittel der Epoche in Formen von erregender Schönheit gebracht hat. Er war ein Wandelstern der Musik nicht nur, sondern der Kultur im 20. Jahrhundert, letzter Grandseigneur in einer Zeit der vielfach drohenden gesellschaftlichen und geistigen Anarchie.

Musik und ihre Völker
Der 7. Musikratskongreß in Moskau

Moskau lag im goldenen Licht eines späten Herbstnachmittags, als wir vom Flughafen Scheremetjewo zu dem zwanzigstöckigen Intourist-Hotel fuhren. Von hier sind es nur fünf Minuten Fußweg zu dem alten Tanzpalais der zaristischen Gesellschaft, das heute Oktoberhalle heißt und mit seinen zahlreichen großen und kleinen Sälen sechs Tage lang Schauplatz zweier Veranstaltungen des Internationalen Musikrates war. Hier wurde man registriert, mit einer schwarzen Aktentasche voll Material beschenkt.

Zwei Tage waren der 14. Generalversammlung des Musikrates gewidmet, vier dem 7. Internationalen Musikkongreß.

Es summte wie in einem Bienenkorb von hundert Sprachen. Mehr als 50 Länder, darunter die Republiken der Sowjetunion, hatten ihre Musikwissenschaftler, Komponisten und Musiklehrer nach Moskau delegiert. Zu den auffallendsten Erscheinungen gehörten Vertreter der jungen afrikanischen Staaten, von denen einige in Nationaltrachten erschienen.

Das Programmheft ist dreiteilig in den Sprachen, die beim Kongreß zugelassen sind: Russisch, Englisch und Französisch. Ein Begrüßungsvorwort von Tichon Chrennikow, dem Präsidenten des Nationalen Musikkomitees der UdSSR, nennt als Themen dieser gigantischen Versammlung die verwickelten Probleme der Musiksoziologie und des musikalischen Schaffens. Es spricht von den großen Veränderungen der letzten Jahrzehnte in Gesellschaftsleben, Wissenschaft und Technik sowie ihren Spiegelungen in der Musik. Diese, als eine der erstaunlichsten Äußerungen des menschlichen Geisteslebens, sei dazu bestimmt, den Menschen Freude zu bringen durch Verbindung mit dem Reich der Schönheit, den humanistischen Ideen der Gegenwart, und so dem wahren Fortschritt der Kultur zu dienen. Es spricht dann von den Diskussionen, durch welche der Kongreß helfen werde, wichtige ideologisch-ästhetische Fragen der zeitgenössischen Musik zu klären.

Solche Grundgedanken kamen auch bei den westlichen Delegierten, vor allem aber in der großen, vielbeachteten Eröffnungsrede des Musikratspräsidenten Yehudi Menuhin zum Ausdruck. Daß die Generalversammlung ihn, den Vertreter der Vereinigten Staaten von Amerika und nationalbewußten Juden, einstimmig wieder zum Präsidenten wählte, daß sein Stellvertreter der Vorsitzende des Deutschen Musikrats, Professor Dr. Egon Kraus, und daß Dr. Ladislaw Mokry aus Bratislava Generalsekretär wurde, gehörte zu den bemerkenswerten Ergebnissen der ersten beiden Tage.

Menuhins russische Ansprache vom 5. Oktober in Gegenwart so prominenter Vertreter des Sowjetregimes wie des stellvertretenden Kulturministers Kucharsky ist der Welt bekannt. Daß er die russisch-jüdische Abstammung seiner beiden Eltern betonte, von der Freiheit des Geistes sprach, seine Freunde David Oistrach und Mstislaw Rostropowitsch rühmte, die geistigen Leistungen von Schostakowitsch, Solschenizyn und Jewtuschenko in einem Atem nannte, liegt ganz in der Linie seines humanitären Weltbürgertums, das sich schon in den ersten Jahren nach 1945 bewährte. Zum Ruhme des Kongresses muß gesagt werden, daß in dem hochpolyphonen Chor der zahlreichen Vorträge, Referate und Kurzreferate die liberalen Stimmen ebenso zu Wort kamen wie die kommunistischen.

Das Thema des Kongresses lautete: »Musikkulturen der Völker: Traditionen und Gegenwart«. Wegen der knappen Zeit und der großen Fülle der Beiträge mußten die Teilthemen in sechs getrennten Sektionen ausgearbeitet werden. »Traditionen und Neuerungen« behandelte die erste unter Leitung der Warschauer Professorin Zofia Lissa. Ghanas Vertreter J. K. Nketia leitete Sektion II mit dem Thema »Traditioneller Musikgeist und zeitgenössische Musik«. Unter Constantin Regameys Leitung behandelte Sektion III »Die Beiträge verschiedener Musikkulturen zur heutigen Weltkultur«. Sektion IV untersuchte, geleitet von Sergei Balassanyan (Aschchabad, Turkmenische SSR), »Entwicklung nationaler Traditionen und die Erfahrungen der Sowjetrepubliken«. Der Australier Frank Callaway behandelte mit Sektion V »Erziehung junger Musiker«. Sektion VI beleuchtete unter Leitung des Österreichers Professor Dr. Kurt Blaukopf »Probleme der Musik-Soziologie«.

Da in jeder Sektion vier bis fünf Referate und ebenso viele Korreferate gehalten wurden, war es unmöglich, alle zu hören. Ich selbst gehörte als Korreferent der dritten Sektion an und konnte infolgedessen nur ihren Referaten und Korreferaten beiwohnen. Doch waren die Texte von 24 Vorträgen in kondensierter Form vervielfältigt, so daß man sich über ihre Inhalte zu unterrichten vermochte. Da ging es nun bunt und vielstimmig genug zu. Vom rein sachlichen Bericht, wie ihn Riccardo Malipiero und ich über die Beiträge Westeuropas und Deutschlands, der Chilene Juan Orrego-Salas über die Amerikas lieferten, bis zum knapp kommentierten Vortrag gesungener und gespielter Musik, den mit gewohnter Virtuosität der Vietnamese Tran Van Khe daneben stellte, zeigte das Spektrum alle nur denkbaren Farben.

Notwendigerweise standen sich oft die Meinungen schroff entgegen. Dimitrij Schostakowitsch, der leider wegen eines neuerlichen Herzinfarktes im Krankenhaus lag und seinen Text nicht sprechen konnte, betonte die Vereinbarkeit und den gegenseitigen Einfluß europäischer und nichteuropäischer Tonsprachen. Er berief sich dabei auf Borodin, Balakirew, Mussorgsky und Rimski-Korssakow, die durch Volkskunstelemente orientalischer Völker ihre Musik bereichert hätten. Dem trat Alain Daniélou mit Ironie und Schärfe entgegen. Unmöglich, so sagte er, sei die Vereinbarkeit des einstimmigen, auf Improvisation beruhenden und jeder Notation entbehrenden Musizierens bei den asiatischen Völkern mit dem abendländischen Denken in mehreren Stimmen und Zusammenklängen. Selbst die Modernisierung von Werken Beethovens, Chopins oder Bachs sei ein Vandalismus, vergleichbar einem Schnurrbart, der dem Mund der Mona Lisa aufgemalt würde.

Auf sowjetischer Seite zeigte sich wieder die prinzipielle Gebundenheit ästhetischer und musikpädagogischer Richtlinien an alle denkbaren Formen des Folklorismus. Volkslied und Volkstanz gelten im Bereich der Sowjetunion offenbar ganz allgemein als die Magnetpole, zu denen auch die entwickelteren Formen der Komposition zurückstreben. Alles, was aus dem Bereich solcher Anziehung wegführt, wird als Bedrohung der Tradition empfunden. Das kam nicht nur in dem Referat des Moskauer Musikwissenschaftlers Yarustowsky und des Schostakowitsch-Biographen I. Martynow zutage, sondern auch bei Dimitrij Kabalewski in einem Beitrag über Kompositionsunterricht und moderne Musik, wo zwar Schönberg als klassischer Musikpädagoge gerühmt, aber die moderne Musik seit der Zwölftontechnik abgelehnt wird.

Die außereuropäischen Sprecher, darunter Narayana Menon aus Neu-Delhi, hatten etwas andere Sorgen. Ihnen ging es vor allem, und zwar mit vollem Recht, um die Herstellung eines globalen Gleichgewichts in der Bewertung der Kulturen. So wandte sich Menon gegen den Begriff »Entwicklungsvölker«, ja sogar gegen den der »Dritten Welt«. So wichtig beide für das politische und wirtschaftliche Leben, so irreführend ihre Anwendung auf Kulturen, die in der Mehrzahl älter und ebenso raffiniert und entwickelt seien wie die des Abendlandes.

Leider fehlte, vielleicht aus Zeitmangel, die von Chrennikow angekündigte Diskussion. Sie hätte vermutlich keine Einigung ergeben, doch möglicherweise Vorurteile beseitigt, wie sie nicht nur auf europäischer und westlich-»bürgerlicher« Seite noch immer bestehen.

Als Rahmenveranstaltungen bot der Moskauer internationale Musikkongreß seinen Teilnehmern eine neue Oper, zwei Programme mit symphonischer Sowjetmusik, einen Kammerabend, ein Volksmusikkonzert, und ein abschließendes Symphoniekonzert. Die beherrschende Rolle der Folklore war in sämtlichen Programmen evident. Doch zeigte die Volksmusik so vielerlei ungleiche und ungleichwertige Gesichter, daß ein pluralistischer Eindruck entstand. War das beabsichtigt? Schon die festliche Eröffnung in der repräsentativen Säulenhalle wurde überraschend mit Musik und Tanz garniert, wobei die fernen asiatischen Republiken der Sowjetunion durch Farbigkeit ihrer Trachten den Vogel abschossen.

Fast alle Versuche, Volksmusik durch Arrangement, Harmonisierung und einfache Polyphonie mit der europäischen Kunstmusik zu verschmelzen, knüpfen an die Praktiken des 19. Jahrhunderts und namentlich der russischen Schule der »Fünf« an. Borodins und Rimski-Korssakows Modelle scheinen durch, ohne qualitativ erreicht zu werden. Was dabei entsteht, sind Hybriden der Art, die Alain Daniélou mit Recht als schädlich für die Erhaltung authentischer Volkskunst kritisiert. Um so stärker heben sich die rein erhaltenen Sing- und Spielformen heraus, wie das »Kehlsingen«, das ein Hirt aus Tuwa nahe der Mongolei produzierte. Dabei können Doppelklänge hervorgebracht werden, Melodien über einem Bordunton. Wie uralte Traditionen mit neuen Inhalten erfüllt werden, zeigt das epische Lenin-Lied, das eine junge Studentin aus Yakutsk in immer neuen Kombinationen dreier Töne wachsen ließ. Es gab Beispiele für die raffinierte Rhythmik der Turkvölker neben urtümlicher A-cappella-Polyphonie aus Georgien. Von einem baschkirischen Bauern herrlich geblasen, fesselte der Klang und weite Umfang der langen Rohrflöte, die Kurai heißt.

In Ergänzung dieser folkloristischen Veranstaltungen zeigte ein Kammerkonzert der Moskauer Staatsphilharmonie im kleinen Saal des Konservatoriums entwickeltere Formen musikalischen Denkens. Die sechs Bilder für Klavier des Armeniers Arno Babajanian (1921) sind in ihrer sequenzierenden, mit großen Intervallen arbeitenden freien Tonalität ein gutes Beispiel sowjetischen Modernismus, für das Boris Abramowitsch sein virtuoses Klavierspiel einsetzte. Im 13. Streichquartett von Schostakowitsch fallen neben dem breiten melodischen Atem Sekundenklänge und Effekte wie das Klopfen des Bogenholzes auf den Schallkörper der Instrumente auf.

Auch dieser Abend hatte Volkskunstelemente zu bieten. Doch weichen die sieben lakischen Lieder, die der Komponist Shirwani Chalajew (Daghestan, Kaukasus) selbst mit unübertrefflicher Musikalität sang, vom überlieferten Normaltypus stark ab. Auch die Kammersinfonie von Kara Karajew enthält neben nationalen Elementen in vorsichtiger Dosierung zwölftönige Komplexe.

Das erstaunlich hohe Spielniveau aller beteiligten Musiker, des Glinka-Streichquartetts ebenso wie eines Klaviertrios (das sich für Miroslaw Skoriks »Rezitativ und Rondo« einsetzte) und eines Kammerensembles des Rundfunks und Fernsehens unter Leitung Anton Scharojews, beglückte ebenso wie der glanzvolle Abschluß durch den Tallinner (Revaler) Kammerchor. Wie diese 18 Frauen und 14 Männer die estnischen und litauischen Volksliedbearbeitungen gestalten, stimmlich und musikalisch differenzierend, virtuos und frisch zugleich, das hat auf der Welt kaum seinesgleichen.

Die Symphoniekonzerte brachten neben Werken der meisten sozialistischen Bündnisstaaten und mehrerer autonomer Sowjetrepubliken Arbeiten führender Moskauer Komponisten. Aram Chatschaturians Konzertrhapsodie für Klavier und Orchester wurde von Wladimir Krainew mit ebensoviel Brillanz wie Showmanship hingedonnert. Georgi Swiridows »Oratorio Pathétique« nach Gedichten Majakowskis darf wohl als Standardwerk offizieller Ästhetik gelten. Von ihr hob sich Rodion Schtschedrins Oratorium »Lenin lebt in den Herzen der Völker«

durch ein gemessenes erzählendes Rezitativ und strenge, tonal gebundene Orchestersprache der symphonischen Teile ab. Den Abend im nahezu gefüllten Säulensaal leitete Gennadij Roshdestwensky mit seiner ganzen Überlegenheit. Symphonieorchester und Chor des Moskauer Rundfunks und Fernsehens erwiesen sich als Ensembles hohen Ranges. Unter den mitwirkenden Sängern fiel der erstaunliche dunkle Bariton Eugen Nesterenkos auf.

In dem traditionsreichen Moskauer akademischen Musiktheater, das heute die Namen Stanislawskijs und Nemirowitsch-Dantschenkos trägt, gab es eine Opernnovität. Der junge Sergej Slonimsky, einer Leningrader Musikerfamilie entstammend, hat sein dreiaktiges Musikdrama »Virineja« auf ein Libretto von S. A. Tsenin geschrieben, das 1917 in einem russischen Dorf spielt. Heldin ist eine junge Bauernfrau, die sich zusammen mit dem Heimkehrer Pawel auf die Seite der bolschewistischen Revolution schlägt. Sie verläßt ihren Mann, trägt zur Entlarvung des falschen Heiligen Magara bei, verliebt sich in Pawel und wird in der letzten Szene von einem Konterrevolutionär erdolcht.

Für Solostimmen, Chöre und Orchester mit gleicher satztechnischer Sicherheit geschrieben, verläßt Slonimskys Musik den romantisch-populären Stil nur in wenigen Szenen, wo konterrevolutionäre Figuren auftreten. Das entspricht etwa der künstlerischen Ideologie, die 1948 durch Schdanow proklamiert und in Prag besiegelt wurde. Inzwischen haben junge Musiker in der Sowjetunion andere Wege beschritten.

Bemerkenswert aber ist die Betonung der Aufgaben, die vor allem zu Beginn der Revolution von jungen Frauen erfüllt wurden. Wenige Tage später gab es eine Aufführung in dem berühmten Leningrader Marientheater, das heute Kirow-Theater heißt. »Optimistische Tragödie« nennt Alexander Cholminow sein dreiaktiges Stück. Es verherrlicht ebenfalls eine junge Frau, die als Kommissar eines Panzerkreuzers eingesetzt wird. Vom Kapitän und einigen kommunistischen Matrosen unterstützt, findet sie heftigen Widerstand bei den Konterrevolutionären und vor allem bei dem Führer einer anarchistischen Gruppe. Sie muß einen Matrosen, der sie vergewaltigen will, erschießen. Ein Verräterpaar wird ertränkt. In einem Augenblick ländlicher Ruhe offenbart der baltische Matrose Alexej ihr seine Liebe. Im Anarchistenlager kommt die junge Frau gerade zurecht, die Erschießung des Kapitäns zu verhindern, und läßt nun ihrerseits den Anarchistenführer liquidieren. Verräter dringen auch in das Kriegslager der Bolschewiken und töten den Wachmatrosen, der gerade ein sehnsüchtiges Tenorlied gesungen hat. Im Handgemenge mit den (schwarzuniformierten) Konterrevolutionären siegen zwar die Bolschewiken. Doch ist die Heldin von einer feindlichen Kugel getroffen worden und stirbt in Alexejs Armen.

Cholminow, der in Moskau bei Anatol Alexandrow und Jurij Schaporin studiert hat, geht in der Musik eigene Wege. Die 1954 beendete und 1966 uraufgeführte Oper zeigt den agitatorischen Song- und Chortypus, den Kurt Weill in der Zusammenarbeit mit Bertolt Brecht entwickelt hat. Er gibt auch den mitunter monotonen Stakkato-Märschen eine jugendliche und aggressive Schärfe. Alexejs von Ziehharmonika begleitetes Liebeslied und die großen Arien der Kommissarin bleiben im Ohr wie das nächtliche Lied des Wachmatrosen.

In dem dramatischen Rezitativ des Anarchisten überragt der Bassist Morosow durch Stimme und grandiose Vortragskunst. L. P. Filatowa überzeugt durch einen gutgeschulten Mezzosopran und schöne darstellerische Intensität. In realistischen, doch nie konventionellen Bühnenbildern zeigte die Regisseurin Sluschkaja eine Inszenierung, die der modernen Theatertradition Rußlands ebenso Ehre machte wie einigen Modellen bei Felsenstein. Unter der straffen musikalischen Leitung D. S. Dolgats wird präzis gesungen und gespielt.

Beide Aufführungen, die in Moskau wie die in Leningrad, waren nicht stark besucht. Ausverkauft hingegen ein Abend der Leningrader Philharmoniker in dem festlichen in Creme und Rot schimmernden Saal, der, wohl als erster dieses Formats in Europa, 1839 entstand. Dirigent war Neeme Jarvi, der weder in Tschaikowskis »Sturm«-Ouvertüre noch in Beethovens Fünfter dem Orchester wesentliche Impulse geben konnte. In dem endlosen Klavierkonzert von Nicolai Medtner hielt sich tapfer der Solist Jakow Sak. Im Publikum viel altes, etwas verhärmtes Bürgertum überwiegend weiblichen Geschlechts. Von einer provinziellen »Traviata« im Kleinen Leningrader Haus sei geschwiegen.

1972

Cage, Computer, Kommunikation

Mit dreieinhalb Stunden Multimedia endete in Foyer und Konzertsaal der Scharounschen Philharmonie die auf acht Tage gedehnte »Woche der avantgardistischen Musik Berlin 1972«. Der Werktitel »Hpschd« kommt von dem Wort Harpsichord (zu deutsch Kielflügel, italienisch Clavicembalo). 1969 ist »Hpschd« in der Universität von Illinois zur Urbana-Champaign uraufgeführt worden, das wahrscheinlich größte je realisierte Projekt dieser Art, wie das Programm stolz versichert. Die Veranstaltung dauerte damals viereinhalb Stunden. Die Berliner Version verwendete vier Cembali, die weiträumig im Haus verteilt waren, und 52 Tonband-Kanäle. Für den optischen Teil standen 7500 Diapositive, zehn Filmprojektionen, Laser-»Kanonen« und andere »Environments« zu Gebot.

Die Philharmonie bot das Bild eines bunten Künstlerfestes mit Reminiszenzen an die Kasseler »documenta« 1968, ihre optischen Täuschungen und surrenden Maschinen. Hunderte drängten über Flure und Treppen. An jeder Wand leuchteten projizierte Bilder, Notenzeilen, Andy Warholsche Blumenmuster, gefilmte Raketen, Prominentenbilder und abstrakte Formen in raschem Wechsel. Dazu lärmten, heulten, knackten die Lautsprecher, deren Höllenschall ein einsames Cembalo nicht zu durchdringen vermochte. Was nur vorbereitende Probe schien, erwies sich später als die Aufführung selbst.

Inzwischen lagerten auf dem Podium und in Block A des Konzertsaals Neugierige, um das von John Cage gewünschte Parallelkonzert zu hören. Nach »Figaro«-Platten tönte Klaviermusik: Beethoven, Chopin, Schönberg und Skrjabin, die Moderne von Gerhard Rühm gespielt. Cage spielte Cage.

Zurück ins Foyer. Nach David Tudor, vor Cornelius Cardew und Richard Bernas, ist Frederic Rzewski bemüht, am Cembalo Nr. 2 Mozart-Musik vernehmlich zu machen. Jedem Spieler gehören zwanzig Minuten. Aber dynamisch siegen immer wieder die Lautsprecher. Was sie an Musik ausspeien, hat John Cage mit Professor Lejaren A. Hiller produziert. Neben dem chinesischen Buch der Wandlungen I-Ging wurden dafür die Computer Illiac II und IBM 7094 benutzt. In technisch verfeinerter und riesenhaft vervielfachter Form war es musikalisch nicht viel anders als 1970 Ladislaus Kupkovics »Treffpunkt AMB« auf Wolfgang Burdes Arbeitstagen in der Akademie.

Was haben die elf Veranstaltungen der acht Tage gebracht? Über die Vorsätze unterrichtet Walter Bachauers Aufsatz »Ad notam« im Programmheft. Um Rückgewinn des Publikums gehe es. Er findet »die vitalen Traditionen musikalischer Suggestion in Europa so gut wie vernichtet« und entschuldigt damit die »Obhut Asiens und Afrikas«, in die sich die »kompositorische Poetik« begibt.

Doch offenbar liegt das Heil eher in Nordamerika, von wo er die Mehrheit seiner Mitwirkenden geholt hat. Denn dort, erklärt Bachauer, sei durch Computerisierung, dank der Herren Matthews und Chowning von der Bell Telephone und der Standford University, möglich geworden, Kontinua aller denkbaren Schallfarben zu speichern. Die transatlantischen Gewährsmänner, denen er Glauben schenkt, verschweigen oder wissen nicht, daß in Paris, ansatzweise auch in Berlin, dergleichen längst möglich war; daß in Mailand und Tokio praktiziert wird, was Komponistenträume nur ersehnen konnten.

Gleichviel: in den Künsten entscheiden die Ergebnisse, nie die Mittel, auf denen sie beruhen. Gültige Formen, neue musikalische Sprachmittel, nachhallenden Ausdruck ist uns die »Hpschd«-Show schuldig geblieben. Die anderen Veranstaltungen brachten zwei Höhepunkte: Steve Reichs »Drumming« und Vinko Globokars »Drama«. In beiden Fällen überwogen die Bezauberungen durch Vortrag, instrumentales Können und persönliche oder kollektive Ausstrahlung der Spieler die durch schöpferische (bitte um Nachsicht für die Verdeutschung des Modewortes »kreative«) Werte.

Früheren Versuchen in Donaueschingen und anderen Orten folgend, wurde die mittlerweile allgemein akzeptierte indische Musik durch Imrat Khans und Feyez Khans Konzerte einbezogen. Auch diesmal glückte die Überbrückung von Kulturen; das Programm war bereichert.

John Cages sanfte Persönlichkeit geisterte leibhaft und in anarchischer Heiterkeit herrschend durch die Programme. Seine Attraktion, die 1963 die Kongreßhalle füllte und Autogrammjäger zu Hunderten aufs Podium trieb, hat nachgelassen; aber der Zauber ist kaum gebrochen. Die souveräne Gleichgültigkeit gegen Behagen oder Unbehagen des Hörers hat bei ihm – wie schon bei Schönberg – eine Aura von feudalistischem Stolz. Sie hebt ihn vor dem Troß der Ahnungslosen ab, die heute den aussichtslosen Versuch wiederholen, Kultur allein gesellschaftlich zu messen.

Fünf Aufträge hat Bachauer an Komponisten gegeben. Mit Ausnahme der in keiner Hinsicht diskutablen beiden Melodrame (»Two poems«) von Frederic Rzewski, dessen geistig-künstlerische Unzulänglichkeit schon im Rom und Berlin der sechziger Jahre durchschaut worden ist, haben sie kennzeichnende Musik der Epoche hervorgebracht. Morton Feldmans »Pianos and Voices« ließen in ihrem dreiviertelstündigen Ablauf einige Minuten verinnerlichter, leiser und langsamer Musik gerinnen, eine Art Nabelschau gewaltlosen Protestes gegen die Lärmverschmutzung der Umwelt. Erhard Großkopf zeigt in seiner »Sun« genannten Musik für drei kleine Gruppen eine wirksam zusammengeblendete, auch in der Beherrschung der instrumentalen und technischen Mittel sowie ihrer Integrierung mit besprochenem Tonband überzeugende Arbeit.

Carlos Roque Alsinas »On verra« ließ wieder die überbrandende Klangphantasie und merkwürdig hemmungslose Assoziationskraft dieses in Berlin lebenden Argentiniers spüren: dramatische Kammermusik der Schallgrimassen. Thomas Keßler schließlich, wie Großkopf aus der »Gruppe Neue Musik Berlin« hervorgegangen und ihr entwachsen, strebt mit seinem »Porträt für New Phonic Art« einer Überraschungskunst für Szene oder Bildschirm zu. Fragende Kinderstimme, virtuos mißbrauchte Klarinette, Posaune und Manuale, entfesseltes Schlagzeug lassen die Grenzen von lebendigem Klang und Tonbandschall verschwinden.

In fast allen Stücken dieser zahlreichen und oft quälend ausgedehnten Programme bemächtigt sich die Technik siegreich der musikalischen Mittel, produktiver wie reproduktiver. Es ist ein Triumph der Maschine, der Elektrizität, der Automatik über Geist und Körper des Menschen, dem auch die Demonstrationen lebendiger Urkräfte – wie in Steve Reichs »Drumming« oder Imrat Khans Sitar-Improvisation – kaum Paroli bieten können.

Tendenzen dieser Art gab es nach dem Ersten Weltkrieg. Als der Verfasser dieser Zeilen 1925 seine Aufsätze über Mechanisierung der Musik veröffentlichte, ahnte niemand, was aus diesen Prognosen entstehen werde. Heute ist die Musik in der Situation des Zauberlehrlings, der nicht mehr meistert, was er beschworen hat. Ein Überborden der technischen und computerisierten Schallmassen, wie es mit »Hpschd« offenbar wurde, ist nur äußerlichstes Zeichen für die technische Revolution der musikalischen Mittel, die teilweise »musikpolitische« Folgen hervorruft, oder (wie Bachauer es ausdrückt) »partiell ›musikpolitische‹ Konsequenzen evoziert«.

Wie weit das Fortschritt oder Rückfall in den Zustand der Formlosigkeit ist, läßt sich kaum prophezeien. Vielleicht wäre es ungerecht, die erschreckende Ebbe der künstlerisch-schöpferischen Kräfte, deren machtlose Zeugen wir seit Jahren sind, durch die Übermacht solcher Tendenzen zu erklären. Aber wahrscheinlich ist sie der Preis dafür, daß man zum Mond fliegen kann.

1973

Weit über Wieland Wagner hinaus
Joachim Herz inszeniert »Rheingold« und »Xerxes« in Leipzig

Leipzigs Opernhaus beansprucht unter den Musiktheatern der DDR einen führenden Platz. Was außerhalb Berlins einst die Dresdner Staatsoper gewesen ist, Vorbild an Spielplanpflege, Ensemblegeist und Inszenierungskunst, das stellt nun die »singende Muse an der Pleiße« dar. Das Neue Theater wurde im Zweiten Weltkrieg zerstört; an seiner Stelle hat man ein geräumiges, helles, ansprechendes Haus mit großem Parkett und überhängendem Rang gebaut. Seit 1959 herrscht dort Joachim Herz. Als wichtigster Schüler Walter Felsensteins hatte er 1953 in Ost-Berlins Komischer Oper Aufsehen gemacht. Seine Inszenierungen von Benjamin Brittens »Albert Herring« und Hans Werner Henzes »Der junge Lord« zeigten seinen persönlichen Stil, bewährt an zeitgenössischen Werken. Herz, eine Ausnahme unter den Opernspielleitern, ist praktischer Musiker und Musikwissenschaftler. Er gilt als vorzüglicher Pianist und beherrscht, was er inszeniert, von der Partitur her ebenso wie vom Text und seinen historischen Verankerungen. Wie Felsenstein ist er, heute ein Mann von 48 Jahren, im Ausland so bekannt wie in der DDR. Seine Gastspiele haben ihn bis Buenos Aires geführt.

Leipzigs Ensemble spielt in zwei Häusern, dem großen am Karl-Marx-Platz und der Musikalischen Komödie in der Dreilindenstraße. Der Spielplan im großen Haus reicht von Händel über Mozart, Beethoven, Verdi, Wagner, Auber, Tschaikowski, Lortzing und Puccini bis zu Gershwin und Prokofieff, dessen Dostojewski-Oper »Der Spieler« hier deutsch herauskam. Im kleinen Haus gibt es Offenbach, Nicolai, Cimarosa, Johann Strauß, Lehár und Jean Gilbert.

Nun hat Herz zu dem größten und kühnsten Unternehmen, einer Inszenierung von Wagners »Ring des Nibelungen«, angesetzt. »Rheingold« lockte Fachleute, Kritiker und Neugierige auch aus der westlichen Welt nach Leipzig.

Der Versuch, Wagners Tetralogie weltanschaulich und politisch zu deuten, ist nicht neu. 1898 hatte Bernard Shaw in »The perfect Wagnerite« einen Kommentar geschrieben, dessen deutsche Ausgabe »Ein Wagner-Brevier« zehn Jahre später die Bayreuther Gralshüter beunruhigte. Denn er verschwieg weder, daß Wagner 1848 im Geiste des Anarchisten Bakunin auf seiten der Revolutionäre kämpfte und seither steckbrieflich verfolgt in der Schweiz lebte, noch daß Alberichs Herrschaft »eine poetische Vision des zügellosen industriellen Kapitalismus« war. Hier knüpft die Leipziger »Rheingold«-Inszenierung an. Sie stützt sich auf die Bühnenbilder und Kostüme, die Rudolf Heinrich von aller Konvention ebenso befreit hat wie von Richard Wagners eigenen optischen Vorstellungen. Kultur- und Sozialgeschichte erscheinen wie in einem Zeitraffer oder einer Synthese. Die grünliche Dämmerung in der Tiefe des Rheins wird durch eine Art flimmernder Jalousie dargestellt, die an Bilder Vasarelys erinnert. In Gondeln aus Stahlrohr wie Möbel des Bauhauses schweben die Rheintöchter heran, lustig wie die Girls in einer Revue be- und entkleidet. Alberich trägt ärmliche, pyjamaartige Kleidung. Aus dem Flußgrund wächst eine goldene Form, unter deren Deckel helles Licht glüht. Die freie Gegend auf Bergeshöhen liegt vor einem Horizont, dessen lila Himmel Fotonegative von Steinbrüchen säumen. Auf einem diwanartigen Kultstein zwischen vier Zeltstangen in Lanzenform ruht, hellrot gewandet, Freia. Fricka und Wotan sind festlich angezogen, sie in grauseidenem Abendkleid, er in ebenfalls grauem Offiziers-Überrock. Die Gefahr, die Freia droht, wird überdimensioniert. Fafner und Fasolt treten mit Verstärkung von vierzig Riesen auf, deren Bewegungs-Chor fortan die Szene beherrscht. Das ist eine Korrektur an Wagners Text. Sie ergibt sich überzeugend aus dem Sinn der Handlung und läßt sich sogar aus dem massiven Klang der Musik belegen. Die Riesen, als Kampftruppe erschienen, fordern und nehmen ihren Lohn: die Göttin der Jugend. Ihr chorisches Auflachen glossiert Loges »Nicht müßig war ich wie mancher hier« – ein Hinweis des Regisseurs auf Wotans feudale Untätigkeit.

Die Kluft, durch die Wotan und Loge zu den Nibelungen hinabsteigen, führt in eine unterirdische Maschinenhalle mit gewaltigen Rohren und Schwungrädern, im Hintergrund ein Feuerloch. Fabrikherr Alberich knechtet die Kumpel und seinen Bruder Mime. Er empfängt die Götter mit einem Umtrunk. Durch Tarnhelm verwandelt, erscheint er als riesige, röhrenartige Schlange. Von Loge gefangen, tritt er ins Götterreich und muß die angehäuften Schätze herbefehlen, auf daß Freia ausgelöst werde. Nibelungen und Riesen haben die Bühne bevölkert. Um Freia hebt sich ein Goldturm. Kain-Fafner erschlägt Abel-Fasolt. Das letzte Bild erscheint: Walhall als klassizistisches Tor, darin ein Regenbogenläufer, der über eine Treppe zum Standbild der Germania führt. Die Götter tragen königsblaue Samtmäntel. Freia bleibt im roten Kleid. Sie bricht angesichts der Götterburg in die Knie; ihre Zeit ist um, da Walhall steht. Auch Loge trägt den Mantel nicht. Ein intellektueller

Mephisto, sieht er die Götter ihrem Ende zueilen. Auf der Drehbühne rotiert ein viereckiges Podest, unter dem die Rheintöchter, wohl durch Industrie-Abwässer verschmutzt, um das reine Gold wehklagen. Schwankend zwischen dem Götterreich, den Nixen und dem ausgebeuteten Volk, bleibt Loge zurück. Ihn sieht Herz nicht wie Shaw als den Inbegriff von Lüge, sondern als Dialektiker im Geist der Brechtschen Tui-Leute.

Der Eindruck ist zunächst schockierend. Herz geht weit über Wieland Wagner hinaus, wie dieser weit über Tietjen und Preetorius hinausgegangen war. Er hat den Text bis in jedes Komma hinein neu interpretiert und nach eigenem Bekenntnis versucht, »hinter den echten Verfremdungen einer germanischen Mythologie die Konflikte aufscheinen zu lassen, die Wagner bewegten und deren phantastische Form uns heute nicht minder fesselt als die Notwendigkeit ihrer Lösung«. Solche Deutung erleichtert dem naiven Zuschauer den Weg zum Sinn der Handlung, die wie eine gewaltige Exposition den Fortlauf der Tetralogie begründet. Aber sie führt ihn auch ganz eingleisig zu Wagners Idee und nimmt ihm die eigene Interpretation der vielfachen Sinnbilder ab. Damit wird zum Teil die Funktion der Musik fast überflüssig. Daß diese ihre Herrschaft über den Abend behauptet, ist der genauen, inspirierten, vom Gewandhausorchester getragenen Stabführung Gert Bahners hoch anzurechnen.

Die Aufführung wurde von dem festlich gekleideten Publikum mit großem Beifall aufgenommen. Doch gab es Proteste, die sich wohl vorwiegend gegen Joachim Herz und nebenbei gegen den Sänger des Wotan richteten. Kein Zweifel, daß diese neue »Rheingold«-Wiedergabe Diskussionen wecken wird. Nicht nur in Leipzig und nicht nur in der DDR. Ihre provokatorische Kraft ist groß, doch ebenso die Konsequenz, mit der sie durchgeführt wird, und das künstlerische Niveau, auf dem das geschieht.

Am Abend danach gab es eine schon im Herbst 1972 herausgekommene Inszenierung des »Xerxes« von Händel. Er steht unter den Londoner Opern des sächsischen Riesen an drittletzter Stelle und gehört zu seinen wenigen heiteren Bühnenwerken. In einer Zeit gesundheitlicher und wirtschaftlicher Nöte geschrieben, ist »Xerxes« nicht nur ein Bündel köstlicher Arien und Rezitative, sondern auch ein reizvolles Stück Dramaturgie. Der Perserkönig, Rivale seines Bruders Arsamenes um die Gunst Romildas; diese von ihrer in denselben Prinzen verliebten Schwester Atalanta fast überlistet; beide Töchter des siegreichen Persergenerals Ariodates; dazu die ägyptische Prinzessin Amastris, die, als Offizier verkleidet, zu Xerxes vordringt und schließlich das Eheversprechen des Treulosen einlöst – das ist Stoff genug für einen Komödienabend.

Ich bekenne, kein Fan der Händel-Oper zu sein. Auch in den besten Aufführungen von »Julius Caesar«, »Rodelinde« oder dem zum Schaustück gemachten Oratorium »Belsazar« blieb immer ein Rest von erhabener Langeweile. Herz ist es gelungen, den »Xerxes« so herzurichten, daß man, heiter und gefesselt, zweieinhalb Stunden zuschaut und zuhört und am Schluß bedauert, daß es schon zu Ende ist. Er tut das fast ohne Veränderungen der Handlung, allerdings in einer neuen deutschen Textfassung, die er zusammen mit dem Dirigenten Horst Gurgel und dem Händel-Spezialisten Eginhard Röhlig für die Bühne eingerichtet hat. Bernhard Schröter zeigt ein Bühnenbild mit spielerischem Zwischenvorhang und zahllosen reizenden Landschaften, Stadtbildern und Innenräumen, von dem zwei kleine Treppen ins Orchester führen. Barocke und antike Elemente mischen sich in den Kostümen. In diesem Rahmen läßt Herz seine Sänger darstellerisch die Bühne munter und gehfreudig ausspielen. Virtuos führt er den Ablauf der gesungenen und rezitierten Nummern, daß niemals der Eindruck konzertierender Unbeweglichkeit aufkommt.

Das Vergnügen des Publikums an Verwechslungen, Verkleidungen, ironischen kleinen Gebärden, an Masken, Perücken und Vermummungen, an Auftritten des Chors auf Podesten rechts und links und den hundert kleinen Einfällen der Inszenierung ist unbändig. Die Aufführung, nun schon ein halbes Jahr lang im Repertoire, wird rechtens mit Beifall quittiert.

Die Messestadt kann auf ihr Singtheater stolz sein. Neben der künstlerischen Idee, die an beiden Abenden herrschte, erlebt man mit Freude den Geist eines Ensembles, das offenbar jahraus, jahrein zusammenarbeitet. Das sind die künstlerischen Vorteile eines Staatswesens, das seinen Bürgern Auslandsreisen nur ungern und selten erlaubt.

1974

Paul Dessaus »Einstein«

Es geht bunt her in diesem Stück, das von dem Gewissen der Wissenden handelt, von der Verantwortung des Erfinders für Segen und Fluch seiner neuen Gedanken. Albert Einstein, der große Physiker, durch die Nazis nach Amerika vertrieben, macht sich mitschuldig an der Atombombe, deren Explosion zwar den Krieg beendet, doch nicht die Gewalttätigkeit der Macht. Nach seinem Tod wird er geehrt werden für die Waffe, die er mitgeschaffen hat und abschaffen wollte. Den Lebensweg des großen Mannes zeigt das Libretto, das Karl Mickel, Jahrgang 1935, Dichter und Übersetzer, für Paul Dessaus vierte Oper geschrieben hat. Er beginnt mit der Berliner Bücherverbrennung 1933, dem SA-Einbruch in Einsteins Haus, zeigt den Gelehrten im amerikanischen Exil, in einer ahnungslosen Umwelt, die ihn in der Not zum Mitarbeiter macht, um ihn nach getaner Arbeit als Staatsfeind zu verdächtigen. Zum Schluß verbrennt Einstein das Resultat seiner Altersarbeit: eine Formel.

Zwei europäische Kollegen, ein junger und ein alter Physiker, teilen sein Schicksal, doch nicht seine Einsicht und Unbeugsamkeit. Der junge sucht Krankheit, um dem Kriegsdienst zu entkommen, und findet sie bei einer Dirne, die ihn ansteckt und danach der Gestapo ausliefert. Der ältere stellt sich Hitler zur Verfügung. Beide finden später den Weg nach Amerika, jener als Flüchtling, dieser als Gefangener der Siegermacht.

Am Rande der oft wechselnden Schauplätze, auf denen Hitler, Leonardo da Vinci, Giordano Bruno, Galileo Galilei, Casanova, der amerikanische Präsident und ein MacCarthy-Gericht erscheinen, spielen sich vielerlei Schicksale ab. Einer Frau haben SA-Leute den Mann eingesperrt. Drei farbige amerikanische Soldaten singen ein frommes Klagelied. Vier Arbeiterinnen eines Atomwerkes begrüßen mit Sorge den Frieden, der sie brotlos macht. Knabenstimmen singen nach der Explosion der Bombe »Hiroshima, Nagasaki«. Einsteins schwarze Dienerin sucht Trost in der Religion.

Der ernsten Handlung ist ein Komödienmantel umgelegt. Dessau, von dem Mickel die Anregung für sein Buch bekommen hat, will das Theater zu alten volkstümlichen Formen zurückführen. Wie Hanns Eisler im »Johann Faustus« weckt er Hans Wurst zu neuem Leben, läßt ihn in drei Intermezzi das Drama parodieren und auch den kurzen Prolog sprechen, der eigentlich Einstein selbst zugedacht war. Die Intermezzi, mit denen jeder der drei Akte schließt, zeigen den zum Tode verurteilten Possenreißer als Partner eines Krokodils, das ihn zuerst entkommen läßt, später frißt und am Ende wieder hergibt, so daß er, auf einem Rasiermesser das Wasser überschreitend, dem Publikum zusingt: »Sie sehen, ich lebe gern.«

Mehr noch als in seinen drei anderen Opern, dem »Lukullus« von 1951, dem »Puntila« von 1966 und dem »Lanzelot« von 1969, stellt Paul Dessau seine Musik in den Dienst des Wortes. Bei vorherrschendem Secco-Rezitativ und eingestreuten Ariosos, Liedern, Chören und Sprechgesängen ist die Verständlichkeit jeder Textsilbe gesichert. An die Sänger werden durch den unablässigen Wechsel von gesprochenem und gesungenem Ton ebenso hohe Anforderungen gestellt wie durch Einbeziehung extrem hoher und tiefer Register und übergroßer Intervalle.

Der Klang der Partitur verschmilzt viele ungleiche Tonsprachen. Sie ist für ein geigenloses Orchester von 26 Spielern geschrieben, das nur in den Intermezzi vergrößert wird. Zwei Klaviere und Orgeln haben wichtige Funktionen. Zum lebendigen Spiel gesellen sich Bandaufnahmen. Räumlich verteilte Lautsprecher verstärken den Klang.

Die musikalisch stärksten Mittel setzt Dessau sozusagen in der Stille ein, etwa wenn Einstein in seinem Arbeitszimmer meditierend ein kleines Arioso singt, mit wehmütigen Sekunden und kleinen Terzen. In solchen Espressivo-Melodien spürt man das Jugenderlebnis Gustav Mahlers. Sie kehren wieder, wo immer Einstein sich von der Welt abkehrt, besonders eindringlich zum Schluß, vor und bei dem Gespräch mit dem Kind, das alle Weisheit von ihm fordert und ihn nicht versteht. »Das ist sehr gut« sind des Gelehrten letzte Worte.

Weit größeren Raum nehmen die turbulenten, rhythmischen, brutalen Schallformen ein, Cluster, die mit Ellenbogen auf den Klavieren gespielt werden, aufheulende Glissandos in Stimmen und Instrumenten, ostinate Paukenfortissimos, rasende Motivwiederholungen, die aleatorisch den Spielern überlassen sind. Da zeigt sich Dessau von einer ganz neuen Seite, und man muß bewundern, wie der fast Achtzigjährige die Errungenschaften der nachwebernschen modernen Musik durchdacht und für seine dramaturgischen Zwecke eingespannt hat.

In vielen Szenen hört man Zitate aus dem Werk Johann Sebastian Bachs, den Einstein – selbst ein recht guter Geiger – bewundert und gespielt hat. Da ertönen Fragmente und längere Stellen aus Orgelwerken wie der c-Moll-Fantasie, aus Kantaten und dem »Wohltemperierten Klavier«. Manchmal werden Bläserchoräle in erschreckend dissonanter Harmonisierung darüber gelegt. Der Kontrast zwischen dieser hohen Kunst des 18. Jahrhunderts, der modernen Espressivo-Sprache und gelegentlichen Einbrüchen der Jazzwelt ist oft schockierend, aber stets meisterlich der dramatischen Situation angepaßt. Dabei verzichtet Dessau auf billige Beschwörungen des Zeitstils, wie sie die Auftritte der Renaissance-Männer nahgelegt hätten. Raffiniert auch seine Darstellung einer verlogenen Volkstümlichkeit wie im Morgenlied der Hitler-Soldaten.

Für die Inszenierung hat Ruth Berghaus alle Schleusen einer szenischen Phantasie und makabren Traumwelt geöffnet. Andreas Reinhardt ist ihr Mitarbeiter für Bühnenbild und Kostüme. Zu Beginn klettert Hans Wurst über eine Loge ins Orchester und spricht den Prolog. Schwarze Stoffbahnen hängen auf die ebenfalls schwarze Bühne, wo die Masse zur Bücherverbrennung drängt. Die SS-Farbe beherrscht die meisten Szenen. Beim »Führorr« liegt eine große Landkarte auf dem Fußboden, die er sich später zur »Siegesfeier« umhängt wie einen weißen Mantel. Seine Uniform ist bis zum Hals von Blut gerötet; blutig bis zu den Ellenbogen und Knöcheln sind auch Hände, Arme, Füße und Beine der Nazis und später der Amerikaner. Ruth Berghaus hat ihren Personalstil zwischen Realismus und symbolischer Abstraktion zu einer Virtuosität ausgebildet, die suggestiv den Ungeist der Hitlerzeit hinstellt, daß man in der Erinnerung schaudert.

Um so skurriler und entspannender sind die drei Intermezzi. Hans Wurst und der Schutzmann stehen einem riesigen grünen Krokodil gegenüber, in dessen Rachen ein Mann sitzt, während im rückwärtigen Körper eine Sängerin den komischen Text vorträgt. Mittels eines weichen Trampolins hüpfen das Reptil und die zwei Männer lustig meterhoch auf und ab.

Aus dem großen Ensemble ragen zwei Sänger hervor. Theo Adam hat für die Titelpartie nicht nur seine baritonale Gesangskunst und eminente Musikalität einzusetzen, sondern auch eine Maske und Gebärdensprache, die den Gelehrten wie lebend auf die Szene stellt. Peter Schreier ist als junger Physiker von erstaunlicher tenoraler Wendigkeit und präzis bis in die kompliziertesten Sprünge der Partie. Den schwankenden Charakter des zweiten Physikers spielt und singt Reiner Süß mit oft bewunderter Kunst.

Horst Hiestermann ist Hans Wurst, auch er ein Tenor von müheloser Höhe und großer körperlicher Beweglichkeit. Dem »Führorr« leiht Kurt Rehm seine bewährte Kunst der Charakterisierung. Eberhard Büchner als Casanova, Annelies Burmeister als Krokodil, Edda Schaller als nasenlose Nutte seien aus der Schar der Mitwirkenden genannt. Der von Ernst Stoy einstudierte Chor war den äußerst schwierigen, mitunter auch solistischen Aufgaben allezeit gewachsen.

Am Pult stand Othmar Suitner. Er hatte schon bei der »Lanzelot«-Premiere seine eminente Einfühlung in Dessaus besondere Sprache bewiesen. Diesmal war die Aufgabe schwieriger. Nicht allein waren Stil-Unterschiede zu überbrücken, die es in der traditionellen Oper nicht gibt. Es galt auch, Orchester, Bühne und Tonband synchron zu halten und den »gelenkten Zufall« der aleatorischen Stellen zu beherrschen. Suitner hat in langer vorbereitender Arbeit alle Probleme gelöst. Er musizierte mit dem vorzüglichen Orchester so sicher und vorsichtig, daß es für die Sänger ein Vergnügen gewesen sein muß, nie übertönt zu werden.

Die Aufführung, so wurde nach einer Pressekonferenz bekanntgegeben, ist in Diskussionen mit dem »gesellschaftlichen Rat der Staatsoper« durchdiskutiert worden. Dabei ergaben sich einige Veränderungen und Kürzungen, die Text und Musik betreffen. Für eine Oper, die sich als politisches Werk bekennt, ist das ein begreifliches Verfahren, wohl auch eine Vorsichtsmaßregel. Die Figur Einsteins ist, vom kommunistischen Blickpunkt gesehen, nicht ohne Fehl. Mickel und Dessau deuten sie nicht beschönigend. Ob Einstein die Frucht seiner späten Arbeiten vernichtet hat, ist nicht beweisbar; so wird es lediglich von einem Neffen des Gelehrten bezeugt. Aber auch wenn die Legende stimmt, so beweist sie nicht, daß Einstein als alter Mann den Trennstrich zwischen sich und der Bourgeoisie gezogen hat, der er angehörte, wie alle großen Künstler und Denker seiner Zeit und der vergangenen Jahrhunderte.

Künstlerisch ist dieses Stück, mit allen seinen Brutalitäten und sprachlichen Roheiten wie mit seinen Diskrepanzen der musikalischen Sprache ein Wurf. Es hat unmittelbare Bühnenwirkung, handelt von einem wichtigen Gegenstand und wird sich schwerlich besser darstellen lassen als in dieser Aufführung. – Die Premiere wurde mit starkem Beifall aufgenommen, für den Dessau im Kreise der Mitwirkenden dankte.

Daumenabdruck auf einem Jahrhundert: Arnold Schönberg

»Das schon Gesagte ist nicht mehr sagenswert«, lautete die Formel, mit der Arnold Schönberg das Gebot der unablässigen Abwandlung musikalischer Substanz begründete. Sie ist der Schlüssel nicht nur zu seiner Musik, sondern zu allem, was er hervorgebracht hat: zu dem systemlosen System der Harmonielehre, den Texten dramatischer, didaktischer, analytischer und polemischer Art, mit denen er seine Umwelt herausforderte, den Bildern, die er seit 1907 malte oder aquarellierte, den Erfindungen von der Notenschreibmaschine, die er 1909 patentieren ließ, über die Umsteigekarte, die er 1927 der Berliner Straßenbahn-Betriebs-Gesellschaft (vergebens) anbot, bis zum »Überschach« für vier Spieler.

Wandlungsbereit bis zum Selbstwiderspruch, wies er den Vorwurf, eine Durchführung bei Mozart vor vier Wochen anders gedeutet zu haben, zurück: »Ich war ja auch vor vier Wochen ein anderer Mensch!« Wandlung aber war ihm nicht Selbstzweck, sondern Mittel, einen gegebenen Zustand zu verbessern, zu bereichern, zu vervollkommnen. Bis in seine späten Jahre blieb er fähig, zu lernen und Erkenntnisse oder Urteile zu revidieren.

Schönbergs Vater war aus dem Ungarisch-Slowakischen nach Wien gekommen, die Mutter Pauline Nachod aus Prag, wo ihre Vorfahren als jüdische Kantoren Ansehen genossen. Er ein Freidenker, der sich von den mosaischen Traditionen löste; sie konservativ und fromm, mit Thorarolle und Chanukkaleuchter. Der kleine Schuhladen, später das Commissions- und Incasso-Geschäft im zweiten Bezirk, hielten gerade eben die Armut fern.

Auf der Leopoldstädter Insel, nahe dem Donaukanal, kam Arnold 1874 zur Welt, am 13. September, den er gern festlich und in großem Freundeskreis begangen hat, obwohl die Dreizehn ihm zur gefürchteten Schicksalszahl wurde. Hier besuchte er Volks- und Realschule, geigte er mit der Schwester Ottilie, verliebte er sich in die Cousine Malva, spielte er Quartett auf einem selbstgebastelten Cello, hörte er im Prater Freiluftkonzerte, diskutierte er mit den Freunden Oscar Adler und David J. Bach über Gott und Karl Marx, von dessen Lehre er sich bald als stolzer und bewußter Bourgeois abwandte.

Neujahr 1891 starb der Vater. Kurz danach verließ Arnold die Schule und arbeitete vier Jahre in der Bank von Werner & Co. »Polyhymnia« hieß der Orchesterverein, wo er unter Alexander von Zemlinsky Cello spielte. Der drei Jahre ältere brillante Musiker sah seine Kompositionen und gab ihm Unterricht in Satz- und Setzkunst. Schönbergs Entwicklung überstürzte sich. Als er 1901 des Lehrers und nunmehrigen Freundes Schwester Mathilde von Zemlinsky heiratete, war das brahmsische D-Dur-Streichquartett von 1897 schon aufgeführt, die tristansüchtigen Richard-Dehmel-Lieder und das Sextett »Verklärte Nacht« fertig, das gigantische Chorwerk nach Jens Peter Jacobsens »Gurreliedern« bis auf die Orchestrierung fast beendet.

Oscar Straus empfahl ihn dem Überbrettl-Leiter Ernst von Wolzogen. Als Angestellter des »Bunten Theaters« in August Endells luxuriösem Jugendstilbau kam der Jungverheiratete kurz vor Weihnachten 1901 nach Berlin. Hier begegnete er dem bewunderten Richard Strauss und dem Komponisten und Kritiker Max Marschalk, der die ersten Werke in seinen soeben gegründeten Dreililienverlag aufnahm, darunter die auf Strauss' Anregung geschriebene symphonische Dichtung »Pelleas und Melisande« nach Maeterlinck.

Wien, Herbst 1903. Schönberg ist mit Mathilde und dem anderthalbjährigen Töchterchen Trudi heimgekehrt. Die junge Universal Edition hat Arbeit für ihn und wird bald sein Hauptverleger. In den Schulen der genialen Pädagogin Eugenie Schwarzwald findet er eine Lehrtätigkeit. Gustav Mahler wird sein Gönner; dessen Freund Guido Adler, Musikwissenschaftler der Wiener Universität, schickt ihm einige Studenten. So werden Anton von Webern und Heinrich Jalowetz seine Schüler, etwas später Alban Berg und Egon Wellesz.

Wiens Geistesleben ist in Aufruhr. Die Sezessionisten um Gustav Klimt, die Wiener Werkstätten und ihr ornamentfeindlicher Gegenpapst Adolf Loos suchen und finden neue Formen. Hermann Bahr ist ihrer aller Prophet; sein leidenschaftlicher Widersacher Karl Kraus schreibt in der »Fackel« Pamphlete gegen Presse und Modeliteratur.

In Schönbergs Musik leben alle Spannungen der Zeit. Jedes neue Werk eine Kampfansage. 1906 die erste Kammersymphonie mit dem auf 15 Solisten reduzierten Orchester, den Akkorden, in denen Quarten den Terzaufbau verdrängen. 1908 das fis-Moll-Streichquartett mit Gesang. 1909 die Stefan-George-Lieder, in denen eine tonartlose Musikprosa aller Tradition zu widersprechen scheint. Unmittelbar danach die Klavierstücke op. 11, die Orchesterstücke op. 16 und das Monodram »Erwartung«. Expressionistische Musik mit riesigen Intervallen und »emanzipierter Dissonanz«.

Skandale, Pfiffe, Gelächter bei den Uraufführungen, obwohl Künstler wie Arnold Rosé und Marie Gutheil-Schoder für die Stücke eintreten, Mahler die Ruhestörer abkanzelt. Schönberg wird eine Legende. Um den Vielgehaßten steht die Jüngerschar der Schüler. Die Großmacht der

Universal Edition unter Emil Hertzka schützt ihn, kann aber die Not, in der die (durch den Sohn Georg vierköpfig gewordene) Familie lebt, kaum lindern.

Alles, was damals von Schönberg kommt, steht im Zeichen der Befreiung. Doch sie wird dem konservativen Grundgefühl mühsam abgerungen, wie unter höherem Befehl. Denn dieser scheinbare Aufrührer ist nach bewegter Jugend auf dem Weg zu strenger Gläubigkeit. Sein Unterricht bezeugt es so klar wie die 1911 beendete Harmonielehre, nach Thomas Manns Formel von 1943 »seltsamste Mischung von Traditionsfrömmigkeit und Revolution«.

Berlin, Herbst 1911. Man ruft Schönberg, der gerade begonnen hatte, Vorlesungen an der Wiener Musikakademie zu halten. Busoni, Schnabel, der junge Edward Clark werben für den schon berühmten Komponisten und Lehrer. Im »Pan«, der intellektuell führenden Zeitschrift des Verlegers Paul Cassirer, hebt Alfred Kerr seine gewichtige Stimme für ihn. Max Reinhardt interessiert sich. Mäzene stellen Geld zur Verfügung. So wagt Schönberg den Sprung ins Ungewisse. In der luxuriösen Zehlendorfer Villa Lepcke kommt die Familie unter. Das Sternsche Konservatorium richtet einen Zyklus von Vorträgen ein. Die allmächtige Konzertagentin Louise Wolff protegiert ihn. Aber die Schüler bleiben aus. Schönberg muß dirigieren, um nicht in Not zu kommen. Zemlinsky in Prag, dann Siloti in St. Petersburg und Mengelberg in Amsterdam engagieren ihn.

Anfang 1912 lernt er Albertine Zehme kennen, die reiche Leipziger Schauspielerin und Rezitatorin. Für sie schreibt er die 21 »Pierrot Lunaire«-Melodramen, deren Uraufführung und anschließende Tournee (mit Eduard Steuermann und Hermann Scherchen) im Herbst 1912 neuen Staub aufwirbeln. Das Problem der rhythmisch fixierten, durch Noten angedeuteten Sprechstimme, vorher in den »Gurreliedern« berührt, später in Amerika mit dem »Kol Nidre« wiederaufgenommen, bleibt ungelöst.

In Wien bringt Franz Schreker Anfang 1913 die »Gurrelieder« zur Uraufführung. Der überwältigende Erfolg wiederholt sich 1914 unter Schönbergs eigener Leitung bei der Leipziger Ostermesse. Nun scheint das Eis gebrochen, die internationale Anerkennung gesichert. Im Sommer fahren die Schönbergs nach Murnau zu Wassily Kandinsky, der 1911 den Kontakt hergestellt und im »Blauen Reiter« Schönbergsche Bilder und das Lied »Herzgewächse« veröffentlicht hatte. Da bricht der Krieg aus.

Man kehrt in die neue Wohnung, Berlin-Südende, zurück. Schönberg ist wehrpflichtig, übersiedelt 1915 nach Wien, wird vorübergehend Soldat. Metaphysische Gedanken beunruhigen ihn. Durch Strindbergs »Jakob ringt« und Balzacs »Seraphita« war 1912 ein gigantischer

Chorsymphonie-Plan angeregt worden, über den er mit Richard Dehmel korrespondierte. Text und Musik der »Jakobsleiter« waren das Resultat. Das große, unvollendete Oratorium zeugt von neu erwachtem religiösen Bewußtsein. 1898 war Schönberg vom mosaischen Glauben zum evangelischen Christentum übergetreten. Nur kurze Zeit hatten freidenkerische Ideen ihn gefesselt, spürbar im Zusammenhang mit der Befreiung seiner Tonsprache.

1917 aus dem Wehrdienst entlassen, sammelte Schönberg einen großen Hörerkreis in Kursen bei Eugenie Schwarzwald. Aus der Idee der zehn öffentlichen Proben zur Kammersymphonie ging der »Verein für musikalische Privataufführungen« hervor, in dem eine Elite von Spielern und Sängern Hunderte von Werken zeitgenössischer Musik zu optimaler Wiedergabe brachte.

In Mödling, wohin Schönberg Anfang 1918 zog, bildete sich eine neue Schülergemeinde, darunter Hanns Eisler, Josef Rufer, Erwin Ratz, Karl Rankl, Josef Trauneck, Hans Swarowsky, Max Deutsch. Ihnen erläutert er 1923 die neue Technik der Komposition mit zwölf nur aufeinander bezogenen Tönen, deren erste Resultate 1921 in Traunkirchen entstanden waren. Mathilde stirbt. 1924 heiratet Schönberg Gertrud, die Schwester des Geigers Rudolf Kolisch. Ein Jahr darauf kommt die Berufung an die Preußische Akademie der Künste in Berlin, wo Erich Schmid und Winfried Zillig seine Schüler werden.

Der Konsolidierung des äußeren Lebens entspricht die neue Ordnung der Satztechnik. Alte Formen, namentlich die der Suite, des Sonatensatzes und des Rondos, beherrschen die Werke dieser Jahre. Ein Zug von Heiterkeit erhellt die Serenade, die Klarinettensuite op. 29, die 1928 geschriebene, 1930 in Frankfurt uraufgeführte Oper »Von heute auf morgen« nach Gertrud Schönbergs (Pseudonym: Max Blonda) operettenhaftem Buch. Doch daneben steht die Arbeit an religiösen Texten und ihrer Vertonung mit dem Gipfel der zwei 1932 in Barcelona beendeten Akte von »Moses und Aron«. Die Schönbergs leben viel im Süden; er leidet an Asthma und muß nordisches Klima meiden.

Furtwängler bringt in der Philharmonie die Orchestervariationen zu umstrittener Uraufführung, Klemperer und Zemlinsky leiten in der Krolloper die beiden Einakter »Glückliche Hand« und »Erwartung«, die 1924 in Wien und Prag uraufgeführt worden waren. Man respektiert die Musik, aber man liebt sie nicht. Die Angriffe der konservativen Presse werden massiver. 1933 verläßt Schönberg eine Akademie-Sitzung, wo antisemitische Äußerungen fallen. Am 17. Mai reist er mit Gertrud und der einjährigen Tochter Nuria nach Frankreich, mittellos und in Berlin »beurlaubt«.

New York, Herbst 1933. Josef Malkin hat Schönberg an sein kleines

Konservatorium in Boston engagiert. Man feiert den illustren Mann. Aber Schüler hat er kaum, bis Malkin ihm auch in New York einen Kurs einrichtet. Klima und Reisestrapazen bringen lebensgefährliche Erkrankungen. In Chautauqua erholt er sich. Doch erst in Los Angeles, wohin er 1934 übersiedelt, wird er relativ gesund. Man findet ein schönes Haus in Brentwood Park. Die University of Southern California, dann die University of Los Angeles geben ihm Kurse und einen Lehrstuhl. Der Zustrom ist groß, und ein neuer Studententyp mit meist geringen Kenntnissen stellt den aus Europa verwöhnten Lehrer vor bescheidene Aufgaben. Zu den Hörern zählt John Cage, zu den wahren Schülern gehören Dika Newlin, Gerald Strang, Leonard Stein und Richard Hoffmann.

Alte und neue Freunde kommen ins Haus: Franz und Alma Werfel, Thomas Mann, Bertolt Brecht, Hanns Eisler, William und Charlotte Dieterle. Zwei Söhne werden geboren, Ronald und Lawrence. Mit George Gershwin entsteht eine Tennisfreundschaft.

Neue Werke verblüffen die Welt, einige tonal wie die Streichersuite, die Orgel- und die Bläservariationen, andere zwölftönig wie das vierte Quartett, die Konzerte für Violine und Klavier. Politische darunter, wie die »Ode an Napoleon« und der »Survivor from Warsaw«. Das Judenproblem gewinnt für Schönberg immer größere Bedeutung, seit er sich 1933 in Paris, mit Marc Chagall als Zeugen, wieder zum mosaischen Glauben bekennt. Entwürfe zu einer jüdischen Einheitspartei werden in Amerika erweitert und ergänzt.

Oft ist der überanstrengte Körper nah am Zusammenbruch. Doch immer wieder rafft der übermenschlich willensstarke Geist ihn auf: man muß fortsetzen, wozu man berufen ist. Die letzten Jahre sind metaphysischen und religiösen Gedanken gewidmet. Von eigenen Gedichten, die er »Psalmen, Gebete und andere Gespräche mit und über Gott« nennt, wird eines für Sprecher, Chor und Orchester nicht zu Ende vertont. Am 13. Juli 1951 stirbt Schönberg 76jährig.

Der Nachlaß, kaum geordnet, ist überwältigend. Rufer, der ihn 1956 als erster katalogisiert, findet Kompositionen, Texte, Entwürfe, die zum Teil noch unveröffentlicht sind. Jahrelang versucht Gertrud Schönberg, versuchen nach ihrem Tod die drei Kinder, das riesige Erbe in einem würdigen Rahmen unterzubringen. Erst Anfang 1974 fällt die Entscheidung: Die University of Southern California übernimmt alle Manuskripte und verpflichtet sich, rasch ein Institut zu bauen, das fortan der Schönberg-Forschung dienen wird. Anderthalb Millionen Dollar werden dafür aufgebracht. Die Erben stiften den Nachlaß ohne finanzielle Gegenleistung.

Doch alle Forschung, alle Philologie bleibt ohnmächtig vor der Erscheinung des erstaunlichen Mannes. Er, der gleichermaßen Musikologen wie Soziologen verabscheute (Männer mit eigenen Gedanken, wie Guido Adler und Heinrich Schenker, ausgenommen) und den »finsteren Glauben an die Wissenschaft« als überwunden bezeichnete, kümmerte sich wenig darum, wie ein Kunstwerk *gemacht* ist; man müsse erkennen, was es *ist*. Sein Monogramm, die Noten A-Es (Dis) nebst ihrer rückläufigen Form, herrscht in den tonalen, den frei-atonalen und den zwölftönigen Themen und Akkorden. Nach der Heirat mit Gertrud, der zweiten Frau, verbindet es sich mit den Noten G und E, so in der Reihe des dritten Quartetts und in den Anfängen der Reihenhälften der Oper »Von heute auf morgen«. Aber der Vierton-Komplex D-Es-As-A, in dem sich Monogramm, Anfangs- und Endbuchstaben von Arnold und die Abkürzung A-S verflechten, geistert schon durch die Frühwerke, vergleichbar dem Daumenabdruck, mit dem Schönberg mitunter Schriftstücke signierte.

Sein Werk kennt nur, wer ihn kennt, wer ihn kannte. Mit einem Minimum an Volkstümlichkeit verbindet es ein Maximum an sprachbereichernder Wirkung, auch auf diejenigen, die es heute, im Jahr von Schönbergs 100. Geburtstag, noch immer fürchten und ablehnen.

Unvergessener Busoni
Zum 50. Todestag des Musikers und Kosmopoliten

»Das Mißverständnis« nannte Ferruccio Busoni seinen Weltruhm als Klavierspieler, der wie keiner seit Franz Liszt die Menschen aller Nationen durch vergeistigte Virtuosität bezauberte. Denn im Schatten eines Starkultes ohnegleichen lag, was er als das allein Wesentliche seiner künstlerischen Aufgaben ansah: die schöpferische Arbeit als Komponist, Dichter, Theoretiker und Prophet neuer ästhetischer Werte.

Der Toskaner mit der österreichischen Mutter wuchs in Triest und Graz auf, erzogen in zwei Sprachen und zwei Kulturen, die für ihn zu einer europäischen Synthese wurden. Als Wunderkind verblüffte der Neunjährige bei seinem Wiener Debüt im Februar 1876 den strengen Eduard Hanslick durch mozartische Reife als Klavierspieler und als an

Bach geschulter Komponist. In Graz fand er den strengen Lehrer W. A. Meyer-Remy, der auch Richard Heuberger, E. N. von Reznicek und Felix Weingartner im Geist der Prager Davidsbündler und des Cherubinischen Kontrapunkts unterwiesen hat.

Der Vater, Klarinettenvirtuose mit Zügen eines Hasardeurs, förderte geschickt die Laufbahn des Kindes. Fünfzehnjährig wurde Ferruccio Mitglied der Accademia Filarmonica von Bologna. 1885 ging er mit dem Vater nach Leipzig, durch Johannes Brahms an den einflußreichen Carl Reinecke empfohlen. Er traf dort den Jugendfreund Arthur Nikisch als Leiter des Opernhauses wieder.

Durch Hugo Riemann empfohlen, wurde Busoni Klavierprofessor am Konservatorium von Helsingfors. Hier schloß er Freundschaft mit Jean Sibelius und begegnete Gerda, der schönen Tochter des Bildhauers Sjöstrand, die 1890 in Moskau seine Frau wurde. Nach kurzer Tätigkeit am Moskauer Konservatorium folgte er einem Ruf an das New England Conservatory in Boston. Hier wurde 1892 sein erster Sohn Benvenuto geboren. Doch Amerika vermochte das junge Paar so wenig zu halten wie Rußland. Busonis Europäertum fühlte sich in beiden Kulturen beengt und desillusioniert. Die Stadt, die ihn lockte, war das aufstrebende Berlin. 1894 zog er in eine geräumige Wohnung der Kantstraße 153, das Haus hat zwei Weltkriege überdauert. Deutschland wurde Busonis Wahlheimat. In Berlin und bei sommerlichen Meisterkursen in Weimar fand er gleichgesinnte Freunde und Schüler. Auch sein zweiter Sohn Raffaello kam hier zur Welt.

Zu Beginn des neuen Jahrhunderts erwachte bei Busoni der kritische Sinn für die Situation der Musik. Während er als Pianist nicht über die klassisch-romantischen Reservate drang, machte er sich als Dirigent seit 1902 zum Vorkämpfer neuer Musik. Auf den Programmen standen die Namen Hans Pfitzner, Vincent d'Indy, Edward Elgar, Jean Sibelius, Carl Nielsen, Claude Debussy, Béla Bartók und – allerdings nur als Bearbeiter der »Syrischen Tänze« von Heinrich Schenker – Arnold Schönberg; daneben viele heute vergessene.

1906 veröffentlichte Busoni eine kleine Sammlung seiner Gedanken, den »Entwurf einer neuen Ästhetik der Tonkunst«, der in erweiterter Form später als Insel-Buch erschien. Mit Kernsätzen wie »Wer gegebenen Gesetzen folgt, hört auf, ein Schaffender zu sein« gehört es zum Provozierendsten und produktiv Anregendsten, was über Kunst gesagt worden ist. 1917 erschien Pfitzners Gegenpamphlet »Futuristengefahr«. Im selben Jahr schrieb Schönberg wichtige Marginalien in sein Exemplar des Busoni-Entwurfs, die kürzlich veröffentlicht wurden.

Erstaunlich ist der prophetische Weitblick auf Sechsteltöne, »kaleidoskopisches Durcheinanderschütteln von zwölf Halbtönen«, elektrisch gezeugte, synthetische Klänge. In seinen eigenen Kompositionen kam Busoni 1909 mit der »Berceuse Elégiaque«, 1912 mit der zweiten Klaviersonatine seinem Freiheitsideal am nächsten.

Um diese Zeit befreundete er sich mit Arnold Schönberg, dessen zweites Klavierstück aus Opus 11 er als »konzertmäßige Interpretation« bearbeitete. Umgekehrt instrumentierte Schönberg die »Berceuse« für die kleine Kammerbesetzung des »Vereins für musikalische Privataufführungen«.

Busoni hatte vom Musiktheater sehr eigenwillige Vorstellungen; seine antiillusionistische Ästhetik nimmt in vielem die von Bertolt Brecht voraus. Seine Opern – von der aus E. T. A. Hoffmanns Geist gezeugten »Brautwahl« über die Einakter »Turandot« und »Arlecchino« bis »Doktor Faust« – sind heute von gleicher künstlerischer Aktualität wie in den Zeiten ihrer Entstehung.

Der Mann, der seinen »Entwurf« Rainer Maria Rilke widmete, der mit Jakob Wassermann befreundet war, mit James Joyce über Shakespeare stritt, war selbst ein Schriftsteller und Dichter hohen Ranges.

Der Weltkrieg nahm ihm 1914 die Wahlheimat. Busoni ging in die Schweiz, und in seiner Züricher Wohnung trafen sich so ungleiche Geister wie Franz Werfel, René Schickele, Ludwig Rubiner, Leonhard Frank und Iwan Goll, durch den er Kontakt mit den Dadaisten des »Cabaret Voltaire« fand. In Zürich erlebte er auch die Uraufführung seiner Einakter mit Alexander Moissi in der Sprechrolle des Arlecchino.

Seit der Kindheit war Johann Sebastian Bach das große Vorbild für Busoni als Komponist. Von den vielen Denkmalen, die er ihm als Schaffender wie als Herausgeber setzte, ist das großartigste die Fortsetzung der »Kunst der Fuge«, die er »Fantasia Contrappuntistica« nannte. Als Dramatiker stellte er Mozart über alle anderen. Als harmonischer Erfinder und Schöpfer eines neuen Klavierstils wurde Franz Liszt sein entscheidendes Erlebnis.

1920 kehrte er als Leiter einer Meisterklasse für Komponisten der Akademie der Künste in seine Berliner Wohnung am Viktoria-Luise-Platz zurück. Zu seinen Schülern gehörten so verschiedenartige Talente wie Philipp Jarnach, Wladimir Vogel und Kurt Weill. Busoni entwickelte Begabungen, ohne ihnen seinen Stil aufzuzwingen. Er glaubte an die Macht des technischen Könnens. Dem Expressionismus und der modischen Atonalität – die auch Schönberg ablehnte – setzte er eine »junge Klassizität« entgegen.

Sein Klavierspiel hatte damals die höchste Reife und Vergeistigung erfahren. Ihn am Flügel zu sehen, wenn er mit marmorn unbewegtem Antlitz Wunder an Mozart vollzog, war ein künstlerisches Abenteuer sublimer Art. Dieses Spiel ist nur in wenigen Aufzeichnungen erhalten;

Busoni arbeitete höchst ungern für Schallplatte und mechanische Klaviere. Aber manches, wie Liszts »Campanella«-Etüde, läßt ahnen, welche Kunst da nachhallt.

Die Donaueschinger Musiktage wurden 1920 in Busonis Zeichen begonnen, doch ohne ihn, der im Sommer komponierte und nicht reiste. Nur der Einladung zur Bauhaus-Woche folgte er 1923. Hier kam es zur Begegnung mit Strawinsky, dessen »Geschichte vom Soldaten« (von Hermann Scherchen dirigiert, mit Carl Ebert als Sprecher) ihn tief bewegte und der ihm bekannte, auch er liebe nun die Klassiker. Doch Busoni war ein kranker Mann. Noch vor Beendigung seines größten Werkes, der Faust-Oper, starb er am 27. Juli 1924 in Berlin. Seine letzte Komposition war ein Goethe-Lied, »Schlechter Trost«. Seine letzten Worte waren Dank an Gerda, die Lebensgefährtin, die ihm die Augen schloß.

Der enthüllende Blick von unten
Hanns Eislers Schriften über Musik und Politik

Komponist und Agitator, gläubiger Anhänger Arnold Schönbergs und Wladimir Lenins, Kämpfer für eine neue Musik in einer neuen Gesellschaft, verkörperte Hanns Eisler das Dilemma von ästhetischem Grundgefühl und teleologischer Gesinnung. Die Welt zu verändern wurde zunehmend sein Wille, und mindestens seit 1925 war Musik für ihn ein Mittel des Klassenkampfes.

Wer ihn noch im Wiener Umkreis Schönbergs kannte, im abgetragenen hechtgrauen Soldatenrock Uraufführungen moderner Musik besuchend, fand ihn kurze Zeit später in Berlin verändert, doch nicht gewandelt. Der kaustische Witz, die spontane, oft durch Wortspiele geschmückte Bosheit war zielbewußt geworden. Eisler hatte den enthüllenden Blick von unten; was oben stand, verzerrte sich perspektivisch zur Geringheit – allerdings einer, deren Macht er nicht unterschätzte.

Der Sohn eines bürgerlichen Philosophen und einer bäuerlichen Mutter kämpfte mit seinen Mitteln für die Diktatur des Proletariats. Von diesem Kampf geben die Aufsätze, Kritiken, Vorträge, Diskussionsbeiträge und wissenschaftlichen Abhandlungen, die er seit 1924 niedergeschrieben und zum großen Teil veröffentlicht hat, ein ebenso vielfältiges Bild wie seine Musik. Der VEB Deutscher Verlag für Musik in Leipzig legt in einem über 500 Seiten starken Band vor, was bis zu Eislers Rückkehr nach Europa 1948 entstanden war, kündigt einen zweiten Band »Schriften 1948–1962« und dazu noch acht weitere Bände an, die Briefe, Tonbandgespräche und alle Arten von Dokumenten enthalten sollen. (Der Münchner Verlag Rogner & Bernhard hat die Ausgabe für die Bundesrepublik übernommen.)

Das vorliegende Buch beginnt mit dem zum 50. Geburtstag des Lehrers im Wiener »Anbruch« veröffentlichten Aufsatz »Arnold Schönberg, der musikalische Reaktionär« (1924) und endet ebenso kennzeichnend mit dem (englischen) Statement vor der Abreise aus den Vereinigten Staaten. Ab 1927 schrieb Eisler für die »Rote Fahne«. Der erste Beitrag war ein Beethoven-Aufsatz zur Zentenarfeier, den die These einleitet: »Er war kein Komponist des Proletariats, und doch gehört seine Musik *uns,* der aufsteigenden Arbeiterklasse, nicht aber der Bourgeoisie.« Neue Gedanken enthält die Arbeit nicht, es sei denn die Anregung, den Arbeitern Beethovens Streichquartette und Klavierwerke vorzuspielen. Von den Richtungen der modernen Musik ist die »Neue Sachlichkeit« ihm als Reaktion gegen romantisches Pathos sympathischer als Strawinskys neue Religiosität. Den Konzertbetrieb sieht er als eine rein kapitalistische Erscheinung, Schaljapin als einen Abtrünnigen, dem rechtens in Rußland der Ehrentitel »Künstler des Volkes« entzogen wurde. In diesen Dingen kannte Eisler keinen Spaß.

Um 1930 beginnen die historisch-materialistischen Betrachtungen über Musik mit Thesen wie »Eine Veränderung der Produktionsmethoden, eine Veränderung der Klassenstruktur bewirkt auch eine Veränderung der Organisationsmethoden der Töne«. Weniger schematisch ist die Fünfteilung der bürgerlichen Musik um 1930: 1. formal-reaktionär: keine Veränderung seit Ende des 19. Jahrhunderts erwünscht; 2. neuer Musik-Faschismus: »hochinteressante Strömung, lehnt Musik seit Bach als Zivilisationsmusik ab«; gegen bürgerlichen Kunstgenuß, gegen Konzertleben; will entpolitisieren; 3. ästhetische Kleinbürgerrichtung; gegen formale Reaktion, für Verfeinerung; zielt auf l'art pour l'art; 4. linke bürgerliche Musik; gegen Konzertbetrieb; neue Kollektivität; eine Art Manchester-Liberalismus; enthält einige sehr interessante formelle Strömungen; 5. Arbeitermusikbewegung; steht unter Führung von Reformismus, Kleinbürgertum und Demokratie; übernimmt wahllos alle Meinungen und Erzeugnisse der vier Richtungen. »Ihre Tendenzkunst ist kleinbürgerliches, rotgefärbtes Musikmaterial.«

Geschichte sieht Eisler sehr vereinfacht: Im Feudalismus ist Musik an den Höfen Privileg der herrschenden Klasse, in der Kirche Lehrmittel für die beherrschte Klasse, auf der Straße Volks- oder Arbeitslied; Gedanken werden rein polyphon dargestellt. In der bürgerlichen Gesellschaft macht das Konzert die Musik zur Ware; die Darstellung der Gedanken ist rein homophon.

Begeistert und ohne Kritik schildert er 1932 seine Arbeit für den Film »Komsomol« in Magnitogorsk und Moskau. Ironisch wird »ein Herr Wiesengrund-Adorno aus Frankfurt« abgetan, der sich bemühe, marxistische Methoden anzuwenden, und dialektischen Materialismus mit dialektischem Mystizismus verwechsle. »Es genügt nicht, an Stelle des lieben Gottes ... die Zwölftontechnik zu substituieren.« Massiv und ganz ohne Ironie heißt es 1933 gegen Ernst Krenek, der beim Florentiner Maggio Musicale am italienischen Faschismus geistige Freiheiten entdeckt hatte: »Krenek und den übrigen Herren, die sich jetzt à la Starhemberg umschalten werden, sei in aller Schärfe gesagt: Es werden sich noch in Wien nasse Fetzen finden, um die vollgefressenen Hyänen zu hindern, an den Gräbern unserer ermordeten und noch nicht gerächten italienischen Genossen ihre Bedürfnisse zu verrichten!«

In einem französisch begonnenen, deutsch fortgesetzten Vortragsmanuskript über die deutsche Arbeitermusikbewegung bezeichnete Eisler symphonische Musik als typisch bürgerliche Form des Musizierens: »Die Frage einer sinfonischen Orchestermusik proletarischen Charakters ist genauso unlösbar wie der Versuch, einen Frack durch Bestreichen mit roter Farbe in ein proletarisches Kleidungsstück zu verwandeln.« (Damals, 1933, gehören Dimitrij Schostakowitschs Symphonien 1–3 und Nikolai Miaskowskys Symphonien 5–12 zu den erfolgreichsten Stücken des sowjetrussischen Konzertlebens!)

Englisch begonnen, deutsch zu Ende geführt wurde 1934 eine wissenschaftliche Fleißarbeit ähnlichen Inhalts, in der Hans von Bülows und Franz Liszts sozialistische Chöre gelobt, die bürgerlichen Karrieren von ehemaligen Freunden, den Dirigenten Hermann Scherchen und Jascha Horenstein, gerügt werden. Im selben Jahr entstand ein Flugblatt gegen Furtwängler, der mit den Berliner Philharmonikern wie alljährlich in Paris die Neunte Symphonie aufführte: »Er hat sich gegen die Wahrheit auf die Seite der Mörder gestellt.« 1935 ändert sich seine Haltung zu dem Dirigenten, der zusammen mit Hindemith in die Schußlinie der Nazis geraten war.

In der großen Abhandlung über das Verhalten der Arbeitersänger und -musiker in Deutschland heißt es zu dem Nazischlagwort »Kunst dem Volk«: »Mozart und Beethoven muß sich das Proletariat genauso erobern wie eine gesunde Wohnung, ein gutes Essen, eine sinnvolle Erziehung seiner Kinder und ein gesichertes Alter.« Sie enthält wichtige Abschnitte über Wagner, klassische Musik, Kitsch im Faschismus, zweierlei Volksliedpflege und moderne Musik. Schönberg, Strawinsky und Bartók sind für Eisler bewußt bürgerliche Komponisten, deren fortschrittliche Sprache abstoßend wirkt. Ihre Musik spiegele die Verworrenheit der kapitalistischen Zustände ohne Beschönigung und Kritik. »Es gibt z. B. eine Oper von Arnold Schönberg, in der ganz einfache Sätze vom Kaffeetrinken oder von der Kindererziehung in so merkwürdiger Weise gesungen werden, daß man glaubt, todkranke Hyänen miteinander sprechen zu hören.«

Etwas später wird Hindemith wegen seiner handwerklichen Gesinnung und gegen l'art pour l'art gerichteten Haltung anerkannt, obwohl er für Snobs, katholische Kleinbürger und die sektiererische deutsche Jugendmusikbewegung, ja sogar die auf alten Volksliedern beruhende Symphonie »Mathis der Maler« für den deutschen Faschismus geschrieben habe. »Obwohl Hindemith für uns vorläufig nur wenig praktischen Wert hat und er sich gründlich ändern müßte, wenn er für die Arbeiterklasse Nutzen bringen will, so sind wir doch für ihn und gegen die faschistische Musikpolitik.«

Immer wieder finden sich (oft widersprüchliche) Auseinandersetzungen mit Schönberg und Hindemith. Hiebe fallen gegen Strauss und seinen »platten Naturalismus« und gegen die »unechte, sentimentale Weltanschauungsmusik Gustav Mahlers«.

In Prag entsteht 1938 ein Dialog mit Ernst Bloch »Die Kunst zu erben«. Bloch, überzeugt von der »Fäulnis« der untergehenden kapitalistischen Gesellschaft, meint, der Marxismus akzeptiere zwar die letzte Maschine der spätbürgerlichen Technik als die beste, nicht aber das Erbe aus ideologischen Erscheinungen und Produkten. Gegen Eislers Vorschlag, klassisches Material für den Kampf auszusondern und zu präparieren, wendet sich Georg Lukács: »Fremder, hochmütiger, ablehnender kann man sich zu der glorreichen literarischen Vergangenheit des deutschen Volkes nicht verhalten.« Eisler bleibt ihm die Antwort nicht schuldig, spricht von »Stammtischformulierung«, »Fremdheit gegenüber der Realität« und falscher Grammatik.

Bei kurzem Aufenthalt in Mexiko 1939 hielt Eisler Vorträge im Konservatorium über moderne Harmonik und moderne Instrumentation, die völlig konventionell sind. Ungleich wichtiger sind die Arbeiten aus der Praxis der Filmkomposition 1940–1942, die Vorlesungen 1943 und 1944 an der University of California at Los Angeles über Filmarbeit und die gemeinsamen Studien mit Theodor W. Adorno. Doch auch diese in Buchform veröffentlichte gemeinsame Arbeit endete mit Zwist. Zu den traurigen Lehren der Eislerschen Schriften aus Amerika gehört die Erkenntnis, daß unter den begabtesten Intellektuellen der Emigration ein Kampf aller gegen alle entstand. Selbst die Einigkeit im Kampf gegen den Nationalsozialismus konnte die Zersplitterung nicht mildern.

Es liegt nahe, die tausend Widersprüche und unrichtigen Fakten anzukreiden, die beim Lesen dieser Texte deutlich werden. Aber es wäre auch billig, einem im Kampf gegen die Umwelt begriffenen Manne allein vorzuwerfen, was den gläubigen Anhängern einer Theorie der Weltverbesserung gemeinsam ist. Die Entwicklung der Musik in der kapitalistischen wie in der sozialistischen Welt hat fast alle Prognosen widerlegt, die Eisler für Oper, Konzertleben, Symphonie und die Integration der Moderne in die Gesellschaft gemacht hat. Aber darin steht er nicht allein, sondern in Gesellschaft derer, die ihm teils als Freunde, teils als Gegner verbunden waren: Brecht, Bloch, Adorno und Lukács.

Sieht man von der ideologischen Verzerrung ab, so bleibt doch das Bild einer außergewöhnlichen, über den Musikerdurchschnitt weit hinausreichenden Intelligenz, eines imponierenden Wissens und einer Sprachkraft, die formal überredet, auch wo der Inhalt fragwürdig ist.

1975

Optimismus und Skepsis
Boris Blacher zum Gedächtnis

Was seine Freunde seit Monaten befürchteten, was der zähe, schmale Körper in einem unbegreiflich wechselvollen Ringen gegen die Krankheit immer wieder hinauszögerte, ist eingetroffen: Boris Blacher, der noch vor wenigen Tagen heiter den 72. Geburtstag gefeiert hatte, lebt nicht mehr.

Er hatte gern gelebt, trotz des Leidens, das auf eine Tuberkulose der Jugend zurückging und ihn häufig zu langen Aufenthalten in Krankenhäusern zwang. Optimismus und Skepsis waren Komponenten seines Wesens. Blacher kam aus dem baltischen Deutschtum. Kindheit und Jünglingszeit standen unter chinesischen, mandschurischen und russischen Sternen. Als er 1922 aus Charbin nach Berlin kam, sollte er Architekt werden. Doch gegen den Willen des Vaters studierte er Musik und Musikwissenschaft, hatte früh Verbindung mit Film und Theater, fiel auf durch die Leichtigkeit, mit der er eilige Aufträge komponierend und orchestrierend erledigte. Schon in Charbin hatte er für eine »Tosca«-Aufführung aus dem einzigen vorhandenen Klavierauszug das ganze Material hergestellt.

Früh mit Klavier und Geige vertraut, konnte der junge Musiker bei Friedrich E. Koch seine Satztechnik, bei Arnold Schering, E. M. von Hornbostel und Friedrich Blume seine musikhistorischen Kenntnisse ergänzen. Gleichzeitig studierte er moderne Musik, Klavierstücke von Schönberg, Orchesterwerke von Strawinsky, die ihn stark beeinflußten. Er arbeitete mit Tanzgruppen, machte Versuche mit Ballettmusik, befreundete sich mit Rudolf Wagner-Regeny, dessen Theaterbegeisterung er teilte.

Als 1933 Hitler die deutsche Kultur verweste, gehörte Blacher zu den verdächtigen Modernisten. Er war nicht verboten, aber unerwünscht. Carl Schuricht fragte nicht danach und brachte 1937 mit den Berliner Philharmonikern seine »Concertante Musik« zur Uraufführung. Die begeisterten Hörer erzwangen eine Wiederholung des ganzen Stückes. Es zeigt die Merkmale des Blacher-Stils: trockene Synkopen-Rhythmik, klare, oft solistisch herrschende Orchesterfarbe, präzise Form. Unter der kühlen antiromantischen Maske versteckte sich lyrisches Empfinden.

Im selben Jahr brachte Kassel sein erstes Ballett »Fest im Süden«, dem 1940 die »Harlekinade« folgte. Partituren wie das Kammerkonzert und die »Hamlet«-Symphonie liegen dazwischen. Mit der Oper »Fürstin Tarakanowa« hatte Blacher 1941 in Wuppertal einen Achtungserfolg. Damals begegnete er der jungen Pianistin Gerty Herzog, die später seine Frau wurde und für die er Sonatinen und Klavierkonzerte schrieb.

Nach dem Zusammenbruch 1945 begann sein Aufstieg zum Weltruhm. Die »Paganini-Variationen«, von Johannes Schüler 1947 uraufgeführt, blenden durch Virtuosität des Orchestersatzes und des rhythmisch-vielstimmigen Gewebes. Das schon im Krieg entstandene Oratorium »Der Großinquisitor« nach Dostojewskis Novelle zeigt, zu welchem philosophischen Tiefgang sein Geist fähig war.

Größere Formen und Gedanken setzten die Reihe der Ballette fort, 1950 »Hamlet« in München, 1951 »Lysistrata« in West-Berlins Städtischer Oper. Hier kam auch 1952 seine erste komische Oper heraus, »Preußisches Märchen« nach dem Stoff des Hauptmanns von Köpenick. Ludwig Berger inszenierte sie, und obwohl das Stück gefiel, verletzte es so viele nationale Tabus, daß es nicht weiterging. Zu Blachers letzten großen Freuden gehörte es, daß die neue Inszenierung 1974 ihm einen sensationellen, bei jeder Aufführung verstärkten Erfolg brachte.

Unverwechselbar wird die Tonsprache in der Geschichte der Mörderin »Rosamunde Floris«, nach einem Schauspiel von Georg Kaiser; in Erwin Piscators Regie weckte das Stück Begeisterung und Skepsis. Blachers Neigung zu extrem sparsamem Satz bringt hier einen Stil der punktuellen Andeutung hervor, in dem neue Kompositionsmethoden verschmelzen. Seit den Klavierbagatellen 1950 arbeitete Blacher mit seinen »variablen Metren«, Takten, die auf mathematischer Grundlage schwellen und schrumpfen. Seit »Lysistrata« wandte er nach eigener Methode Zwölftonreihen an. In den sechziger Jahren traten dazu elektronische Experimente, die er im Studio der Technischen Universität betrieb. Die Oper »Zwischenfälle bei einer Notlandung« zeigte 1966 in Hamburg solche Möglichkeiten.

Neben den Balletten, darunter 1955 »Der Mohr von Venedig« und 1965 ein archaischer »Tristan« in Tatjana Gsovskys Choreographie, entstanden Orchesterstücke, Kammermusik, Lieder, elektronische Studien wie die »multiplen Raumperspektiven«. Variationen über ein Thema von Clementi ergänzten das Triptychon glänzender Klavierkonzerte. Ein merkwürdig distanziertes Requiem nimmt 1958 Elemente des »Großinquisitors« auf.

Diese mächtige Produktion wurde einem Pädagogenleben abgerungen, dessen Erfolge Blacher schon 1953 zum Direktor der Berliner Musikhochschule machten. Männer wie Gottfried von Einem, für den er auch Libretti geschrieben hat, Giselher Klebe, Isang Yun sind aus seiner Lehre gekommen. Auch West-Berlins Akademie der Künste hat Blacher nach Hans Scharouns Tod geleitet.

Immer wieder zog es ihn zur Oper. 1969 inszenierte G. R. Sellner in Berlin die jüdische Komödie »200 000 Taler« nach Scholem Alejchem, und Wuppertal brachte 1973 die »Yvonne« heraus, ein Stück schwarzen Humors mit glänzenden Theaterszenen. Zur Eröffnung des Theatersaales der Berliner Musikhochschule im Februar ist die Kammeroper »Das Geheimnis des verlorenen Briefes«, nach Edgar Allan Poe geschrieben, vorgesehen, deren Uraufführung Blacher nicht mehr erleben sollte.

Sein West-Berliner Haus, seine vier Kinder, aber auch seine Erfolge haben ihn in Zeiten des physischen Leidens beglückt. Er hat die vielen Ehrungen zu und nach seinem 70. Geburtstag, den Ehrendoktor der Universität Cork, die Auszeichnung durch das österreichische Große Ehrenzeichen im Dezember, noch sehr genossen. Die Musik selbst verliert mit ihm einen schöpferischen Geist hohen Ranges. Sein Werk hat mehr Impulse in die Produktion des Jahrhunderts getragen als viele modische Schulen, die es überleben wird.

Italiens Lehrmeister
Zum Tod des Komponisten Luigi Dallapiccola

Wer jemals mit Luigi Dallapiccola gesprochen hat, wird den Eindruck seines brennenden, durchdringenden Blickes und seiner zangenhaft zuklappenden Schlagfertigkeit im Dialog niemals vergessen. Dieser kleine, grazile Mann mit dem Kopf eines intellektuellen Raubvogels wirkte keineswegs wie ein Musiker, und seine Interessen gingen denn auch weit über das Gebiet der Musik hinaus. Wäre er nicht frühzeitig zur Komposition getrieben worden, aus dem Drang heraus, sich in der geordneten Sprache von Klängen auszudrücken, so hätte ein Philologe der musischen Art aus ihm werden können, ein Wissender und Forscher, dem sich auch die scheinbar trockenste Materie stets zu einem geistigen Abenteuer wandelt.

Dallapiccola ist am Mittwoch 71jährig in Florenz gestorben. Er stammte von der nördlichen Adria, wo italienische, österreichische und slawische Kulturströme zusammenfließen. Diese Küste wirkt wie eine nördliche Fortsetzung griechischer Gestade; das Land gehört dem europäischen Osten an und holt sich schöpferische Kräfte in sehnsüchtigem Blick nach Italien hinüber.

Kein Begriff ist für diesen engagierten Musiker so sehr zur Verpflichtung geworden wie der der Freiheit. 1904 geboren, hat er als junger Mensch die Gefährdung der Freiheit in Italien so schmerzlich erleben müssen wie später in der von Hitlers Truppen besetzten Heimat. In Dallapiccolas Familie muß ein Zug zur Opposition gewesen sein. Im Ersten Weltkrieg wurde der Vater, Gymnasialdirektor, nebst seinen Angehörigen zwangsweise nach Graz versetzt. Dem Sohn gab das die Chance, im Opernhaus Aufführungen zu hören, Wagners »Holländer«, »Meistersinger« und »Ring«, Mozarts »Don Giovanni«. Damals entschied er sich, Musiker zu werden. 1919 und 1924 hatte er die ersten Begegnungen mit moderner Musik, Debussys »Pelleas und Melisande« in Bologna, Schönbergs »Pierrot Lunaire« unter des Komponisten Leitung in Florenz. Die ersten Kompositionsversuche datieren von 1925, die ersten Klavierabende von 1926. Etwas später fesselte ihn eine Aufführung von Strawinskys »Noces« in Padua.

Mittlerweile waren die Studien am Konservatorium von Florenz beendet. Reisen führten nach Wien und Berlin, brachten Begegnungen mit moderner Musik und den tiefen Eindruck einer Aufführung von Gustav Mahlers erster Sinfonie. In Venedig fand er Kontakte mit Malipiero und Casella.

In seinen frühen Arbeiten herrschen noch folkloristische und klassizistische Elemente. Der Umschwung vollzog sich, bald nachdem Dallapiccola als Professor einer Klavierklasse am Konservatorium endgültig in Florenz seßhaft geworden war.

1936 begann die Arbeit an den »Tre Laudi« für Sopran und dreizehn Instrumente in einer Art Zwölftontechnik. Es war eine freie Adaption der Schönbergschen Methode, und Dallapiccola hat später selbst kritisch über diese Versuche geurteilt. Doch zweierlei war endgültig: die Befreiung vom Grundton und die Erfindung gesanglicher Melodien aus Zwölftonreihen. In allen seinen ästhetischen Untersuchungen hat Dallapiccola die Sensibilität über die Theorie, den melodischen Fluß über die konstruktiven Gesetze gestellt.

Zum Bild des Menschen und Künstlers gehörte auch seine Bindung an Laura Luzzato, die 1938 seine Frau wurde. Mit ihren hohen Geistesgaben, die ihn bei seinen Studien deutscher Literatur, namentlich Goethes, Thomas Manns (den er seitenweise zitieren konnte) und Heinrich Heines entscheidend förderten, war sie eine ebenbürtige Mitarbeiterin an seinen Texten.

Wenn die Generation Malipieros und Casellas sich zu den Quellen der italienischen Oper, namentlich zu Monteverdi, bekannte und das romantische Musiktheater des 19. Jahrhunderts ablehnte, so stellte Dallapiccola die abgebrochenen Brücken wieder her. Die Ablehnung Verdis und Puccinis, die dem künstlerischen Gewissen der Musiker zwischen 1910 und 1930 entsprach, wird von ihm korrigiert. Je reifer der Kunstverstand, je größer seine Erfahrung im Gebiet der gesungenen Tragödie wird, desto deutlicher nennt er die Kräfte dieser beiden Meister. Der leidenschaftliche Gefühlsausbruch, der die Klassizisten verstimmte, war für ihn Merkmal dramatischer wie nationaler Kräfte. Das zeigt sich auch in seinen Opern »Der Gefangene« und »Nachtflug«.

Auf dem Wege der Forschungen um Melodie und Oper entstanden Dallapiccolas Analysen von Mozarts »Don Giovanni«; um zu ermessen, wie sich in seiner Person der praktische Musiker mit dem Philosophen verband, muß man ihn bei einem seiner Vorträge am Klavier gehört haben.

Bei aller Vertrautheit mit deutscher Literatur und Sprache lag doch der Schwerpunkt seines Denkens in der Mittelmeerwelt, der ja auch Odysseus, der Held seiner letzten, 1968 in West-Berlin uraufgeführten Oper angehört.

Dallapiccola hat sich dem Gespräch über Probleme seines Schaffens nie entzogen. Als 1956 in Paris seine Befreiungslieder aufgeführt wurden, sagte er einem Interviewer, dieses Werk zeige eine strengere Anwendung der Zwölftontechnik als die früheren. Der Interviewer fragte: »Also eine immer strengere Befreiung?«, worauf der Komponist antwortete: »Für mich ist Zwölftontechnik nicht abstrakter als das System, das man das Gesetz der Oktave nennen könnte.«

Auf die Frage, ob die Befreiungslieder ein engagiertes Werk seien, erwiderte er: »Ich glaube nicht, daß der heutige Künstler sich in seinem elfenbeinernen Turm einschließen kann. Ein Künstler lebt und leidet mit seiner Zeit, heute nicht weniger als gestern. In den Befreiungsliedern habe ich versucht, den Menschen ein Wort der Liebe zu sagen und meine Sehnsucht nach Frieden auszudrücken. Nicht Frieden, wie die Politik ihn profaniert hat. Sondern Frieden gemäß der Definition des heiligen Bernhard: Einheit des Geistes, Sammlung der Seele, Güte des Herzens und Band der Liebe«.

Dallapiccola war kein bigotter Christ, doch sein Denken und seine Kunst waren den Traditionen verbunden, die aus dem Christentum erwuchsen. Er gehörte zu den Musikern unserer Epoche, die ihr Schaffen aus der Verantwortungslosigkeit gehoben haben, ohne dabei höchste Qualität und ästhetische Gültigkeit zu opfern. Sein Ruhm ist nicht kometengleich ins Bewußtsein der Welt getreten, sondern in einem langsamen

Prozeß. Dabei stand er in Widerspruch nicht nur zu den Konservativen, sondern auch zu manchen Repräsentanten neuer Musik, die ihm Konsequenz absprachen.

Sein Werk hat solcher Kritik nach beiden Seiten standgehalten. Als Schaffender von seltener Lauterkeit des Charakters, als Lehrer und Vorbild einer Generation stand er in der ersten Reihe der Musiker, deren Kunst Dienst an der Menschheit bedeutet.

Zwischen Ästhetik und Politik
Luigi Nonos »Al gran sole cărico d'amore«

Der Venezianer Luigi Nono steht als Komponist und als aktiver Marxist zwischen den Geboten der Ästhetik und der Politik. Als Hermann Scherchen 1950 in Darmstadt die »Variazioni Canoniche« seines damals 26jährigen Schülers uraufführte, war man gefesselt von der kompromißlosen Härte dieses Erstlingswerkes, dem eine Zwölftonreihe von Arnold Schönberg zugrunde lag. Den Eindruck bestätigten die folgenden Werke für Kammergruppen und kleine Orchester ebenso wie das »Varianti« genannte Violinkonzert, das Rudolf Kolisch 1957 in Donaueschingen wagemutig und überzeugend spielte. Hier ging ein denkender Musiker in der Anwendung esoterischer Techniken bis an Grenzen, die auch geschulten Hörern zum Verständnis konstruktiver Zusammenhänge von Rhythmen, Linien und Klängen gesetzt sind. Um Nonos Werk war eine Aura von Strenge und Unnahbarkeit, die es von den Produktionen seiner Alters- und Kampfgenossen Pierre Boulez und Hans Werner Henze abhob.

Doch dieser Herold der ausgepichten Satztechniken und einer Tonsprache fern jeder Popularwirkung glaubt an die Sache der Unterdrückten. Der einstige in Padua promovierte Jurastudent wurde zum Anwalt der Arbeiterklasse und aller Opfer, die ihr Kampf um die Herrschaft gefordert hat. Neben den Werken absoluter Musik entstanden Chöre und Kantaten auf Texte von García Lorca, Pablo Neruda, Paul Eluard, Cesare Pavese und anonymen Widerstandskämpfern, sämtlich aus dem Geist des antifaschistischen Aufruhrs. Guernica, Hiroshima und Auschwitz waren die örtlichen Symbole für Gesänge des Schmerzes und des Märtyrertodes.

Nach einem Ballett »Der rote Mantel«, das Tatjana Gsovsky 1954 in West-Berlin herausbrachte, stellte Nono 1961 in Venedig seine erste Oper auf die Bühne, »Intolleranza«, ein politisches Stück nach Gedichten von Bertolt Brecht, Wladimir Majakowski, Jean-Paul Sartre und anderen, die zu einer lockeren »azione scenica« verbunden werden. Eine Bühnenmusik zu Peter Weiss' »Die Ermittlung« ist aus elektronischen Klängen komponiert, die Nono seit 1964 häufig verwendet.

1972 beauftragte ihn das neue Triumvirat der Mailänder Scala, ein Bühnenwerk zu schreiben. Nono, damals mit dem Studium der Pariser Commune beschäftigt, entwarf eine Anthologie von Texten, in deren Mittelpunkt die klassenkämpferische Frau steht. Die Wände seines Arbeitszimmers auf der Giudecca bei Venedig waren mit Schrift, Notenlinien, Diagrammen und szenischen Entwürfen bedeckt. Zur Mitarbeit und Beratung zog er die Freunde Claudio Abbado und Maurizio Pollini heran, denen die Partitur gewidmet ist.

In Moskau traf er mit dem Regisseur Jurij Ljubimow, dem Bühnenbildner David Borowskij, dem Choreographen Leonid Jakobson zusammen, alle vom Taganka-Theater, das im Geist der großen russischen Modernisten Wachtangoff, Stanislawskij, Meyerhold und des Filmregisseurs Eisenstein neue szenische Mittel auswertet. Für Diskussionen zog Nono in Mailand den Kritiker Luigi Pestalozza zu Rate.

Der Titel dieses für ein neues Musiktheater bestimmten Werks »Al gran sole cárico d'amore« ist einem Gedicht Arthur Rimbauds auf die Hände einer Kämpferin der Commune entnommen, Hände, die, einst vom Sommer gebräunt, »unter der von Liebe geladenen Sonne« erblaßten. Liebe und Tod herrschen auf dem Kraftfeld der tragischen Vorgänge. Doch es ist die Liebe zur Menschheit, von der Nonos Werk handelt. Drei Frauen sind Hauptfiguren: die Communekämpferin Louise Michel, Maxim Gorkis »Mutter« und Cesare Paveses imaginäre Deola aus dem Turiner Aufstand von 1943. Ferner der Arbeiter Pavel, dessen Kampfplatz nach seiner Erschießung die Mutter einnimmt. Und als Nebenfiguren Guerillakämpferinnen aus Lateinamerika und Vietnam, Bismarck und seine französischen Gegenspieler Thiers und Favre.

Schauplätze sind, außer dem Paris von 1871, ein russisches Arbeiterviertel von 1905 und das von Nazis besetzte Turin. Menschen, Worte und Handlungen sind austauschbar. Es geht immer nur um eine Sache: den Klassenkampf ausgebeuteter Arbeiter gegen ihre Unterdrücker, zu denen jeweils auch Soldaten gehören.

In den zwei Bildern des Vorspiels, den neun des ersten und den sieben des zweiten Aktes wiederholen sich die tragischen Vorgänge des rasch erstickten Aufruhrs. Arbeiter erheben sich gegen die »Unterdrückungs-Maschine« und werden niedergemacht. Die Frauen teilen ihr Schicksal. Nono, der Marxist, gibt alle Schuld der bürgerlichen Klasse; wer die jüngere Geschichte kennt, wird Gedanken an die Stalin-Epoche, den ostdeutschen Aufstand 1953 und die Besetzung der Tschechoslowakei 1968 nicht beiseite schieben können.

Musikalisch bleibt Nono sich treu. Er verbindet ein symphonisch besetztes Orchester (dreifaches Holz, vierfaches Blech, dreifach geteilte Streicher, viel Schlagzeug, sechs Pauken) mit Chor, fünf weiblichen und drei männlichen Solisten und zieht für viele Szenen das Tonband hinzu, das teils reproduzierten, teils authentischen Schall, meist farbiges Rauschen, ausstrahlt. Blechbläser und Schlagzeug dominieren. Instrumente und Singstimmen werden gern in extremen Lagen verwendet.

Die Ästhetik dieser Musik ist eine des Schocks und der akustischen Überrumplung. Gleich zu Beginn der Partitur steht ein zwölftöniger Cluster: die Halbtonleiter in engster Lage wird dreifach fortissimo vom ganzen Orchester gespielt. Auch sonst verdrängt Chromatik fast überall die Tonalität, die nur in einigen Zitaten revolutionärer Lieder wie der russischen Dubinuska von 1910 blitzartig auftaucht. Wiederholungen vieltöniger Akkorde überspielen alle Ansätze zur Polyphonie. Selten treten Instrumente solistisch hervor wie die sechs Kesselpauken, deren Spieler durch Lichtkegel zum Akteur gemacht wird.

Glissando-Wirkung, wie sie Xenakis und Penderecki lieben, vermeidet Nono ebenso wie die Massen-Popular-Sprache Hanns Eislers. Sein wichtigstes Ausdrucksvehikel ist die menschliche Stimme. Für sie schreibt er eine neue, technisch sehr schwierige, aber im höheren Sinne sangbare Form des Belcanto. Die Melodien sind aus großen Intervallen zusammengesetzt, oft zwölftönig, ohne aber einem beim Hören erkennbaren Reihenprinzip zu folgen. Chöre und Orchester wirken je in elf Bildern mit. Von den Solisten hat der Alt vier Solonummern, der erste Sopran drei, das Ensemble der Sopranistinnen zehn. Die beiden ersten Soprane sind Koloraturstimmen und werden in extremer Höhe geführt, mitunter in der viergestrichenen Oktave bis zum f. Das entspricht dem exaltierten Ausdruck der Nonoschen Musik und den Gefühlen von Angst, Haß, Trotz und überschwenglicher Liebe, die in dem Stück herrschen. Ein neues Pathos bricht sich Bahn in dieser hochgespannten Tonsprache, fern dem romantischen und noch weit über das der Schönberg-Schule hinaus. Oft verzichtet Nono auf orchestrale oder elektronische Begleitung und läßt Chöre und Solisten a cappella singen.

Der Eindruck des Werkes, das zusammenhängende Handlung durch wechselnde Bilderbogen ersetzt, ist von dem der Mailänder Uraufführung nicht zu trennen. Sie hat die westliche Welt mit einem Regisseur hohen Ranges bekannt gemacht: Jurij Ljubimow. Mit seinem Bühnenbildner Borowskij verzichtet er auf allen Naturalismus (ausgenommen in den Kostümen). Quer über die große Bühne des Teatro Lirico laufen fünf Holzstege, die nach allen Seiten beweglich und um eine horizontale Achse drehbar sind. Sie lassen sich zu einem rechteckigen Dach vereinen, zu hölzernen Wänden hochstellen, schräg legen, auf den Schnürboden ziehen oder unten auflegen. Erschütterndster Eindruck, wenn fünf Salven vierzig Arbeiter der Commune liquidieren und jeweils ein Holzsteg mit den Kadavern niederklappt.

Unter dem Dach, das sich so geformt hat, tanzt ein Ballett vor dem Präsidenten Thiers, den ein Liliputaner darstellt. Nur eine Szene ist allzu billig gelöst: wenn der auf einer Metallstange reitende (übrigens falsch uniformierte) Bismarck mit der Stiefelspitze dem zwerghaften Thiers den Zylinder vom Kopf stößt. Solche groteske Szenen hat Erwin Piscator geistvoller und kritischer realisiert.

Die stärksten Wirkungen erreicht Ljubimow im zweiten Teil, den die Gestalt der Mutter beherrscht. Die russische Fabrik 1905, den Turiner Aufstand 1943, die Aufmärsche der Soldateska, die Ermordung des Pavel und die heroische Haltung der Mutter, die seinen Platz einnimmt, wird man nicht vergessen.

Besonders neuartig ist der Einsatz des Lichts. Immer wieder blenden ganze Breitseiten von Scheinwerfern einen riesigen Lichtkegel ins Publikum. Aus acht Öffnungen des Bühnenbodens steigen Lichtsäulen auf, in denen rasch bewegte Hände den Eindruck von Flammen hervorrufen. Plötzlich aufleuchtende Scheinwerfer unterstützen die Schockwirkungen der Musik. Auch die virtuos getanzten Ballette profitieren von dieser genialen Lichtregie. Eine stumme Tanzszene geht wie »eine Vorbereitung aller auf eine Ensembleprobe« der Handlung voraus.

Claudio Abbados beschwörende und exakte Stabführung hält unablässig das konzentriert spielende Scala-Orchester und die bewundernswerten Chöre im Griff. Acht Solisten von hoher stimmlicher und gesanglicher Qualität beseelen die Partien. An ihrer Spitze die beiden Sopranistinnen Slavka Taskova-Paoletti und Kristina Goranceva sowie die Altistin Eleanora Jankovic in der mächtigen Rolle der Mutter. Aber auch Franca Fabbri, die Mezzosopranistin Luisella Ciaffi Ricagno, von den Männern der Bariton Mario Basiola, traten überzeugend und musikalisch sicher hervor.

Es gibt im Verlauf der beiden Teile, die 51 und 42 Minuten dauern, keinen Moment heiterer Entspannung. Kampf, Liebe, Verzweiflung und Tod sind, wie immer bei Nono, die Impulse allen Geschehens. Das gibt dieser szenisch-musikalischen Bilderfolge eine Aura großer Düsterkeit. Daß von den revolutionären Texten Rimbauds, Gorkis, Brechts, Karl Marx', Lenins und anderer nur wenige gesprochene Sätze zu verstehen sind, liegt in Nonos antideklamatorischer Gesangs-Prosodie begründet, die ihn mehr der westlichen Avantgarde als der Agitpropkunst zuordnet.

Man muß kein gläubiger Christ sein, um die große Kirchenmusik von Palestrina bis Bruckner zu bewundern. Und man muß kein Marxist sein, um sich vor Luigi Nonos Meisterschaft und Ehrlichkeit zu verneigen. Die großartige Mailänder Wiedergabe wurde schon in der stark besuchten Generalprobe mit Beifall aufgenommen. Allen Unkenrufen zum Trotz war auch die Premiere ein voller, anhaltender, durch keinen Protest getrübter Erfolg. Nono und seine Helfer wurden enthusiastisch gefeiert.

Das tragische Genie Schostakowitsch
Zum Tode des sowjetrussischen Komponisten

Den Blick scheu zur Seite, die Stirn unter dem graumelierten Haar von Falten zerrissen; so sah man den berühmtesten Komponisten der Sowjetunion, einen der erfolgreichsten seiner Epoche, auf Kongressen und Musikfesten, zu denen er delegiert wurde. Alle Glücksgüter, mit denen die sozialistische Gesellschaft ihre Prominenten überschüttet, waren ihm zugefallen; Orden, Nationalpreise, Titel, Mitgliedschaft von Akademien, auch ausländischen, der Ehrendoktor der Universität Oxford, Datschas, Autos, die Bewunderung der Massen. Dennoch machte der Mann keinen glücklichen Eindruck. Vielleicht lag das Leiden in seiner slawischen Natur; vielleicht bedrückte ihn die Damoklessituation, in der er seit relativ jungen Jahren zu leben und zu schaffen hatte.

Sohn aus bürgerlichem Haus, verbrachte der in St. Petersburg Geborene seine frühen Studien in Moskau, wo noch Glasunow sein kindliches Talent förderte. Er stand bald inmitten der revolutionären Geistesatmosphäre, die »linke Kunst« mit linker Politik identifizierte. Berg, Hindemith, Schönberg und Strawinsky hinterlassen Spuren in seinen ersten Werken, die er später widerrief. Ein Stück wie die (heute verschollene) erste Klaviersonate zeugt von der gleichen Krise der Harmonik und Tonalität wie die deutlich benachbarte westliche Musik.

In der ersten Symphonie tritt 1926 die erstaunliche Begabung für große Form hervor. Sie begründet, von Männern wie Bruno Walter und Arturo Toscanini enthusiastisch gefördert, seinen Weltruhm. Wie sehr seine Begabung zum Kritischen tendierte, zur ätzenden Sozialsatire, zur

Aufdeckung menschlicher Schwächen, wurde 1930 in der genialischen Buffa »Die Nase« manifest, die seit 1963 mit glänzendem Erfolg in Düsseldorf, Frankfurt und München aufgeführt wurde. Aber gerade Schostakowitschs Sarkasmus, verbunden mit einer Neigung zu pessimistischer Skepsis, wurde sein Verhängnis in den Jahren, als die sozialistische Wirklichkeit sich bürgerlichen Normen zuneigte, ohne noch den Begriff der Eliten zu akzeptieren. Die politische Kritik an »Lady Macbeth von Mzensk« (die er Jahre später als »Katerina Ismailowa« neu bearbeitete) wurde zum ungeschriebenen Gebot, die eigenartigsten Seiten dieser Begabung zu liquidieren. Nach dem »Prawda«-Artikel von 1936, der eine Lawine von kalten Boykotten an »linker Kunst« auslöste, zwang man Schostakowitsch zu einem Schuldbekenntnis, das fortan seine Kräfte gespalten hat.

Dennoch floß der Strom seiner Musik. Die Reihe der großen Symphonien begann. Kammermusik, Klavierstücke, Chormusik, politische Lieder, Instrumentalkonzerte, Filmkomposition. Die Sprache hat sich der Regelung gefügt, ist tonal, weniger dissonant, melodiöser, rhythmisch ungebrochen. Der Zug zum Monumentalen, die optimistischen Finali, der ganze Geist des sozialistischen »Per aspera ad astra« lebt in dieser Kunst. Aber dazwischen zucken bisweilen die Flammen von einst hervor; skurrile Stimmungen in den Scherzi, hintergründige Klangvisionen in den langsamen Sätzen, tonales Zwielicht, wo das Programm es (etwa als Ausdruck bürgerlicher Zerstörung) rechtfertigt. Neben den großen Arbeiten, in denen stets die außerordentliche Potenz seiner Einfälle und seiner formenden Kraft erkennbar bleibt (das, was Schönberg an ihm »den langen symphonischen Atem« nannte), hat Schostakowitsch manchmal sehr dürftige Musik geschrieben; namentlich, wenn er sich die Aufgabe stellte, Polyphonie für bescheidenste Ansprüche zu liefern, wie in manchen Klavierfugen. Aber dann stehen wieder in dem Violinkonzert, das David Oistrach unvergleichlich gefühlswarm musizierte, Dinge von einer überzeugenden Kraft, wie sie nur Eingebung hervorbringt.

Schostakowitsch wird vielleicht von künftigen Generationen als das tragische Genie der erzwungenen Selbstrevision erkannt werden. Als der Schöpfer einer »Seconda pratica«, die nicht auf künstlerischen Erkenntnissen beruht, sondern auf der Entscheidung für eine Weltdeutung mit materialistischen Parolen und gleichsam religiösen Inhalten. Das Opfer solcher Entscheidung ist für den Künstler so hart wie für den Wissenschaftler, da es gegen bessere Einsicht Qualitäten preisgibt.

Schostakowitschs stilistischer Weg führt vom Modernismus zur Romantik zurück; seine Modelle werden Tschaikowski und Mahler. Als ich 1960 Alma Maria Mahler fragte, wo sie in der zeitgenössischen Kunst den Mahlerschen Weg fortgesetzt sehe, antwortete sie spontan: »Bei

Schostakowitsch und Karl Amadeus Hartmann.« Gerade Mahlers Wesenskern aber, die Kompromißfeindschaft, die in Fragen der Kunst keine Halbheiten zuließ, ist Schostakowitsch fremd gewesen. Ein paar Jahre vor seinem vorzeitigen Tod schien er zum Geist seiner Jugend zurückzufinden. Die Begegnung mit Jewtuschenkos Lyrik gab ihm neuen Mut, neue Kräfte der Kritik. Und abermals wurde Revision nötig, stieß das Ergebnis auf offizielle Bedenken.

Als 1970 bei den Festspielen in Aldeburgh Benjamin Britten die westeuropäische Erstaufführung von Schostakowitschs 14. Symphonie dirigierte, wurde klar, daß der Komponist hier eine neue, gänzlich verinnerlichte, weltabgewandte Aussagekraft gewonnen hatte. Das Werk, das elf Lieder für Sopran- und Baßsolo, Streichorchester und Schlagzeug vertont, kann als Gegenstück zu Mahlers »Lied von der Erde« angesehen werden. Es sind Vertonungen von Lorca, Apollinaire, Rilke und einem russischen Zeitgenossen von Puschkin, Wilhelm Küchelbecker, alle um das Problem des Todes kreisend. Diese Aufführung vereinte die Freunde Schostakowitsch und Britten und die übrigen hervorragenden russischen Musiker, die schon lange in Aldeburgh, unreglementiert, offene Aufnahme für ihre Kunst gefunden hatten. Daß die Musik über tragische persönliche Schicksale hinaus verbinden und versöhnen kann, wurde hier so deutlich wie lange nicht.

Neben Strawinsky, der seine Bewunderung nie erwiderte, und Prokofieff, der ihm als Musiker und Schicksalsgenosse nahestand, ist Schostakowitsch mit Abstand die größte russische Musikernatur des Jahrhunderts gewesen. Seine Biographie, wenn einst ein zensurfreier Nachfahre sie schreiben kann (anders als Martynow und Rabinowitsch), wird Licht auf die Kulturpolitik Sowjetrußlands werfen und wohl auch auf die Erfahrungen, die aus dem jungen, unbekümmerten Musiker von 1930 den hypernervösen Nationalkünstler seiner späten Jahre machten.

Ein Magier des Realismus
Zum Tode Walter Felsensteins

Als im Jahr 1947 mit der »Fledermaus« die Ost-Berliner Komische Oper eröffnet wurde, begann eine Epoche. Walter Felsenstein, damals 45jährig, war kein Unbekannter. Er kam, wie der ältere Carl Ebert, vom

Schauspiel, arbeitete sich an mittleren und kleinen Bühnen zum Regisseur hinauf und fand Mitte der zwanziger Jahre in Basel seine ersten Opernaufgaben. Über Freiburg, Köln, Frankfurt (1934) und eine kurze Zeit freier Tätigkeit führte der Aufstieg nach Zürich (Oberspielleiter 1938 bis 1940) und ans Berliner Schiller-Theater. Der Salzburger »Figaro« mit Clemens Krauss machte 1943 Furore.

Nach dem Krieg war Felsenstein am Berliner Hebbel-Theater tätig, bis ihm 1947 die sowjetische Besatzungsmacht das ehemalige Metropol-Theater zum Aufbau einer Musikbühne neuen Stils anvertraute.

In Wien am 30. Mai 1901 geboren, studierte Felsenstein zuerst an der Grazer Technischen Hochschule. Zwanzigjährig sattelte er um. Seither waren sein Leben, seine hohe und umfassende Intelligenz, seine eminente Willenskraft dem einzigen Ziel gewidmet, für das Theater eine neue Einheit der Mittel und der Formen zu finden. Wenn er sich dabei zunehmend der Oper und Operette, später auch dem Musical verschwor, hatte das gute Gründe. Für ihn, den Mann des totalen Theaters, waren die musikalischen Mittel unabdingbare Teile der großen panästhetischen Sinnen- und Geisteswelt, die er bis in ihre tiefsten Geheimnisse durchleuchtet und erforscht hat.

Sein Gedanke war nicht ohne Vorbilder. Stanislawskijs Universalschauspieler, Darsteller, Sänger, Tänzer und Akrobat zugleich, aber auch die Probentechnik des russischen Theatermannes, die Ethik des Zu-Ende-Arbeitens ohne Rücksicht auf Zeit und Kosten, trugen vielfach Frucht bei seinen Inszenierungen. Das Modell von Otto Klemperers Berliner Krolloper 1927 bis 1931 mit seinem Geist der Antikonvention, seinem Willen zur Werktreue tat ein übriges.

Warum »Komische Oper«? Der Name knüpft an den französischen Sprachgebrauch an. Er umfaßt neben der klassischen Operette auch die gesungene Tragödie und den Bereich der Spieloper. Anders als die »Große Oper« will die Komische kein Repräsentationstheater. Die Massenwirkungen der überdimensionalen Chor- und Ballettszenen fallen weg, ebenso die Pfauenräder singender Primadonnen. Im Zentrum der Felsensteinschen Idee steht das Drama, die Handlung, das Schicksal der agierenden Menschen, die einen Abend lang das Phänomen Theater verkörpern.

Was schon in der »Fledermaus« fesselte und unvergeßlich blieb, die realistische Verzauberung der Szene und ihrer historischen Träger, die Verwandlung von Stimmbesitzern in Darsteller, das steigerte sich 1949 in der »Carmen«. Felsenstein ging – wie auch in anderen Fällen – von der Urfassung aus. Wo Dialoge gemeint waren, durften keine Rezitative sie ersetzen. Die deutsche Textversion war zu revidieren. Felsenstein übersetzte neu. Das Resultat war hinreißend. Mit dem alten, aus Amerika heimgekehrten Klemperer am Pult, der das mäßige Orchester verzauberte, war es ein Triumph des musikalischen Theaters, an dem alle optischen und akustischen Mittel gleichberechtigt teilhatten.

Offenbach fand seinen dominierenden Platz in Felsensteins Repertoire. Da war »Orpheus in der Unterwelt« mit großen Berliner Schauspielern wie Aribert Wäscher, es folgten »Hoffmanns Erzählungen«, »Pariser Leben« und »Blaubart«. Daneben die Wiener Operette mit »Zigeunerbaron« und »Vogelhändler«.

Zu den genialsten Inszenierungen gehörte die von Leoš Janáčeks »Listigem Füchslein«. Wie Felsenstein hier eine Anthropomorphie der Waldtiere entwickelte, wie er Natur und Schicksal zu einer theatralischen Form verband, das war Erfüllung schlechthin. Nur einmal noch hat er in der gleichen Phantasiewelt ähnliches erzaubert: mit Benjamin Brittens »Sommernachtstraum«.

Doch auch der großen Singtragödie öffnete sich sein Theater. So wurden 1959 Verdis »Othello«, »Traviata« und »Rigoletto« zu bedeutenden Leistungen der Felsensteinschen Kunst.

Man hat ihm – wie vor ihm auch Klemperers Krolloper – Sängerfeindlichkeit, ja Musikfeindlichkeit vorgeworfen. Gewiß hat er keine Primadonnen entwickelt. Aber unter den Sängern und Sängerinnen seines Ensembles waren so bewährte wie Elisabeth Grümmer, Elfriede Trötschel, Hans Reinmar, Mathieu Ahlersmeyer und Josef Burgwinkel, unter seinen Entdeckungen Anny Schlemm, Sonja Schöner, Melitta Muszely und Irmgard Arnold. Nicht alle Dirigenten konnten sich seinen unkonventionellen Ideen unterordnen. Aber er hat Otto Klemperer, Vaclav Neumann und Harold Byrns zu seinen Mitarbeitern gemacht, hat in Stuttgart für den »Freischütz« 1967 den damals noch unbekannten Carlos Kleiber akzeptiert, Dimitri Kitaenko und Geza Oberfrank als Karajan-Preisträger engagiert.

Unter seinen Helfern in Dramaturgie und Regie waren so glänzende Begabungen wie Horst Seeger, Götz Friedrich und Joachim Herz, unter seinen Bühnenbildnern Rudolf Heinrich.

Trotz aller Konzentration auf das Berliner Haus, das 1966 in umgebauter Form mit Mozarts »Giovanni« wiedereröffnet wurde, fand der Unermüdliche Zeit zu umfangreicher Gasttätigkeit, in Hamburg, Frankfurt und Stuttgart, in Düsseldorf und am Wiener Burgtheater. Die Gastspiele seiner Komischen Oper in Paris und Moskau wurden Triumphzüge; nur Wien mochte den Landsmann, der auch als prominentester Theatermann der DDR den österreichischen Paß behalten hat, nicht gebührend anerkennen.

Er hat es den Kulturhütern des sozialistischen Deutschlands nicht leichtgemacht. Wo immer die Autonomie seiner Kunst auch nur in

Frage stand, zeigte Felsenstein sich hart. Doch aus allen Krisen, auch der schwersten 1958, ist er als Sieger hervorgegangen.

Im Februar 1975, längst durch ein Herzleiden in seiner Arbeitskraft dezimiert, brachte er seine dritte »Figaro«-Inszenierung heraus. Sie war eine Revision der von 1950 mit ihren scharf-politischen Akzenten. Wieder einmal war Felsenstein zum reinen Theater zurückgekehrt. Mozart, dem seine große Bewunderung galt, hatte sich ihm erschlossen.

In den 28 Jahren seiner Tätigkeit an der Komischen Oper hat Felsenstein Impulse ausgestrahlt, die nicht vergehen werden. Die Epoche, die er schuf, endete mit ihm. Es gibt keinen Nachfolger für diesen Begeisterten.

Alban Bergs »Wozzeck« nach fünfzig Jahren

Am 14. Dezember 1925 kam in der Berliner Staatsoper Unter den Linden ein Werk zur Uraufführung, das seit dem Erscheinen des Klavierauszuges Anfang 1923 als unaufführbar galt: Alban Bergs »Wozzeck«. Noch vor der Premiere gab es einen Presseskandal. Einige Berliner und Wiener Zeitungen berichteten von einer Protestkundgebung während der Generalprobe, die »in Tätlichkeiten auszuarten drohte«. Die Angriffe richteten sich vor allem gegen den jungen Generalmusikdirektor Erich Kleiber, der das Werk angenommen hatte und die Aufführung dirigierte. Ihn machte man für die langjährigen inneren Spannungen in der Oper verantwortlich, die zur fristlosen Entlassung des Generalintendanten Max von Schillings geführt hatten. Politische Motive spielten mit. Die Abneigung konservativer Opernfreunde gegen moderne Musik wurde geschickt durch kulturpolitische Denunziationen genährt, die den Repräsentanten fortschrittlicher künstlerischer Tendenzen »jüdisch-bolschewistische« Agitation vorwarfen. Einer der wenigen, die in dieser schweren Krise einen klaren Kopf behielten, war der preußische Kultusminister C. H. Becker.

Alban Berg, seit 1904 Kompositionsschüler Arnold Schönbergs, hatte sich mit Liedern, einer Klaviersonate und einem Streichquartett op. 3 als schöpferischer Geist hohen Ranges legitimiert, bevor er 1912 fünf Orchesterlieder nach Ansichtskartentexten von Peter Altenberg schrieb. Sie verursachten bei der ersten Aufführung am 31. März 1913 im Wiener Großen Musikvereinssaal einen Konzertskandal, der nur durch den um Strawinskys »Sacre du Printemps« zwei Monate später in Paris übertroffen wurde. Seither galt er, der aristokratische Kulturmensch, als gefährlicher Rebell.

Im Mai 1914 spielte Albert Steinrück im Wiener Residenztheater (den späteren Kammerspielen) die Titelrolle bei der Erstaufführung von Georg Büchners »Woyzeck«. Berg, längst auf der Suche nach einem Opernstoff, war begeistert und sofort entschlossen, das Stück zu komponieren. Dann brach der Weltkrieg aus, er wurde Soldat und konnte auch als Schreiber im Kriegsministerium an ernste künstlerische Arbeit zunächst nicht denken. Doch vollzog sich in diesen Jahren seine Identifikation mit dem Soldaten Woyzeck. »Steckt doch auch ein Stück von mir in dieser Figur, seit ich ebenso abhängig von verhaßten Menschen, gebunden, kränklich, unfrei, resigniert, ja gedemütigt diese Kriegsjahre verbringe.« So schreibt er am 7. August 1918 seiner Frau Helene.

1917 hatte er die Texteinrichtung des Büchnerschen Fragments nach einigen kompositorischen Vorbereitungen beendet; bald darauf, im Mai/Juni, entstand eine Szene des II. Aktes. Nach der Entlassung aus dem Wehrdienst im November 1918 ging die Arbeit vorwärts. Büchners Text, damals in Österreich kaum bekannt, fesselte ihn mehr und mehr. Am 19. August schon hatte er dem Freunde Anton von Webern über die Komposition schreiben können: »Ob ich damit zufrieden bin, kann ich Dir nicht einmal sagen, ich fühle beim Niederschreiben immerfort Wärme, und es geht mir auch leichter von der Hand, als ich nach einer so langen Pause gedacht habe ... Es ist nicht nur das Schicksal dieses von aller Welt ausgenützten und gequälten armen Menschen, was mir so nahegeht, sondern auch der unerhörte Stimmungsgehalt der einzelnen Szenen.«

Das Schicksal des armen Menschen bewegte ihn; aus dem Ästheten Alban Berg war ein sozial Empfindender geworden. Ein Opernstoff mit Außenseitern der Gesellschaft wie Woyzeck und Marie, die ihm ein Kind geboren hat, »ohne den Segen der Kirche«, ein Text, der an dem Hauptmann, dem Arzt und dem schönen Tambourmajor als Vertretern der Macht unverkennbar Kritik übt: das ging weit über die »Kameliendame«, »Manon Lescaut« und Murgers »Vie de Bohème« hinaus. Auch Schönberg, mit Text und Komposition der »Jakobsleiter« beschäftigt, äußerte bedenklich, Musik solle Engel, nicht Offiziersdiener behandeln. Doch als Berg ihm 1921 das fertige Manuskript vorlegte, änderte er sofort seine Meinung. Am 24. Oktober schrieb er an Emil Hertzka, den Direktor der Wiener Universal Edition: »Das ist eine Oper!! Eine echte Theatermusik! Technisch nicht leicht, aber durchaus ausführbar, kaum so schwer wie Schreker ... Ich bin sicher, daß er vor allem ein bedeutender Theatererfolg wird (obwohl die Musik gut ist!) ... Da sitzt alles so tadellos, als ob Berg nie etwas anderes geschrieben hätte als Theatermusik.«

Prophetische Worte, doch leider ohne Erfolg bei Hertzka. Der wollte, um den »Wozzeck« verlegen zu können, erstens eine Garantie für Aufführungen an mindestens einer Bühne und zweitens die Lieferung eines gedruckten Klavierauszuges. Dafür fehlten Berg die Mittel. Hier griff die mit Alban und Helene Berg eng befreundete Alma Maria Mahler-Gropius ein. Auf ihre Kosten wurde der »Wozzeck«-Auszug gedruckt.

Wer 1923 die Wirkung des schön gestochenen und gedruckten Auszuges auf junge Musiker erlebt hat, wird den beglückenden Schock nicht vergessen. Alles an dieser Musik schien neu und dabei formal wie emotionell begründet. Die Behandlung von Singstimmen und Orchester war den szenischen Handlungen mit naturalistischer Treue angeglichen. Rezitativ, Arioso und Sprechgesang im Geist des Schönbergschen »Pierrot Lunaire« fanden ihren logischen Platz in der Dramaturgie. Berg hatte von Büchners Szenen fünfzehn ausgesucht und in drei Akte zu je fünf eingeteilt. Jeder Akt hatte eine durchkomponierte Form, die sich ihrerseits aus traditionellen Formen zusammensetzte. Willi Reich hat nach Bergs Angaben die Formtabelle in seiner Biographie mitgeteilt: I. Akt (Wozzeck in seinen Beziehungen zur Umwelt), fünf Charakterstücke; II. Akt (dramatische Entwicklung), Symphonie in fünf Sätzen; III. Akt (Katastrophe und Epilog), sechs Inventionen.

Das Wort Invention ist buchstäblich zu nehmen. Berg hat da Strukturen und Gestaltungsweisen eingeführt, die um Jahrzehnte der seriellen Musik vorgreifen wie die Invention über einen Rhythmus in der Schenke nach dem Mord an Marie und die folgende Invention über einen Sechsklang, die Wozzecks Tod begleitet.

Die Tonsprache verbindet tonale, polytonale und atonale Mittel. Der Passacaglia der Szene mit dem Doktor im ersten Akt liegt ein Thema von zwölf Tönen zugrunde, Jahre bevor Schönberg die Reihenkomposition entwickelte. Maries Wiegenlied im ersten und ihre Märchenerzählung im dritten Akt, von Berg scherzhaft als die »Zuckerln« des Werks bezeichnet, ziehen ebenso wie das d-Moll-Zwischenspiel vor der letzten Szene neue Konsequenzen aus den aufregend-schönen Grenzbereichen der Tonart.

Außer der Teilung in fünfmal drei geschlossene Formen herrscht strenge Einheit des thematischen und motivischen Materials. Jede Figur und jede seelische Situation des Stücks hat ihre Leitgestalt, und aus dem Reigen der Motive hebt sich immer wieder die Viertonfolge »Wir arme Leut« heraus.

Auf die Zusendung des Klavierauszuges an die wichtigsten deutschsprachigen Bühnen gab es keine befriedigenden Reaktionen. Beim Salzburger Musikfest 1923 schlug Hermann Scherchen dem enttäuschten

Berg vor, aus Teilen des »Wozzeck« einen symphonischen Zyklus zu machen. So entstanden die drei Bruchstücke, die in Frankfurt beim Fest der Internationalen Gesellschaft für Neue Musik am 15. Juni 1924 unter Scherchens Leitung einen stürmischen Erfolg fanden. Damit war das Eis gebrochen. Erich Kleiber, längst entschlossen, an der Berliner Staatsoper den »Wozzeck« zu bringen (»und wenn's mich meine Stellung kostet!«), machte Pläne für Besetzung und Proben. Das Premierendatum wurde auf den 14. Dezember 1925 festgesetzt. Im November fuhr Berg nach Berlin; am 13. konnte er Helene berichten: »Unter dem größenwahnsinnigen Eindruck, daß der Wozzeck etwas ganz Großes ist und ebenso die Aufführung etwas ganz Großes wird, verbrachte ich die erste Probe mit Kleiber, Schützendorf, Witting (Andres), Marie und Kind. Ich habe es nicht für möglich gehalten, als Musiker und Dramatiker jemals so verstanden zu werden, wie dieses durch Kleiber geschieht, und das überträgt sich natürlich auf die Sänger, die fast durchweg erstklassig sind.«

Für die Titelpartie stand die Besetzung mit Leo Schützendorf (1886 bis 1931), einem der führenden Baritone des Hauses, gleich fest. Auch über den Heldentenor Fritz Soot (1878–1965) als Tambourmajor gab es keine Diskussion. Als Marie wurde zuerst Barbara Kemp, die international berühmte Frau Max von Schillings', dann Violetta de Strozzi vorgeschlagen. Kleiber entschied sich für eine aus Wiesbaden nach Berlin gekommene Schwedin. Sie hieß Sigrid Johanson, heiratete nach kurzer Opernlaufbahn einen Grafen Richthofen und lebt heute in Hamburg, wo sie 1973 die Belle Heaulmière in Götz Friedrichs François-Villon-Inszenierung »Das Testament« sang. Gerhard Witting, der Sänger des Andres, lebt in West-Berlin, Martin Abendroth, der des Doktors, über neunzigjährig, in Hoppegarten bei Ost-Berlin.

Bergs Begeisterung über Kleiber, die Solisten, das Orchester und die Inszenierung wuchs von Tag zu Tag. Er genoß Berlin und die Bewunderung, der er begegnete, saß im Romanischen Café, besuchte Franz und Maria Schreker, traf Freunde wie Hanns Eisler, Josef Schmid und Josef Rufer und litt nur unter der grausamen Kälte des verschneiten Berliner Spätherbstes 1925. Am 9. Dezember kam Helene aus Wien am Anhalter Bahnhof an.

Inzwischen liefen die infamsten Gerüchte über die Vorbereitungen zur »Wozzeck«-Premiere in Berlin um. Man sprach von 137 Proben (es waren nur 34) und einer völligen Blockierung des Spielplans durch die Inszenierung und die Überlastung des Orchesters. Die Absicht, dem unbequemen jungen Generalmusikdirektor Kleiber einen Strick zu drehen, lag offen zutage.

Am Sonnabend, dem 12. Dezember, elf Uhr, war Generalprobe vor geladenen Gästen. Stefan Wolpe und ich hatten Karten durch Kleiber bekommen. Die ganze Berliner Musikkritik war anwesend. Aus Wien war Paul Stefan, aus Prag Erich Steinhard gekommen. Neben mir saß ein junger bebrillter Mann mit dem Klavierauszug. Wir kamen ins Gespräch. Er stellte sich vor: Dr. Wiesengrund-Adorno aus Frankfurt. Wir kannten uns vom Lesen. Von der Probe, vom Klang des Orchesters waren wir alle schon nach dem ersten Akt fasziniert. Nach dem zweiten gab es spontanen Beifall, in den sich wütende Protestrufe und Pfiffe mischten, als Kleiber mit Berg vor den Vorhang trat. Doch der Erfolg, auch am Schluß, war überwältigend.

Ein Teil der Sonntagspresse hetzte gegen das Stück. Im Montagmorgen schrieb Klaus Pringsheim, Thomas Manns Schwager, entgegen der journalistischen Gepflogenheit eine Generalprobenkritik. Sonst ein Herold des Fortschritts, stand er auf seiten der Kleiber-Gegner und somit auch gegen »Wozzeck«.

Montag um sieben Uhr abends war Premiere. Beim Betreten des Hauses spürte man die ungeheure Spannung, die in der Luft lag. Ein glänzendes Publikum saß in Parkett und Rängen. Man sah Franz Werfel und seine Frau Alma Maria, das Ehepaar Schreker, prominente Sänger wie Frida Leider und Karin Branzell, Heinrich Schlusnus und Friedrich Schorr. In Kleibers Proszeniumsloge saßen Alban und Helene Berg.

Die Inszenierung war eindrucksvoll. Franz Ludwig Hörth führte in den maßvoll modernen Bildern von Panos Aravantinos eine Regie, die den Stimmungswerten der mystisch-unheimlichen wie der grausam-realistischen Szenen gerecht wurde. Unvergeßlich ist der Klang des Orchesters mit den Unkenrufen am Teich, dem erschütternden Crescendo auf dem Ton h, den vulgären Rhythmen des Tanzbodens und der Schenke. Unvergeßlich auch die schmerzliche Schönheit der neuen Melodik. Kleiber und die Sänger wuchsen über sich selbst hinaus. Der Beifall, als der Vorhang über den spielenden Kindern fiel, war explosiv. Er steigerte sich zur Kundgebung, als Kleiber und Berg erschienen. Wir hatten das Gefühl, einem historischen Ereignis beigewohnt zu haben.

Ein Teil der Presse schäumte vor Wut. Paul Zschorlich schrieb in der ultrarechten »Deutschen Zeitung«: »In Bergs Musik gibt es nicht die Spur einer Melodie. Es gibt nur Brocken, Fetzen, Schluchzer und Rülpser ... Ich halte Alban Berg für einen musikalischen Hochstapler und für einen gemeingefährlichen Tonsetzer ... Es handelt sich, im Bereich der Musik, um ein Kapitalverbrechen.« Die Universal Edition veröffentlichte später ein Flugblatt, wo man das und ähnliches lesen kann; aber auch positive, ja begeisterte Stimmen, wie die von Oskar Bie, Adolf Weißmann, Karl Holl, Max Marschalk und vielen anderen.

Die Jasager behielten recht. Aus dem Skandalon wurde ein Welterfolg. In dem sorgfältig dokumentierten Buch »Wozzeck von Alban Berg«, das die Universal Edition zum 50. Jahrestag der Uraufführung herausbringt, und dem einige Daten und Fakten dieses Aufsatzes entnommen sind, findet man die Statistik der Erstaufführungen: 1926 Prager Nationaltheater, Dirigent Otakar Ostrčil, 1927 Marientheater Leningrad, 1929 Landestheater Oldenburg, Dirigent Johannes Schüler, 1930 Staatsoper Wien, Dirigent Clemens Krauss, 1931 Hessisches Landestheater Darmstadt, Dirigent Karl Böhm, Metropolitan Opera Philadelphia, Dirigent Leopold Stokowski, Opernhaus Frankfurt, Dirigent Hans Wilhelm Steinberg – um nur die wichtigsten herauszugreifen. Regisseure wie Lothar Wallerstein, Oscar Fritz Schuh und Walter Felsenstein, Bühnenbildner wie Caspar Neher, Hein Heckroth, Ludwig Sievert, Sänger wie Alfred Jerger und Rose Pauly bewährten sich an den Aufführungen.

Im November 1932 brachte Kleiber das Werk neu besetzt an der Lindenoper heraus. 1933 verschwand es von deutschen Bühnen. Als Londons Covent Garden 1934 die Aufführung plante und Dekorationen in Deutschland ausleihen wollte, hatten die Theater ihren Fundus im nationalsozialistischen Sinne schon »gesäubert«.

Berg sollte den zweiten, endgültigen Triumph seines »Wozzeck« nach dem Zweiten Weltkrieg nicht erleben. Er starb 1935. Seine Frau Helene hat ihn um 40 Jahre überlebt und kürzlich in der alten Wiener Wohnung den neunzigsten Geburtstag gefeiert. Sein Werk, dessen neuartige dramatische Sprache bei Schostakowitsch, Britten, Henze, B. A. Zimmermann und anderen Zeitgenossen nachklingt, widerlegt die These, nach Strauss' »Rosenkavalier« und Puccinis Triptychon sei die Oper gestorben.

Nachwort

Die Auswahl aus meinem publizistischen Lebenswerk geschah nach Richtlinien. Es war nötig, aus der großen Menge von Arbeiten alle auszuscheiden, die nur an ihr Datum gebunden waren. Doch erwies sich, daß einige an Gültigkeit kaum eingebüßt, manche nach Jahrzehnten neue Aktualität gewonnen haben. Das gilt besonders für die Betrachtungen ideologisch-soziologischer Fragen und die Auseinandersetzung mit den Problemen der mechanischen Wiedergabe von Musik.

Könnte man wissenschaftliche Wortschöpfungen patentieren, so wäre ich ein reicher Mann. »Stereophonie« ist ein Begriff, den ich 1925 eingeführt habe, ein Vierteljahrhundert vor Beginn seiner kommerziellen Anwendung. Prioritäten solcher Art wird man in diesem Buch öfters finden. So habe ich seit 1920, als Interpret seiner Klavierstücke wie als Schriftsteller, auf den damals in Deutschland unbekannten Erik Satie hingewiesen. Der Aufsatz in der »Vossischen Zeitung« 1926 hatte Folgen: kein Geringerer als Arnold Schönberg rieb sich daran.

Auch Revisionen werden nach Kenntnis meiner Aufsätze nötig sein. Das »Image« des unbedingten Propagandisten für alle seriellen und aleatorischen Satztechniken seit den fünfziger Jahren, das mir in Mitteleuropa, Amerika und der sozialistischen Welt anhaftet, wird sich als falsch erweisen. Ich glaube, die Jugend allezeit gefördert zu haben, doch nie ohne Kritik an der Sache.

Meine eigene publizistische Tätigkeit hat sehr früh begonnen. Als Primaner schrieb ich kleine Aufsätze, die 1920 erschienen, so »Mahler und Schönberg« in Max Reinhardts Hauszeitschrift »Das junge Deutschland«, »Ausblick in die Musik« in Paul Westheims »Kunstblatt« und »Melodie« (ein Vergleich J. S. Bachs mit Schönberg) in Hermann Scherchens »Melos«.

1924 lebte ich in Wien, 1925 in Paris. Die Kontakte mit Schönberg und seinem Wiener Kreis, in Paris mit George Antheil, Georges Auric, Darius Milhaud und Francis Poulenc erweiterten meinen Horizont. Ich übersah nun die beiden wichtigsten Spannungsfelder der zeitgenössischen Musik. So glaube ich recht zu tun, wenn ich die vorliegende Auswahl mit Arbeiten aus dem »Wozzeck«-Jahr 1925 beginne.

Im Umgang mit der Sprache habe ich denken gelernt. Reines Deutsch zu schreiben erschien mir immer als die wichtigste Pflicht. Dabei habe ich mein Leben lang versucht, für komplizierte Dinge die einfachste Formel zu finden, wenn möglich unter Vermeidung jeder fachlichen und philosophischen Mandarin-Sprache.

Im Dezember 1934 strich mich der Reichsverband der deutschen Presse von der Berufsliste der Schriftleiter; die Mitteilung hängt als Adelsbrief in meinem Arbeitszimmer. Seither vollzog sich meine publizistische Tätigkeit exterritorial. Die wichtigsten Arbeiten erschienen englisch, so 1935 eine über Paul Hindemith in »The Chesterian«, 1938 eine über Karol Szymanowski in »Music and Letters«, eine über Eduard Hanslick in »Musical America«, 1939 alle Artikel über tschechoslowakische Musik in Oscar Thompsons »Cyclopedia of Music and Musicians«. Meine deutschen Originaltexte gingen verloren, ebenso die der in französischer, schwedischer, finnischer, polnischer, italienischer und lettischer Sprache veröffentlichten Arbeiten.

1937 siedelte ich nach Prag über. Von September an schrieb ich Kritiken und Feuilletons, auch über Schauspiel, Film, Bücher, Ausstellungen, Varieté und Zirkus für das »Prager Tagblatt«, von März 1939 an für dessen Nachfolgezeitung »Der Neue Tag«, solange das Regime des Reichsprotektors Neurath gegen den Willen des Goebbels-Ministeriums mein Schreibverbot ignorieren konnte. Nach Neuraths Sturz 1941 mußte ich mich dem Zugriff seines Nachfolgers Heydrich durch Meldung zur Wehrmacht entziehen.

Von den 1937 bis 1941 in Prag erschienenen Arbeiten sind die musikalischen für diese Sammlung nicht interessant genug; zu sehr war das nationalsozialistisch beherrschte Mitteleuropa dem kulturellen Geschehen der Welt entrückt.

Während meiner Tätigkeit als französischer, italienischer und englischer Dolmetscher in einem Divisionsstab von 1942 bis 1945 sowie in der amerikanischen Kriegsgefangenschaft bis Mai 1946 habe ich nichts geschrieben. Nach Berlin zurückgekehrt, veröffentlichte ich viele Aufsätze und Kritiken, vor allem in der »Neuen Zeitung« und der von Josef Rufer und mir herausgegebenen Zeitschrift »Stimmen«. Nach der Berufung zum Professor für Musikgeschichte an der Berliner Technischen Universität 1949 überwogen Lehre und Forschung sowie die Arbeit an meinen ersten beiden Büchern an Bedeutung die – allerdings nie unterbrochene – publizistische Tätigkeit. Von den Aufsätzen bis 1954 entsprach keiner den Richtlinien für dieses Buch. Dann begann die Auseinandersetzung mit vielerlei neuen Erscheinungen und Gedanken, seit 1959 vor allem mit den Phänomenen der außereuropäischen Musik. Durch die Reisen nach dem Nahen Osten, Indien, Japan und Lateinamerika hat sich mein musikalisches Weltbild so erweitert und teilweise gewandelt, daß der Reflex solcher Entwicklung in dieser Sammlung nicht fehlen durfte.

Über mein Verhältnis zur avantgardistischen Musik der fünfziger Jahre gibt der Beitrag »Die Ordnung der Freiheit« Auskunft, der 1961 als Eröffnungsrede zu den Donaueschinger Musiktagen gesprochen wurde; über meine Erkenntnisse zur Kultursoziologie der Aufsatz »Die Musik, der Mensch und die Menschen«.

Als junger Mensch nach dem Zusammenbruch aller scheinbar gesicherten Werte 1918 war ich überzeugter Revolutionär, wie es diesem Lebensalter entspricht. Ich habe damals Karl Marx gelesen, mir seine Grundbegriffe eingeprägt und angeeignet, durch ihn dialektisch denken gelernt. Mit wachsender Einsicht und Reife erkannte ich später die Unabhängigkeit der künstlerischen Werte von den gesellschaftlichen und widmete mich seither immer bewußter den erstgenannten. Man wird die Stationen dieses Weges in Aufsätzen wie »Sozialisierung der Musik« 1927, »Was ist bürgerliche Musik«? 1948, »Musik kann auch dem Gegner dienen« 1965, »Der enthüllende Blick von unten« 1974 und »Zwischen Ästhetik und Politik« 1975 erkennen.

Zu allen Zeiten meines Lebens hatte ich das Glück, schöpferischen Menschen hohen Ranges und großen darstellenden Künstlern zu begegnen; einigen von ihnen konnte ich publizistisch helfen. Im Umgang und Gespräch mit ihnen lernte ich Kunst als das allein Unzerstörbare schätzen und bewundern, Kunstwerke als die einzigen Äußerungen menschlichen Geistes, die an Ewigkeit heranreichen und keiner Revisionen bedürfen.

Berlin-Grunewald, Sommer 1976 H. H. Stuckenschmidt

Quellenverzeichnis

Die Mechanisierung der Musik
Pult und Taktstock. Fachzeitschrift für Dirigenten, 1925, Heft 1.
Stereophonie?
Pult und Taktstock. Fachzeitschrift für Dirigenten, 1925.
Aktualität und Ewigkeit
Vossische Zeitung, 8. 9. 1926.
Bergs »Wozzeck« und die Berliner Aufführung
Pult und Taktstock. Fachzeitschrift für Dirigenten, 1926, Heft 1.
Erik Satie
Vossische Zeitung, 11. 12. 1926.
Sozialisierung der Musik
Vossische Zeitung, 19. 2. 1927.
Neue Sachlichkeit in der Musik
Vossische Zeitung, 7. 5. 1927.
Klassizismus
Vossische Zeitung, 5. 5. 1928.
Das Banale in der Musik
Vossische Zeitung, 27. 4. 1929.
»Christoph Columbus« von Darius Milhaud
B. Z. am Mittag, 6. 5. 1930.
Erfolg und Qualität
Vossische Zeitung, 4. 10. 1930.
Der Musik-Ingenieur
Vossische Zeitung, 28. 3. 1931.
Pirandello plus Malipiero. Uraufführung der »Fabel vom vertauschten Sohn«
B. Z. am Mittag, 15. 1. 1934.
»Der Kreidekreis« in Berlin
B. Z. am Mittag, 24. 1. 1934.
Romantik und Impressionismus in der Musik
Schweizerische Musikzeitung, 1939, Heft 5.
Ästhetik des Schrecks
Die Neue Zeitung, 1. 9. 1947.
Shaw und Wagner
Stimmen, 1948, Heft 4.

Was ist bürgerliche Musik?
Stimmen, 1948, Heft 7.
Furtwängler – Ende einer Epoche
Der Monat, 1955.
Der elfenbeinerne Turm
Melos, 1955.
Die Scheinklassik in der Musik
Neue Zürcher Zeitung, 1956
Treffpunkt Donaueschingen
Merian, 1957.
Zahlenzauber und Gottsuche in der Neuen Musik
Vortrag, Stuttgart 1957.
Folkloristische Möglichkeiten in Neuer Musik
Neue Deutsche Hefte, Heft 47, Juni 1958.
Sitten und Gebräuche der Neutöner
Der Monat, Dezember 1958.
Schillinger oder die errechnete Kunst
Frankfurter Allgemeine Zeitung, 9. 5. 1959.
Grenzen des musikalischen Hörens
RIAS Berlin, 18. 1. 1960.
Amerikanische Wege zum Musiktheater
Frankfurter Allgemeine Zeitung, 15. 3. 1960.
Amerikanische Konzertprogramme – eine bunte Palette von Gabrieli bis Boulez
Frankfurter Allgemeine Zeitung, 25. 4. 1960.
Orient und Okzident. Bericht vom Ost-West-Musikfest in Tokio
Frankfurter Allgemeine Zeitung, 16./17. 6. 1961.
Die Ordnung der Freiheit
Neue Zürcher Zeitung, 19. 11. 1961.
Musik am östlichen Mittelmeer. Jeunesses Musicales, Kehlgesang, Vierteltöne und Beethoven
Frankfurter Allgemeine Zeitung, 24. 4. 1962.
Die Abschaffung der Harmonik
Frankfurter Allgemeine Zeitung, 17. 8. 1962.
Glissandos, Tontrauben, Elektronenschall. Das Warschauer Fest für neue Musik
Frankfurter Allgemeine Zeitung, 28. 9. 1962.
Oper im Originaltext bevorzugt?
Frankfurter Allgemeine Zeitung, 25. 3. 1963.
Darmstadt am Scheideweg
Frankfurter Allgemeine Zeitung, 23. 7. 1964.
Sinn und Unsinn des Melodrams
Melos, 1964
Daneben der Andere lebt. Gemeinsamkeiten bei Alban Berg und Debussy
Frankfurter Allgemeine Zeitung, 30. 4. 1965
Musik kann auch dem Gegner dienen. Probleme der engagierten Musik
Frankfurter Allgemeine Zeitung, 31. 12. 1965.

Interpret eines musikalischen Weltbildes. Zum Tode Hermann Scherchens am 12. Juni 1966
RIAS Berlin, 18. 6. 1966.
Musik keine Weltsprache? Streifzüge durch lateinamerikanische Musikzentren
Frankfurter Allgemeine Zeitung, 13. 7. 1967.
Nachruhm als Mißverständnis: Richard Wagner
RIAS Berlin, 1969.
Die Musik, der Mensch und die Menschen
Neue Zürcher Zeitung, 5. 4. 1970.
Wandelstern im Reich der Musik. Zum Tod von Igor Strawinsky
Neue Zürcher Zeitung, 7. 4. 1971.
Musik und ihre Völker. Der 7. Musikratskongreß in Moskau
Frankfurter Allgemeine Zeitung, 20. 10. 1971.
Cage, Computer, Kommunikation
Frankfurter Allgemeine Zeitung, 21. 7. 1972.
Weit über Wieland Wagner hinaus. Joachim Herz inszeniert »Rheingold« und »Xerxes« in Leipzig
Frankfurter Allgemeine Zeitung, 13. 4. 1973.
Paul Dessaus »Einstein«
Frankfurter Allgemeine Zeitung, 18. 2. 1974.
Daumenabdruck auf einem Jahrhundert: Arnold Schönberg
Frankfurter Allgemeine Zeitung, 2. 3. 1974.
Unvergessener Busoni. Zum 50. Todestag des Musikers und Kosmopoliten
Frankfurter Allgemeine Zeitung, 26. 7. 1974.
Der enthüllende Blick von unten. Hanns Eislers Schriften über Musik und Politik
Frankfurter Allgemeine Zeitung, 31. 8. 1974.
Optimismus und Skepsis. Boris Blacher zum Gedächtnis
Frankfurter Allgemeine Zeitung, 1. 2. 1975.
Italiens Lehrmeister. Zum Tod des Komponisten Luigi Dallapiccola
Frankfurter Allgemeine Zeitung, 21. 2. 1975.
Zwischen Ästhetik und Politik. Luigi Nonos »Al gran sole cárico d'amore«
Frankfurter Allgemeine Zeitung, 7. 4. 1975.
Das tragische Genie Schostakowitsch. Zum Tode des sowjetrussischen Komponisten
Frankfurter Allgemeine Zeitung, 11. 8. 1975.
Ein Magier des Realismus. Zum Tode Walter Felsensteins
Frankfurter Allgemeine Zeitung, 10. 10. 1975.
Alban Bergs »Wozzeck« nach fünfzig Jahren
Frankfurter Allgemeine Zeitung, 13. 12. 1975.

Personenregister